EUROPAVERLAG

Angela Findlay

IM SCHATTEN MEINES GROSSVATERS

Von Krieg,
Trauma und dem
Vermächtnis
des Schweigens

Aus dem Englischen von Herwig Engelmann

EUROPAVERLAG

Die Vergangenheit ist niemals tot.
Sie ist nicht einmal vergangen.

William Faulkner, *Requiem für eine Nonne*

Meiner Mutter, in Liebe

Gewidmet all jenen, die in ihrem Leben Diskriminierung, Unterdrückung oder Krieg erleiden

Inhalt

Anmerkungen der Autorin

Beim Schreiben dieses Buches hatte ich mehrmals das Gefühl, als schleuderte mich eine Flutwelle aus meinem tiefsten Innern hinaus in ein tiefschwarzes Meer. Während ich versuchte, mir einen Weg durch die dunkelste Zeit unserer Geschichte zu bahnen, orientierte ich mich hauptsächlich an den Erinnerungen von Familienmitgliedern. Von diesem subjektiven Ansatz erhoffte ich mir, tiefere Erkenntnisse zu gewinnen über eine mir bis dahin weitestgehend fremde Welt.

Während meiner Recherche lernte ich nicht nur viel über das Leben in einer Diktatur, sondern mindestens genauso viel über mich selbst. Obwohl es während der Entdeckungsreise zu meinem unbekannten Ich nicht wenige Erfahrungen gab, auf die ich hätte verzichten können, bereue ich im Rückblick auf mein bisheriges Leben nichts. Vielmehr empfinde ich eine tiefe Dankbarkeit für all die Anregungen und Erweiterungen meines Horizonts, die mein doppeltes Erbe mir beschert haben – und sogar einen gewissen Triumph darüber, dass ich mir in all meinen Seelenschlachten treu geblieben bin.

Ich bin dankbar für die wertvollen Anstöße zu innerem Wachstum und Wandel, für die glückliche Heimkehr von einer Reise, zu der ich aufbrechen musste, um Schicht um Schicht meiner Blockaden abzutragen, damit ich endlich zu meinem wahren Kern durchdringen konnte. Ich bin dankbar für die wunderbaren Menschen und die schönen Orte, die ich kennenlernen durfte, und dankbar für eine neue Leichtigkeit und Freiheit, die mich erfüllt.

Heute kann ich sagen: Ich liebe mein Leben, obwohl es Zeiten gab, in denen es mich beinahe umgebracht hätte.

Nord-
atlantik
Nordsee
Ostsee
Schwarzes
Meer
NORWEGEN
SCHWEDEN
ESTLAND
LETTLAND
LITAUEN
DÄNEMARK
IRLAND
GROSS-
BRITANNIEN
NIEDERLANDE
BELGIEN
LUX.
DEUTSCHLAND
POLEN
BELARUS
UKRAINE
TSCHECH. REP.
SLOWAKEI
ÖSTERREICH
UNGARN
SCHWEIZ
FRANKREICH
SLOWENIEN
KROATIEN
BOS. &
HERZ.
SERBIEN
MONTENEGRO
KOSOVO
NORD-
MAZEDONIEN
ALBANIEN
RUMÄNIEN
MOLDAU
BULGARIEN
TÜRKEI
ITALIEN
ANDORRA
SPANIEN
PORTUGAL
St. Petersburg (Leningrad)
Wolkow
Miasnoj Bor (Mjasny Bor)
Weliki Nowgorod
Ilmensee
Twer
Moskau
Smolensk
Minsk
Brest
Wolgograd
(Stalingrad)
Sligo
Stroud
Bristol
London
Winchester
Hamburg
Berlin
Köln
Nürnberg
München
Basel
Auschwitz
Budapest
San Marino
Monte Cassino
Reiseweg der Autorin
0
250
500
km
N

SCHWEDEN
DÄNEMARK
Ostsee
RUSSLAND
Grödersby
Kappeln
Wildenhorst
Plön
Itzehoe
Hamburg
Schwerin
Adelheide
Munsterlager
Berlin
POLEN
Jüterbog
Reiseweg der Autorin
DEUTSCHLAND
Köln
Dresden
»Eiserner Vorhang«
Auschwitz
Nürnberg
TSCHECH. REPUBLIK
Zakopane
FRANKREICH
SLOWAKEI
Dachau
München
Budapest
Basel
ÖSTERREICH
SCHWEIZ
UNGARN
Belluno
SLOWENIEN
La Stanga
KROATIEN
Padua
Ferrara
BOSNIEN & HERZEGOWINA
Bellaria Igea Marina
Rimini
San Marino
SERBIEN
MONTENEGRO
ITALIEN
Adriatisches Meer
KOSOVO
Monte Cassino
NORD-MAZEDONIEN
Tyrrhenisches Meer
N
Taranto
ALBANIEN
0
125
250
km

Vorwort

Nicht wissen, was vor unserer Geburt geschehen ist, heißt ewig Kind bleiben. Denn was ist das Leben der Menschen, wenn es nicht durch die Erinnerung an die alte Zeit mit dem Leben des Früheren zu einem Ganzen verwoben wird?

Marcus Tullius Cicero, *Orator*

1. Februar 1945

In der brandenburgischen Kleinstadt Jüterbog reißt eine Mutter ihre zehnjährige Tochter aus dem Schlaf. Es ist vier Uhr morgens. Das Mädchen, noch ganz benommen, soll sich schnell anziehen. Sie müssen sofort aufbrechen. Eine Puppe darf es sich zum Mitnehmen aussuchen. Die Tochter zögert. Soll sie ihre alte, heiß geliebt-abgenutzte Puppe mitnehmen oder die neue, die ihr der Vater aus Italien geschickt hat? In einem spontanen Entschluss, den sie später noch bereuen wird, schnappt sie die neue Puppe und wird im nächsten Moment zusammen mit ihrer achtjährigen Schwester ins Auto gepackt, Richtung Norden nach Berlin. Große Teile der Stadt liegen schon in Schutt und Asche.

Es ist noch dunkel, als sie am Bahnhof ankommen. Die Mutter sieht sich um, sucht das hektische Gedränge der Masse von Fremden in Mänteln nach einer bestimmten Person ab: einem Mann, der einen Rucksack mit sechs Taschen trägt. Er soll ihre Kinder zu Verwandten nach Norddeutschland in Sicherheit bringen.

Die jüngere Tochter hat Hunger und klagt, dass ihre Schuhe drücken. Die Frau sieht sich um, ob sie irgendwo Brot kaufen kann, als sie den Mann erspäht. Er drängt zur Eile und geht Richtung Bahnsteig. Die Mutter hält in der einen Hand einen kleinen Koffer, in der anderen die Hand der jüngeren Tochter. Dem älteren Mädchen schärft sie ein, sich an ihrem Mantelsaum festzuhalten, damit sie nur ja nicht verloren gehe. So trippeln die drei mitten in dem Geschiebe und Gedränge der Leute voran, denn alle wollen mit dem Zug raus aus der Stadt, und die Tochter klammert sich an den Mantelzipfel ihrer Mutter, als hänge ihr Leben davon ab.

2. Mai 1945
Im Gasthof des verschlafenen italienischen Nests La Stanga am Südrand der Dolomiten starrt ein 52-jähriger Wehrmachtsgeneral in die Glut des Feuers vom Vorabend und saugt Zigarettenrauch tief in seine Lungen ein. Er hält ihn länger zurück als üblich, wirft dann die Kippe in die Asche und tritt hinaus in den kühlen Maimorgen. Er strafft seinen Mantel unterm Gürtel und zieht die Offiziersmütze tief ins Gesicht, um seine Augen zu beschatten. Hitler ist seit drei Tagen tot, und das deutsche Oberkommando in Italien hat eine bedingungslose Kapitulation unterzeichnet. Heute um zwei Uhr Nachmittag werden die Kampfhandlungen eingestellt. Sein Krieg ist endlich vorbei, aber dem General ist klar, dass er und seine Männer noch lange nicht nach Hause kommen werden.

Zuerst wird er mit der etwas weiter westlich stationierten amerikanischen Infanterie die Übergabe der Waffen, Pferde und Soldaten aushandeln. Er wird darum bitten, dass seine Männer – acht Divisionen mit ungefähr 30 000 Soldaten – ihre Gewehre einstweilen behalten dürfen, um sich gegen italienische Partisanen zu wehren, die in den Bergen weiter auf sie schießen. Als Nächstes wird er den Transport, die Benzinzuteilung und Verpflegung organisieren.

Die Bergluft fühlt sich frisch an, doch weiter unten im Süden ist es bestimmt schon sehr viel wärmer. Seine bislang letzte Unterkunft war komfortabel, aber als Kriegsgefangener wird er einige Abstriche machen müssen. Nach Tausenden von Kilometern quer durch Russland, Polen und Italien macht er sich nun auf den Weg zu seinen neuen Befehlshabern.

3. August 1987
Vor dem Gefängnis Long Bay Gaoul in Sydney, Australien, steht eine zweiundzwanzigjährige Frau und hämmert an die wuchtige Tür. Sie trägt eine Mappe mit Fotos von Wandmalereien bei sich, und der schwarze Stoffeinband klebt an ihrem nackten Arm. Ein Guckloch öffnet sich, und ein Auge mustert die Frau von oben bis unten, bevor sich die Klappe wieder schließt. Die Tür klafft einen Spaltbreit auf, gerade weit genug, um ihre schmächtige Gestalt einzulassen. Im Inneren führt sie ein Wärter über einen gepflasterten Innenhof und durch mehrere verriegelte Tore. Jetzt kann sie die Männer auch schon riechen: ungewaschene Socken, ranzige Bartstoppel, Testosteron. Als der Wärter sie in einen weiteren Innenhof mit noch mehr vergitterten Fenstern führt, beginnt ihre Anspannung nachzulassen. Vier Häftlinge stehen dort vor einer riesigen kahlen Wand und blinzeln ins grelle Sonnenlicht. Die aufkommende Furcht wird von einem Gefühl der Erleichterung verdrängt – einer Erleichterung, als wenn man nach einem langen Fußmarsch die drückenden Wanderstiefel auszieht.

Seit Jahren sucht sie Abhilfe gegen dieses unerklärliche Gefühl ihrer Schlechtigkeit. Auf einmal spürt sie es ganz deutlich: »Das ist es!«

Weniger als eine Minute nachdem »Little Boy« über Hiroshima ausgeklinkt wurde, explodierte die erste Atombombe der Welt. »Um Gottes willen, was haben wir getan?«, schrieb einer der Besatzungsmitglieder der B-29, die sie abgeworfen hatte, ins Bordbuch, während eine Pilzwolke 80 000 Japaner auf der Stelle tötete. Drei Tage später ging »Fat Man« über Nagasaki nieder und versetzte dem Feind den letzten, vernichtenden Schlag. Keine fünf Wochen später war der Zweite Weltkrieg offiziell zu Ende.

Doch er war längst nicht vorbei.

In dem selben Maße wie der atomare Fallout weiter strahlte und seine Opfer forderte, dauerte auch der Krieg an: Nach außen nicht sichtbar verseuchte er die Körper und Seelen von Generationen, wie noch jeder gewaltsame Konflikt zuvor seine Spuren in Form von Traumata hinterlassen hat. Doch in diesem verheerendsten aller Kriege waren die Opfer unter der Zivilbevölkerung erstmals größer als bei den Streitkräften. Es waren Unbewaffnete, die ein nie da gewesenes Ausmaß an Verwüstung und Brutalität erlitten, ob Männer, Frauen oder Kinder. Viele von ihnen konnten später nie über das sprechen, was sie erlebt hatten.

Kaum hatte sich das Chaos der Kämpfe gelegt, schüttelten die Überlebenden den Staub ab und begannen, an den ständig drohenden plötzlichen Tod gewöhnt, aus den Trümmern ihrer Häuser und den in Schutt und Asche gelegten Städten wieder ein normales Leben aufzubauen. Dabei wurde der quälende Schmerz über die eigenen Verluste und die verwüstete Heimat in den europäischen Ländern der Alliierten teilweise vom Jubel über den Sieg betäubt. Die Menschen dort konnten den Opfern ihrer Angehörigen und Freunde eine Bedeutung abgewinnen, und ihre Regierungen gingen daran, diese Sinnstiftung in die Geschichtsbücher zu gravieren. Sie machten daraus eine Erzählung vom Triumph über das Böse, über ein Böses, wie man es bis dahin nicht gekannt hatte. Sie bemühten den Nationalstolz als Wappnung gegen die Härten des Lebens. So rechtfertigten sich auch taktische Entscheidungen, die Hunderttausende Zivilisten ums Leben gebracht hatten. All die Opfer waren es am Ende doch wert gewesen.

Für die Verluste und Opfer der Deutschen gab es keinen Balsam dieser Art – nur immer düsterere Färbungen von Wut und Verachtung, je mehr die Welt die grauenhafte Wahrheit über Hitlers Wirken erfuhr. Soldaten der Wehrmacht wurden in stacheldrahtbewehrten Lagern zusammengetrieben. Nazis schlüpften aus ihren verräterischen Uniformen und mischten sich unter die Massen ausgezehrter, nach Westen fliehender Menschen. Zivilisten wühlten in den Trümmern ihrer Städte nach Nahrung und allem, was sie verbrennen konnten, um sich warm zu halten. Mit dem

Tod des »Führers« stürzten die NS-Ideologie und ihre Verheißung eines Tausendjährigen Reichs in sich zusammen. Die feindlichen Besatzer schossen nun nicht mehr mit Granaten, dafür aber mit Schuldvorwürfen wegen allzu willfährigen Gehorsams. Ein Nebel verstockten Schweigens senkte sich über die Gesellschaft und die Familien. Und da sich aufseiten der Sieger kaum jemand für das Leid der Feinde interessierte, lernten deutsche Männer, Frauen und Kinder, das Erlebte zu Bündeln zu schnüren, es sorgfältig zu verpacken und wegzulegen.

Jahre später fanden ihre Kinder und Enkel diese Bündel in den hintersten Winkeln der Familienkeller und fingen an, sie auszuwickeln.

Ich berichte hier von drei Generationen einer Familie, deren Leben eng verwoben sind mit dem schrecklichsten Kapitel unserer Geschichte. Das zehnjährige deutsche Mädchen, das vor den sowjetischen Armeen floh, war meine Mutter Jutta. Der General der Wehrmacht war mein Großvater Karl. Und die junge Frau, die erst in einem Gefängnis zu sich selbst fand, bin ich.

Ich habe meinen Großvater nie kennengelernt. Er starb eine Woche nach meiner Geburt. Dennoch hatte ich schon immer das Gefühl, dass es zwischen uns eine besondere Verbindung gibt. Es kam mir vor, als legte mein Großvater wie ein Staffelläufer nach seiner letzten Runde irgendetwas in meine Hände. Es dauerte jedoch mehr als vier Jahrzehnte, bis mir klar wurde, was das war – bis ich zu der Erkenntnis kam, dass wir nicht nur körperliche Merkmale oder Charakterzüge von unseren Vorfahren erben können, sondern auch unaufgelöste emotionale Konflikte und Traumata; dass all das sich nicht einfach verliert, sondern weiter an unseren Wurzeln schwärt und nur darauf wartet, in unsere Gegenwart zu platzen.

Meine Geschichte ist eine unter vielen aus dem langen Schatten dieses Krieges – eines Krieges, den ich nicht mehr erlebt habe, der aber seine prägende Macht über mein Leben behielt.

Erst um die Jahrtausendwende, als die Enkel der Kriegsgeneration schon in ihren Vierzigern waren, zeigten sich bei den Enkeln die verheerenden Folgen von verdrängter Schuld und erlittenen Traumata ihrer Vorfahren. Auch ich, eine in England geborene und aufgewachsene Frau, wandte mich in diesem Alter meiner deutschen Herkunft zu, um den mir rätselhaften Gefühlen und Krankheitssymptomen auf die Spur zu kommen, die mich seit meiner Jugend plagten.

Meine Suche nach der Ursache dieser mir total unerklärlichen Symptome führte mich zurück in eine andere Zeit, in ein anderes Land – in das Deutschland des Zweiten Weltkriegs. Es brachte mich in die verriegelten und vergitterten Anstalten von Schuld und Sühne und eröffnete mir die Kunst und Kultur des nationalen Gedenkens. Es zog mich hinein in eine Empfindung, die in dem am meisten gemiedenen oder vergessenen Winkel der Menschenseele und des Gemütslebens lauert: Scham.

Ich fand so meinen Zugang zur Geschichte und zu Erlebnissen meiner Mutter und meines Großvaters, die lange in allzu einfachen, schwarz-weißen Erzählungen von Gut und Böse, Täter und Opfer, Gewinner und Verlierer gehalten waren, sich nun aber zwangsläufig als umso vielschichtiger, belastender und nuancenreicher erwiesen, je eingehender ich sie erforschte. Mir wurde klar, dass wir alle in unterschiedlichem Maß unverarbeitete Traumata und Schuld aus der Vergangenheit in uns tragen – ob sie nun der eigenen Familie, dem gesellschaftlichen Umfeld oder dem historischen Geschehen entspringen. Es sind unerzählte Geschichten, die da in unserem Unbewussten lauern, die gehört und bereinigt werden wollen.

In den vergangenen Jahren ist es Psychologen, Genetikern und Neurobiologen gelungen, die Mechanismen potenzieller Weitergabe von vermeintlich rein seelischen Belastungen von einer Generation an die nächste nachzuweisen und zu erforschen. Es hat sich gezeigt, dass diese Belastungen Ursache von Suchterkrankungen, Depressionen und physischen Krankheiten sein können. Könnten demnach also vielleicht »ererbte« Schuldgefühle oder Traumata das Wüten nie anerkannten Leids auslösen, das sich zum Beispiel auch in Protesten und Krawallen auf unseren Straßen manifestiert? Handelt es sich hierbei vielleicht um verdrängte Schuldgefühle, die ihre Ursache in den lange zurückliegenden Grausamkeiten der Sklaverei und des Kolonialismus haben?

Und dann ist da noch eine besonders wichtige Frage: Können wir uns als Individuen überhaupt jemals ganz von einer Vergangenheit lösen, die uns so unerbittlich an die Leiden und Taten unserer Vorfahren kettet? *Im Schatten meines Großvaters* ist die Geschichte einer Frau, die sich auf den Weg gemacht hat, diese Frage zu beantworten.

1
Eine glückliche Kindheit

Jeder Krieg ist ein Krieg gegen Kinder.

Eglantyne Jebb, *Gründerin von* Save the Children

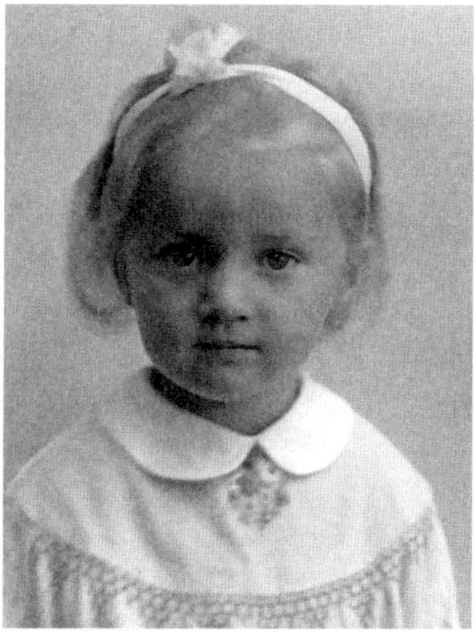

Jutta von Graffen, meine Mutter, 1936

Mir fiel an meiner Mutter nie Kummer oder auch nur ein leises Unbehagen auf, wenn sie von ihrer Kindheit sprach. Ab und zu erzählte sie uns Geschichten von früher und fügte unseren sonnigen Tagen verblasste Bilder aus einer vollkommen fremden Welt hinzu. Die Zeit blieb stehen, während meine Mutter sprach. Ich las ihr jedes Wort von den Lippen ab und erging mich in lebhaften Fantasien, versetzte mich immer tiefer in diese andere Zeit, an diese fernen Orte. Manchmal sah ich meine Mutter dabei an und versuchte, sie vor meinem inneren Auge zu dem kleinen blonden Mädchen von damals zu schrumpfen. Oder ich schlich mich in ihre Erzählungen ein und reihte ihre Erlebnisse vor meinem geistigen Auge auf und stellte sie auf ein imaginäres leeres Regal – wie kostbare Andenken aus einem fernen, fremden Land.

Ich erinnere mich, dass ich einmal am Hintereingang unseres Hauses stand, als sie erzählte, wie es sich anfühlte, aus einem Flugzeug beschossen zu werden.

»Ich konnte das Weiße in den Augen des Piloten sehen«, sagte sie und riss, um die Wirkung zu steigern, ihre Augen weit auf, ließ sich dabei aber nichts von der Furcht anmerken, die sie damals ergriffen haben muss. »Er flog ganz dicht über mir, als ich allein auf dem Weg zur Schule war. Dann zielte er auf mich. Und ich musste in einen Graben springen.«

Mir stockte der Atem bei der Vorstellung, so etwas auf meinem Schulweg zu erleben. Ich wurde stets im Auto bis vors Schultor gebracht und dort wieder abgeholt.

»Zum Glück hat er danebengeschossen«, sagte sie gelassen, »und stattdessen ins Gewächshaus meiner Tante gefeuert.«

Ein andermal erzählte sie von nächtlichen Bombenangriffen und davon, wie sie mit ihren Geschwistern den dunklen Himmel nach grünen und roten Leuchtkörpern absuchte, die Ziele markierten – »Weihnachtsbäume« nannte man sie. Oft sprach sie auch übers Essen: das einzige gekochte Ei der Woche, das sich die Familie teilte, und die Saubohnen, riesengroß gewachsen und mehlig, die ordentlich satt machten. Besonders gern erinnerte sie sich, wie sie einmal heißhungrig aus der Schule kam – anscheinend nicht anders als wir – und eine Bulette in der Speisekammer fand. Sie wusste, dass es streng verboten war, einfach zuzugreifen, aber sie konnte der Versuchung nicht widerstehen. Zu ihrem Entsetzen schloss sich beim Hineinbeißen der Mund um einen Klumpen wimmelnder Maden.

Für uns Kinder waren ihre Geschichten einfach nur das – Geschichten, Abenteuer wie die, von denen wir auch in unseren Büchern lasen. Erst Jahrzehnte später begannen sich die dahinter versteckte Tragödie und das Trauma für mich echt anzufühlen, und mir fiel auf, dass meine Mutter beim Erzählen keinerlei Gefühlsregungen gezeigt hatte. Nicht einmal als sie schilderte, wie sie mit meiner Großmutter zum Bahnhof in der Nähe gegangen war, um den von der Ostfront kommenden verwundeten und sterbenden Soldaten Wasser und Kaffee zu bringen, ließ sie sich Betroffenheit oder Kummer anmerken. Sogar über das Stöhnen der Männer wurde mit seltsamer Gefühlskälte berichtet. Ich stellte mir die kleine achtjährige Jutta vor, wie sie zwischen den Reihen liegender Soldaten von einem zum anderen ging und sich über verbundene, blutverschmierte Leiber beugte, um jemandem einen Becher zum Mund zu führen. Als ich sie danach fragte, zuckte sie mit den Schultern und sagte: »So war das eben damals.«

Ihre aufregendste Geschichte war die der plötzlichen Abreise aus dem Haus der Familie in Jüterbog südlich von Berlin. Wir begriffen die Umstände nicht, sondern wussten nur, dass sie als Zehnjährige mit ihrer jüngeren Schwester Dorothee, unserer Tante Dörli, um vier Uhr morgens von ihrer Mutter geweckt und später mit dem Zug zum Bauernhof ihrer Großeltern nach Wildenhorst in Schleswig-Holstein geschickt worden war. Die Russen näherten sich rasch vom Osten her, und wer irgendwie konnte, ergriff die Flucht. Ihre Mutter und die ältere Schwester, unsere Tante Marlen, folgten einen Monat oder zwei später. Sie ließen das Haus mit all ihrer Habe zurück. Ihr fünfzehn Jahre alter Bruder Adolf musste bleiben, um irgendwo vor Berlin gegen die Russen zu kämpfen.

In Schleswig-Holstein nahm das Leben wieder einen Anschein von Normalität an – jedenfalls für die weiblichen Angehörigen der Familie. Ein Hauslehrer wurde angestellt, wegen unbotmäßigen Verhaltens aber bald wieder entlassen. Gegen ihre sonstige Neigung war die schüchterne, inzwischen elfjährige Jutta auf den Fenstersims geklettert und hatte zu springen gedroht, falls er sie auch nur anfasste. Danach besuchte sie eine Privatschule in Preetz. Die acht Kilometer dorthin ging sie zu Fuß – ebenden Weg, auf dem sie den Tieffliegerangriff erlebt hatte. Ein Jahr später zog sie mit ihrer Mutter und ihren beiden Schwestern nach Grödersby in ein Haus an einer Ostseebucht, das sich seit 300 Jahren im Besitz der Familie befand. Dieses Haus war zuvor ebenso wie das meiner Großeltern beschlagnahmt worden, um Vertriebene unterzubringen, und voll mit Flüchtlingen. Immerhin erhielt die Familie darin drei Zimmer und eine Veranda zugewiesen. Und am wichtigsten: Die Mädchen konnten im Ort zur Schule gehen.

In den Jahren nach dem Krieg hieß Leben vor allem Überleben: Man sammelte Kräuter und Feuerholz und rang darum, alle einigermaßen satt zu kriegen. Die Winter waren besonders hart, doch mit einem Dach über dem Kopf gehörte die Familie schon zu denjenigen, die großes Glück hatten. Meine Mutter schloss die Schule ab und zog nach Hamburg, um Sprachen zu lernen, denn sie hatte sich in den Kopf gesetzt, als glamouröse Pan-Am-Stewardess die Welt zu bereisen. Am Ende beherrschte sie fünf Sprachen fließend, ging aber nicht zu Pan Am, sondern brach allein nach Spanien auf. Ein Abenteuerleben voller Sonne, Meer und Liebschaften endete jäh mit dem Angebot einer Stelle im Hauptquartier der eben gegründeten North Atlantic Treaty Organization – der NATO – im Château Fontainebleau bei Paris. Mit Mitte zwanzig hatte sie einen der angesehensten Sekretariatsposten im Zentrum der europäischen Nachkriegsordnung ergattert.

In diesem internationalen Umfeld lernten meine Eltern einander 1961 kennen. Jutta war zu einer wunderschönen, geselligen, eleganten jungen Frau aufgeblüht, die ihre Rolle als Chefsekretärin von General Hans Speidel, dem Oberkommandierenden der NATO-Landstreitkräfte in Mitteleuropa, selbstbewusst ausfüllte. Sie meisterte ihre Aufgaben souverän und hatte zahlreiche Verehrer. Einer derjenigen, die sich Hoffnungen auf sie machten, war ein schneidiger britischer Marineoffizier namens Jonathan mit einem breiten Lächeln und einem dunkelblauen Jaguar. Erst kürzlich vom Dienst an Bord der *HMS Britannia* und einer gemeinsamen Weltreise mit

Prinz Philip zurückgekehrt, war der junge Offizier ebenso keck wie einfühlsam und gewann meine Mutter mit seinem Humor, seiner Lebensfreude und seinen tadellosen Manieren bald für sich.

Meine Eltern heirateten 1962 in einer kleinen Kirche in Norddeutschland unweit des Familiensitzes. Erst in späteren Jahren fiel mir auf, wie außergewöhnlich diese Hochzeit gewesen sein musste. In den Sechzigerjahren rückte Deutschlands jüngste Vergangenheit durch eine zweite Serie von Auschwitz-Prozessen erneut in grelles Licht, als immer mehr Einzelheiten über das gigantische Ausmaß der Naziverbrechen bekannt wurden. Zudem war Europa durch den Eisernen Vorhang in Ost und West geteilt. Die Spannungen zwischen den einstigen Alliierten eskalierten. Unbeeindruckt von alldem verliebten sich meine Eltern ineinander und überbrückten damit unbeabsichtigt zumindest einen dieser tiefen Gräben.

Für beider Eltern war diese Ehe anfangs eine große Herausforderung: Die Tochter eines ehemaligen Wehrmachtsgenerals und späteren britischen Kriegsgefangenen, dessen Frau vor alliierten Bombenangriffen und der vorrückenden Roten Armee hatte fliehen

Hochzeit meiner Eltern in Deutschland, 1962

müssen, vermählte sich mit dem Sohn eines englischen Biobauern, der in seinem früheren Leben als Marineoffizier in beiden Weltkriegen gegen Deutschland gekämpft hatte, und einer Adeligen, deren einziger Bruder von Rommels Soldaten in Nordafrika getötet worden war. Und doch gelang es beiden Familien, ihre Vorbehalte zu überwinden und sich ehrlich über die Verbindung zu freuen.

Anfängliche Sprachbarrieren wurden beim ersten Familientreffen wild gestikulierend überwunden, wobei einige Kristallgläser vom Esstisch gefegt wurden. Meine beiden Großmütter schlossen sogar eine enge Freundschaft, die bis zu ihrer beider Tod im Alter von 96 Jahren anhielt.

Nach den Flitterwochen meiner Eltern auf Sizilien wurde meinem Vater das Kommando des Minenräumschiffs *HMS Puncheston* in Südostasien übergeben. Meine Mutter war bald mit meiner älteren Schwester Caroline schwanger und gab ihre Sekretärinnenstelle bei der NATO auf. Die frisch Verheirateten zogen nach Singapur und wurden dort Teil einer großen Exilgemeinde. Der Luxus einer Haushälterin, die sich um die Kinder kümmerte, ermöglichte ihnen ein erfülltes Sozialleben. Etliche der jungen Paare, denen sie dort begegneten, wurden zu Freunden fürs Leben und ließen sich nach dem Ausscheiden der Männer aus dem Dienst zur See in unmittelbarer Nähe zueinander in Südengland nieder.

Ich selbst kam zwei Jahre später als paus- und rotbäckiger Säugling in Kent auf die Welt, mein Bruder Christopher folgte zweieinhalb Jahre danach. Unsere ersten Jahre waren ein Nomadenleben, das sich zwischen einer Wohnung in London und etlichen Verwandten überall in England, Deutschland und Kanada abspielte, während mein Vater am anderen Ende der Welt auf Schiffen seinen Dienst tat. Als er 1969 an Land zurückkehrte, bezogen wir ein Haus in einem kleinen Dorf im südenglischen Hampshire.

Die ersten zehn Jahre meines Lebens verliefen beschaulich. Bleibende Erinnerungen an diese idyllische Kindheit sind vermeintlich endlose Sommer, in denen wir in den Schatten spendenden Ästen einer alten Eibe in unserem Garten herumkletterten oder »echt römische« Keramik zwischen ihren Wurzeln ausgruben, auf dem Rasen Handstand übten oder in den ordentlichen Reihen des väterlichen Gemüsebeets Bohnen und Salat ernteten.

Unter Führung meiner Mutter begingen wir Feste mit einer eigenwilligen Mischung aus traditionellen englischen und deutschen Bräuchen. Geburtstage prägten sich ein – wegen der Torten und des Auswickelspiels *Pass the Parcel*, aber auch wegen der Blumenkränze rund um den Frühstücksteller des Geburtstagskinds. Weihnachten verbrachten wir oft bei der Verwandtschaft in Deutschland, aber eigentlich begann es schon in Hampshire mit den Adventsonntagen, an denen wir alle Lichter im Haus löschten und Kerzen anzündeten, nachdem sich das Wohnzimmer in eine Galerie bemalter Holzengel aus der Kindheitssammlung meiner Mutter verwandelt hatte. Am Kaminfeuer labten wir uns an Stollen, Lebkuchen und Spekulatius, die in braunen Paketen aus Deutschland bei uns anlangten.

Ostern feierten wir meist auf dem Bauernhof meiner englischen Großeltern, umgeben von Lämmern, Kühen und Narzissen. Mein Großvater, ein großer, weißhaariger Herr mit riesigen Händen, hatte einen Schuppen im Garten, der nach frisch gemähtem Gras roch, und eine Holzkiste voller Mandeln in rosarotem und weißem Zuckerguss. Oma, deutlich kleiner als er, rödelte meist in Tweedröcken und stets mit Taschentuch im Bund vor sich hin. Wir fütterten die Hühner und rannten mit den beiden Spaniels über die Schafweiden, lachten und blökten die herumtollenden Lämmer an.

Als ich elf Jahre alt war, im langen heißen Sommer von 1976, wurde ich zu meiner großen Aufregung früher aus der Schule genommen und fuhr allein für sechs Wochen zu meiner anderen Großmutter nach Hamburg, um mein Deutsch zu verbessern. Sie wohnte in einer Zweizimmerwohnung mit hohen Decken im ersten Obergeschoss eines dreistöckigen Hauses in einem üppig grünen Außenbezirk. Das Haus war außen dunkelgrau gestrichen; der vordere Balkon ging auf eine stille Pflasterstraße, der hofseitige auf einen üppigen Garten mit Vogelgesang.

Ihr Tag folgte einer festgelegten Routine. »Mummygroß« (meine Schwester hatte als Kind das Englische und Deutsche durcheinandergebracht, und diese Verballhornung von »Großmami« blieb ihr zeitlebens erhalten) stand früh auf, trank an einem wunderschön angerichteten Frühstückstisch mit weißer Tischdecke erst einmal mehrere Tassen starken schwarzen Kaffee und las die Zeitung. Ich setzte mich zu ihr und aß Mohnbrötchen frisch vom Bäcker. An den Vormittagen gingen wir zum Markt unter einer Eisenbahnbrücke, um Erdbeeren und weißen Spargel einzukaufen. An Nachmittagen spazierten wir an der Alster entlang und bewunderten die prächtigen weißen Villen mit dem untadeligen Rasen in den angrenzenden Wohnstraßen.

Ich staunte über den seltsamen kohlrabenschwarzen Kirchturm hoch über den Dächern der Innenstadt, der in schroffem Gegensatz zum gepflegten Äußeren der Neubauten in seiner Umgebung stand. »Das ist die Nikolaikirche«, erklärte mir Mummygroß. »Sie wurde im Krieg schwer von Bomben getroffen.«

Dann lenkte sie meine Aufmerksamkeit behutsam auf etwas anderes.

Ich konnte mit Mummygroß über alles reden – außer über den Krieg. Wann immer ich darüber etwas wissen wollte, wechselte sie unauffällig das Thema und schob meine Frage zwischen die Falten ihrer gestärkten Leinenserviette, die durch einen silbernen Ring gezogen in einer Schublade verschwand. Ihre Vergangenheit blieb verhüllt hinter einem Schleier des Schweigens. Sie wurde weder grimmig verbannt, noch schlich sie sich spürbar ins Hier und Jetzt ein. Sie blieb einfach hinter den Büchern verborgen, die ihre reinweißen Regale im Wohnzimmer füllten, oder unter dem Fußhebel ihrer elektrischen Nähmaschine oder im Kühlschrank, wo über Nacht gezuckerte Brombeeren auftauchten.

Ich erinnere mich an eine Autofahrt durch Deutschland mit meiner Familie im folgenden Jahr, auf der die Vergangenheit für einige Augenblicke in die Gegenwart hereinbrach. Zwischen Sehenswürdigkeiten und Verwandtenbesuchen machten wir halt in einem großen Wald. Ein Streifen Brachland mit Stacheldrahtzaun erstreckte sich an einer Seite der Straße in beide Richtungen, so weit wir sehen konnten, in regelmäßigen Abständen durchsetzt von Wachtürmen, auf denen ostdeutsche Soldaten mit Gewehren standen. Meine Großmutter und meine Mutter stiegen aus und betrachteten die Szenerie traurig und stumm. Christopher und ich – gelangweilt und ohne jeden Sinn für die Bedeutung dieses Ortes – blödelten herum und stachelten einander zu Mutproben an, indem wir ins Niemandsland und wieder zurück hüpften, die Wächter frech auf uns aufmerksam machten und über unseren großen Heldenmut kicherten. Dann richtete einer von ihnen sein Gewehr auf uns. Die beiden Erwachsenen erwachten jäh aus ihrer gramvollen Traumverlorenheit und schalten uns für unseren dummen Leichtsinn.

Mummygroß war es, die uns die deutsche Kultur nahebrachte. Sie las uns Gedichte von Rilke und Goethe vor. Sie ging mit uns ins Theater und in Ausstellungen, wie sie es vor dem Krieg in Berlin so gern mit ihrem Mann gemacht hatte. Nach dessen Tod hatte sie das Landgut der Familie verkauft und war, um wieder in das in jungen Jahren genossene Stadtleben einzutauchen, nach Hamburg gezogen.

Ganz selten und nur in Andeutungen erzählte meine Mutter von ihrem verstorbenen Vater. Er war ein überragender Athlet gewesen und hatte im Hochsprung, Weitsprung, Schwimmen, Tennis, Reiten, Tauchen zahlreiche Preise gewonnen. Eine Qualifizierung für die Olympischen Spiele von 1936 hatte er nur knapp verpasst. Er war auch ein begabter Kunsthandwerker gewesen. Die alten Holzreliefs mit Hänsel und Gretel und anderen Märchenfiguren, die an den Wänden unserer Schlafzimmer hingen, hatte er selbst geschnitzt und bemalt. Er hatte außerdem ein beneidenswertes Talent zum Aufspüren vierblättriger Kleeblätter besessen und noch an seinem 60. Geburtstag einen Handstand geschafft. Ich wusste auch, dass er im Krieg gekämpft und den größten Teil seiner letzten zwanzig Jahre als »gebrochener Mann« verbracht, nur noch Tomaten gezogen und in seinem Sessel mit Blick auf den Garten täglich siebzig Zigaretten Kette geraucht hatte.

Ansonsten existierte der Großvater für mich nur als Gesicht eines uniformierten Mannes in einem gerahmten Schwarz-Weiß-Foto auf dem Schreibtisch meiner Mutter. Es kam mir nie merkwürdig vor, dass ein deutscher Soldat das Regiment über Schreibmaschine, Umschläge und Briefmarken meiner Mutter führte – bis eines Abends meine Eltern eine ihrer vielen Gesellschaften gaben. Meine Geschwister und ich warteten herausgeputzt in unseren besten Kleidern im Vorzimmer und sprangen bei jedem Schlag des Messingtürklopfers aufgeregt in Aktion. Christopher hatte die Aufgabe, den Gästen die Tür zu öffnen. Ich nahm ihnen die Mäntel

Der Schreibtisch meiner Mutter mit einem Foto meines Großvaters von 1942

ab, und Caroline reichte ihnen ein Glas Sekt. Das Prozedere war gut eingespielt. Doch an diesem einen Abend folgte mir eine Frau in das Arbeitszimmer meiner Mutter, wo wir die Mäntel ablegten. Als sie meinen Großvater sah, wurde sie bleich im Gesicht.

»Schon etwas taktlos von Jutta, sich einen Nazi auf den Schreibtisch zu stellen«, murmelte sie zu ihrem Mann, bevor sie ein breites Lächeln aufsetzte und sich unter die anderen Gäste mischte.

Ich kannte die Nazis als Bösewichter aus *The Sound of Music*, aber von meinen Eltern wusste ich auch, dass nicht alle Deutschen Nazis waren und dass auch mein Großvater kein Nazi, sondern nur ein deutscher Soldat gewesen war. Von diesem Moment an begannen mir dennoch die gelegentlichen diskret-entsetzten Blickwechsel aufzufallen, wenn manche Uneingeweihten herausfanden, dass wir eine gemischt englisch-deutsche Familie waren.

Für die meisten Kinder, die im England der Sechziger- und Siebzigerjahre aufwuchsen, war der Zweite Weltkrieg eine gefühlte Ewigkeit weit weg. Nur rund um Familien, denen ehemalige Feinde angehörten, ließ sich manchmal noch ein fernes Kriegsgrollen vernehmen. Oft teilte es sich nur in verhaltenen Knuffen oder einer leisen Verwünschung mit, die älteren Leuten entfuhr. Aber es war jedenfalls da, ein leises Hintergrundgeräusch, das kleine Fragezeichen in meinem Denken hinterließ.

Meine Mutter, die ein wunderschönes und fast akzentfreies Englisch sprach, erzählte mir, wie einmal ein Mann sich mitten im Gespräch bei einer Gesellschaft auf der Stelle von ihr abgewandt hatte und davongegangen war, nachdem sie erwähnt hatte, dass sie Deutsche sei. Ein andermal kam sie tief getroffen nach Hause. Mein Vater erklärte uns im Flüsterton, jemand habe verkündet: »Nur ein toter Deutscher ist ein guter Deutscher.« Ein Mitschüler meines Bruders höhnte diesem gegenüber: »Deine Mutter ist Frau Hitler.« Als ich einmal bei einer Freundin zum Mittagessen eingeladen war, setzte sich deren Großmutter nicht mit an den Tisch, weil ich Deutsche war. Und als meine Mutter in den Frühjahrs- und Sommerferien Englischkurse anbot und damit deutsche Studenten in Scharen anzog, unzählige Leute aus dem Dorf als Gastgeber und uns Kinder als Englischlehrer und Freizeitbegleiter in Vollzeit beschäftigte, murrte eine Ladenverkäuferin im Dorf über die »verdammten Deutschen«, obwohl die in den Unterrichtspausen für reißenden Absatz von Chips und Schokoriegeln bei ihr sorgten.

All das bedrückte mich. Besonders ein Zwischenfall hat sich in meiner Erinnerung festgesetzt. Es war das erste Mal, dass ich die Schande meiner Herkunft wahrnahm, dass ich mich andersartig, ausgeschlossen, zur Fremden gemacht fühlte.

Ich muss damals zehn oder elf Jahre alt gewesen sein. Ich hatte mir eine Eiterflechte zugezogen, und meine Mutter hatte die geröteten Stellen mit einer rosaroten, kalkigen Galmeisalbe bestrichen – rund um die Nasenlöcher, die Oberlippe und das Kinn. Mein Gesicht sah aus wie ein missraten glasiertes Törtchen. Einfach peinlich. Erst war ich erleichtert, als ich meine Freunde vor dem Dorfladen traf und niemand ein Wort über die unansehnlichen Flecken verlor. Beinahe hätte ich mich selbst davon überzeugt, dass sie den anderen gar nicht auffielen. Dann aber brachte mich irgendwer zum Lachen, und die rosa Kruste über meiner Lippe sprang auf. Da zeigte einer der älteren Jungen, als er Blut aus den Rissen austreten sah, mit dem Finger auf mich: »Schaut her«, rief er, »sie blutet!« Und setzte mit lautem Gewieher nach: »Bloody Kraut!«

Die anderen drehten sich zu mir und lachten. Ich lachte mit, während ich mit dem Handrücken meinen Mund abtupfte und versuchte, das innere Aufwallen der Scham in mir niederzuhalten. Ich verstand die Beleidigung nicht ganz. Das englische Wort »Kraut« kannte ich bis dahin nur im Sinn von Sauerkraut. Aber mir war sofort klar, dass es auf meine deutsche Herkunft zielen musste.

Eine stumme Verwirrung begann sich in mir einzunisten. In meinem ersten Jahr im Internat – eigentlich ein Privileg, das größtenteils die Marine bezahlte, das aber für meine Mutter ein vollkommenes Unding war, weil sie nicht verstehen konnte, warum Eltern ihre Kinder schon in jungen Jahren aus dem Haus haben wollten – galt ich noch als klug, fleißig, beliebt und »angesagt«. Doch schon im zweiten Jahr beschrieben mich die Zeugnisse als hochfahrend, aufmüpfig und unter meinen schulischen Möglichkeiten bleibend. Ich rebellierte gegen die elitäre Bevorzugung, die von der Schule wie ein Rohrstab benutzt wurde, um uns ein unverdientes Gefühl der Überlegenheit einzubläuen. Ich übertrat demonstrativ Regeln und widersetzte mich lautstark den Forderungen der Lehrer nach Respekt und Gehorsam. Ich war auch eingebildet genug, die meisten Schulfächer als unbrauchbar für das Leben nach der Schule zu verwerfen. Es war, als sei ein Fremder in die Idylle meiner Kindheit eingebrochen, um sie gründlich zu verwüsten. Dieses Gefühl ließ bald nicht mehr los. Es nährte in mir die Überzeugung, dass ich nirgendwo hingehörte: nicht zu meiner geliebten Familie, nicht zum elitären Kreis der Internatsschüler, nicht zu den Menschen um mich herum und noch nicht einmal zu mir selbst. Etwa um diese Zeit hatte ich zum ersten Mal einen Albtraum, der mich in den folgenden dreißig Jahren wieder und wieder einholte. Es war jedes Mal derselbe Traum:

Die Sonne scheint. Ich bin Teil einer Lacrosse-Mädchenmannschaft. Ein kräftiger Pass, und der Ball fliegt hoch über unsere Köpfe in einen Rhododendrenwald, dessen Betreten strengstens verboten ist. Ich renne Hals über Kopf mit mehreren anderen Mädchen in das Gestrüpp, um den Ball zu holen. Dabei nutze ich den Schläger, um mir einen Weg durch das Blattwerk zu bahnen. Ich gerate tiefer und tiefer in das finstere Unterholz. Eine ferne Stimme ruft: »Ich hab ihn!«, und ich versuche, meinen Weg zurückzuverfolgen, finde ihn aber nicht mehr. Ich kann das grüne Gras in der Sonne durch ein Geflecht aus Zweigen und Stängeln leuchten sehen. Ich kann das Geschnatter und Lachen meiner Mitschülerinnen hören. Aber ich dringe nicht zu ihnen durch. Plötzlich stolpere ich in ein Erdloch mit steilen Wänden und voll vermoderndem Herbstlaub. Jedes Mal, wenn ich hinauszuklettern versuche, erscheint ein Fuchs und treibt mich zurück ins Loch. Jahrein, jahraus versuche ich den Fuchs zu überlisten, aber es gelingt mir nie. Und nie fällt irgendjemandem auf, dass ich nicht da bin.

Als Jugendliche wurde ich mir der Deutschfeindlichkeit rundherum zunehmend bewusst und merkte auch, wie sie mich ausgrenzte. Nicht so sehr wegen des Geschichtsunterrichts, der Hitler und den Zweiten Weltkrieg anscheinend auf eine Serie von den Engländern gewonnener Luftschlachten reduzierte. Ohnehin verblassten diese angesichts der tief fliegenden Bücher, vor denen wir uns ducken mussten, weil unser jähzorniger Geschichtslehrer keinerlei Nachsicht für Unaufmerksamkeit hatte und sie quer durch das Klassenzimmer nach uns warf. Die allgemeine Antipathie rührte mehr von dem steten Strom der Kriegsfilme im Fernsehen und in den Kinos her. Und dann kam in der Serie *Fawlty Towers* die Folge »The Germans«. Sie machte es sehr einfach und womöglich unbeabsichtigt gesellschaftsfähig, die Deutschen gnadenlos zu verspotten. Man musste nur zu passenden Gelegenheiten Basils berühmte Bemerkung »Don't mention the war« fallen lassen.

Die Deutschen wurden ausgelacht, weil sie diszipliniert, pünktlich, gestelzt, verkrampft und so über die Maßen gesetzestreu waren, dass sie an roten Fußgängerampeln sogar dann stehen blieben, wenn kein Auto kam. Sie galten als vollkommen humorfrei und unfähig zu beiläufigem Plaudern, sodass sich ihr Verhalten stets hart an der Grenze zur Grobheit und Herablassung bewegte. Und natürlich liebten sie alle Bockwurst und Bier. Effizienz, Genauigkeit und Ordnungssinn – Charakterzüge, die meine Mutter besaß und auf die sie nichts kommen ließ – gerieten zu klischeehaft abgewerteten Stereotypen. Die Witze darüber machten mich traurig, wenn ich an meine Mutter und ihre Familie und an deren unendliche Liebenswürdigkeit dachte. Gleichzeitig sehnte ich mich danach, nicht diesem nach allgemeiner Ansicht unerträglichen Menschenschlag anzugehören.

Diese noch spielerische Verachtung wich 1979 einer tiefen Erschütterung, als die amerikanische Kurzserie *Holocaust* in Europas Wohnzimmern ankam. Mit der jungen Meryl Streep in der Hauptrolle erzählte sie vom fiktiven Schicksal eines jüdischen Arztes und seiner Familie in Berlin. Erneut ging eine Welle des Entsetzens um die Welt. Die Sendung hinterließ einen tiefen Eindruck durch nichts entschuldbarer grausamer Verbrechen. Von da an wurde es meinen Mitschülern zur täglichen Gewohnheit, laut und leidenschaftlich kundzutun, wie sehr sie die Deutschen verachteten. Deutsche Schüler, die ihre Ferien an der Sprachschule meiner Mutter verbrachten, fragten sie hinter vorgehaltener Hand, ob ihre Gastfamilien sie hassten. Die Deutschen zu verteidigen und darauf zu beharren, dass nicht alle Nazis gewesen waren, wie ich es bis dahin stets getan hatte, war jetzt schlicht unmöglich.

Auch ich selbst war angewidert. Aber für mich war es nicht so einfach, die Deutschen zu verachten. Ich musste dafür einen Teil meiner Familie hassen.

Und einen Teil meiner selbst.

2
Eine Art Wissen

Später … war es mir immer, als ginge jemand anderer neben mir her oder als hätte mich etwas gestreift.

W. G. Sebald, *Austerlitz*

Als Kind empfand ich meine Mutter wie eine Erweiterung meiner selbst. Von ihr auch nur über Nacht getrennt zu sein löste in mir heftiges Heimweh aus, heilbar nur durch die schnelle Rückkehr an das rettende Ufer, das sie für mich darstellte. Für sie war es genauso. Wir waren durch unsichtbare Fäden miteinander verbunden. Allen drei Kindern war sie eine hingebungsvolle und zugewandte Mutter, die uns die Liebe zur englischen Kultur und Musik, zu den Gärten und Landschaften ihrer neuen Heimat mitgab. Sie war herzensgut, aufmerksam und ernsthaft an anderen Menschen interessiert. Sie konnte auch draufgängerisch sein, raste wild mit ihrem Auto herum und verachtete Autoritäten, was uns diebische Freude machte und dafür sorgte, dass sie unter unseren Freunden hoch im Kurs stand.

Als Jugendliche begannen wir dann aber, uns selbst an ihren hohen Ansprüchen zu messen. Es gab unausgesprochene Leitlinien, wie man zu sein hatte, nämlich stark, erfolgreich und folgsam. Das ließ uns Kindern wenig Raum für Fehler und bot stattdessen reichlich Gelegenheit, unsere Mutter zu enttäuschen. Ihr Vater war, wie wir wussten, ein Anhänger von Zucht und Ordnung gewesen, ihre eigene Strenge schien dagegen mehr von dem Bedürfnis getrieben, alles unter Kontrolle zu haben. Während sie selbst Konventionen missachtete, drang sie in uns, die Normen der Gesellschaft, in der unsere Familie ihr Zuhause gefunden hatte, nicht nur zu respektieren, sondern auch zu verinnerlichen.

Als wir uns so langsam aus dem Schoß der Familie lösten und erste eigene Schritte in die Welt hinaus wagten, mussten wir etliche Gräben überwinden und Kämpfe bestehen. Das Auftreten meiner Mutter war auf ungesunde Art gebieterisch. Ein einziger besorgter Seitenblick von ihr zu unserem Vater konnte Zweifel in uns auslösen, die an unserem Selbstvertrauen fraßen wie der Holzwurm an einem Stuhlbein. Anfangs entzündeten sich die Scharmützel an Kleinigkeiten – etwa an ihrem sanften Tadel unseres albernen Verhaltens, an unserer Kleiderwahl oder unseren Schulnoten. Doch mit der Zeit kam es zu heftigeren Auseinandersetzungen.

Ich war als Kind immer dünn gewesen, und die ersten Anzeichen von Teenagerspeck fielen mir selbst zunächst gar nicht auf. Die deutsche Linie meiner Familie kochte zwar hervorragend, duldete aber keinerlei Gewichtszunahme. Mit der Zeit fürchteten Caroline und ich schon die Sekunden-Musterung auf dem Parkplatz der Schule, wenn meine Mutter uns für das ersehnte Wochenende zu Hause abholte. Bei einem anerkennenden »Du bist schlanker geworden« erfüllte uns eine Aufwallung von Stolz, die rhetorisch fragende Anklage »Hast du zugenommen?« ließ unsere Selbstachtung in sich zusammenfallen. Angestachelt von der Fettleibigkeitsphobie meiner Mutter und ihren kritischen Blicken, hatten wir nur noch das Diäthalten im Kopf und schwankten zwischen Hunger- und Völlegefühlen, fühlten uns schuldig, wenn wir einem so primitiven Bedürfnis wie unserem Appetit nachgaben, oder triumphierten, wenn wir uns dagegen behaupteten.

Im Spannungsfeld zwischen deutscher und englischer Kultur aufzuwachsen hieß für uns zwangsläufig, dass wir divergenten Ansprüchen ausgesetzt waren. Meine Mutter stritt für die Vorzüge der Geradlinigkeit: Man nahm sich etwas vor und schoss darauf los wie ein Pfeil zur Zielscheibe. Das beinhaltete, ohne Aufhebens und Umschweife zu sagen, was man dachte. Es war ihr deshalb unmöglich, etwa zu verschweigen, dass ein Hintern »fett wirkt«. Im Gegensatz dazu war mein Vater der Inbegriff englischer Diplomatie. Er lehrte uns die Vorzüge des Umwegs und die Kunst, ein heikles Thema auf Zehenspitzen einzukreisen, bis man am Ende – oder, wie es oft vorkam, auch überhaupt nie – dahin gelangte, Ja zu sagen, wenn man Nein meinte oder umgekehrt.

Ein Ausflug ins Restaurant mit meiner Mutter ließ uns regelmäßig vor Scham in unseren Stühlen versinken, nämlich wenn meine Mutter auf die pflichtschuldige Frage eines Kellners »War alles in Ordnung?« mit ihrer fatalen Mischung aus hohen Ansprüchen und Aufrichtigkeit antwortete. Mein Vater lächelte unterdessen meist peinlich berührt und sagte, »Ja, danke«, und zwar selbst dann, wenn sein Kaffee als Tee und seine Fischpastete noch tiefgekühlt aufgetragen worden war. Uns Kinder stellte das vor die Aufgabe, mit verschiedenen Situationen umgehen zu lernen und uns für die am ehesten passende Reaktion zu entscheiden.

Ich zweifelte nie daran, dass meine Mutter uns liebte. Doch wir mussten zu Hause immer peinlich genau darauf achten, heikle Bereiche zu umgehen und Grenzen zu wahren, deren Übertretung sie völlig aus der Fassung zu bringen drohte. Saßen wir rund um den Esstisch und war ich etwa versucht, Streit mit ihr anzufangen, so mahnten mich die eindringlichen Blicke meiner Geschwister, meinen Mund zu halten. Wir durften Mami nicht verärgern. Sie konnte sehr energisch werden, aber schon im nächsten Moment halt- und hilflos in Tränen ausbrechen. Meine beiden Geschwister fanden ihre Mittel und Wege, damit umzugehen. Caroline geriet mit ihr aneinander und ging dann trotzig ihrer Wege. Sie hatte von Geburt an ein dickeres Fell und eine robustere seelische Verfassung. Christopher tat meist so, als hörte er zu, schaltete dabei aber die Ohren auf Durchzug. Er gab diplomatisch klein bei und zog sich so aus allen Affären. Ich dagegen fühlte mich fortwährend zum Schweigen gebracht und schluckte die Spannungen hinunter, bis ich nicht mehr konnte und entweder mit meiner Mutter in einen sinnlosen Streit geriet oder in Niedergeschlagenheit versank.

Hin und wieder konnte ich ihr für Momente eine gewisse Abgeschlagenheit ansehen. Dann wieder wirkte sie verloren und schien sich in ihrer Haut unwohl zu fühlen. Sie hatte ein wunderschönes Heim und einen großen Freundeskreis. Sie leitete eine sehr erfolgreiche Sprachschule, die sie selbst gegründet hatte. Aber etwas fehlte. Rastlose Geschäftigkeit diente ihr als Ablenkung von einer inneren Leere, die sie weder zur Sprache bringen noch füllen konnte. Erfolg war der Gradmesser ihres Selbstwerts. Momente der Entspannung betrachtete sie als Faulheit, und das schöne Gefühl, eine Sache zufriedenstellend abgeschlossen zu haben, wich schon bald dem Druck, die nächste Aufgabe abarbeiten zu müssen. Es war ein ewiges Rennen im Kreis, und wir alle wurden davon mitgerissen.

Wie andere ehrgeizige Eltern legte meine Mutter großen Wert darauf, dass wir unter den Klassenbesten waren. Aber mir wurde nie so richtig klar, ob sie das für *uns* wollte oder es nötig hatte, *sich* im Glanz unserer schulischen Bestleistungen zu sonnen, um den Mangel an eigenen akademischen Würden zu kompensieren. Fühlte sie sich eingezwängt in die traditionelle Rolle der Ehefrau und Mutter in einem Dorf, wie es englischer nicht sein hätte können, mit schlammverkrusteten Hunden und Kindern wie Kletten? Weinte sie trotz ihres florierenden Unternehmens der früh abgebrochenen, vielversprechend begonnenen Karriere nach? Und tat sie sich so schwer damit, uns erwachsen werden zu lassen, weil dahinter eine uneingestandene Sehnsucht oder Trauer über Freiheiten und Chancen stand, die sie selbst als Kind nicht gehabt hatte? Oder fürchtete sie einfach, verlassen zu werden?

Ihre französischen und italienischen Freunde galten unter den Einheimischen als bezaubernd – inklusive ihres entzückenden Akzents und ihrer nationalen Eigenheiten. Einer deutschen Frau wurde kein solcher Exotikbonus zuteil. Wie es die Opfer solcher Ausgrenzung oft tun, kompensierte meine Mutter diese Ablehnung,

Meine Mutter bei der Verlobung mit meinem Vater, 1961

indem sie britische Verhaltensregeln peinlich genau einhielt. Sie wurde englischer als die Engländer selbst.

Als Jugendliche betrachtete ich oft das große Schwarz-Weiß-Porträt meiner Mutter in seinem roten Lederrahmen auf einem der Regale in meinem Zimmer. Es stammte von ihrer Verlobung. Sie muss damals 26 oder 27 Jahre alt gewesen sein. Sie wirkte darauf so wunderschön, so glücklich, so unbeschwert. So ganz anders als die Frau, die ich kannte.

Wie gern hätte ich mehr über ihr jüngeres Selbst, über diese freisinnige, multikulturelle Frau erfahren, die Konventionen durchbrach und der nachfolgenden Generation ihren Weg bereitete! Stets hatte ich das merkwürdige Gefühl, diese Person beschützen zu müssen. Aber wann immer ich meiner Mutter Mut machte, sich diesem Teil von sich selbst wieder mehr zuzuwenden, sich die alten

Träume vom Reisen zu erfüllen und uns Kinder uns selbst zu überlassen, gerieten wir in Streit und fühlten uns danach beide elend.

Hin- und hergerissen zwischen meiner innigen Liebe zu meiner Mutter und dem vergeblichen Aufbäumen gegen ihre so erstickende wie lähmende, ängstliche Anpassung und Zurechtweisung, tat ich ebenso vergeblich alles, was ich konnte, um es ihr recht zu machen. Ich wollte mich losreißen, aber ein Gefühl der Verantwortung für ihren unergründlichen emotionalen Schmerz nötigte mich, entweder meinen eigenen Willen zu unterdrücken oder erbittert gegen ihren zu kämpfen.

Ein Gefühl der Schuld – oder der Scham? – schlich sich unmerklich in meine Seele. Anfangs machte es sich kaum mehr als durch ein gelegentliches Auflodern bemerkbar und verdüsterte nur für Momente die bunte Welt rundherum. Bald aber bemächtigte es sich meines Innenlebens, löschte darin für immer längere Zeiträume alles Licht und ließ mich im Dunkeln tappen. Ich fühlte mich schuldig, weil ich so viele Vorteile anderen gegenüber hatte; schuldig dafür, dass ich die gut gemeinten Angebote und Chancen verwarf, die meine Eltern und mein wohlbehütetes Aufwachsen mir verschafft hatten; und schuldig auch für die wachsende Entfremdung zwischen mir und meiner Mutter.

Schuldgefühle sind bekanntlich eine von mehreren Begleiterscheinungen eines Traumas. Ich konnte meine Schuldgefühle mit keinem eigenen Trauma in Verbindung bringen. Dennoch waren sie da, steuerten mein Handeln, bildeten und verbildeten mitunter meinen heranwachsenden Charakter.

Das Wort »Trauma« stammt vom griechischen *traumatikos* und bezeichnet eine Wunde im Sinne einer durch äußere Gewalteinwirkung hervorgerufenen Verletzung. In der Chirurgie und in anderen Bereichen der Medizin wird es nach wie vor in diesem Sinn verwendet. Es bezeichnet heute aber auch ein vergangenes Ereignis oder andauerndes Geschehen, das in erheblichem Maß Furcht,

Verwirrung, Kontrollverlust, Schmerzen, Verlust des Selbstwertes und/oder Hilflosigkeit auslöst – etwas, das uns so überwältigt, dass wir nicht wissen, wie wir damit fertigwerden sollen. Traumata können die verschiedensten Ursachen haben: Scheidung, Gewaltverbrechen, tiefe Trauer über Verletzungen, Vergewaltigungen und Verluste von Angehörigen, sei es durch Naturkatastrophen oder in Kriegen. Doch weder das Ereignis selbst noch das Ausmaß an Gewalt oder Gefahr bestimmen die Schwere des Traumas, sondern die subjektive Reaktion des Betroffenen. Ausschlaggebend dafür ist weniger, was uns widerfahren ist, als vielmehr das, was sich infolgedessen in unserem Inneren abspielt.

Seit Anfang der 1990er-Jahre können Bildgebungsverfahren zeigen, was in den Gehirnen traumatisierter Menschen vorgeht. Sie veranschaulichen, dass wichtige Synapsenverbindungen durch Traumata gestört werden und dies bei den Betroffenen zu einer grundlegenden Umordnung des Denkens führt – also nicht nur der Inhalte ihres Denkens, sondern ihrer eigentlichen Befähigung zum Denken. Der präfrontale Kortex, der für eine Vielzahl von Funktionen wie komplexe Denkabläufe, Gefühls- und Stressregulierung, Entscheidungen und Verhaltenssteuerung zuständig ist, kann dadurch Funktionsstörungen erleiden. Ebenso kann der Prozess der Erinnerungsbildung im Hippocampus durch Flashbacks – Episoden spontanen und eindringlichen Wiedererlebens – beeinträchtigt werden. Das betreffende Ereignis entschwindet so nicht in den Hintergrund, sondern bleibt ständig gegenwärtig und kann jederzeit in die Wirklichkeit hereinbrechen. Die Amygdala, die Kampfbereitschaft, Fluchtimpuls und Angststarre in Gefahrensituationen auslöst, reagiert dann auf manche Erinnerungen und Gedanken, als handelte es sich um tatsächliche Ereignisse im Hier und Jetzt, und versetzt die traumatisierte Person mitunter in ein anhaltendes Gefühl akuter Bedrohtheit. Das steigert die Aktivität des Hypothalamus und bewirkt so schwankende Hormonspiegel, erhöhten Stress und Angst.

Als ich mich in meinen Vierzigern eingehend mit Traumata zu beschäftigen begann, fiel mir rückblickend auf, dass die Erinnerungen meiner Mutter anders als die ihrer Geschwister nicht geradlinig verliefen. Sie hatten mehr den Charakter von traumähnlichen Inseln isolierter einzelner Zwischenfälle und waren emotional so sehr abgedämpft, dass ihnen jegliche scharfen Ränder, intensiven Farben oder echten Formen fehlten. Welchen Eindruck der Krieg tatsächlich auf sie gemacht hatte, war mir immer ein Rätsel geblieben.

War meine Mutter als sensibles Kind vielleicht mehr als ihre Geschwister von den furchtbaren Umständen der gemeinsamen Kindheit geprägt? Oder hatte sie Dinge erlebt, die den anderen erspart geblieben waren? Von allem, was sie erzählte, hatte mich die Geschichte ihrer Flucht aus dem Haus der Familie am meisten und nachhaltigsten beeindruckt. Ich kam immer wieder und aus verschiedenen Blickwinkeln darauf zurück, versuchte mich in die Lage meiner Mutter im Alter von zehn Jahren zu versetzen, jeden Moment zu erspüren.

Ich stellte mir vor, wie die russischen Soldaten aus dem Südosten näher kamen. Sie stehen schon in Cottbus, gerade einmal 100 Kilometer von Jüterbog entfernt. Ihrem unabwendbaren Einmarsch voraus eilen furchtbare Gerüchte und Berichte von Vergewaltigungen und anderen Grausamkeiten, sodass sich meine Großmutter entschließt, die beiden jüngsten Töchter eiligst zu ihren Eltern zu schicken.

Jutta muss ihren geliebten Kanarienvogel Hansi bei ihrer besten Freundin und Nachbarin zurücklassen. Später wird sie sich fragen, warum die Mutter ihr erlaubt hat, eine Puppe mitzunehmen, anstatt ihr Silber oder einen anderen nützlichen Gegenstand mit Tauschwert einzupacken. Dass sie sich für die scheußliche neue, vor Kurzem vom Vater geschickte Puppe entschieden hat und nicht für ihre alte Lieblingspuppe, scheint sie von allem am meisten umzutreiben. Am Bahnhof in Berlin, mitten in der brennenden Stadt, werden die beiden Mädchen durch wogende Menschenmassen gelotst. Sie sind zu klein, um zu sehen, wohin sie gehen. Dorothee erinnert sich später deutlich, dass man sie hochhob und durch ein Fenster in den Zug schob. Sie wissen nicht, wann oder ob sie ihre Mutter je wiedersehen.

Jahrzehnte später, als ich mit meiner Mutter die Schränke durchging und Kleider für den örtlichen Wohltätigkeitsbasar aussortierte, fragte ich sie in einem Anfall von Neugier: »Was war der schrecklichste Moment in deinem Leben?«

Ohne Zögern nannte sie dieses Erlebnis und berichtete weitere Einzelheiten, als schwebte ihr all das direkt vor Augen. Auf dem Bahnhof sagte meine Großmutter, die mit der einen Hand Dorothees Hand hielt und in der anderen ihr Reisegepäck trug, zu meiner Mutter, sie solle sich an einem der kleinen, für den besseren Sitz des Mantels in den Saum eingenähten Bleigewichte festhalten. Meine Mutter fasste nach dem knopfähnlichen Gegenstand und schlurfte durch die Menge hinter ihr in Richtung des Zuges her. Auf einmal entglitt das Gewicht ihren kleinen Fingern.

Ihre Stimme bebte.

Sie verlor den Kontakt zu ihrer Mutter und wurde hin- und hergeworfen in der Menschenflut, ein ertrinkendes Kind. In diesem Augenblick fühlte sie sich furchtbar allein, vielleicht für immer verloren.

Wie in einer Trance legte meine Mutter die Kleider hin, die sie eben noch gefaltet hatte, verließ das Zimmer und ging die Treppe hinunter. Ich folgte ihr, erschüttert von der Winzigkeit dieses einen Augenblicks und den unabsehbaren Folgen, die er für sie haben mochte. Nach einigem Wühlen ganz hinten in einem getäfelten Schrank zog sie ein kleines Buch mit festem Einband hervor. Das Papier war vor Alter vergilbt. Den Einband zierten ein handgemalter Grünspecht auf einem rosarot blühenden Hundsrosenzweig und das Wort »Tagebuch« in schwarzen Großbuchstaben.

Meine Mutter gab mir das Tagebuch, ohne auch nur flüchtig hineinzusehen. Ich öffnete es und erkannte in der ordentlichen

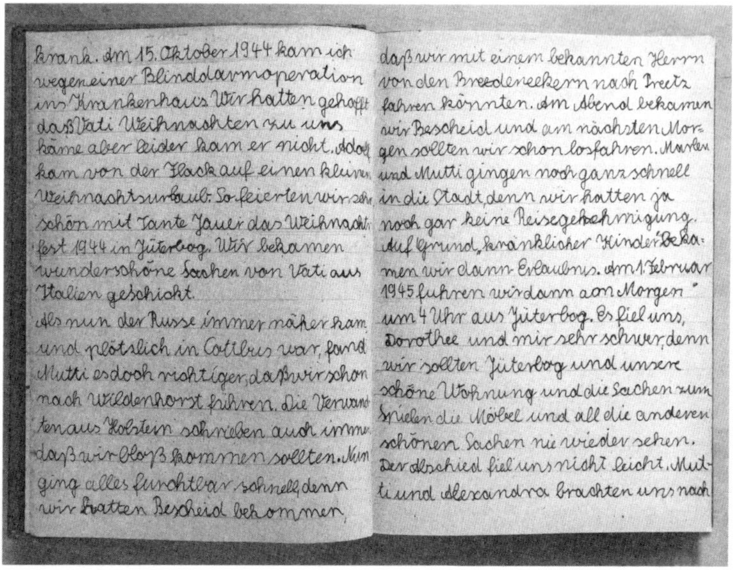
krank. Am 15. Oktober 1944 kam ich
wegen einer Blinddarmoperation
ins Krankenhaus. Wir hatten gehofft
daß Vati Weihnachten zu uns
käme aber leider kam er nicht. Adolf
kam von der Flack auf einen kleinen
Weihnachtsurlaub. So feierten wir sch
schön mit Tante Jauer das Weihnacht-
fest 1944 in Jüterbog. Wir bekamen
wunderschöne Sachen von Vati aus
Italien geschickt.
Als nun der Russe immer näher kam
und plötzlich in Cottbus war, fand
Mutti es doch richtiger, daß wir schon
nach Wildenhorst führen. Die Verwand-
ten aus Holstein schrieben auch immer
daß wir bloß kommen sollten. Nun
ging alles furchtbar schnell, denn
wir hatten Bescheid bekommen,

daß wir mit einem bekannten Herrn
von den Breedeneekern nach Preetz
fahren könnten. Am Abend bekamen
wir Bescheid und am nächsten Mor-
gen sollten wir schon losfahren. Marlen
und Mutti gingen noch ganz schnell
in die Stadt, denn wir hatten ja
noch gar keine Reisegenehmigung.
Auf Grund „kränklicher Kinder" beka-
men wir dann Erlaubnis. Am 1. Februar
1945 fuhren wir dann am Morgen
um 4 Uhr aus Jüterbog. Es fiel uns,
Dorothee und mir sehr schwer, denn
wir sollten Jüterbog und unsere
schöne Wohnung und die Sachen zum
Spielen die Möbel und all die anderen
schönen Sachen nie wieder sehen.
Der Abschied fiel uns nicht leicht. Mut-
ti und Alexandra brachten uns nach

Tagebuch meiner Mutter, 1945

Mädchenschrift auf den ersten Blick ihre eigene. Der erste Eintrag stammte von 1945, als sie knapp elf Jahre alt war – genauso alt wie ich selbst, als ich mit dem Schreiben meines eigenen Tagebuchs begann. Ich sah sie ungläubig an und brachte kein Wort heraus, so überrascht war ich vom unverhofften Auftauchen dieses Schatzes und von dem völligen Fehlen jeder rührseliger Anwandlung bei ihr. Was genau ging in ihr vor? Einfach nur Desinteresse? Oder hatte sie sich von ihrem elfjährigen Selbst abgespalten?

Die ersten Seiten waren mit Erinnerungen an Ereignisse des vergangenen Jahres ausgefüllt: eine Harzreise, auf der sie Erdbeeren gesammelt und Verwandte besucht hatte; der Tod ihres heiß geliebten Großvaters und wie sein Sarg auf ein Fuhrwerk geladen und von 25 Spalier stehenden russischen Kriegsgefangenen, die auf seinem Landgut arbeiteten, feierlich verabschiedet worden war; Geschenke, die der Vater ihr zu Weihnachten 1944 aus Italien geschickt hatte, nachdem er keinen Urlaub erhalten hatte. Und dann dieser Tag, an dem alles anders wurde als zuvor: der 1. Februar 1945.

Als nun der Russe immer näher kam und plötzlich in Cottbus war, fand Mutti es doch richtiger, daß wir schon nach Wildenhorst führen. Die Verwandten aus Holstein schrieben auch immer, daß wir bloß kommen sollten. Nun ging alles furchtbar schnell, denn wir hatten Bescheid bekommen, daß wir mit einem bekannten Herrn von den Bredeneekern nach Preetz fahren könnten. Am Abend bekamen wir Bescheid und am nächsten Morgen sollten wir schon losfahren. Marlen und Mutti gingen noch ganz schnell in die Stadt, denn wir hatten ja noch gar keine Reisegenehmigung. Auf Grund ›kränklicher Kinder‹ bekamen wir dann Erlaubnis. Am 1. Februar 1945 fuhren wir dann am Morgen um 4 Uhr aus Jüterbog. Es fiel uns, Dorothee und mir sehr schwer, denn wir sollten Jüterbog und unsere schöne Wohnung und die Sachen zum Spielen die Möbel und all die anderen schönen Sachen nie wieder sehen. Der Abschied fiel uns nicht leicht. Mutti und Alexandra brachten uns nach Berlin. Mutti besorgte noch einige Sachen, während Dorothee, Alexa und ich im Hotel Excelsior aßen und dann auf Mutti warten mußten. Als Mutti gekommen war, aß Mutti noch schnell eine Schnitte Brot und dazu einen Teller Suppe und dann gingen wir zum Lehrter Bahnhof. Wir gingen erst mit Alexandra, unserer Russin, auf den Lehrter Bahnhof, wo sie mit dem Gepäck wartete. Dorothee wartete auch auf dem Bahnhof, denn sie konnte nicht in ihren Schuhen laufen. So gingen Mutti und ich zu Herrn Kröbels, so hieß der Mann, mit welchem wir fahren sollten, Büro. Dummerweise war er schon zum Bahnhof gegangen. Seine Sekretärin sagte uns, daß er einen Rucksack auf dem Rücken trüge, mit ungefähr 6 Taschen … Mutti fragte einen Bahnbeamten, ob man seinen Name nicht ausrufen könnte. Der Mann sagte aber nein und fragte einen Herrn mit einem Rucksack, ob er der Dr. Kröbel wäre. Er sagte ja und so hatten wir den Richtigen gefunden. Dann stiegen wir in den Zug, denn es wurde höchste Zeit. Wir sagten Mutti auf Wiedersehen und konnten gar nicht mehr ans Fenster kommen, denn der Zug war überfüllt gewesen.

Das Bleigewicht im Mantelsaum war darin mit keinem Wort erwähnt. Auch nicht das Entsetzen, als sie von ihrer Mutter getrennt wurde, obwohl sie sich daran Jahrzehnte später noch erinnern sollte.

Eine der ersten Folgen eines Traumas ist, dass es einem die Sprache verschlägt: Unfähigkeit, dem Erlebten Ausdruck zu verleihen. Ursache dafür ist ein Außerkraftsetzen der linken Gehirnhälfte – der das Sprachverstehen und das mathematisch-logische Denken zugeordnet wird – während eines Schockerlebnisses, weshalb die Betroffenen unter Umständen schreien, jammern, wild fluchen oder vor Angst heulen. Die Unfähigkeit zur Artikulation kann danach für unbegrenzte Zeit fortwirken.

Weil die Traumatisierung oft in einer Situation geschieht, in der ein Mensch entscheidungs- und handlungsunfähig war, wird mitunter das Selbstgefühl beschädigt. Damit einher geht ein Autonomieverlust, der es den Betroffenen später schwer machen kann, Entscheidungen zu treffen oder ihr Leben in die eigenen Hände zu nehmen, weshalb sie Halt bei anderen suchen. Die Kampf-, Flucht- oder Angststarre-Reaktion, ursprünglich überlebenswichtige Taktiken in akuter Bedrohung, kann sich verstetigen und den Körper in einem anhaltenden Zustand gesteigerter Wachsamkeit gefangen halten oder zu plötzlicher Abstumpfung führen, was im ersten Fall jede Entspannung und im zweiten den Bezug zu eigenen Gefühlen und Empfindungen verhindert. Zornausbrüche, Kontrollverlust, gesteigertes Misstrauen und geringes Selbstwertgefühl können daraus entstehen und in den Betroffenen ein Empfinden von Verletzlichkeit sowie ein Misstrauen gegenüber den eigenen Gefühlen bewirken. Eine Angst vor emotionaler Nähe und Verbundenheit mit anderen kann sie dazu nötigen, in unglücklicher Einsamkeit Zuflucht zu suchen.

Einige dieser Folgeerscheinungen eines Traumas erkannte ich bei meiner Mutter wieder. Schwach ausgeprägtes Selbstwertgefühl und mangelndes Selbstvertrauen verbargen sich hinter manchen ihrer Verhaltensweisen. Da war ihre Abneigung gegen jedes Innehalten und Entspannen. Auch rang sie bisweilen sehr um die Zustimmung anderer Menschen. Dann wieder trieb ihre Direktheit und leidenschaftliche Empörung über die Beamtenmentalität sie zu erstaunlichen – und unterhaltsamen – Extremen wilder Entschlossenheit. Beispielsweise brachte sie uns bei, wie man sich gegen Autoritäten und vermeintliches Unrecht behauptete, indem man sich den Menschen in der Machtposition splitternackt vorstellte. Ihr Ansatz war äußerst effektiv, beispielsweise als ich einmal beinahe vom Internat geflogen wäre.

Für dessen neue Direktorin, eine ausgesprochen leistungsgetriebene Feministin, waren mein immer ungebührlicheres Verhalten und meine rebellische Einstellung nicht länger hinnehmbar. Nach einigem Ärger wegen eines Paars verbotener Stöckelschuhe und fluchender Widerworte gegenüber einer Lehrerin rief sie an einem Wochenende, das ich zu Hause verbrachte, meine Eltern an und teilte ihnen mit, dass man mich in der Schule nicht mehr sehen wolle. Darauf antwortete meine Mutter, die diese verkrachte Schulgören-Version meiner selbst nicht in Übereinstimmung mit der Tochter bringen konnte, die sie kannte: »Kommt überhaupt nicht infrage!«, und erklärte unmissverständlich, dass sie mich eine Woche später zurück zur Schule bringen und keine Widerrede dulden werde. Und sie stand zu ihrem Wort.

Doch nicht einmal sie konnte meinen späteren Rausschmiss aus dem Kolleg verhindern, für das ich mich nach dem Abgang vom Internat ab der 10. Klasse entschieden hatte, um dort mein Abitur zu machen. Diese Schule war erfrischend liberal, aber mein häufiges Schwänzen und unverhohlenes Desinteresse an den gewählten Fächern ließ den lange duldsamen Lehrern keine andere Möglichkeit. Ich wurde von der Schule relegiert – und durfte sie nur noch betreten, um Prüfungen abzulegen. Es war mir egal. Inzwischen hatte ich herausgefunden, dass allein die Kunst mit ihrer verrückten Vernunft mir irgendetwas zu sagen hatte. Sobald ich das farbverschmierte Schulatelier mit den klapprigen Staffeleien und dem Geruch nach Ölfarben betrat, wichen alle Selbstzweifel von mir. Dort durften und sollten sogar die Gedanken wandern, Horizonte dehnten sich, und Gefühle fanden zu einer Form mit Konturen und Farben. Die Kunsterzieher erkannten etwas in mir, das niemandem zuvor aufgefallen war. Ermutigt von ihrer Anregung und Unterstützung, arbeitete ich kühn und mit großer Geste und entdeckte meine Kraft.

Außerhalb des Ateliers fühlte ich mich wie ein Sonderling. Missverstanden und kritisch gegenüber den Wertvorstellungen meines Umfelds suchte ich mehr und mehr die Nähe von Rebellen und Antihelden, die mit dem Gesetz in Konflikt gerieten. Eine düstere Stimmung überkam mich, als das glückliche Mädchen meiner Kindheit verschwand. Mit sechzehn Jahren fiel ich in der Einsamkeit meines Jugendzimmers zu Hause in meine erste tiefe Depression.

Die Welt verblasste zu matten Grautönen, meine Gefühle waren wie betäubt. Nichts hatte noch irgendeine Bedeutung oder einen Wert. Ich spürte deutlich, welche Art Mensch ich sein konnte, aber etwas stand mir im Weg, hielt mich zurück, zerrte mich nieder. Mir war, als verhärtete ein Teil von mir zu einem undurchdringlichen Klotz, an dem die verliebten Avancen der Jungs ebenso abprallten wie die Sorgen derjenigen, die mir am nächsten standen. Hinter der steinernen Fassade rang ich schwer mit mir selbst.

Das war weitaus mehr als nur ein Auf und Ab der Hormone oder ein jugendliches Unbehagen. Ohne dass es mir klar war, bildete ich charakteristische Symptome eines Traumas aus, aber da es dafür keinen offensichtlichen Grund gab, tat ich, was viele Jugendliche tun: Ich gab meiner Mutter die Schuld an allem.

3

Ein Herz hinter Gittern

Wenn du ein Schiff bauen willst, dann trommle nicht Männer zusammen, um Holz zu beschaffen, vergib keine Aufgaben und teile keine Arbeiten ein. Sondern lehre sie die Sehnsucht nach dem weiten, endlosen Meer.

Antoine de Saint-Exupéry, *Die Stadt in der Wüste*

Von der Oberschule ging ich 1982 mit ein paar sehr mäßigen Noten und einer wenig hilfreichen Einstellung zu praktisch allem ab. Was mir blieb, war eine Sehnsucht, die Welt zu erkunden, und die Bereitschaft, mich auf den nächsten Abschnitt meines Lebens einzulassen.

Kunst war für mich wie selbstverständlich das nächstliegende Studienfach. Meine Eltern, die einsahen, dass ich talentiert war und dass all meine Leidenschaft der Kunst galt, stimmten einem dreimonatigen Kunstgeschichte-Kurs in Florenz zu und bezahlten ihn auch. Mit zwei Freundinnen wohnte ich in den Zimmerfluchten einer alten Villa, die unter schweren Möbeln und riesigen bestickten Lampenschirmen ächzte. Wir spazierten durch die Straßen und waren überwältigt von den Kirchen im Kerzenschein und dem spätsommerlichen Getriebe auf den bunten Märkten und Plätzen. Ich schlürfte *cappuccini* und konnte mich an den Madonnen mit ihren Heiligenscheinen nicht sattsehen, aber ich fühlte mich ebenso angezogen von den dunkel-exotischen, olivhäutigen jungen Leuten auf der Piazza della Signoria. Das waren größtenteils Drogensüchtige, aber mit ihren langen Locken, ihrem Silberschmuck und den tief sitzenden schwarzen Jeans waren sie in meinen Augen der Inbegriff einer aufmüpfigen Bohème, die auf mich eine große Faszination ausübte. Überhaupt verkörperten sie für mich ein Leben außerhalb aller Konventionen und ihr Anblick verursachte bei mir einen erregenden Schauder, den ich bisher nur vom Fahren auf einem schnellen Motorrad im Minirock her kannte. Und überhaupt: Wo auch immer etwas Gefährliches lockte – ich war bereit.

Als mich einer dieser Leute zwei Wochen nach der Ankunft auf einen Kaffee einlud, nahm ich ohne Zögern an. Sein Name war Ivano. Er war Student, wie er sagte. Wir plauderten über einem viel zu süßen – und, wie sich herausstellte, mit irgendwelchem Zeug versetzten – Espresso, und danach begleitete er mich zum Unterricht, wo mir in den folgenden zwei Stunden ahnungsweise klar wurde, dass mein Kopf unkontrollierbar wackelte und meine Handschrift in einem schräg über das Blatt wandernden Gekritzel zerlief.

Der Lehrer fragte, ob ich müde sei.

Alles gut, antwortete ich.

Ivano wartete schon auf mich, als ich wieder draußen war. Was danach geschah, weiß ich nicht mehr.

Meine Freundinnen erzählten, ich sei sechs Stunden später wieder aufgetaucht. Ein betrunkener Fremder hatte mich in üblem Zustand am anderen Ende der Straße gefunden und an das Tor unserer Villa gelehnt. Ich schien unverletzt, nur meine Geldbörse hatte jemand geleert. Die anderen zogen mich aus und legten mich ins Bett, während ich vor mich hin brabbelte, was ich alles Unglaubliches erlebt hatte.

Ich schlief zwölf Stunden lang und erwachte in einem Nebel des Vergessens, in dem sich allmählich einige Rückblenden abzeichneten: eine von gebrauchten Spritzen übersäte Straßenecke; Ivano mit einem Messer in der Hand, das er mir an die Kehle hielt und dabei sagte, das genau werde er mit jedem machen, der mir wehtun wolle; dass mein Geist wach war, aber mein Körper versagte; wie jemand mein T-Shirt hochzog; wie ich in einem großen Kreis von Leuten rund um ein Feuer saß; wie ich stolperte, hinfiel und einen betrunkenen Mann wegstieß. Und dann kam nichts mehr.

Bis heute sehe ich diese Abfolge von Bildern vor mir wie einen Film und ohne jede eigene Verbindung zur Hauptrolle. Ich fühlte mich nie erschrocken, sondern höchstens etwas mitgerissen und sogar freudig erregt über mein Eintauchen in die Unterwelt. Dennoch wurde daraus später das traumatische Ereignis, an dem ich selbst und andere meine sich verstärkenden Symptome festzumachen versuchten. Nur wollten sie daran einfach nicht haften. Denn das Drama, unter Drogen gesetzt, ausgeraubt und sexuell missbraucht worden zu sein, taugte zwar als Erklärung für meine Probleme. Aber ich wusste im tiefsten Inneren, dass diese Probleme ihren Ursprung sehr viel früher hatten.

Als ich nach meinem Studienaufenthalt aus Italien zurückkehrte, hatte ich den Kopf voller eindringlicher Bilder vom Freskenschmuck an den Mauern von Kirchen, Klöstern und Mönchszellen. Ich begann eine Malerlehre, bei der ich Techniken der Farbmischung und den Umgang mit Farbeffekten lernte, wie sie in den Achtzigern angesagt waren. Mit frühreifer Selbstsicherheit machte ich mich in London selbstständig und begann, mich mit unterschiedlichem Erfolg durch die Wohnungen meiner Kunden zu wischen, zu schmieren und zu tupfen. Um mein Einkommen aufzubessern, organisierte ich eine erste Einzelausstellung eigener Fotografien, die ich auch in Volkshochschulkursen selbst zu rahmen gelernt hatte, und fuhr auf meinem Moped von einer Galerie und Redaktion zur nächsten, um meine Einladungen persönlich zu übergeben. Mein Ziel war, genug Geld für ein Flugticket und eine Reise rund um die Welt zu verdienen.

Mit dem, was sich meine Mutter für ihre Töchter wünschte, nämlich einem soliden Beruf und einem zweiten Leben als Gesellschaftsdame, auftoupiert wie ein Windbeutel und im Taftseidenkleid mit einem charmanten Gatten im Schlepptau, konnte ich rein gar nichts anfangen. Und so hoffte ich, dass ich durch Reisen zu fernen Kontinenten nicht nur den äußeren Zwängen meines Elternhauses und den Erwartungen an meine Herkunft, meine Nationalität und mein Geschlecht entrinnen, sondern mich auch von der Beklemmung befreien konnte, die mein Inneres ausfüllte. Diese Beklemmung hatte weder Namen noch Form. Sie waberte in mir herum wie ein fernes Echo und nährte in mir auf perfide Art das Gefühl, dass etwas nicht stimmte. Eine strenge Stimme mahnte wieder und wieder, dass ich ein schlechter Mensch sei, dass das Glück nur zu denen komme, die es auch verdienen, und dass ich nicht zu diesen Menschen gehöre. Herrisch forderte sie Abbitte, verriet mir aber nie, wofür ich sie leisten sollte. Überging ich die Stimme, so wurde ich dafür mit einem lähmenden Gefühl bestraft, nichts wert zu sein, fühlte mich undankbar und schuldig.

Ich war von Natur aus risikobereit, und so zog es mich hin zu Erlebnissen abseits der ausgetretenen Pfade. Ich folgte dabei einer stillen inneren Peilung, einem wohlmeinenden Lehrer in Sachen Kühnheit, der mich in gefährliche Situationen manövrierte und dann wie ein Pfadfinderführer es mir selbst überließ, einen Ausweg zu finden. Ich lernte schnell, meine Überlebensinstinkte fein abzustimmen. Ich erkannte, dass Zuhören und besonnenes Handeln Macho-Männer wirksamer entwaffnen und für mich einnehmen konnten, als in die Defensive zu gehen.

Einmal saß ich auf der Rückbank eines Jeeps fest, während die beiden Männer vor mir sich beratschlagten, wie sie mich vergewaltigen und verschwinden lassen konnten. Sie glaubten ganz offensichtlich, dass ich von ihrem Gespräch nichts verstand. Ich unterdrückte den natürlichen Impuls zum Schreien und Fliehen. Stattdessen lauschte ich mir selbst, wie ich kindliches Staunen über die wunderschöne Landschaft äußerte und voll überschäumender Vorfreude von einem (erfundenen) Geburtstagsfest bei meinen Freunden redete, die mich am selben Nachmittag erwarteten. Ich konnte den beiden geradezu ansehen, wie meine vermeintliche Unschuld ihnen auf die Nerven ging und sie allmählich von ihrem

Vorhaben abbrachte. Dass mir das wirklich gelungen war, wusste ich aber erst am Ende einer ganzen Stunde bangen Durchhaltens, als wir in ihrem Dorf ankamen. Sie sagten, ich solle im Auto warten. Kurze Zeit später kamen sie mit einer Schar singender Dörfler zurück. Sie sangen so etwas wie »Happy Birthday« für mich. Ich hatte keine Ahnung, wie es dazu gekommen oder woher die schützende Blase innerer Ruhe und Klarheit über mich gekommen war. Doch ich wusste, dass ich eine psychische Stärke entdeckt hatte, die mir über Schwierigkeiten hinweghalf.

Nach einem Jahr unterwegs musste ich meine schwindenden Geldreserven aufstocken. Ich reiste nach Sydney – einer Stadt voller sonnengebräunter Leiber und unendlicher Möglichkeiten – und fand eine Vollzeitanstellung als Theater- und Wandmalerin. Nach außen hin ging ich über vor Selbstvertrauen und zog draufgängerisch-optimistisch gute Aufträge an Land, noch während ich das Handwerk erlernte, und geriet so öfter in haarige Situationen, etwa wenn Vorhänge und Autos mit Farbe bekleckert waren oder Kunstwerke in großen Schollen von der Leinwand bröckelten, als sie zum Transport aufgerollt wurden.

Zu meiner großen Enttäuschung ermöglichte es eine Wohngemeinschaft mit drei neuen Freunden meinem inneren Quälgeist, mich im neuen Leben wieder einzuholen. Erneut wurde ich von lähmender Selbstkritik und Schuldgefühlen überwältigt und von einem Bedürfnis getrieben, mein Recht auf ein Dasein erst zu verdienen. Ungerechtigkeiten in der Welt versetzten mich in rasenden Zorn, und ich musste um alles in der Welt dagegen angehen. Ich wütete gegen das Leid der südamerikanischen Indios und dagegen, dass die Rechte der australischen Ureinwohner mit Füßen getreten wurden, verbreitete Petitionen gegen McDonald's und seine ausgemergelten Kühe in Mexiko, verteilte übrig gebliebenes Essen an Obdachlose. Ich hielt mich selbst auf Trab, indem ich von früh bis spät arbeitete und dann oft noch abends als Kellnerin oder Kostümassistentin einsprang.

Meine neuen Freunde rieten mir, mich locker zu machen und sanfter zu mir selbst zu sein. Ich befolgte ihren Rat. Ich fuhr per Anhalter die Ostküste entlang Richtung Norden und schlug mich mit fünf »Ockers« – wilden, grobschlächtigen Männern mit Gewehren und Messern und Geländewagen so stark wie Panzer – durchs Outback. Wir holperten in furchtbarer Hitze über buckliges Gelände, umgingen sorgsam die Zaunpfähle des Gesetzes, hausten in Wohnwagen voller Fliegen an einer türkisfarbenen Flussmündung.

Von Berufs wegen bauten sie an einer Brücke. In ihrer Freizeit warfen sie gestohlene Dynamitstangen in krokodilverseuchte Flüsse, um dann mit dem Kescher die toten Fische von der Wasseroberfläche zu sammeln. Sie schossen auf Kängurus und brieten ihre Keulen am Feuer. Von der Polizei gejagt, rasten sie mit ihren Autos ohne Licht hinaus in die völlige Finsternis. Ich fand Mittel und Wege, ihr frauenfeindliches Gerede zu minimieren, und brachte sie so weit, ihr Muskelgeprotze und ihr Maulheldentum zu mäßigen, sodass am Ende sogar überraschend zarte Seiten zum Vorschein kamen. Ich war 22 und fühlte mich innerhalb der männlichen Aura knallharter Raubeine merkwürdig wohl: Als Räuberbraut Bonnie gefiel ich mir in diesem Tross von Clydes und durchkämmte die Wildnis nach Abenteuern.

Es dauerte aber nicht lange, bis ich viel zu viel kiffte und trank. Ich fuhr per Anhalter die mehreren Tausend Kilometer zurück in die Stadt, begann wieder zu arbeiten und das Leben einer emanzipierten Frau zu führen. Doch ich war längst gefangen in einem Kreislauf aus grasinduzierter Beseeltheit und Klarheit und der auf den Drogenrausch folgenden Paranoia, inneren Leere und Apathie. Was immer mir in diesem Zustand begegnete, verurteilte ich gnadenlos. Hin- und hergerissen zwischen dem Nervenkitzel eines Lebens an den Rändern der Gesellschaft und meinem inneren Drang, Gutes zu tun, erstarrte ich in Unentschlossenheit. Mein Motor lief, aber niemand saß am Steuer.

Erst als mir ein Buch über Reinkarnation aus einem Ladenregal vor die Füße fiel, entdeckte ich eine Sprache und Begriffe und Denkmöglichkeiten, auf die ich unmittelbar ansprach. Auf der Suche nach Antworten auf meine Fragen buchte ich eine zehntägige Vipassana-Schweigemeditation in einem Retreat in den Bergen außerhalb von Sydney.

Es war die Hölle.

Während der ersten vier Tage machte ich einen schweren körperlichen Entzug durch. Noch schlimmer war, dass wir von morgens bis abends still sitzen und ohne jede Ablenkung unser eigenes extremes Unbehagen betrachten mussten. Ich erlebte weder Wellen von Glücksblasen, die durch meinen Rumpf rieselten, noch wurden mir irgendwelche epochalen Einsichten zuteil. Stattdessen nickte ich öfter ein. Erst im Nachhinein merkte ich, wie gut mir die Auszeit getan hatte. So war ich danach bereit, mich von der Droge zu lösen, die mir eine Flucht aus der inneren Unruhe ermöglicht hatte. Und ich wusste, was ich als Nächstes tun wollte. Ich hatte einen Plan, der auf all meinen bisherigen Erfahrungen, Interessen und Fertigkeiten aufbaute. Er bestand darin, die zwei Herzen in meiner Brust zu vereinen, mein eigenes inneres Zerwürfnis zu beenden und damit auch anderen zu helfen. Blitzschnell, wie es nur der Glaube an eine Sache möglich macht, ging ich an die Umsetzung meines Vorhabens.

Ich weiß nicht mehr im Einzelnen, auf welchen Wegen ich zum Eingang von Sydneys größtem Knast gelangte. Jedenfalls pochte ich dort nun mit meiner Mappe unter dem Arm an die Tür, nachdem ich angeboten hatte, den Häftlingen Unterricht in Wandmalerei zu geben. Auch war das nicht mein erster Besuch in einem ausländischen Gefängnis. Der hatte zuvor in der bolivianischen Hauptstadt La Paz stattgefunden. In der Jugendherberge, in der ich damals übernachtete – einem baufälligen Haus aus Kolonialzeiten mit einem großen Innenhof, aus dem alle Farbe gewichen war –,

war mir im Foyer ein Aushang aufgefallen. Darin wurden die Gäste gebeten, drei wegen Kokainschmuggels im Gefängnis San Pedro einsitzende Europäer zu besuchen. Da ich seit Langem von Geschichten wie *Papillon* oder *Midnight Express (12 Uhr nachts)* und von allem fasziniert war, was in den »bösen Buben« so vorging, ließ ich mich sofort darauf ein.

Das Gefängnis in La Paz war eine kleine Barackensiedlung mit einem emsigen Getriebe von Häftlingen und deren Angehörigen, die tagsüber Besuchsrecht hatten und wie auf einem Wochenmarkt ihre Stände aufbauen durften. Einer der drei Europäer war ein Däne, dem das weiße Pulver schon aus der Nase krümelte. Er holte mich ab und gab mir eine Führung durch die Anstalt. Jeder Häftling, erklärte er, musste sehen, dass er irgendwo einen freien Platz ergatterte, und dafür bezahlen. Jeder musste aus Resten von Pappe und Sackleinen seine eigene Zelle zusammenflicken.

Ein rundes Wasserbecken in der Mitte des größten Innenhofs diente als Spüle, Waschküche und Badewanne. Stufen führten hinunter ins Wasser. Es war schwarz vor Dreck. Bunte Wäsche flatterte wie Wimpel an dem Handlauf rundherum. Am schlimmsten von allem war aber die Strafzone: ein enger Schlauch zwischen der Außen- und Innenmauer der Anlage mit einem schmalen Himmelsband darüber. Nur im Sommer schien mittags für kurze Zeit die Sonne herein. Im Winter gab es dort nicht einen Funken Sonnenlicht, sodass die bestraften Häftlinge sich wie Pinguine gegen die Eiseskälte zusammendrängten.

Das zweite Gefängnis, das ich von innen sah, war in Quito, Ecuador. Die Atmosphäre von San Pedro hatte einen tiefen Eindruck in mir hinterlassen, mich aber keineswegs abgeschreckt, sondern nur meinen unerklärlichen inneren Drang zur Auseinandersetzung mit dem Wesen von Sühne und Gefangenschaft verstärkt. Auch erwies es sich als überraschend einfach, Zugang zu lateinamerikanischen Gefängnissen zu erlangen. Quito war nur eine weitere dieser schmierigen und finsteren, überfüllten Gewalt-

und Drogenhöllen mit winzigen vergitterten Fenstern in wuchtigen Mauern. Männer liefen mit kalten und leeren Blicken ziellos auf und ab. Die Gänge waren verunstaltet von Gekritzel, und die Farbe blätterte von den Wänden. Ratten tanzten auf den Wasserrohren. Hinter verriegelten Stahltüren lagen die Häftlinge in ihren Zellen auf Betonpritschen und warteten – auf nichts. Irgendetwas Tröstliches suchte man vergeblich. Stattdessen herrschte eine Stimmung andauernder, akuter Bedrohung.

Das Long Bay Gaol, eine der berüchtigtsten Haftanstalten Australiens, war also mein dritter Knast. Ich war nicht aufgeregt, während ich draußen auf die Wachleute wartete, und ließ die Szenerie auf mich wirken: den großen Haupteingang, eingelassen in eine senfgelbe Klinkermauer, dazu überdachte Wachtürme, die in der grellen Sonne dastanden wie unbeteiligte Besucher. Nach dem Eintreten und Überqueren eines Innenhofs fiel ein weiteres wuchtiges Tor hinter mir ins Schloss, trennte uns vollständig von der Außenwelt und schob uns in einen finsteren, mit grüner Lackfarbe ausgemalten Gang. Die Augen der Insassen folgten uns ohne jede Rücksicht auf Anstand und in derselben Art, die ich aus den Gefängnissen in Lateinamerika schon kannte. Ich lächelte, aber meine intuitive Freundlichkeit wurde nicht erwidert.

Wir machten kurz halt in einer Kunstwerkstatt voll farbverschmierter Papierbogen, und für einen Moment stellte sich Vertrautheit ein. Gleich darauf ging es weiter, nun in Begleitung des Kunstlehrers. Wir querten einen weiteren Innenhof, in dem Scharen tätowierter Männer mitten im Gespräch verstummten und mit runzelstarren Stirnen jede unserer Bewegungen beargwöhnten. Unvermittelt blieb ich stehen, weil mir eine Reihe wunderschöner Wandmalereien hoch über ihnen an der Giebelwand des Gebäudes aufgefallen war: ein dichter Dschungel, ein palmengesäumter Strand, nackte Menschen, sogar Gottes Hand, die sich, angelehnt an Michelangelos berühmte Schöpfungsdarstellung, nach Adam ausstreckte. Ich erfuhr, dass der Schöpfer dieser Wandmalereien

Teil der Gruppe von Häftlingen war, die man für mein Projekt ausgewählt hatte.

Schließlich gelangten wir zu meiner »Leinwand« – einer weißen, hier und da mit frei schwebenden, unfertigen und schlecht gemalten Darstellungen von sportlichen Tätigkeiten bemalten Wand. Ich war daran gewöhnt, auf Leitern in schwindelerregende Höhen zu steigen und großformatig zu malen. Aber diese Wand steigerte die Begriffe »hoch« und »breit« in ganz andere Größenordnungen. Da fiel mir eine kleine Gruppe von Häftlingen auf, die hinter einem Wärter auf mich zugeschlurft kam. Das war mein Trupp: zwei brasilianische Kokainschmuggler, ein Mörder und ein Bankräuber. Ich fühlte mich in dieser Gesellschaft sofort pudelwohl.

Im Lauf der kommenden Wochen wurde deutlich, dass die armselige Auswahl eingetrockneter Farben und viel zu dünner Pinsel der Aufgabe ebenso wenig entsprach wie die Teilnehmer und die Lehrerin. Doch die Stunden unter der heißen Sonne boten wertvolle Gelegenheiten zum Reden, für die Männer wie für mich. Von dem schon bekannten Wandmaler erhielt ich einen Schnellkurs im Verbrechertum, denn der belesene, denkfreudige und wache Geist dieses Mannes hatte die dunkle Seite der menschlichen Natur längst gründlich ausgeleuchtet. Unser Gespräch ging danach noch jahrelang in Form langer Briefe weiter.

Eines Nachmittags fragte ich ihn, wie ein Mensch böse wird. Er antwortete: »Angela, ich sitze jetzt seit zwölf Jahren im Gefängnis, und mir ist noch nie ein Mann begegnet, der ein Verbrechen aus üblen Absichten begangen hätte.« In den Jahrzehnten danach fand ich immer wieder Gründe, diese Behauptung infrage zu stellen, aber zugleich war sie grundlegend für meine spätere Arbeit.

Auch aus heutiger Sicht kann ich ehrlich sagen, dass ich nie Angst hatte, mit diesen Männern allein gelassen zu werden, und es kam mir auch nie in den Sinn, sie zu verurteilen. Im Gegenteil empfand ich ihre Gegenwart als Erleichterung und hatte dabei das merkwürdige Gefühl, zu mir zu kommen. In ihren Geschichten vom Eingesperrtsein und von Schuld erkannte ich einen Teil von mir selbst wie in einem Spiegel, auch wenn ich damals nicht in der Lage war, das adäquat auszudrücken. Ich konnte auch keine Verbindung zwischen ihrer Schuld an realen Verbrechen und meinen eigenen, scheinbar grundlosen Schuldgefühlen ausmachen. Aber in diesem Kerker hoch über Sydney jubelten alle Zellen meines Körpers einstimmig über die Berufung, die ich dort gefunden hatte.

»Das ist es«, tönten sie, und ich war einverstanden: »Ja, das ist es. Genau das will ich aus meinem Leben machen.«

Ich war 23 und hatte meinen Platz im Leben gefunden: Eingesperrt mit den Schuldigen verwandelte ich Schuld in Rehabilitierung und Wiedergutmachung durch Kunst. Im Labyrinth aus weißen Wänden und verworrenen Seelennöten konnte ich nicht nur als Wandmalerin dazulernen, sondern auch noch etwas Sinnvolles tun.

Aber um meine Sache gut zu machen, musste ich noch einiges lernen.

Ich ging zurück nach England und schrieb mich für das einzige einschlägige Studium ein, das ich finden konnte: einen dreijährigen Lehrgang in Kunsttherapie. Meine Eltern standen meinen Lebensentscheidungen eher ratlos und skeptisch gegenüber. So viele meiner Freundinnen und Altersgenossen folgten bereitwillig dem ausgeschilderten Weg Richtung Ehe, Kinder, Hypothek und häuslichem Glück. »Warum willst du mit Häftlingen arbeiten und nicht mit Leuten, die Zuwendung eher verdienen, wie Krebskranken oder Kindern?«, fragte meine Mutter, während mein Vater über meine hochfahrenden Pläne, die Strafjustiz mithilfe der Kunst zu reformieren, stumm verzweifelte.

Dennoch waren beide entschlossen, jedem ihrer Kinder eine höhere Bildung zu ermöglichen, und finanzierten mein Studium großzügig.

Der Unterricht fand im ländlichen West Sussex statt und beruhte auf den Lehren von Rudolf Steiner und dessen ganzheitlicher

Sicht auf den Menschen als seelisch-geistiges Wesen. Steiner hatte die spirituelle Welt mit wissenschaftlicher Strenge untersucht, griff aber auch auf den Wissensfundus archaischer Gesellschaften zurück, sich bewusst distanzierend von der rationalistischen westlichen Weltsicht des modernen Menschen, die Geist und Körper weitestgehend trennte. Die daraus entwickelte Philosophie – Anthroposophie – verschmolz östliche und westliche Traditionen und umfasste ein breites Themenspektrum: von der Bildung über Architektur, Landwirtschaft bis hin zur medizinischen Heilkunst. Jedes Unterrichtsfach wurde den Waldorfschülern durch einen mehrdimensionalen Zugang lebendig. Wir beschäftigten uns mit Auffassungen von Gut und Böse in antiken und archaischen Kulturen und Religionen. Wir verfolgten die Entwicklung des menschlichen Bewusstseins anhand von Artefakten aus den Kulturen der Welt. Und mir schien es, als schwebte mein Geist, beflügelt von all dem inspirierenden neuen Wissen, in den siebten Himmel.

Unter Anleitung erkundeten wir die Welt der Farben und alltägliche Redewendungen, etwa wenn wir »rotsehen«, »den Blues kriegen« oder »vor Neid grün anlaufen«. Wir wurden angehalten, Hunderte derartige Ausdrücke auf die ihnen zugrunde liegende Wahrheit zu untersuchen. Beim Schauen durch ein Prisma konnten wir erkennen, wie ein Regenbogen dort entsteht, wo Licht und Dunkel aufeinandertreffen. Unsere schwankenden Gefühlszustände wurden als das »Wetter der Seele« aufgefasst, Erkrankungen von Körper und Geist als Folge von Unausgeglichenheit oder Fixierungen auf bestimmte Gedanken oder Menschen dargestellt.

Wir übten uns in der Deutung von Gemälden von Kranken und darin, die Leiden dieser Künstler intuitiv zu erfassen. Besonders Letzteres gelang mir gut. Der Lehrgang erschien mir sinnerfüllter als alles, was ich je zuvor an einer Schule gelernt hatte. Nur gegen die vorgeschriebene Maltechnik des zarten Auftrags dünner Farbschichten rebellierte ich, und meine Lehrer sorgten sich angesichts destruktiver Ausbrüche, in denen ich mein Papier mit Farbsalven attackierte. Bis mir ein Gastdozent klarmachte, dass gute Kunst sich nicht im vollendeten Bild ausdrückt, sondern in der Wandlung der Menschenseele während des Schaffensprozesses. »Der Mensch selbst wird zum Kunstwerk«, erfuhr ich. Damit konnte ich etwas anfangen. Das war schließlich genau die Art von Arbeit, die ich in den Gefängnissen leisten wollte.

Doch einmal mehr hatte meine »Sesshaftigkeit« zur Folge, dass die alten Dämonen mich einholten. Diesmal wurden meine Seelenqualen auch von körperlichen Symptomen wie Magenkrämpfen, Menstruationsproblemen und Nahrungsmittelallergien begleitet, für die es aus Sicht der Schulmedizin keine erkennbaren Ursachen gab. Ich suchte Hilfe bei den damals neuen esoterischen Behandlungsmethoden und bei uralten Heilslehren von der Homöopathie über chinesische Kräuter und Aromatherapie bis zur Linderung durch Bachblüten. Ich schilderte verschiedenen Therapeuten und Heilpraktikern das zermürbende Gefühl, wie von unsichtbaren Kräften entzweigerissen zu werden. Ich sprach über den grauen Nebel, von dem ich mich umweht fühlte. Ich suchte Selbstheilung beim Essen, indem ich erst fastete und dann in mich hineinstopfte, was ging, um entweder Spannungen abzubauen oder Kräfte zu sammeln. Meine Stimmung schwankte zwischen höchster Euphorie und tiefster Niedergeschlagenheit. Ich meditierte und ging spazieren, arbeitete bis zur Erschöpfung und gab mir alle Mühe, nett, zuvorkommend, hilfsbereit zu sein. Ich konnte niemandem anvertrauen, dass ich mich nur mit äußerster Anstrengung aufrechthielt, dass ich am Rand eines Zusammenbruchs stand.

Exzessives Verhalten und Sucht sind manchmal Hinweise auf ein Trauma, das nach Auflösung oder Befreiung schreit. Manche Menschen verfallen in frenetische Aktivität und legen dann dramatische Abstürze hin. Andere flüchten sich ins Vergessen, ziehen sich still und heimlich zurück. So wie die Schmerztoleranz bei jedem Menschen unterschiedlich ist, liegen auch die Grenzen dessen, was wir seelisch ertragen können, bei jeder Person auf einem anderen Level. Und in beiden Fällen kann die Reaktion auf eine Grenzüberschreitung tödliche Folgen haben.

Wer nie einer Sucht erlegen ist, kann sich kaum vorstellen, was es heißt, einer bestimmten Substanz oder Verfassung so vollkommen ausgeliefert zu sein. Essstörungen müssen auf gesunde Menschen besonders abwegig wirken. Disziplin und Willenskraft allein sollten doch ausreichen, einem Wahn zu widerstehen, der einen dazu treibt, entweder haltlos Essen in sich hineinzustopfen oder zu hungern, bis man in Ohnmacht fällt! Noch eher vorstellbar ist für die meisten Menschen eine Abhängigkeit von Drogen, Nikotin oder Alkohol, weil diese Suchtmittel oberflächlich betrachtet mehr Befriedigung oder Spaß versprechen. Enthaltsamkeit, wie die Anonymen Alkoholiker und ähnliche Suchtgruppen sie propagieren, ist in diesen Fällen die Grundlage der Heilung. Auf Essen zu verzichten und trotzdem gesund zu bleiben ist jedoch unmöglich.

Als ich meinen absoluten Tiefpunkt erreichte, lebte ich in der Schweiz. Es war der Sommer 1991. Ich war einem Deutschen verfallen, den ich im letzten Jahr des Kunsttherapiestudiums kennengelernt hatte. Obwohl er sich weder zu mir bekannte noch besonders liebevoll war, folgte ich ihm unter dem Vorwand in die Schweiz, dort meine Farbforschung vertiefen zu wollen. Im Gefühl frischer Verliebtheit fiel eine Last von mir ab. Dass sich unter meinen Kleidern allmählich wieder die Knochen abzeichneten, hinterließ in mir das gute Gefühl, leicht, leer, stark und souverän zu sein. Während des Sommers blühte sowohl die Affäre als auch meine Forschungsarbeit auf. Schon im Herbst jedoch begann sich beides totzulaufen. Meine Essgewohnheiten veränderten sich. Ich fing an, maßlos Schokolade, Eis, Kekse und Brot, Drogen meines Irrsinns, zu vertilgen. Und irre wurde ich tatsächlich, als sich der Teufelskreis meines gestörten Essverhaltens über die folgenden Tage, Wochen und Monate noch verfestigte. Sobald ich aufwachte, konnte ich an nichts anderes denken als ans Essen. Ich musste meinen Körper mit genug essbarer Masse beschießen, um den Schmerz zu betäuben oder mich in den Rausch des Vergessens zu katapultieren. Darauf folgte eine Phase der Bestrafung mit Hunger, um gegen die Schuldgefühle anzukämpfen. Aus diesem Kreislauf auszubrechen war anscheinend unmöglich. In den seltenen hellen Momenten quälte mich folgende Vision meiner selbst: Ich saß aufgedunsen und schwabbelig hingefläzt in Schlappen auf einem Küchenstuhl, eine offene Keksdose in der Hand. Und das Schlimmste daran war: Ich war tatsächlich auf dem besten Weg, diesem Bild zu entsprechen. Dieser Zustand war greifbar real und fühlte sich grauenhaft an. Die Depression hüllte mich in ihren kalten grauen Mantel. Nur manchmal lupfte sich der Mantel ein wenig und gewährte mir einen flüchtigen Blick auf eine strahlende Zukunft, unmittelbar gefolgt von der quälenden Gewissheit, dass alles Gute für mich unerreichbar weit weg war. Ich spürte eine gellende Einsamkeit und Isolation von allem und jedem. Da war nur dieser gespenstische Begleiter, der mich verfolgte, heimsuchte, piesackte. Und eine Finsternis wie nie zuvor.

Ich sitze in meinem Auto.

Es regnet in Strömen. Die Scheibenwischer tun ihr Bestes, aber es gießt scheinbar von außen und innen zugleich. Ich weine so sehr, dass ich vor lauter Tränen fast blind bin. Immer weiter schlängle ich mich den Berg hinauf, überlege von Kurve zu Kurve, ob sie geeignet wäre – einem steilen Abhang nahe genug. Es muss mehr oder weniger senkrecht nach unten gehen. Ich darf das nicht vermasseln.

Bei jeder Kehre mache ich mich bereit, absichtlich nichts zu tun, nicht am Lenkrad zu drehen, einfach über die Kante zu fahren und in die Tiefe zu stürzen. Ein tragischer Autounfall. Niemand wird mehr leiden als nötig. Niemand wird sich etwas vorzuwerfen haben. Und ich werde erlöst sein von meinem Schmerz, selig befreit von meinem abscheulichen Körper und willensschwachen Geist, frei von Schande und Versagen.

Da kommt eine Haarnadelkurve auf mich zu.

Ich erstarre, und mit mir bleibt die Zeit stehen. Der Bruchteil einer Sekunde dehnt sich zur Unendlichkeit. Ich höre die Stimme einer Frau, sanft aber bestimmt, neben mir auf dem Beifahrersitz: »Ich will nichts als leben und bin tot. Du willst nichts als sterben, aber du lebst.«

Ich erkenne sofort die Stimme einer Freundin meiner Eltern, die Anfang desselben Jahres in einer Lawine umgekommen war – eine großartige, freisinnige Frau, die vor Lebendigkeit und Neugier sprühte. Sie hatte mich ernst genommen in einer Zeit, als ich mich wegen meiner unkonventionellen Lebensweise andauernd hatte rechtfertigen müssen. Sie verurteilte nicht. Sie machte mir Mut. Und jetzt, in diesem Moment, rettete sie mir das Leben.

Ich reiße das Lenkrad herum.

4

In der Falle der Vergangenheit

Unsere Toten sind nicht abwesend, sondern nur unsichtbar.

Augustinus v. Hippo

ICH WUSSTE SCHON IMMER, dass mein Großvater Soldat gewesen war. Sein Porträt auf dem Schreibtisch meiner Mutter und ein Foto in ihrem Zimmer, auf dem man ihn beim Springreiten sieht, zeigen ihn in Uniform. Das waren die einzigen Bilder, die ich von ihm hatte. Die längste Zeit war mir jedoch nicht klar, wie sehr seine immer noch anhaltende Präsenz mit meinen Krankheitser-

Karl bei einem Wettkampf im Springreiten

scheinungen zusammenhing. Diese konnte ich zwar inzwischen gut einordnen, doch blieben mir und auch allen Therapeuten deren Ursachen verborgen.

Karl von Graffen kam 1893 zur Welt und wuchs am Großen Plöner See in Schleswig-Holstein auf. Die Graffens waren Adelige. Etliche ihrer männlichen Mitglieder waren zu Amt und Würden gelangt: Kämmerer oder kaiserliche Räte im 17. und 18. Jahrhundert, Generalmajor der kursächsischen Armee im 18. und Bürgermeister von Hamburg Anfang des 19. Jahrhunderts.

Karl war ein ungezogener Junge, der oft Ärger mit seinen Eltern bekam, weil er die Schule schwänzte. Im Alter von zehn Jahren wurde er als Kadett in das Militärinternat Plöner Schloss nicht weit von seinem Zuhause geschickt. In diesen weißen Prachtbauten hoch über dem See wurden ihm die preußischen Tugenden eingebläut: Pflicht, Ehre, Mut, Gehorsam, Disziplin, Bescheidenheit und Unbestechlichkeit. Pflicht und Ehre waren für ihn die wichtigsten von allen.

Karl als zehnjähriger Kadettenschüler

Karl war elf, als seine Mutter überraschend an Krebs starb. Sein Vater heiratete bald darauf erneut, und seine Stiefmutter liebte ihn mit der Zeit wie ihr eigenes Kind. Nachdem er seine Schulbildung am Kadettenkorps in Berlin abgeschlossen hatte, stieg er in der Militärhierarchie rasch auf. Mit 21 war er bereits Oberleutnant und diente während des Ersten Weltkriegs zunächst im Feldartillerie-Regiment 45. Über seine Leistungen dort ist wenig bekannt, nur dass er auf der Krim gekämpft und stellvertretender Batterieführer beim Reserve-Feldartillerie-Regiment Nr. 65 war, das bei Ypern, Ginchy, Arras und an der Yser kämpfte. 1914 erhielt er das Eiserne Kreuz II. und I. Klasse für herausragenden Mut. Vier Jahre später kehrte er ausgemergelt, mit hartnäckigen Malariasymptomen und einer großen Granatsplitterverletzung am Hals aus dem Krieg heim.

Als das Deutsche Reich am 11. November 1918 den Waffenstillstand von Compiègne unterzeichnete, fühlten sich viele Soldaten in militärischer Hinsicht ungeschlagen. In ihren Augen waren es nur die Versorgungsmängel nach jahrelangen Blockaden durch die Entente gewesen, die sie zur Kapitulation gezwungen hatten. Und eine antisemitische Propaganda befeuerte die Legende, dass »Feigheit und Verrat« der jüdischen deutschen Soldaten ebenfalls eine entscheidende Rolle gespielt hätten. Mit Ratifizierung des Vertrags von Versailles im Januar 1920 schlug ihre Verbitterung um in das Gefühl, betrogen worden zu sein – vom Kaiser, von der »Heimatfront«, aber vor allem vom amerikanischen Präsidenten Woodrow Wilson. Sie hatten zuvor große Hoffnungen in dessen 14-Punkte-Programm eines »Friedens ohne Sieg« gesetzt. Umso mehr empfanden die allermeisten Deutschen den Bestrafungs- und Revanchecharakter des Vertrags von Versailles als schwere Demütigung. Deutschland verlor seine Kolonien, seine produktivsten Industriegebiete und ergiebigsten Kohlereserven wurden für mindestens fünfzehn Jahre ausländischer Kontrolle unterstellt, und es wurden enorme Reparationszahlungen an Frankreich und Großbritannien fällig.

Die finanziellen Folgen all dessen waren verheerend, doch die öffentliche Empörung arbeitete sich am meisten an der Kriegsschuldklausel ab, die Deutschland die alleinige Verantwortung für den Ausbruch des Krieges zuwies. Das blieb vielen unverständlich und erschien grob ungerecht.

Abgeschafft war zudem die allgemeine Wehrpflicht. Die Soldaten mussten Freiwillige sein, und die Stärke der Armee wurde auf 100 000 Mann begrenzt. Karl war einer von diesen wenigen.

Ab 1920 war Karl im prunkvollen Schwerin, der Hauptstadt Mecklenburgs, stationiert. Über dem Gewirr gepflasterter Gassen erhebt sich dort ein Märchenschloss aus der flachen Landschaft, die inmitten einer Seenkette wie Eisschollen zu treiben scheint. Am Seeufer gegenüber dem Schloss – mein Großvater querte diesen See einmal schwimmend in voller Uniform, um eine Wette zu gewinnen – waren die jungen Offiziere im roten Klinkerbau einer

Karl während des Ersten Weltkriegs, 1917

Kaserne untergebracht. Karl war damals 32 Jahre alt, ein lustiger und allseits beliebter, gut aussehender Mann mit markanten Wangenknochen und seelenvollen Augen. Er war auch ein herausragender Athlet und gewann unzählige Medaillen, unter anderem im Hoch- und Weitsprung bei den Heereswettkämpfen von 1922.

Meine Großmutter Ilse Bornhöft lernte er 1927 kennen. Nach drei Treffen verlobten sich die beiden. Sie war dreizehn Jahre jünger als er und hatte nach einer glücklichen Kindheit mit ihrem Bruder und drei Schwestern auf dem Familiengut Wildenhorst als Jugendliche die Verwerfungen des Krieges, die Abdankung von Kaiser Wilhelm, die Gründung der Weimarer Republik und die verheerende Armut infolge der galoppierenden Inflation von 1923 miterlebt.

Meine Großmutter heiratete Karl, als sie 21 Jahre alt war. Die beiden mieteten eine Wohnung mit sechs Zimmern und Blick auf das Schloss. Ende 1928 war sie bereits Mutter; im Dezember kam ihr Sohn Adolf zur Welt. Die Tochter Marlen folgte im November 1931. Die ersten Jahre der Jungvermählten waren sorglos und erfüllt von Vergnügungen: Tennisspielen, Reiten, Gesellschaften, Tänze, Musik, Literatur und Kunst.

Doch zwischen die Geburten ihrer ersten beiden Kinder fiel der Börsenkrach an der Wall Street von 1929, in dessen Folge Amerika seine umfangreichen Auslandskredite zurückforderte – auch von deutschen Unternehmen, die sich nach den Inflationsjahren in den USA mit Kapital versorgt hatten. Da viele daraufhin bankrottgingen, versanken große Teile der Bevölkerung in Arbeitslosigkeit, Armut und Hunger. Der Hass auf die Juden, die nach Vorstellung mancher an diesen Malaisen schuld oder davon nicht betroffen waren, kochte hoch. Das Joch des Versailler Vertrags drückte noch schwerer. Unter dem Reichspräsidenten Paul von Hindenburg stürzte die Weimarer Republik ins politische Chaos, bürgerkriegsähnliche Zustände griffen um sich. All das bereitete den Boden für Hitlers Hassreden und Versprechen.

Meine Großmutter Ilse Bornhöft, 1927

Es waren harte Zeiten, und die Lage erschien hoffnungslos. Die Deutschen sehnten sich nach jemandem, der die Gräben zwischen den einander bekämpfenden Linken und Rechten überbrücken und das Land befrieden konnte. Bei den Wahlen von 1932 wurde die NSDAP erstmals stärkste Partei. Wie tief Präsident Hindenburg den »böhmischen Gefreiten« verachtete, war allgemein bekannt, aber nach den Wahlen im Januar 1933 verfügte keine Partei über eine absolute Mehrheit, und so ließ er sich von seinen Beratern überzeugen, dass eine demokratische Regierung ohne Unterstützung der Nazipartei nicht handlungsfähig sei. Widerstrebend ernannte er Hitler zum Reichskanzler. Im Gegenzug gab Hitler sich versöhnlich und versprach, weder den Reichstag noch den Präsidenten, noch die Eigenständigkeit der Reichsländer oder der Kirchen anzutasten.

Doch bereits im März 1933 übertrug das »Ermächtigungsgesetz« – eigentlich »Gesetz zur Behebung der Not von Volk und

Reich« – dem Reichskanzler und seinem Kabinett weitreichende Befugnisse, ohne Zustimmung des Reichstags und außerhalb verfassungsgemäßer Grenzen zu handeln. Das Reichsgericht (vormals Staatsgerichtshof) hatte keine Befugnis (wie heute etwa das Bundesverfassungsgericht), um die Rechtmäßigkeit dieses Vorgehens zu prüfen. Hitler nutzte seine politischen Privilegien unverzüglich und konsequent zum Aufbau eines totalitären Staatsapparates. Er schränkte die Zuständigkeiten der Länder stark ein und verbot alle anderen Parteien außer der NSDAP. Als Hindenburg am 2. August 1934 starb, vereinte Hitler die Ämter des Reichspräsidenten und des Reichskanzlers zu einem einzigen und machte sich selbst zum Alleinherrscher oder »Führer«.

Meine Mutter Jutta, das dritte Kind meiner Großeltern, war zu diesem Zeitpunkt zehn Wochen alt.

Die »Machtergreifung« der Nationalsozialisten hatte unmittelbare Auswirkungen auf das berufliche Fortkommen ihres Vaters. Hitler begann sofort mit dem Um- und Aufbau der unterdimensionierten Reichswehr und dessen, was in der Weimarer Republik von der kaiserlichen Marine noch übrig geblieben war, zur »Wehrmacht« des nationalsozialistischen Deutschland, zu der auch eine neue Luftwaffe kam. In offener Verletzung des Vertrags von Versailles erhöhte er die Rüstungsausgaben massiv und führte die Wehrpflicht wieder ein. Ziel war eine Armee, die seine Pläne zur Rückgewinnung verlorener deutscher Gebiete und zur Ausdehnung des Reichs Richtung Osten verwirklichen konnte. Hitler ernannte sich selbst zum Oberbefehlshaber der Wehrmacht und führte die Vereidigung auf sich persönlich ein. Diesen »Führereid« muss auch mein Großvater in seinem Rang als Befehlshaber der 10. Batterie des 2. Artillerie-Regiments 1934 abgelegt haben, ohne dass ihm die verheerenden Folgen seines Pflichtgefühls zu diesem Zeitpunkt schon klar gewesen sein können:

»Ich schwöre bei Gott diesen heiligen Eid, daß ich dem Führer des Deutschen Volkes und Reiches, Adolf Hitler, dem Obersten

Befehlshaber der Wehrmacht, unbedingten Gehorsam leisten und als tapferer Soldat bereit sein will, jederzeit für diesen Eid mein Leben einzusetzen.«

In den folgenden Jahren erwarb sich Karl hohes Ansehen als Artillerist und Autor eines Lehrbuchs über ballistische Raketen. Im Oktober 1935 wurde er 42-jährig zum Adjutanten und später zum Leiter des Versuchsstabes und der Vorschriftenstelle der Artillerieschule in Jüterbog, einer mittelgroßen Garnisonsstadt 75 Kilometer südlich von Berlin befördert. Dort lehrte er Kriegstheorie und -taktik.

Die Familie bezog eine Parterrewohnung in einem der zahlreichen roten Backsteinbauten mit Giebeldächern entlang der breiten, gepflasterten Straßen der Stadt. Die Kinder gingen vor Ort zur Schule, wo in ihrem Klassenzimmer ein Bildnis des Vaters in voller Uniform an der Wand hing. Wenn auf dem Schießgelände keine Übungen durchgeführt wurden, durften sie dort spielen und Pilze, Brennnesseln oder Kamillen sammeln, die sie zu Suppe oder Tee auskochten. Wegen der Nähe zu Berlin standen meinen Großeltern nun auch die herrliche Oper, die Theater und die Kunstausstellungen dort offen, nicht zu vergessen der Zoo für die Kinder. Ein Höhepunkt waren die Olympischen Spiele von 1936. Karl hätte sich beinahe für den Zehnkampf qualifiziert, wurde dann aber mit 43 Jahren als zu alt für eine Teilnahme befunden. Immerhin hatten die beiden Zutritt zu allen Wettkämpfen und saßen jeden Tag auf einer Tribüne, wobei mein sonst so disziplinierter Großvater nicht selten auf seinem Sitz stand, um besser zu sehen. Gegen Ende ihres Lebens erinnerte sich meine Großmutter, wie die beiden inmitten so vieler anderer Zuschauer die Leistungen des schwarzen amerikanischen Athleten Jesse Owens bejubelten, dessen vier Goldmedaillen Hitlers Mythos von der Überlegenheit der »arischen Rasse« ad absurdum führten.

Mit der Geburt Dorothees im Februar 1938 war die Familie komplett. Die vier Kinder wurden, wie meine Großmutter es nannte, mit »liebevoller Strenge und Konsequenz« erzogen. Karl forderte unbedingten Gehorsam, was sie »mitunter auszugleichen« hatte, aber als Eltern waren sich die beiden einig in ihrem Hauptziel, immer für ihren Sohn und ihre Töchter da zu sein.

In der Artillerieschule kam es zu einem unheimlichen Kindheitserlebnis meiner Mutter: einem Besuch von Hitler und seinem Stellvertreter, dem Luftwaffen-Oberbefehlshaber und Gestapo-Gründer Hermann Göring (den meine Großmutter im Alter immer nur den »fetten Göring« nannte). Mein Großvater hatte die Aufgabe, die beiden durch die Anlage zu führen und die Widerstandsfähigkeit der Bunker gegen Artilleriebeschuss zu erläutern. Später vertraute er seiner Frau an, wie überrascht und sogar beeindruckt er von Hitlers profunden militärischen Kenntnissen und kundigen Fragen gewesen sei. Nach Beendigung des Rundgangs begleitete er die beiden ranghöchsten Nazis auf ihrer Rundfahrt durch die Stadt. Hier wie überall grüßte Hitler aus dem großen offenen Mercedes die ihm mit emporgereckten Armen zujubelnde Menge.

Ein Bild, in dem sich Jüterbog nicht von anderen Städten unterschied. Als der Wagen am Haus meiner Großeltern vorbeifuhr, zeigte Karl auf seine Familie, die draußen vor der Tür der Parade zusah. Hitler sah sie an und winkte. Die Kinder winkten zurück, obwohl die kleine Jutta sich später vor allem daran erinnerte, dass sich ihr Fuß im Absperrgitter verfangen hatte und sie damit beschäftigt war, ihn herauszuziehen. Ich selbst schauderte später noch oft beim Gedanken daran, dass der mörderische Tyrann damals direkt neben meinem Großvater saß und meiner Mutter tief in die Augen sah.

Was meine Großmutter wusste oder nicht wusste, sah oder nicht sah, tat oder nicht tat, kann ich nur vermuten. In ihren Achtzigern und Neunzigern verfasste sie sehr ausführliche Erinnerungen, von denen ich erst mehrere Jahre nach ihrem Tod erfuhr. Daraus entstand zwar ein faszinierendes Bild ihrer eigenen Lebensgeschichte. Doch ihre Ansichten zum Geschehen der Dreißiger- und Vierzigerjahre und die Gefühle, die der Rückblick auf diese Zeit in ihr erzeugte, drangen höchstens in vagen Andeutungen durch – zu quälend waren offenbar die Ereignisse auch ein halbes Jahrhundert später noch für die meisten Menschen ihrer Generation, um sie sich zu vergegenwärtigen oder darüber zu reden.

Sicher ist, dass weder sie selbst noch mein Großvater je der NSDAP angehörten. Von ihren Verwandten erfuhr ich, dass ihre eigene Mutter – meine Urgroßmutter – täglich nach dem Mittagessen BBC gehört hatte, um »die Wahrheit« über die politische und militärische Lage Deutschlands zu erfahren, und dass sie sehr stolz darauf gewesen war, niemals ihre Hand zum Hitlergruß erhoben zu haben. Ich stelle mir vor, dass meine Großmutter wie so viele ihrer Generation Hitler anfangs wohlgesinnt war. Er stand zu den Frauen, die das Modell »Kinder, Küche, Kirche« lebten und ihre wichtigste Aufgabe darin sahen, in einem sicheren, gesunden und glücklichen Heim ihre Männer zu unterstützen und für das Vaterland Kinder großzuziehen.

Meine Großmutter (l.) mit zwei ihrer Schwestern, den Kindern Jutta, Marlen und Adolf (v. l. n. r.) sowie deren Vetter Bernd

Hitler verstand es geschickt, das Nationalgefühl wiederzubeleben und die zerstrittenen Regionalgemeinschaften der einstigen Fürstentümer zu einer rassisch vereinheitlichten »Volksgemeinschaft« zusammenzuschweißen. Man gab den Volksgenossen Spaten in die Hand, auf dass sie das Land bebauten oder Tausende Kilometer Straßen bauten. Niemand, so hielt meine Großmutter später fest, habe auch nur geahnt, dass sie schon mit Blick auf den angestrebten Krieg geplant wurden. Die staatliche Organisation *Kraft durch Freude (KdF)* veranstaltete Freizeitaktivitäten für Arbeiter: billige Urlaube und Kreuzfahrten, Wandern und Theaterbesuche. Hitler versprach Frieden und Aufrüstung und Verteidigung gegen die »roten Horden« des Bolschewismus; er versprach, Deutschlands wirtschaftliche Probleme zu lösen, die Industrie zu entwickeln und zu modernisieren, dem Land und seinen Menschen ihren Stolz zurückzugeben. Während die Redefreiheit beschnitten wurde und politische Gegner in »Schutzhaft« genommen wurden und in Konzentrationslagern verschwanden, ging auch die weitverbreitete Kriminalität zurück und endeten die unablässigen Straßenkämpfe zwischen den verfeindeten politischen Lagern.

Die allgemeinen Lebensumstände verbesserten sich für eine große Zahl von Menschen, und in den von Joseph Goebbels kontrollierten Medien erschien Hitler als lang ersehnten Heiler und Retter der Nation. Meine Mutter meinte sich zu erinnern, dass meine Großmutter gesagt hatte, Hitler sei von Gott gesandt, und wenn sie das tatsächlich glaubte, so war sie sicher nicht die Einzige. Endlich gab es ein starkes Staatsoberhaupt, das entschlossen war, Deutschland aus seinen Nöten heraus und wieder zu alter Größe zu führen.

Ganz sicher war meine Großmutter empört über die Verfolgung von Intellektuellen und die blitzartige, vollständige Unterdrückung der politischen Opposition. Wie viele andere Eltern grollte sie über den wachsenden Einfluss der Hitlerjugend auf Jugendliche. Andererseits wurde den Nazis von vielen zugestanden, dass sie als einzige Kraft in der Lage seien, den Kommunismus wirksam zu bekämpfen.

Je bedrohlichere Formen die Verfolgung der Juden und Andersdenkenden annahm, umso stärker ängstigte meine Großmutter sich. In ihren Lebenserinnerungen schilderte sie die berüchtigte »Reichskristallnacht« von 1938, als Schlägertruppen der Nazis jüdische Familien aus ihren Wohnungen trieben und Synagogen zerstörten, während Polizei und Feuerwehr wegsahen, als »entsetzlichen Albtraum«. Sie schrieb von »tiefernsten Gesprächen voller Sorgen über die ganze Eskalation« und von der Angst, »als Defätist einfach zu verschwinden«. Eine ihrer Freundinnen war »nicht sehr vorsichtig« gewesen in ihren Äußerungen und mitsamt ihren kleinen Kindern spurlos verschwunden.

Als am 3. September 1939 Frankreich und England Deutschland den Krieg erklärten, weinte meine Großmutter. Wie so viele andere im Land hatte sie aufrichtig gehofft, dass der Friede sich behaupten werde. Zugleich wurde der Krieg weithin als ein Akt unumgänglicher Selbstverteidigung für Deutschland gesehen. Hatte Hitler nicht mehrfach Friedensangebote unterbreitet? Warum hatten England und Frankreich diese verworfen? Warum hatten sie auf Hitlers Weigerung, aus Polen abzuziehen, mit kriegerischer Aggression gegen Deutschland reagiert? Nicht wenige Deutsche fanden es vollkommen gerechtfertigt, dass Deutschland nach dem Ersten Weltkrieg unter Zwang abgetretene Gebiete zurückforderte. Und viele glaubten, dass die bolschewistische Gefahr aus dem Osten ein für alle Mal ausgemerzt werden müsse.

Zahlreiche Besucher aus dem Ausland reagierten in den Jahren vor dem Ausbruch des Krieges entgeistert auf das, was sie als allgegenwärtigen Chauvinismus und Kriegstreiberei in Deutschland wahrnahmen. Anderseits war der Wunsch nach Frieden mit England, wie Julia Boyd in ihrem Buch *Travellers in the Third Reich* anhand unzähliger Belege zeigt, tatsächlich weit verbreitet. Aus diesen Dokumenten geht einerseits die den englischen Besuchern entgegengebrachte Freundlichkeit, Wärme und Zuvorkommenheit hervor, andererseits auch Unverständnis für die geopolitische Haltung Englands. Warum konnte Großbritannien Hitler nicht im Osten seinen Lebensraum erobern lassen, ohne mit Gewalt dagegen einzuschreiten?

»Ihre Ernsthaftigkeit hat etwas beinahe Tragisches«, schrieb ein junger Reisender, der als Mitglied einer Hockeymannschaft der Charterhouse School nach Deutschland kam. »Sie können einfach nicht glauben, dass wir uns lieber mit den Franzosen, den Russlandfreunden und der Tschechoslowakei verbünden als mit ihnen – den sächsischen Brüdern.« Einige hatten auch schon resigniert. »Hitler ist jetzt unser Schicksal.«

Kaum einen Monat nach Ausbruch des Krieges wurde Karl von Graffen ins Oberkommando des Heeres (OKH) bei Berlin geholt und war dort für Artillerie und Munition zuständig. Seine militärischen Theorien und Lehren wurden unmittelbar in die Praxis umgesetzt.

Im August 1939 hatte Hitler einen Nichtangriffspakt mit Josef Stalin unterzeichnet. Darin verpflichteten sich Deutschland und die Sowjetunion, den jeweiligen Feinden des anderen nicht beizustehen und auf feindselige Handlungen gegeneinander zu verzichten. Damit hatte Hitler die Sicherheit, dass er in Polen einmarschieren konnte, ohne dass es zu Gegenwehr aus dem Osten kam. Und Stalin gewann so Zeit, um seine Streitkräfte aufzubauen. Doch Hitler verletzte die Vereinbarung, indem er im Juni 1941 in die Sowjetunion einmarschierte. Das geschah gegen den Rat seines Stabes, doch angesichts der Erfolge des »Blitzkriegs« im Westen ging man fälschlicherweise von einem raschen und entscheidenden Sieg im Osten aus. Mehr als drei Millionen deutsche Soldaten wurden entlang einer 2900 Kilometer langen Front aufgeboten. Es war die größte Invasionsarmee der Kriegsgeschichte. Zu den Soldaten kamen 600 000 Kraftfahrzeuge und 600 000 bis 700 000 Pferde.

In drei Heeresgruppen – Nord, Mitte und Süd – gegliedert, sollte die Wehrmacht Leningrad, Moskau bzw. die sowjetische Ukraine einnehmen. Aufgrund seiner Fronterfahrung und artilleristischen Fachkenntnisse hatte man Karl einige Monate zuvor erstmals den Befehl einer größeren Truppeneinheit, des in Ostpreußen stationierten 129. Artillerieregiments, übertragen. Am 22. Juni rückte Karl in Weißrussland auf Smolensk und dann Richtung Moskau vor.

Mein Großvater verbrachte etwas mehr als zwei Jahre an der Ostfront. Er legte in dieser Zeit Tausende Kilometer in den Weiten Russlands zurück. Er schrieb meiner Großmutter täglich und gab ihr dabei verschlüsselte Hinweise auf seinen Aufenthaltsort und andere geheime Einzelheiten. Sie tat ihr Bestes, um ihm seine Wünsche – nach seiner Feldmütze, einem Handtuch, Zigaretten – zu erfüllen.

Im März 1942 wurde er mit der Führung der 58. Infanterie-Division beauftragt, wenig später zum Divisionskommandeur ernannt, der er bis September 1943 blieb. Er kämpfte in der berüchtigten Schlacht am Wolchow südlich von Leningrad (heute St. Petersburg) in den dortigen Birkenwäldern und sumpfigen Torfmooren und erhielt für seine Tapferkeit und entschlossene Führung das Ritterkreuz des Eisernen Kreuzes.

Unterdessen verfolgte seine Familie den Kriegsverlauf sorgenvoll im Radio. Meine Großmutter hatte eine Ausbildung zur Sanitätsschwester absolviert, um Verwundete und Sterbende zu pflegen, die von der Ostfront nach Jüterbog gebracht wurden: reihenweise daliegende Männer, darunter viele auf dem Bahnsteig oder in Viehwaggons. Oft arbeitete sie die ganze Nacht durch und wechselte bei Kerzenlicht unablässig Verbände. Ab und zu nahm sie meine Mutter mit.

Als sich der Kriegsverlauf zuungunsten der Deutschen änderte, entging Karl dem Schicksal von mehr als drei Millionen Landsern und Offizieren, die bis Kriegsende in sowjetische Gefangenschaft gerieten. Von denjenigen, die am Ende nach Sibirien geschickt wurden, erfroren oder verhungerten viele. Karl jedoch wurde im September 1943 zum höheren Artilleriekommandeur 316 ernannt und in Italien stationiert. Dort schlug er in der 10. Armee etliche wütende Schlachten gegen die vorrückenden Alliierten bei Monte Cassino, San Marino, Rimini und in den Dolomiten. Noch in den letzten Kriegstagen wurde Karl das Kommando des LXXVI. Panzerkorps nahe des Weilers La Stanga am Fuß der Dolomiten übergeben. Hier erhielt er in den ersten Maitagen 1945, kurz nach Hitlers Selbstmord, den Befehl zur bedingungslosen Kapitulation seiner Truppen.

Damit endete für meinen Großvater der Krieg, und seine Zeit als Gefangener begann.

5

Mächtig ist, was man nicht sieht

Nicht die Toten sind es, die uns verfolgen, sondern die Lücken, die anderer Menschen Geheimnisse in uns hinterlassen.

Nicholas Abraham, *Notes on the Phantom*

»Wie oft am Tag denken Sie an den Tod?«

Die Schweizer Ärztin stellte ihre Frage beinahe ganz sachlich und ließ dabei ihre Hand über einem kleinen Kästchen auf dem Papier schweben, um einen Buchstaben darin einzutragen. Dass ich in meinem Auto dem Abgrund so nahe gekommen war, hatte mich dazu bewogen, in einem Krankenhaus vor Ort Hilfe zu suchen.

»Einmal? Zweimal?«, fragte sie, ohne aufzusehen.

Mir war klar, dass es normal ist, gelegentlich an den Tod und ans Sterben zu denken. Ich antwortete, ohne nachzudenken und völlig offen: »Alle paar Minuten.«

Jetzt sah sie von ihrem Formular auf, ruckartig und mit unverhohlenem Entsetzen. Und verwies mich dann an ihren erfahreneren Ehemann. Dass sie mich als akut gefährdet einstufte, erschreckte mich. Ihr Mann befragte mich eingehender und verkündete am Ende seine Diagnose mit überraschendem Gleichmut: »Anorexie und Bulimie. Und beides hatten Sie schon Ihr Leben lang.«

Ich war mir dieser Störungen zwar bewusst, aber nie auf den Gedanken gekommen, dass man beide Krankheiten gleichzeitig haben konnte. Menschen, die an Magersucht leiden, stellte ich mir als stark flaumbehaart und lebensbedrohlich untergewichtig vor. Ich selbst konnte hingegen über zehn Kilo in zwei Monaten verlieren und brutal abmagern, dann aber ebenso schnell wieder zunehmen.

Dennoch war es eine Erleichterung, meinem dunklen Geheimnis endlich einen Namen geben zu können. Ich war endlich nicht mehr verrückt oder willensschwach und auch nicht allein mit meinen unnatürlich zwanghaften Gedanken und schambesetzten Verhaltensmustern. Die hatten nun den Stellenwert eines medizinischen Problems, und wie bei den meisten anderen auch gab es einen festgelegten Behandlungsablauf, der mit einiger Wahrscheinlichkeit zur Heilung führte.

Später stellte sich heraus, dass die Diagnose des Arztes nicht ganz zutraf – ess-brechsüchtig war ich tatsächlich nie. Doch er hatte recht mit seiner Feststellung, dass mein System aus medizinischer Sicht wie erstarrt war, »als ob Sie nicht willens wären, voll und ganz in Ihrem Körper zu Hause zu sein, als wollten Sie gar nicht hier sein«. Sogar mein Magen, das Zentrum meines Stoffwechsels, fühlte sich äußerlich bei Berührung kalt an. Ich sollte regelmäßig mit Ölen massiert und in warme Tücher eingewickelt, in heißem Wasser gebadet und quasi zurück ins Leben geknetet werden. Ich musste auch verschiedene Tropfen nehmen und täglich bestimmte Turnübungen machen. Und dann sollte ich noch wöchentlich zum Treffen der OA gehen.

»Was ist OA?«, fragte ich.

»Overeaters Anonymous.«

Meinte er das ernst? Selbst auf dem Höhepunkt meiner Gewichtszunahme war ich nie wirklich dick gewesen. Musste ich da durch? Wie es schien, führte kein Weg daran vorbei.

Verschämt schlich ich mich einige Wochen später zu einem Treffen der Gruppe in Basel und stellte beim Betreten des kleinen, holzgetäfelten Raums überrascht fest, dass dort schon vier Frauen ungefähr meines Leibesumfangs und Alters warteten.

Das Prinzip dieser Art von Selbsthilfegruppen war mir nicht neu. Als Kind war ich sehr verträumt und hatte, eingebettet im

Jahreslauf der Messen und Feiertage, verinnerlicht, dass Seele und Geist so real sind wie der handfeste Körper. Meine englischen Großeltern waren leuchtende Vorbilder eines tätigen christlichen Glaubens gewesen – nicht nur was ihre tief verwurzelte Gewissheit einer höheren, im Verborgenen wirkenden Macht anging, sondern auch in der Bescheidenheit, mit der sie ihren Alltag lebten. Dagegen betrachtete meine deutsche Großmutter das Weltgeschehen weniger religiös. Nach all der Verwüstung, die sie erlebt hatte, äußerte sich ihre Spiritualität eher in einer überschwänglichen Begeisterung für alles Schöne in Natur und Kultur.

Mit Anfang zwanzig hatte ich etliche Religionen und spirituelle Praktiken auszuprobieren begonnen. Ich sah sie mit der Zeit alle als Wege auf einer Landkarte, die von unterschiedlichen Punkten ausgingen, sich aber am Ende alle einem gemeinsamen Fluchtpunkt jenseits der Grenzen unseres Alltagsbewusstseins näherten. Am meisten interessierten mich die zufälligen Glücksmomente, in denen wir etwas einfach spüren oder etwas plötzlich mit Sicherheit wissen: unsichtbare Wege der Erkenntnis.

Ich zweifelte nicht daran, dass wir alle über diese Befähigung zu intuitiver Gewissheit verfügen, wenn wir uns nur auf sie einstimmen und ihren leisen Signalen vertrauen. Ich nahm mir fest vor, meine eigene Intuition zu schulen. Mit dieser Absicht schrieb ich mich, als ich in Sydney lebte, für einen zweitägigen Workshop ein, der die schlummernden Kräfte unseres Geistes zu wecken versprach. Wir saßen in einem großen Saal, und ein geschniegelter Mann im Anzug führte uns erst einzeln, dann paarweise durch verschiedene Visualisierungsübungen. Ich gesellte mich zu einer Frau in mittlerem Alter in Badelatschen. Der aalglatte Anzugträger forderte jeweils eine von uns auf, an einen Freund, eine Freundin oder an einen nahen Verwandten zu denken. Dann sollte die andere Person ihre Augen schließen und ohne Bewertung oder Beurteilung sagen, was sie sah, spürte oder dachte.

Ich sah Dinge, die mir albern vorkamen: Wolken vor einem Augenpaar, ein Stativ, das aus jemandes Kopf hervorschoss, drei abgeschnittene Rohre, die aus einem Herzen ragten. Doch für mein Gegenüber war all das sinnvoll: Katarakte, ein vom Leben enttäuschter Fotograf, eine dreifache Bypass-Operation. In einer anderen Übung wurden wir angewiesen, mit geschlossenen Augen nach einer Person oder einer Sache zu suchen, die uns in der Vergangenheit verletzt hatte, dem Menschen oder Ereignis zu verzeihen und sie in Frieden ziehen zu lassen.

Ich fand nichts. Ich versuchte, vor meinem inneren Auge Bilder meiner Mutter und dann von Ivano aus Florenz festzuhalten, doch beide rutschten mir weg. Dann tauchten zwei Gestalten mit einer Klarheit auf, als stünden sie vor mir im Raum: ich selbst als kleines Kind, mit großen Augen und ziemlich eingeschüchtert, Hand in Hand gehend mit einem Soldaten.

Das verwirrte mich. Wer konnte der Soldat sein? Und wann hatte mir je irgendein Soldat etwas angetan?

So merkwürdig es vielleicht klingt: Dass mein Großvater Soldat gewesen war, war mir bis dahin nie aufgefallen. Noch viel weniger war mir je der Gedanke gekommen, dass er mir wehgetan haben könnte.

Dieses innere Bild blieb mir ein Rätsel. Es sollte noch viele Jahre dauern, bis ich der Szene irgendeine Bedeutung abgewinnen konnte.

Das Treffen der Overeaters Anonymous begann. Jeder erhielt die Gelegenheit zum Reden. Ich saß da und kam aus dem Staunen nicht heraus, als ich den anderen vier jungen Frauen zuhörte. Ihre Worte klangen in meinen Ohren wie eine unbekannte und doch vertraute Musik. Fast alles, was sie sagten, konnte ich nachempfinden. Sie sprachen ganz offen und ruhig, als wäre es das Normalste von der Welt, sich maßlos vollzustopfen – etwa so wie man den Tank seines Autos bis zum Anschlag füllt. Sie erzählten von traumatischen Erlebnissen, die sie durchgemacht hatten, von dominanten oder emotional abwesenden Eltern. Sie beschrieben Selbstwertmangel, Schuldgefühle, Verzweiflung und Identitätsverlust.

Ich selbst hatte mich seit Jahren mit äußerster Anstrengung zusammengerissen und vergeblich versucht, meinen Zwängen zu widerstehen. Ich hatte mir vorgehalten, dass ich zu schwach und zu unentschlossen sei und es mir an Willenskraft fehle. In diesem Kreis konnte ich endlich einmal loslassen. Schon die bloße Vorstellung von Willenskraft wurde verworfen, die Kapitulation wurde angenommen. »Aufgeben« war das, was man tun musste, um wieder auf die Füße zu kommen – nur eben nicht so, wie ich es um ein Haar getan hätte. Der erste Schritt zur Selbstheilung bestand darin, den Glauben aufzugeben, man könne eine Sucht beherrschen. Damit endete ein von vornherein fruchtloses Ringen. Die eigene Ohnmacht anzuerkennen führte zur Bereitschaft, Hilfe von höheren Mächten als uns selbst anzunehmen, welcher Art sie auch immer seien.

Ich ging danach noch zu vielen OA-Treffen. Indem ich deren Zwölf-Punkte-Programm abarbeitete, fand ich Schritt für Schritt meinen Weg aus einem finsteren Labyrinth zurück auf eine Hauptstraße mit Wegweisern, Laternen und anderen Menschenwesen. Ich vertraute mich allmählich einigen sorgfältig ausgewählten Freunden an. Wenn meine Geschwister mich besuchen kamen, erzählte ich auch ihnen von meiner Essstörung. Mit ihrer Liebe, ihrem Beistand und dem Humor unserer Familie halfen sie mir, mich selbst zurück in die Welt zu hieven.

Reden war der Schlüssel zum Genesungsprozess. Die Wahrheit zu sagen ebenso. Auf Besuch in England versuchte ich, mit meiner Mutter ehrlich zu sein – über das, was ich durchgemacht hatte, über mein Gefühl, nichts wert zu sein, und darüber, was sie selbst tun konnte oder musste, damit das Gefühl nicht wieder hochkam. »Es ging mir wirklich sehr schlecht, Mummy«, sagte ich, als wir zusammen auf dem Bahnsteig standen. Ich gab mir Mühe, so unbeschwert wie möglich zu klingen, um nicht die vorhersehbare reflexartige Reaktion in uns beiden auszulösen.

Es war, als hörte sie mich nicht.

Jede Andeutung einer Schwäche oder eines Scheiterns schien ihr das Gegenteil von Mitgefühl oder Mitleid zu entlocken. »Wir alle essen mal zu viel und nehmen dann wieder ab«, sagte sie, und so wurde mein Versuch, der Last meiner Scham einen Namen zu geben und ihr die Wahrheit zu sagen, als Alltagsbanalität abgewiesen.

Dabei war mir von vornherein klar gewesen, dass ich mit einem völligen Mangel an Selbstreflexion zu rechnen hatte. Ihre Abwehr ging in Stellung; immer war irgendjemand oder irgendetwas anderes schuld. Anstatt gegen diese Abwehr anzurennen, trat ich einen Schritt zurück und versuchte zu verstehen, was meiner Mutter widerfahren sein und in ihr diese routinemäßige Reaktion verfestigt haben könnte. Ich wusste, dass mein Großvater im Krieg gewesen war und meine Großmutter die vier Kinder in dieser Zeit allein großgezogen hatte. Erklärte dieses vaterlose Jahrzehnt vielleicht die dominante Rolle meiner Mutter in unserer Familie? Ich vergegenwärtigte mir, so gut ich konnte, wie sie sich gefühlt haben musste, als sie von ihrer eigenen Mutter getrennt und über Nacht all der Dinge beraubt wurde, die sie kannte und lieb gewonnen hatte. Wie empfand sie später ihre deutsche Herkunft angesichts all dessen, was nach dem Krieg herauskam? Und wollte sie mit einem Leben in England die Wurzeln zu ihrer mit Schimpf und Schande überhäuften Heimat kappen? Glaubte sie, dass sie sich keine Schwäche erlauben durfte, um in England akzeptiert zu werden, und galt das in ihren Augen womöglich für uns alle?

Ich wollte verstehen. Ich hatte das dringende Bedürfnis, mit ihr offen über manche ihrer Gefühle zu sprechen, zu ihrer Wärme durchzudringen, von ihren Nöten zu erfahren und ihre Wunden aus der Vergangenheit zu heilen. Ich wünschte mir von ihr das Eingeständnis, dass Perfektionismus, Kontrolle, Kritik und Beurteilung nicht immer hilfreich waren – auch wenn die allerbesten Absichten dahinterstanden. Ich wollte ihr verzeihen, dass sie mir nicht gegeben hatte, was ich brauchte. Aber ihre fortgesetzte Kritik und Ablehnung meiner Lebensweise führten dazu, dass meine Ängste erneut aufloderten. Nachdem wir einander einst mühelos mal durchdrungen, mal losgelassen hatten, verkeilten wir uns jetzt ineinander wie zwei Autos nach einer frontalen Kollision zu einem dicken Knäuel aus zerbeulten Blechteilen.

»Ich hasse meine Mutter«, rief ich eines Tages beim OA-Treffen. Ich fühlte mich elend dabei, aber zugleich platzten diese Worte heraus wie aus einer aufgestochenen Eiterbeule und ließen mich spüren, wie sehr sie in mir geschwärt hatten. Ich sagte das danach nie wieder und musste es auch nicht. Nachdem ich die selbstzerstörerische Achterbahn der Essstörung verlassen hatte und die enormen, auf die Schmerzvermeidung verwendeten Kräfte anderweitig einsetzen konnte, lief das Leben für mich wieder in Technicolor ab. Ich war meinen Problemen auf den Grund gegangen und nun endlich auch in der Lage, meine Gefängnisberufung ernsthaft anzugehen.

Ich machte mich nach Köln auf. Ich hatte der aufgeschlossenen Leitung der dortigen Haftanstalt geschrieben und die Durchführung eines Wandmalereiprojekts angeboten. Kunst erkannte man in Köln als Mittel zur Wiedereingliederung, und dasselbe galt für einen sozialen Träger, bei dem ich mich bewarb. Später fragte ich mich öfter, ob ich unbewusst nicht auch deshalb mit deutschen Verbrechern arbeiten hatte wollen, weil ich zuvor ein anderes deutsches Gefängnis besichtigt hatte – eines, dessen furchtbare Geschichte zum Inbegriff des Bösen geworden ist und die großen Schuldfragen stellt:

Auschwitz.

Polen im Jahr 1990 war vielleicht nicht das nächstliegende Urlaubsziel für den Sommer. Womöglich hatte das Etikett »preisgünstig« mich und eine enge Freundin auf den Gedanken gebracht, mit dem Bus nach Zakopane am Fuß der Tatra zu reisen. Bei der Fahrt durch die erst seit Kurzem offene DDR und den ehemaligen Ostblock füllte ein düsteres Grau die Rahmen der Busfenster. Heruntergekommene Bauten, immer noch mit Einschusslöchern, reihten sich in menschenleeren Straßen aneinander. Da es kaum Straßenlaternen gab, versanken nachts ganze Kleinstädte in der Finsternis.

Unsere Unterkunft war schlicht, das Essen der Vollpension schwer verdaulich. Die Regale der umliegenden Läden waren nahezu leer. Am Wochenende bot man auf einem Flohmarkt auf zerschlissenen Decken, Pritschen und niedrigen Plastiktischen in einer nassen Wiese ein rostiges Sammelsurium überflüssig aussehender Ersatzteile und kleine Häufchen Gurken oder Kartoffeln an. Frauen in Kopftüchern und Männer mit Mützen wateten mit gesenkten Köpfen zwischen den Reihen hin und her, auf der Jagd nach etwas, das sie gebrauchen konnten.

Einer der Ausflüge, die zu unserer Pauschalreise gehörten, war eine Fahrt mit dem Bus nach Auschwitz. Meine Freundin wollte nicht mit, aber ich schrieb mich dafür ein, ohne auch nur zu ahnen, was mich erwartete. Die drückende Trostlosigkeit dieser Anlage war mit nichts vergleichbar, was ich je erlebt hatte. Sie war überall. Sie verfolgte uns, als der Reiseführer uns kleine Schar durch die Reihen ebenerdiger Klinkerbauten führte. Sie erstickte jedes Gespräch, als wir vor den riesigen Glasschränken mit Bergen von Lederkoffern, Brillen, Schuhen und Menschenhaaren standen. Sie hing schwer in den Gängen mit endlosen Reihen gerahmter Schwarz-Weiß-Fotos von den einstigen Häftlingen. Sie knebelte unser Vorstellungsvermögen, als wir erfuhren, dass man im Lager aus dem Körperfett von Menschen Seife hergestellt hatte.

Ich versuchte in Gedanken, kleine Füße in Kinderschuhe zu stecken und hinter Brillen zwinkernde Augen zu sehen. Aber es gelang mir nicht.

Gaskammer und Krematorium waren in einem leeren, bunkerähnlichen Bau mit niedrigen Decken und Betonträgern untergebracht. Man sah Öfen, in die man anderswo vielleicht Brotlaibe oder Pizzen geschoben hätte. Der Reiseführer erzählte uns vom Giftgas und nannte unvorstellbar große Zahlen. Die anderen in der Gruppe knipsten ein paar Fotos und gingen weiter. Ich ließ mich zurückfallen. Eine Stille, eindringlicher und mächtiger als jedes Geräusch, erfüllte den Raum. Es war, als würde die Gegenwart abgesaugt wie Luft und als bliebe nur eine Substanz des sprachlosen Entsetzens von Hunderttausenden ermordeten Menschen zurück.

Der Besuch in Auschwitz war ein Ereignis, das mich bis ins Mark erschütterte. Ich war völlig außerstande, damals und auch später, mir irgendeine bildliche Vorstellung von den Qualen zu machen, die die Menschen dort erlitten hatten. Was mich nicht mehr losließ, war das Ausmaß menschlicher Verkommenheit; die unfassbare, sorgfältig berechnete, methodische Vernichtung menschlichen Lebens durch die Verbrecher: die Deutschen. Und das waren nun keine historischen Deutschen aus irgendeinem längst vergangenen Zeitalter, sondern es waren Leute, die durchaus mit meinen eigenen Großeltern zu Abend gegessen, getanzt und geplaudert haben konnten.

Bohrende Fragen nahmen mich über Wochen in Beschlag. Ich wusste nicht genug über diese Geschichte, über das Judentum und den Nationalsozialismus. Das alles kam erst später. An diesem Punkt beschäftigten mich die Menschen, die solche Gräuel begangen hatten: wie sie zu gewissenlosen Mördern geworden waren, wie viel die einfachen Deutschen davon gewusst hatten, ob sie damit einverstanden gewesen waren, was sie – die heute lebenden oder wer auch immer – tun konnten, um das Unrecht wiedergutzumachen, sofern eine Wiedergutmachung überhaupt denkbar war. Noch erkannte ich gar nicht, dass ich selbst durch meine familiären Wurzeln mit diesem Grauen verbunden sein könnte. Diese Möglichkeit entging mir zunächst. Doch es sollte nicht lange dauern, bis sie mich einholte.

»Dann mal los«, erklärte ich voller Begeisterung vor einer Klasse mit acht Männern. Es war der 2. September 1992 und der erste Tag meines ersten Projekts an der großen Kölner JVA Ossendorf. Wir waren allesamt in einem düsteren, grauen Werkraum am äußersten Ende eines Gebäudeflügels mit nichts als einem Tischtennistisch darin eingesperrt. Den Gedanken, dass auch ich keinen Schlüssel zu dem Raum besaß, wollte ich möglichst nicht an mich herankommen lassen.

Die meisten der Häftlinge sahen zu Boden und hatten die Hände in den Taschen ihrer Trainingshosen vergraben. Um das Eis zu brechen, versuchte ich fröhlich zu klingen. »Wir sammeln schnell ein paar Ideen für eine Wandmalerei«, sagte ich sinngemäß, »und dann einigen wir uns auf eine davon.«

Acht Augenpaare sahen plötzlich hoch, ohne dass ich damit gerechnet hätte, und schenkten mir ungeteilte Aufmerksamkeit. Das ermutigte mich, und so erläuterte ich meinen Plan für diesen Tag, beschrieb ein paar Übungen, die wir machen würden, und erklärte den Umgang mit den offensichtlich unzureichenden Materialien, die wir zur Verfügung hatten. Vage bekam ich mit, dass vielsagende Blicke und schiefes Grinsen im Raum herumgingen, aber das erklärte ich mir mit der ungewohnten Situation, im Kunstunterricht und noch dazu in einem Raum mit einer jungen Frau zu sein.

Erst mehrere Tage später klärte mich einer der Beteiligten auf, wie über alle Maßen begeistert meine erste Ansage auf Deutsch geklungen hatte. Ich hätte tatsächlich »einigen« mit »vereinigen« verwechselt und damit zum Ausdruck gebracht, dass wir erst Ideen sammeln und uns dann alle miteinander vergnügen würden.

Obwohl diese eine Übung nun nicht zustande kam, freuten sich anscheinend trotzdem alle auf die Wandmalerei.

Auch ich selbst war voller freudiger Erwartung des Kommenden. Ich glaubte an die Fähigkeit der Kunst, dem Menschen seine Würde wiederzugeben, als Ventil für seine Gefühle zu dienen und eine innere Wandlung anzustoßen. Ich hatte auf der Kunsttherapie-

Schule Zuflucht und Anerkennung in der Kunst gefunden und war entschlossen, für die Unverstandenen zwischen diesen Mauern einen ähnlichen Schutzraum zu schaffen. Farben sollten ihnen eine Sprache für das Unsagbare geben. Angeleitete Übungen würden behutsam lange verriegelte Türen öffnen, Wandmalereien das Umfeld etwas menschenfreundlicher gestalten, auch wenn sie mit italienischen Fresken nicht mithalten konnten. Und die Häftlinge würden sich gesehen, gehört, gewürdigt fühlen. Ich war überzeugt, dass ich an diesem Ort etwas Sinnvolles bewirken konnte.

Bezahlt wurde ich vom Maßstab e. V., einer Gründung zweier visionärer Anwälte. Dieser Träger arbeitete mit Häftlingen so, wie ich mir das vorstellte. Bald waren mein wöchentlicher Unterricht und meine Wandmalereiprojekte voll besetzt, die Wartelisten wurden immer länger. Mir bedeutete das viel mehr als einfach nur einen Neuanfang in einer anderen Stadt oder einem anderen Beruf. Ich spürte, wie sich alles ineinanderfügte. In diesem Gefängnis konnten all die scheinbar gegensätzlichen Teile, die mich ausmachten, einander harmonisch zuarbeiten. Alles Englische und Deutsche an mir verband sich zu einem einzigen Wesen, und ich konnte meine verschiedenen Lebenserfahrungen – Studium, Reisen, innere Suche und Zerwürfnisse, psychische Erkrankung, Sucht und Kreativität – nutzen, um den künstlerischen, emotionalen und praktischen Bedürfnissen meiner Schüler zu entsprechen.

Hinzu kam noch, dass ich von Menschen umgeben war, die als »schlecht« galten. So ruhte ich in der Gewissheit, dass jegliche innere Schlechtigkeit meiner selbst dort nicht auffallen würde. Unter Menschen, die von der Gesellschaft und von einem System formaler Gerechtigkeit für schuldig befunden waren, stand ich fraglos auf der Seite des Guten.

6

Das Gefängnis und seine Verbrecher

Wenn wir die Menschen nur nehmen, wie sie sind, so machen wir sie schlechter; wenn wir sie behandeln, als wären sie, was sie sein sollten, so bringen wir sie dahin, wohin sie zu bringen sind.

Goethe, *Wilhelm Meisters Lehrjahre*

Alles am Leben im Gefängnis ist extrem. Manchmal krümmt sich die Zeit, dann wieder steht sie still. Die Jahreszeiten machen sich in den leeren, neonbeleuchteten Räumen ohne frische Luft kaum bemerkbar. Ermattete Leiber schlurfen durch die Gänge. Bleiche Haut lässt auch junge Gesichter früh altern. Angst und Unsicherheit krümmen die Rücken und wandern ungehindert durch die Gedanken der Häftlinge.

Das Rasseln schwerer Schlüssel in den Schlössern stählerner Türen bestimmt den starren Tagesablauf. Abends wandelt sich die Geräuschkulisse: Ein Kreuzfeuer verzweifelten Geheuls und langer, wortloser Schreie hallt zwischen den Zellentüren hin und her, aus den Radios plärren verschiedene Sender in voller Lautstärke. Die Insassen stellen Fotos ihrer Angehörigen auf die Tische, während sie aus Blechnäpfen Brei löffeln und sich für die leeren Stunden einer weiteren Nacht hinter Gittern bereit machen.

Für die meisten Menschen gehorcht das Gefängnis einer einfachen Logik: Verbrecher haben Unrecht getan und verdienen es, aus der Gesellschaft ausgeschlossen, eingesperrt und auf diese Weise bestraft zu werden. Wenige Wochen nach meiner Ankunft in Köln sah ich das ganz anders.

Die Kunstwerkstatt war ein kleiner Raum mit vier zusammengeschobenen Tischen und einem absperrbaren Spind für die Materialien. Hier führte ich die Insassen in die farbenfrohe Welt meines Studiums ein. Leere Blätter Papier boten einen Schutzraum für den tastenden Ausdruck von Gefühlen, die seit Langem weggesperrt waren, weil es zu bedrohlich erscheinen musste oder zu sehr wehgetan hätte, sie zuzulassen. Spielerische Übungen durchbrachen befestigte persönliche Grenzen und verbanden jeden einzelnen Mann mit der Gruppe. Mit ihren Pinseln pflanzten die Männer Samen in einen kalten blauen Untergrund, ließen sie Wurzeln bilden und sahen zu, wie aus Sprossen unter dem gemalten gelben Sonnenlicht wundersamerweise grüne Pflanzen heranwuchsen. Hier auf dem Papier gab es für sie kein Richtig oder Falsch, nur ein Erwachen ihrer Fähigkeiten, ihrer Einzigartigkeit, ihres anderen, besseren Selbst.

Mein Herz jubelte, als ich sah, wie sie sich in völlige Konzentration versenkten und mit schöpferischen Aufgaben rangen. Sie rührten Farbe auf dem Papier um, als ginge es um eine Dehn- und Streckübung für ihre gespannten Nerven und eingeengten Gefühle. Meine anfängliche Sorge, dass sie anschließend die Ausgeburten ihrer finsteren Verbrecherseelen in Szenen mittelalterlicher Höllen oder Comic-Gemetzeln über die Wände rotzen würden, erwies sich als unbegründet. Bald zeigte sich, dass die Gefangenen eigentlich nur ihrer Sehnsucht nach freiem Himmel, Natur, Schönheit, ihrem Zuhause und ihren Lieben Ausdruck verleihen wollten.

Wie das deutsche Wort »verstehen« schon andeutet, gehört zu diesem Prozess auch ein Wechsel des Standpunkts, um die Bedeutungen seines Handelns und seiner Absichten dahinter zu erfassen. Zwischen den Unterrichtseinheiten besuchte ich einzelne Zellen. Als Mitarbeiterin einer externen Organisation und nicht der Haftanstalt selbst war ich nicht verpflichtet, über alles zu berichten, was ich zu hören bekam, und galt daher als ein vertrauenswürdiges

Eine von vielen Wandmalereien im Gefängnis in Köln

Paar Ohren. Ich saß auf den Betten von Heroinsüchtigen, Räubern und einfachen Gaunern, von Mafiosi, Mördern und Vergewaltigern, die mir, oft zum ersten Mal überhaupt, ihre Geschichten erzählten. Hier lernte ich endlich, wie das Böse seinen Lauf nimmt.

»Ich bin einfach ausgerastet. Sie haben mich zu weit getrieben … Erst meine Mutter, dann sie. Das war mehr, als ich aushalten konnte. Ich habe die Einkäufe aus dem Auto geholt. Da war ein neues Küchenmesser dabei. Mit dem habe ich wieder und wieder auf sie eingestochen. Sie war schwanger von mir … Sie haben beide überlebt, aber ich kann mir das nicht verzeihen.«

»Ein Freund meines Vaters hat mich sexuell missbraucht. Er besaß einen kleinen Laden und hat mir danach jedes Mal Süßigkeiten und Zigaretten mitgegeben. Mein Vater wusste davon. Meine Mutter war eine Drogensüchtige und meine Schwester auch. Mein älterer Bruder hat für sie den Zuhälter gespielt. Er hat vier Frauen vergewaltigt und seine Ehefrau umgebracht … Ich wollte wirklich ein anderer Mensch werden als sie, und jetzt bin ich doch hier gelandet.«

»Es ist einfach passiert. Ich habe meine kleine Tochter auf meinem Schoß hüpfen lassen, und das hat mich erregt. Ich liebe sie so sehr, deshalb habe ich es getan.«

»Erst habe ich sie umgebracht, dann aufs Bett gelegt und Rosen rund um ihren Körper verstreut. Sie haben mir vor Gericht vorgeworfen, dass ich kaltblütig war, weil ich keine Reue, keine Gefühle zeigte. Ich fühle aber alles. Nur bleiben meine Gefühle hier drin stecken.« Der Mann deutete auf seinen oberen Brustkorb und seinen Hals. »Sie kommen einfach nicht weiter heraus. Aber ich spüre sie alle.«

In vielen Fällen war die unerfüllte Sehnsucht nach Anerkennung, nach einem Sinn im Leben, nach Gerechtigkeit oder Liebe roh und kaum verhüllt. Die meisten der Männer standen ihren eigenen Emotionen völlig verständnislos gegenüber, was dazu führte, dass sich jedes negative Gefühl zu einem alles beherrschenden gesichtslosen Quälgeist auswuchs. Etliche Häftlinge hatten keine andere Möglichkeit, als jemanden zu verprügeln oder sich mit Drogen »wegzuschmeißen«, wenn sie sich Erleichterung verschaffen wollten, sei es auch nur vorübergehend. Einige konnten markante Ereignisse festmachen, die sie aus der Bahn geworfen und den Lauf ihres Lebens verändert hatten wie Weichen im Gleis. Oft war das nur eine einzige falsche Entscheidung gewesen, ein Ja statt einem Nein, meist getroffen wider besseres Wissen, die sie dann in immer weitere falsche Entscheidungen hineingeritten hatte, bis sie am Ende in ihrer Zelle gelandet waren. Das sind keine Rechtfertigungen ihrer Taten. Es beschreibt nur einige der Zwischenschritte, die sie so weit brachten.

Fast ebenso furchtbar, wie von den Verbrechen der Männer zu erfahren, waren deren Berichte über katastrophale Familienverhältnisse, die sie schon als Jungen vereinsamen ließen – emotional vernarbt und seelisch schwer beeinträchtigt. Die Geschichten von häuslichem Missbrauch und Misshandlung, Vernachlässigung und Unwissenheit ließen in mir den Verdacht aufkommen, dass ihre

Gewalt, Sucht, Kriminalität und kranken Seelen nicht vielleicht unausweichliche Reaktionen einst empfindsamer, offenherziger Kinder auf eine kalte, grausame Welt und eine sinnentleerte Kindheit waren. Es fiel mir nicht schwer, durch die Tätowierungen und kahl rasierten Köpfe, die aufgeblähten Muskeln und prahlerischen Posen hindurch in dem Verbrecher vor mir den kleinen Jungen zu erkennen, der von der Treppe aus hilflos zusehen hatte müssen, wie seine Mutter von ihrem Freund brutal verprügelt wurde, und der dabei noch seinem kleineren Bruder die Augen zugehalten hatte. Wie wird man mit so etwas fertig? Die Antwort lautete bei einigen anscheinend: indem man sich »abhärtete«, »männlich«, »stark« und »mutig« wurde; indem man Verbrecher wurde.

Manchmal staunte ich einfach nur über den Mut dieser Gesetzlosen, über ihre Entschlossenheit, ihre Überlebensfähigkeit als Kinder. Infolge dysfunktionaler Erziehung durch Eltern, die ihrer Aufgabe nicht gerecht wurden, fehlten ihnen die nötigen Strategien und der moralische Kompass, um sich im Leben zurechtzufinden. Gewöhnlich hatten sie Rechtfertigungen für ihre Handlungen parat. Der Mann, der mit der Faust auf einen Fremden eingeschlagen hatte, weil der sich an seine Freundin herangemacht hatte? »Als Schutz«, sagte er. (Seiner Freundin? Oder seines Stolzes?) Der junge Jamaikaner, der Drogen geschmuggelt hatte, um die Krebsbehandlung seiner Mutter zu bezahlen. Der sexuelle Übergriff auf eine Frau, die »darum gebettelt« hatte.

Sieht man von Psychosen und anderen schweren psychischen Störungen ab, so bestätigte sich für mich, was der Bankräuber in Sydney behauptet hatte: dass Gesetzesbrecher nicht vorsätzlich »Böses« tun oder böse sein wollen. Sogar der Mann, der Betonklötze auf Prostituierte geworfen hatte, war in dem Moment überzeugt gewesen, dass er »die Welt von Abschaum befreite« und sie ein wenig besser machte. Es versteht sich von selbst, dass die Rechtfertigungen in aller Regel sehr krude waren, aber ich urteilte nicht, sondern hörte einfach zu und versuchte zu verstehen – als unbeteiligte Beobachterin, als eine Fliege an der Wand ihrer geistigen Welten.

Es gibt kein Verbrechen ohne Vorgeschichte. Und doch wird diese entscheidende Tatsache von den meisten Strafrechtssystemen der Welt weitgehend übergangen. Allzu oft folgt die Justiz dem Grundsatz, dass nur noch mehr Erniedrigung, Bestrafung und Beschämung die Gesetzesbrecher zur Reue bewegen werden. Nicht immer ist es einfach oder auch nur möglich, den Hintergrund eines Verbrechens zu klären. Aber die Befähigung dazu ist eine der Voraussetzungen für die Möglichkeit, Rückfälle zu verhindern.

Erst viel später erkannte ich, warum ich eine solche instinktive Zuneigung zu diesen ausgestoßenen Männern empfand. Und ein so dringendes Bedürfnis hatte, ihnen zu helfen.

Die Jahre in diesem System forderten allmählich ihren Tribut. Ich ging auf in meiner Arbeit und wuchs in alle Richtungen über mich hinaus, doch mit jedem Tag nahmen Menschen etwas von mir, und ein Teil von mir blieb bei ihnen. Das Fehlen dieses Teils konnte ich spüren, wenn ich mich in den Straßen draußen frei bewegte.

Ein Häftling, der an mehreren Kunstwerkstätten hintereinander teilgenommen hatte, brachte es eines Tages über einem Pott Instantkaffee auf den Punkt. Er beschrieb, wie ich ihm und anderen ihre Probleme abnahm, daran arbeitete und sie bewältigt zurückgab. Er sagte, ich hätte ihn aus einem tiefen Loch gezogen, ihm geholfen, auf eigenen Füßen zu stehen, und den Künstler in ihm zum Vorschein gebracht.

»Sie können sehr stolz auf sich sein«, erklärte er.

In diesem Moment wurde mir deutlich, dass ich seit fast fünf Jahren genau das tat: andere aus ihren Löchern holen. Immer wieder stieg ich hinunter in die finstere Grube und zerrte jemanden heraus, schleppte ihn auf meinem Rücken und stellte ihn draußen auf festem Boden auf die Füße. Zu wissen, dass meine Arbeit anderen half, machte mir Mut. Aber ich fühlte mich jetzt völlig unfähig, auch nur irgendeine Seele noch einen einzigen Schritt weiterzutragen. Ich hatte keine Schaffenskraft mehr übrig. Ich fühlte mich erschöpft und ausgelaugt.

»Du bist zu offen«, sagte eine befreundete Kollegin zu mir, während sie Limetten und Zucker am Boden ihres Glases zermalmte.

Wir saßen in unserer Lieblingsbar und schlürften nach dem gemeinsamen Zeichenunterricht in einem Trakt für Leute, die besonders schwere Verbrechen begangen hatten, unsere allwöchentlichen Caipirinhas. Ohne nennenswerte Supervision waren wir bei der Verarbeitung der Probleme anderer auf uns selbst gestellt.

So saßen wir jeden Mittwoch zusammen und ließen Druck ab, indem wir einander mit dem schwarzen Humor von Chirurgen oder Soldaten Anekdoten berichteten. »Was für eine Arbeit!«, seufzten wir einander danach zärtlich zu.

Ich sah ein, dass meine Freundin recht hatte, dass ich den Häftlingen zu viel von mir gab, dass ich mich von ihnen nach Belieben ausplündern ließ, bis nichts mehr von mir übrig war. Wir sprachen oft darüber, wie wichtig ihre positive Reaktion auf Wahrhaftigkeit und auf das ihnen entgegengebrachte Vertrauen war, dass es aber auch darauf ankam, ihrer Rehabilitierung Grenzen zu setzen. Schließlich ist jedes Verbrechen ein Übergriff – das Verletzen einer körperlichen, menschlichen oder rechtlichen Grenze. Doch der Knast mit seinen Mauern, Gittern, Schlössern und Wärtern erwies sich als vollkommen wirkungslos und kontraproduktiv, wenn es darum ging, eben das geltend zu machen. Denn dieses vierfache Einsperren hinderte seine Insassen daran, die Einhaltung normaler Grenzen im gesellschaftlichen Leben zu erlernen. Es verschlimmerte nur noch die emotionalen und psychischen Schäden infolge dysfunktionaler Kindheiten, indem es Passivität und Verantwortungslosigkeit weiter ins Extrem trieb.

Wir tranken unsere Gläser leer, und meine Freundin sah mich an. »Aber was ist mit dir selbst«, fragte sie, »was ist mit deinem Leben?«

Ihre Frage war berechtigt. Ich musste einsehen, dass ich mich zunehmend abschottete, der Außenwelt entfremdete und im unerbittlich reglementierten Rhythmus des Strafvollzugs verlor. Ich hatte Beziehungen und Freunde, aber sie standen zunehmend in Konkurrenz mit der Arbeit um meine Zeit und mein Herz. Wieder einmal bewegte ich mich auf einen Abgrund zu.

Der Zusammenhang zwischen Traumata und Sucht ist inzwischen gut dokumentiert. Nach Gabor Maté, einem anerkannten Arzt und Autor und Fachmann auf beiden Gebieten, lässt sich jedes Verhalten als Sucht verstehen, dem wir sklavisch nachgehen. Der Teufelskreis ist bei jeder Sucht der gleiche: Gier, kurzfristiger Lustgewinn oder Erleichterung, langfristiges Leiden und am Ende die Unfähigkeit, das schädliche Verhalten abzulegen. Und ihrem Wesen nach kann keine Sucht das Bedürfnis befriedigen, das ihr zugrunde liegt.

Um Sucht zu verstehen und zu heilen, muss man zurück zu der Verletzung gehen, von der sie herrührt. Zunächst erscheint ein Suchtmittel oder zwanghaftes Verhalten zur Lösung eines Problems beizutragen. Sie verschafft den Betroffenen Linderung von ihrem Leiden. Sie gewährt ihnen kurzfristig einen Ausweg und gibt ihnen das Gefühl, wieder ganz sie selbst zu sein. Sie füllt eine Leere und lindert den Schmerz. Das konnte ich bei den vielen Drogenabhängigen im Gefängnis immer wieder beobachten. Wie oft habe ich gehört, dass Heroin uns die bedingungslose Liebe einer Mutter spüren lässt, Kokain das Selbstvertrauen stärkt und extremer Muskelaufbau einem Achtung verschafft oder Sicherheit schenkt.

Maté und andere Traumatologen bestätigen, was ich an mir selbst erfahren und bei Leidensgenossen beobachtet habe: Eine Sucht ist weder freiwillige Entscheidung noch ererbte Krankheit. Sie ist noch nicht einmal das eigentliche Problem, sondern oftmals die Reaktion auf ein Trauma, d.h. auf ein Ereignis, das die Abspaltung von schmerzhaften Gefühlen und so am Ende auch von sich selbst hervorgerufen hat.

Ich war zuvor den Verheißungen verschiedener Substanzen erlegen und hatte zum Glück noch rechtzeitig erkannt, dass sie mich in eine Sackgasse führten. Ich hatte außerdem das Essen – oder Hungern – als Droge genutzt, um meinen inneren Dämon zu bändigen. Nun befand ich mich in den Fängen einer anderen Sucht: Arbeit. Ich war konditioniert auf den anhaltenden Strom von Adrenalin. Bestätigung als Lohn für meine gute und sinnerfüllte Arbeit fühlte sich sehr viel besser an als die tief sitzenden Schuld- und Schamgefühle, die nach wie vor in mir gärten. Auch hatte die Gewissheit, gebraucht zu werden, mein Gefühl verdrängt, dass kein Mensch mich je lieben würde. Darüber war mein feines Empfinden für die Gefahr allmählich abgestumpft.

Eines Tages stellte sich heraus, dass ein Schüler meiner Kunstwerkstatt, ein unaufdringlicher, stets höflicher und beflissener Mann, seinem ebenfalls einsitzenden Bruder auf einem Zettel angekündigt hatte, er werde im Vorfeld seines Prozesses wegen mehrfacher Vergewaltigung und Mord einen Gewaltakt begehen. Ich unterrichtete ihn zu diesem Zeitpunkt seit einem halben Jahr und wusste – auf meinen eigenen Wunsch – nichts von seinen Vergehen. Sein Plan war, mich als Geisel zu nehmen.

Zu meinem Glück meldete sein Bruder – auch er einer meiner Schüler, und dazu noch einer, zu dem ich ein gutes Verhältnis hatte – diesen Plan der Anstaltsleitung, und der Mann wurde sofort in einen Hochsicherheitstrakt verlegt. Dennoch schockierte mich der Zwischenfall. Ich ging zu der Gerichtsverhandlung, sooft ich konnte, nicht nur, um dem monströsen sexgierigen Zug im Wesen dieses Mannes auf die Spur zu kommen, sondern auch weil ich mich fragte, warum die Gefahr, die in diesem Gefängnis an jeder Ecke lauerte, mich nie zuvor beunruhigt hatte. Unzählige Male hatte man mich zusammen mit potenziell gefährlichen und verzweifelten Männern ohne irgendeinen Notruf, Schlüssel oder Bewacher in einen Raum gesperrt. Nie war mir dabei bang gewesen. Obwohl manche aus freien Stücken von sich erzählten, fragte ich nie, welche Verbrechen jemand begangen hatte. Das half mir, jeden Einzelnen als vielschichtiges Menschenwesen zu betrachten und unbefangen mit seinen Stärken und Schwächen zu arbeiten. Ich war auch von Beginn an in der Lage, zwischen einem Täter und seinem Handeln zu unterscheiden, sodass ich die Tat – falls ich davon erfuhr – rückhaltlos verurteilen konnte, ohne den Menschen zu verurteilen. Ich glaubte im Innersten, dass irgendein schützender Mantel mich unberührbar machte. Bei den meisten, so mein Gedanke, war die Wahrscheinlichkeit, dass sie mir etwas antaten, nicht größer als die, dass ich ihnen etwas antat. Doch darin irrte ich offensichtlich, und dieses Ungleichgewicht beeinträchtigte meine Arbeit in fast jeder Hinsicht.

Noch mehr beunruhigte mich ein Anflug von Enttäuschung. Mir wurde klar, dass ich mir perverserweise beinahe wünschte, ich wäre als Geisel genommen worden. Aber warum? Hasste ich mich selbst so sehr? Gab es einen Teil von mir, der mich als Opfer sah? Oder sehnte ich mich sogar danach, ein Opfer zu sein?

In dieser Phase meines Lebens fanden sich keine vernünftigen Antworten auf diese Fragen. Doch dieser Zwischenfall erwies sich als Tropfen, der das Fass zum Überlaufen brachte. Da die Abgrenzung meiner Gefühle von denen anderer durchlässig war, hatte ich zu viel von den verunglückten Lebensläufen und verfahrenen Gedanken der Häftlinge in mich aufgesogen und war an einen Punkt gelangt, an dem ich mich selbst nicht mehr im Griff hatte.

Innerhalb weniger Wochen ging mein Leben mit mir durch wie ein fliehendes Pferd. Es führte mich im Galopp durch ein belastendes und bedrohliches Ereignis nach dem anderen – Autounfälle, Affären, Krankheiten – und warf mich dann ruckartig ab. Das Strahlen in meinen Augen flackerte und verdüsterte sich zu einer glasigen Leere. Jede kleinste Bewegung kostete mich danach unendlich viel Kraft.

Ich wurde in ein Krankenhaus in Süddeutschland eingewiesen, das ganzheitliche Diagnose- und Behandlungsmethoden anwandte. Dieser ganze Lebensabschnitt liegt heute für mich hinter einem dichten Nebel. Ich weiß nur noch, dass es im Jahr 1997 war. Dass ich genau 33⅓ Jahre alt war. Und dass sich die Identität, die ich mir während der vergangenen sechs Jahre übergestülpt hatte, auflöste wie ein alter Wollpullover. Ich befand mich im freien Fall von der Höhe meiner schwer erkämpften Erfolge. Und ohne die Anerkennung meiner verschiedenen Rollen – als Künstlerin, Lehrerin, Aktivistin, Organisatorin und Teammitglied – war ich nichts.

7
Das Unaussprechliche

Von irgendetwas werden wir alle heimgesucht. Mich verfolgt andauernd der Schatten von etwas an den Rändern meines Lebens ... Aber ich habe kein Recht, mich verfolgt zu fühlen.

Rita Goldberg, *Unspeakable*

Oft habe ich mir in Gedanken ausgemalt, was ich mitnehmen würde, wenn eine plötzliche Katastrophe mich zur Flucht aus meinem Haus zwänge. Die Begleiter meiner Wahl haben sich über die Jahrzehnte verändert: von der geliebten Puppe Gigi in meiner Kindheit bis zu meinem Dackel Scampy; von meiner silbernen Uhr bis zu Fotoalben und Tagebüchern. Jetzt wären es vielleicht mein Mobiltelefon und Festplatten. Oft waren und sind auch meine Nächte von Fluchtträumen durchsetzt. Meist raffe ich dabei eilig ein paar Dinge zusammen und renne dann verzweifelt Richtung Bahnhof, um einen Zug zu erwischen. Oder ich versuche, aus einem brennenden Gebäude zu holen, was noch zu retten ist. Manchmal muss ich mich entscheiden, wen aus meiner Familie ich in Sicherheit bringe und wen nicht. Jedes Mal lastet viel zu viel Gepäck auf mir. Eine Serie immer neuer Hindernisse versperrt mir den Weg, und ich erreiche kaum je mein Ziel.

Als Kind stapelte ich vor dem Einschlafen meinen wertvollsten Besitz auf meinem Bett – immer war Gigi dabei, manchmal eine Tafel Schokolade oder eine Postkarte, einmal ein lebensgroßer Hund auf Rädern. Sogar tagsüber packte ich vor dem Weggehen eine kleine Tasche mit dem Allerwichtigsten: einer sauberen Hose, einem Kamm, etwas Taschengeld in einer Börse. Ich musste stets auf alles vorbereitet sein. Nie zog ich dabei eine Verbindung zur

Flucht meiner Mutter, zu ihrer Bestürzung darüber, dass sie sich für das falsche Spielzeug entschieden hatte, ihrer furchtbaren Angst, ihre Mutter auf dem Bahnsteig zu verlieren.

Bis in die Vierziger- und Fünfzigerjahre des vergangenen Jahrhunderts hinein betrachtete man Kinder als immun gegen seelische Verletzungen. Es wurde angenommen, sie seien so robust, dass verheerende Ereignisse ohne dauerhafte Beeinträchtigung über sie hinwegrauschten. Erst allmählich erkannten Psychologen einen Zusammenhang zwischen der Entwicklung des kindlichen Charakters und den Kindheitserlebnissen seiner Eltern, die sich in deren Erziehungsverhalten niederschlagen. Heute wissen wir, dass unser elementares Selbstbewusstsein im permanenten Austausch mit denjenigen gebildet wird, die für uns Sorge tragen, dass emotionale Interaktion eine unerlässliche Voraussetzung für die Entwicklung eines Menschen ist und dass der Umgang unseres Gehirns mit Belastungen von der frühesten Kindheit an trainiert wird.

Der Psychoanalytiker John Bowlby führte in seiner mittlerweile berühmten Theorie seelische Störungen und Verhaltensschwierigkeiten bei Erwachsenen auf einen Mangel an Bindung in der frühen Kindheit zurück. Säuglinge erleben Hunger, Durst, Kälte und sogar ungewohnte Geräusche als bedrohlich und verlassen sich auf das beruhigende Eingreifen ihrer wichtigsten Bezugsperson, also in aller Regel der Mutter, um lebenswichtige Techniken der Stimmungsregulierung zu erlernen. Bowlby ging davon aus, dass Kleinkinder als Teil ihres Überlebensinstinkts von Natur aus darauf programmiert sind, Bindungen zu anderen aufzubauen. Ihre natürliche Veranlagung zur Kommunikation entwickelt sich demnach anfangs anhand einer Primärbeziehung zu einem Erwachsenen, und die Qualität dieses ersten Austauschs dient später als Grundmuster für alle weiteren.

Bowlbys Ansatz wurde mit den Jahren weiter ausgearbeitet. Heute wissen wir, dass das Knüpfen fester, gesunder und sicherer Bande von Eltern abhängt, die für Signale ihrer Kinder empfänglich und emotional zugänglich sind, die auf kindliche Bedürfnisse positiv reagieren. Quantität und Qualität körperlicher wie emotionaler Kontaktaufnahme – von Mimik und Berührung bis zum Klang der Stimme – helfen dem Kind, sich in seiner Umgebung wohlzufühlen, und bestätigen ihm, dass es geliebt und ernst genommen wird. Daraus entsteht eine Bindung, die einem Kind genügend Rückhalt und Sicherheit gibt, damit es sich in die Welt hinauswagen kann. All das begünstigt in der Folge die Entwicklung eines gesunden Selbstgefühls und Einfühlungsvermögens anderen gegenüber.

In der neueren Forschung wurde nachgewiesen, dass bereits die Erlebnisse eines Fötus in der Gebärmutter und sogar schon die eines Embryos vom Moment der Zeugung an ausschlaggebend für die Bildung von Synapsen sind und damit unsere späteren emotionalen und geistigen Fähigkeiten vorprägen. Beim Heranwachsen ist der Fötus über seine Mutter mit der Außenwelt verbunden – vom Klang ihrer Stimme bis zu dem, was sie isst. Auch ihre positiven und negativen Gedanken und Gefühle finden über Neurohormone den Weg zu ihm.

Wenn eine Mutter oder andere primäre Bezugsperson ein Trauma durchgemacht hat, fällt es ihr unter Umständen schwer, feinfühlig und hilfreich auf die Bedürfnisse ihres Kindes zu reagieren oder Geborgenheit, Stabilität und Schutz zu bieten. Traumata können emotionale Unbeständigkeit, Gefühlsarmut oder Dissoziationen verursachen, was die Betroffenen als Verunsicherung oder körperliches Unbehagen empfinden. Wenn nun ihren Säuglingen der elterliche Beistand zur Regulierung ihrer Emotionen fehlt, wenn niemand da ist, der sie halten, auffangen kann, werden sie von äußeren Eindrücken, ihren Nöten und Gefühlen überwältigt. Mit den Jahren lernt ein Kind, das bei seiner Bezugsperson immer wieder Zorn, Niedergeschlagenheit und Gefühlskälte wahrnimmt, schnell aufzugeben oder überzureagieren. Gelingt es dem Kind nicht, Empathie zu entwickeln, wird es häufig von Spielen und Feiern oder sogar in der Schule ausgeschlossen. Eine solche Zurückweisung führt dann zu geringem Selbstbewusstsein, Misstrauen gegenüber anderen und dem Gefühl, verloren, sich selbst überlassen, nicht liebenswert zu sein. All das sind Reize, den Verlockungen kompensierender Drogen oder Tätigkeiten zu verfallen, die dann wiederum Sucht, Gewalttätigkeit oder kriminelles Verhalten nach sich ziehen.

Das klingt für manche vielleicht allzu vereinfachend, aber tatsächlich habe ich genau diesen Kreislauf im Gefängnis beobachtet. Und obwohl meine Mutter in vielerlei Hinsicht verlässlich zugewandt und liebevoll war, obwohl sie es mir auch ermöglicht hat, ein gesundes Selbstempfinden zu entwickeln, wirkte es bei eingehender Betrachtung doch so, als seien einige meiner Symptome geradezu lehrbuchmäßige Beispiele für ein Kind mit einer traumatisierten Mutter. Andererseits ließen weder die Lebensgeschichte noch das Verhalten meiner Mutter ein so schweres Trauma erkennen, wie es der Heftigkeit der Folgeerscheinungen bei mir entsprochen hätte.

Bis in die Sechzigerjahre beruhte die klassische Psychoanalyse weitgehend auf Freuds Theorien. Sie betrachtete die innere psychische Realität eines Patienten als Hauptursache seiner Probleme. Der Einfluss des äußeren Weltgeschehens – Krieg, Barbarei, Vertreibung, Politik in Gegenwart und Vergangenheit – kam dabei nicht in Betracht und galt sogar als »Verunklarung«. Diskutiert wurde, ob ein Analytiker bewusst oder unbewusst vermeiden konnte, bestimmten Ereignissen der Weltgeschichte Aufmerksamkeit zu schenken, weil er in seinem eigenen Leben Ähnliches durchgemacht hatte. So waren die Verbrechen der Nazis mitunter mehr, als ein jüdischer Analytiker und ein jüdischer Patient sich und einander zumuten wollten, sodass sie sich unausgesprochen darauf einigten, das gemeinsame Trauma in einen Mantel des Schweigens zu hüllen.

Andererseits war »Kriegsmüdigkeit« bei Soldaten ein seit Jahrhunderten bekanntes Phänomen. Und inzwischen war man auch von der Hypothese des »Granatenschocks« wieder abgekommen: Mit diesem Begriff hatten die Engländer während des Ersten Weltkriegs Symptome belegt, wie sie in großer Zahl bei Kämpfern auftraten, die unter Artilleriebeschuss große Todesangst empfunden hatten. Verbunden mit der Diagnose war damals die Unterstellung, das Leiden treffe nur Männer mit einer bereits vorhandenen Nervenschwäche und rühre von einem Mangel an Charakterfestigkeit her. Schon Abram Kardiner, der 1923 US-amerikanische Kriegsveteranen behandelt hatte und 1941 in Erwartung einer weiteren Welle von Granatenschocks bei Soldaten das Buch *The Traumatic Neuroses of War* veröffentlichte, widersprach: Er erkannte, dass jeder Mensch vom Krieg psychisch beeinträchtigt werden konnte und dass Traumasymptome als normale Reaktion auf ein unerträgliches Geschehen zu werten waren. Als Behandlungsmethode wählten die meisten Psychiater allerdings die Hypnose, und die seelischen Narben blieben dabei unerkannt. Nach 1947 verschwanden die Traumaneurosen sogar weitgehend aus der offiziellen Sprachregelung der Psychiatrie.

In den Siebzigerjahren kam es zu einer gründlicheren Erforschung von Traumata. Nach dem Vietnamkrieg, der sich von 1955 bis 1975, also über zwanzig Jahre, hinzog, begannen unter anderem amerikanische Epidemiologen, Psychiater und Neurowissenschaftler die Kriegserfahrungen der Soldaten anders zu sehen, denn viele Veteranen bildeten Symptome aus, die sie weitgehend lebensuntüchtig machten und Gewalttätigkeit, Obdachlosigkeit, Depressionen, Arbeitsunfähigkeit, Drogenmissbrauch oder Gemütserkrankungen nach sich zogen. Zunehmend wurde auch bekannt und offen besprochen, was das Dritte Reich mit den Seelen derjenigen gemacht hatte, die es aus nächster Nähe erlebt hatten.

Doch erst als die Überlebenden der deutschen Konzentrationslager eine Reihe erkennbar ähnlicher Gefühls-, Kognitions- und

Verhaltenssymptome ausbildeten, fasste man die zuvor als Einzelerscheinungen beschriebenen und behandelten Traumasymptome in der psychologischen Diagnose der posttraumatischen Belastungsstörung (PTBS) zusammen. Und erst 1980 fand dieser Begriff Eingang in die Bibel der Psychologie, das *Diagnostic and Statistical Manual of Mental Health Disorders.*

Als die Probleme von Kindern der Holocaust-Überlebenden – also der zweiten Generation – immer mehr bekannt gemacht und systematisch erforscht wurden, erweiterten Psychoanalytiker ihre Auffassung der PTBS um die Einsicht, dass persönliche Innenwelten und historische, gesellschaftliche, politische Umwelten eng miteinander verflochten sind. Ende der Achtziger- und Anfang der Neunzigerjahre fand diese weiter gefasste Theorie – auch infolge weiterer dramatischer Weltereignisse wie des Zusammenbruchs des kommunistischen Ostblocks, den Kriegen in Jugoslawien und dem Ende der Apartheid in Südafrika – weithin Anerkennung.

Die Familiendynamiken von Holocaust-Überlebenden der zweiten Generation ließen Kinder erkennen, die in einer von den Traumata nicht nur der eigenen Eltern, sondern des gesamten sozialen Umfelds dominierten Atmosphäre aufgewachsen waren. Viele Überlebende der ersten Generation waren mit ihren Erlebnissen irgendwie fertiggeworden, indem sie die Erinnerung daran verdrängt hatten, häufig ohne sich über die Folgen für ihre seelische und körperliche Gesundheit im Klaren zu sein. Das wiederum prägte ihr Verhalten als Ehepartner und als Eltern.

Überwältigende Erfahrungen von Trauer, Furcht, Misstrauen und Depression sowie quälende Erinnerungen an den ständig nagenden Hunger in den Lagern und Ghettos manifestierten sich in der Gegenwart auf vielerlei Art. So klagten manche Kinder über die Gefühlskälte und Unzugänglichkeit ihrer Eltern, andere über das genaue Gegenteil: So lieb und teuer seien sie ihren Eltern gewesen, dass deren Sorge um ihr Wohlergehen sich bis zu einem Punkt steigerte, an dem die Kinder sich überbehütet fühlten.

Viele dieser Kinder litten in der Folge an Gefühlsverirrungen, Schuld- und Schamgefühlen. Einerseits gaben sie sich Mühe, den geschädigten Müttern und Vätern ihre Last abzunehmen, wollten sie heilen und fühlten sich schuldig, weil sie es nicht konnten. Andererseits spürten sie den Drang, sich den Verletzungen und Schmerzen zu entziehen, was bedeutete, sich von ihren Eltern abzuwenden. Manche ahmten die langen Phasen des Ausharrens im Ungewissen an der Schwelle zwischen Leben und Tod, die ihre Eltern erduldet hatten, unwissentlich in der Wahl ihres Berufs nach: Sie entschieden sich etwa für die Notfallmedizin, wo sie all ihr Können einsetzten, um Verletzte zurück auf den festen Boden des Lebens zu holen. Rita Goldberg beschreibt in ihrem Buch *Motherland: Growing up with the Holocaust* eine Atmosphäre ständiger Furcht oder Beunruhigung – und des schlechten Gewissens, denn was war in ihrem eigenen Leben je geschehen, das sich mit den Martyrien der Eltern vergleichen ließ?

In den Neunzigern kamen Ansätze auf, mit denen sich erstmals ein Mechanismus beschreiben ließ, durch den Überlebende der zweiten und dritten Generation von den verdrängten Erinnerungen und Erlebnissen ihrer Eltern und Großeltern geprägt wurden. Die »Postmemory« der rumänisch-amerikanischen Literaturwissenschaftlerin Marianne Hirsch beschreibt eine ererbte Form der posttraumatischen Belastungsstörung. Erstmals verwendet wurde der Begriff in einem Artikel über den amerikanischen Comiczeichner Art Spiegelman, dessen Comicroman *Maus* von 1980 bis 1991 in Einzelepisoden erschien. *Maus* erzählt zwei Geschichten. Die erste schildert den Holocaust, wie Spiegelmans polnischer Vater Valdek ihn von den Vorkriegsjahren bis zur Befreiung seiner Eltern aus einem Konzentrationslager erlebt hatte. Der zweite, parallel laufende Strang erzählt von Spiegelmans schwierigem Verhältnis zu seinem Vater und seinem Umgang mit dem Selbstmord seiner Mutter im Jahr 1968. Hirsch zufolge war die Tatsache, dass Spiegelmans Kindheit – und sein späteres Erwachsenenleben – von Ereignissen geprägt war, die er selbst nicht erlebt hatte und auch nicht erlebt haben konnte, ein Hinweis auf die »Nacherinnerung«.

Der Gedanke der »Postmemory« hat seither verbreitete Anwendung gefunden und ist inzwischen in vielen Kontexten jenseits des Holocaust und seiner Überlebenden gebräuchlich. Es herrscht weitgehend Einigkeit, dass spätere Generationen Traumata ihrer Vorfahren über Vorstellungen und Erzählungen, Haltungen und Verhalten von Familienangehörigen in sich aufnehmen können.

Wenn die Nachwirkungen vergangenen traumatischen Geschehens bei den unmittelbar Betroffenen bis in die Gegenwart anhalten, können sie auf ihre Kinder so tief und umfassend übertragen werden, dass sie tatsächlich als Erinnerungen durchschlagen. Die Verbindung zur Vergangenheit ist dann keine Erinnerung im eigentlichen Sinn, sondern wird auf dem Wege der Fantasie und Projektion hergestellt. Sie setzt Menschen mit solchen erdrückenden Erberinnerungen der Gefahr aus, von diesen überwältigt und damit von den Erlebnissen der Eltern oder Großeltern bestimmt zu bleiben.

In den Neunzigerjahren war mir der Gedanke der »Nacherinnerung« noch unbekannt. Andernfalls hätte ich darin womöglich eine treffende Erklärung meiner immer umfangreicheren Sammlung von Symptomen erkannt. Die Kindergeschichten meine Mutter lagen im Nest meiner Erinnerung wie Kuckuckseier. Mein eigenes Leben war in erheblichem Maß beherrscht und geprägt von ihren Erlebnissen. Sich den Kindern und Enkeln von Angehörigen auch der »Täternationen« zuzuwenden fiel damals aber niemandem ein. Und wie hätte man auch das, was in mir oder irgendjemand anderem vorging, in irgendein Verhältnis zu den entsetzlichen Folgen des Holocaust für die Nachkommen seiner Opfer setzen können?

In jedem Fall ging es bei den traumatischen Erlebnissen meiner Mutter um Furcht und Vertreibung, nicht um die beiden Gefühle, die mich am meisten belasteten: Schuld und Scham. Erst als die deutsche Journalistin und Autorin Sabine Bode 2004 in ihrem wegweisenden Buch *Die vergessene Generation: Die Kriegskinder brechen ihr Schweigen* von 2004 die traumatisierenden Nachwirkungen des Zweiten Weltkriegs auf nichtjüdische deutsche Kinder thematisierte, fanden diese erstmals Beachtung. Und weitere fünf Jahre später offenbarte Bodes drittes Buch zum Thema, in welchem Maß diese Traumata sogar an die dritte Generation – meine Generation – weitergegeben worden waren.

Auf meinen wochenlangen Krankenhausaufenthalt folgten weitere Wochen in einer kleinen Reha-Einrichtung irgendwo in Süddeutschland, umgeben von Wäldern und Frühlingsklängen. Der beruhigende Tagesablauf dort ermöglichte es mir, mein Leben zu betrachten und den Prozess zu reflektieren, in dessen Verlauf ich innerlich völlig ausgebrannt war.

In Köln mit dem Frohsinn seiner Biergärten und Straßenfeste, seiner Konzerte und Vernissagen war ich aufgeblüht. Mir gefiel die Kultur von Ordnung und Struktur, die auf praktischer Ebene für effizientes Handeln sorgte und dem Geist die Freiheit ließ, sich in schöpferischen, philosophischen und anderweitig klugen Gedanken zu ergehen. Ich mochte auch die Offenheit und Liberalität junger Deutscher mitsamt deren ernster Gewissenhaftigkeit und progressiven Überzeugungen. Ich hatte rasch Freunde gefunden und die erfrischende Klarheit schätzen gelernt, mit der sie sich mitteilten. Die Leute sagten, was sie meinten, und taten, was sie wollten, anstatt sich unnützer Etikette zu unterwerfen. Sogar die Direktheit meiner Mutter begann ich hier in einem anderen, günstigeren Licht zu sehen.

Es gab aber auch Momente, als mir die unverblümte Offenheit meiner Freunde im besten Fall ungehobelt, im schlimmsten verächtlich vorkam. Ich weiß noch, wie ich einmal eine Freundin fragte:

»Hättest du Lust, ins Kino zu gehen?«

»Nein«, antwortete sie mit einer Schroffheit, bei der mir fast die Luft wegblieb, und ohne jede Ausschmückung durch einen Dank oder gleich welche Begründung. Sie hätte für mein Empfinden ebenso gut sagen können: »Leck mich doch.«

Nicht weniger brüskierend kam umgekehrt meine typisch englische Reaktion auf ihre Frage an, wie es mir ging. Deutsche Lebensart ist es, die Frage eingehend zu beantworten. Mein beiläufiges »Danke, gut« wirkte auf meine Freundin als Zurückweisung. »Ich hätte nicht gefragt, wenn es mich nicht interessiert hätte«, sagte sie empört.

In all der Zeit, die ich in Deutschland verbrachte, sprach kaum jemand von denen, die als Kinder den Zweiten Weltkrieg miterlebt hatten, offen darüber. In meinem Freundeskreis kam der Krieg in keiner normalen Unterhaltung je zur Sprache. Es war nicht so, dass man ihn nicht erwähnen hätte dürfen; aber so richtig traute sich dann doch niemand an das Thema heran. Da ich völlig in meiner Arbeit aufging und weder einen Fernseher noch einen ausreichenden Wortschatz zur gewinnbringenden Lektüre deutscher Zeitungen besaß, entging mir außerdem völlig, dass sich das Land nach dem Fall der Berliner Mauer und den ersten Jahren der deutschen Wiedervereinigung intensiv mit den zeitgeschichtlichen Ereignissen in Politik und Kultur auseinandersetzte. Mir war nicht einmal klar, dass unter den Parks mit den Wiesen, auf denen ich regelmäßig mit Freunden picknickte, die Trümmerreste der alliierten Bombenangriffe lagen.

Beim Radeln durch die Kölner Innenstadt fiel mir gelegentlich vor einem Laden ein Ständer mit schwarz-weißen Ansichtskarten auf, die eine Stadt geisterhafter Fassadenruinen zeigten. Leere Fensterlöcher starrten wie entsetzte Augen auf die zerbombten Trümmer rundherum. Auf jedem Bild ragten die Türme des Doms trotzig aus den Schutthaufen wie der Turm der Nikolaikirche in Hamburg, der mich als Kind so fasziniert hatte. Manchmal blieb ich stehen und untersuchte die Fotos im Bemühen, die fünfzig Jahre zwischen damals und jetzt zu überbrücken. Doch ich fühlte mich seltsam weit weg von diesen Ansichten. Ich konnte die Zerstörung der Stadt weder verurteilen noch rühmen. Ebenso wenig konnte ich mit den Zivilisten fühlen, die in Kriegszeiten diese Straßen bevölkert hatten.

Ein Teil von mir genoss einfach das Leben ohne die Belastung durch historische Konflikte. Im Allgemeinen schienen die Deutschen den Engländern wohlgesinnt. In der gesamten Zeit meiner Arbeit in Haftanstalten hörte ich nur eine einzige Bezugnahme auf den Zweiten Weltkrieg, nämlich als das Gebäude geräumt wurde und wir nach Hause geschickt wurden, weil man auf dem Gelände einen britischen Blindgänger entdeckt hatte. Niemand machte auch nur die leiseste spitze Bemerkung.

Doch auf vertraulicher Ebene, in persönlichen Gesprächen zwischen Bekannten und innerhalb der Familien, ließen die immer noch unausgesprochenen Schrecken des Krieges ihre unverarbeiteten Geheimnisse in das Leben der dritten Generation einsickern. Sie belasteten und lähmten diese Generation auf eine Art und Weise, die nur wenige Menschen verstanden oder erkannten. Ich muss ihnen auf die Spur gekommen sein. Denn in meinem Bemühen, mein eigenes tief sitzendes Gefühl von Schlechtigkeit und meine zwanghafte Aufopferung für Häftlinge zu verstehen, hatte ich mit dem Gedanken der Reinkarnation kokettiert. Aus Sicht des westlich-säkularen wie des christlichen Denkens mag Reinkarnation eine abseitige Vorstellung sein, doch sie ist fester Bestandteil der Mystik im Judentum und anderer religiöser Traditionen, und ich erhoffte mir von irgendeiner Art Wiedergeburt oder Weiterleben der Seele eine Erklärung für mein Ringen mit mir selbst. Meinem Tagebuch vertraute ich an: »In meinem Bauch lebt das Böse, ein unverdautes und unverdaubares Karma der Vergangenheit … Ich werde den nagenden Gedanken nicht los, dass ich im Zweiten Weltkrieg gelebt habe und die Schuld am Tod vieler unschuldiger

Juden trage. Ich war ein Nazi – einer Ideologie verpflichtet, die auf einem gewaltigen Missverständnis basierte.«

Meine erinnerungsähnliche Vertrautheit mit allen Erlebnissen, die mit Nazideutschland zu tun hatten, fühlte ich stets vom Blickwinkel einer Schuldigen aus. Auch das Traumbild vor meinem inneren Auge, in dem ich als eine Art reuevolle Wiedergutmachung einen Menschen nach dem anderen aus einer Grube zerrte, passte gut zur Vorstellung der Reinkarnation. Doch selbst wenn so ein Karma denkbar war: Wie konnte ich dessen je sicher sein? Und was konnte ich tun, um es zu »verdauen« oder mich hindurchzuarbeiten?

Da war es immer noch einfacher, meinen inneren Aufruhr in Verbindung mit meiner Mutter zu bringen. Auch nach Jahren der räumlichen Entfernung voneinander war unser Verhältnis prekär. Besuche zu Hause und Familienfeierlichkeiten brachten mich häufig durcheinander. Es war immer schön, meine Eltern und Geschwister wiederzusehen. Meine Mutter stellte wie in alten Zeiten Blumen in unsere Zimmer und kochte herrliche Mahlzeiten. Mein Vater holte eine Flasche Champagner aus dem Keller, und wir prosteten einander zu. Beide Eltern waren großherzig und erkundigten sich mit aufrichtigem Interesse nach Neuigkeiten aus unserem Leben. Auch mochte ich es sehr, ihnen von meiner Arbeit zu erzählen, sie mit Anekdoten über die vielen absurden Situationen, in die ich beinahe täglich geriet, zum Lachen oder aus der Fassung zu bringen. Inzwischen waren sie sehr stolz auf das, was ich tat, und mein Vater feixte immer noch im Stillen, wenn Freunde ihn fragten, wo ich sei und wie es mir gehe, und er antworten konnte: »Sie ist jetzt im Knast.« Solange wir einander berichten und Geschichten erzählen und Familientraditionen pflegen konnten, schien alles gut. Doch ich spürte deutlich, dass ich mit der Psyche meiner Mutter auf eine Art verheddert war, die mir wie eine unsichtbare Nabelschnur vorkam.

Einmal besuchten mich meine Eltern in Deutschland. Wir versuchten uns zu unterhalten, aber jedes Gespräch endete im Ungefähren, und das machte uns alle traurig. Die Schlussfolgerung, die sich daraus ergab, war mir nur allzu vertraut: dass ich mir alle meine Probleme selbst zuzuschreiben hätte. Erst viele Jahre später fand ich heraus, dass das nicht stimmte. Denn einige dieser Probleme erklärten sich aus einer psychischen Verfassung, die als »symbiotische Verstrickung« bezeichnet wird.

Die Psychotherapeuten Prof. Franz Ruppert und Vivian Broughton haben eingehend untersucht, wie Traumaerfahrungen abgespalten und im Zug einer Dissoziation ins Unbewusste verschoben werden. Diese Abspaltung des emotionalen Erlebens führt dazu, dass die Psyche in drei Anteile zerfällt. Der »traumatisierte Anteil« ist in der Zeit erstarrt und kann ansatzlos getriggert, sprich: in Aktion gerufen werden. Der »Überlebensanteil« behütet das Trauma und schützt uns durch Verdrängung, Kontrolle und Vermeidungsstrategien davor. Der »gesunde Anteil« fühlt sich sicher, weiß aber, dass etwas nicht stimmt, und sehnt sich nach Ganzheit.

Der »Überlebensanteil« entwickelt rasch Strategien und Strukturen, die das Trauma auf Distanz halten. Mit der Zeit werden diese Mechanismen immer subtiler, ausgeklügelter und strukturierter. Sie prägen ein Alltagshandeln, das der Mensch mit der Zeit für sein eigenes Wesen hält. Er verwechselt den Überlebensanteil mit seinem eigentlichen Selbst.

Wenn eine Mutter einen solchen Abspaltungsprozess durchmacht, kann es sein, dass die Psyche ihres Kindes in gewissem Maß mit dieser gespaltenen Struktur verschmilzt – besonders, wenn das Trauma während der Schwangerschaft auftrat oder reaktiviert wurde, also in einer Phase, in der Mutter und Heranwachsendes fast vollkommen eins sind. Der Fötus fühlt in der Gebärmutter mitunter alles, was die Mutter fühlt – ihre Verwirrung, Panik, Ambivalenz und Angst. Er kann sich von diesen starken Emotionen nicht abkoppeln und ist ihnen schutzlos ausgesetzt, denn er verfügt ja über keinerlei kognitive Möglichkeiten, diese Erfahrungen zu verarbeiten.

Die Gemütsverfassung der Mutter wird somit vom Kind als erste psychische Prägung übernommen. Sie bildet das Einfallstor für die Weitergabe von Traumata oder anderer unverarbeiteter Erlebnisse. Daraus entsteht eine »symbiotische Verstrickung« genannte Dynamik. Sie kann für das Kind und die Mutter sehr verwirrend sein. Beide bilden unter Umständen ähnliche Traumasymptome aus, doch mit dem Unterschied, dass die Symptome des Kindes ja nicht seine eigenen, sondern quasi von der Mutter übernommene sind. Diese Beziehungsstörung kann das Kind sein Leben lang beeinträchtigen, indem sie auch auf spätere Beziehungen übergreift und die Betroffenen stets im Ungewissen lässt, welche Gefühle die eigenen sind und welche »übernommene«. Es kommt vor, dass diese Kinder unablässig weiter um die Liebe der Mutter kämpfen, sie idealisieren oder auch hassen, ihre Überlebensstrategien nachahmen oder versuchen, sie von ihrem Leiden zu »heilen«.

Letzteres Verhaltensmuster scheint sich zwischen mir und meiner Mutter abgespielt zu haben, doch waren weder sie noch ich lange Zeit dazu in der Lage, das zu erkennen.

»Ich weiß gar nicht, wovon du überhaupt redest«, sagte sie oftmals flehend, als ich wieder einmal in dem Bemühen, einen Weg durch das Minenfeld unserer Empfindlichkeiten zu finden, an ihre wunden Punkte rührte. Ihr Gesicht war dabei von einem so ehrlichen Ausdruck der Verzweiflung erfüllt, dass ich nicht anders konnte, als ihr zu glauben.

Ich wusste: Wir waren in unserer Kommunikation in einer Sackgasse gelandet, und sah für uns nur noch drei Möglichkeiten: Ich ginge für immer weg und sähe sie nie wieder; ich versuchte, zu einem späteren Zeitpunkt die Vermutung an sie heranzutragen, dass ihr Leben auf irgendwelchen Wegen meines zutiefst erschüttert hatte; oder ich akzeptierte unser schwieriges Verhältnis, ohne etwas dagegen zu unternehmen.

Ich erholte mich, wenn auch langsam, konnte mir aber nicht mehr vorstellen, zu meiner Tätigkeit im Gefängnis zurückzukehren oder überhaupt weiter mit jungen Gesetzesbrechern zu arbeiten. Mir diese Schwäche, wie ich sie empfand, selbst einzugestehen war eine der schwierigsten Wahrheiten, denen ich je ins Auge geblickt habe. Dennoch musste ich akzeptieren, dass ich meine Dienstzeit hinter mir hatte und eine neue Phase des Lebens auf mich wartete.

Seit mehreren Jahren war ich immer wieder an die irische Westküste gefahren, um Kraft zu tanken. Die vorüberziehenden Nebel, die Regenbogen und die zauberische Wechselhaftigkeit dieser Landschaft bildeten einen heilsamen Gegensatz zur starren Ordnung des stacheldrahtbewehrten Gefängnisses. Ein Ort zog mich hier ganz besonders an: Sligo, die Hafenstadt zwischen Hügeln und Wolken in einer Gegend, die von keltischer Mythologie geprägt ist. Im Spätsommer 1997 kaufte ich mir ein altes Auto und zog ganz nach Sligo, um zu beobachten und zu malen, wie sich die Dramen des Himmels von einer Minute zur nächsten entfalten. In einem zugigen Haus saß ich eingemummelt in Daunen und Decken, ausgerüstet mit Wärmflaschen und heißem Tee, und nahm *Die okkulte Bedeutung des Verzeihens*, ein Buch des russischen Anthroposophen Sergej O. Prokofjeff, in Angriff. Eine mitfühlende Kollegin in Köln hatte es mir zum Abschied geschenkt. Ich sinnierte über jedes einzelne Wort in diesem Buch und blätterte erst um, wenn ich die Lehren einer Seite vollständig aufgesogen hatte.

Es gab keine einzelne Handlung, die ich verzeihen hätte müssen. Meine Mutter hatte mir nie vorsätzlich wehgetan. Mir wurde beim Lesen aber klar, dass es beim Verzeihen meist nicht um nur ein bestimmtes Ereignis geht.

Als Erstes lernte ich, hinter mir zu lassen, was Prokofjeff das »niedere Ich« und seinen Widerstand gegen das Vergessen und Vergeben nennt. Mein Groll gegen meine Mutter war seit Langem ein unauflöslicher schwarzer Klumpen im Fluss unserer Beziehung, ein unentwirrbarer Knoten verletzender Anklagen und Erinnerungen, der nicht zu all dem Guten in unserer Bindung passte. Dieser Groll hatte mir meine Jugend gründlich verdorben und störte auch noch mein Leben in der Gegenwart. Dass ich ihn in meiner OA-Gruppe benannt hatte, war ein erster Schritt zu seiner Auflösung gewesen, doch wann immer ich meine Mutter sah, war er wieder da und vereitelte von vornherein jeden möglichen Neuanfang.

Ich lernte, mich von Erwartungen an das Verhalten anderer Menschen zu befreien. Das war wie ein Trauerprozess. Ich trauerte über den Mangel an emotionaler Nähe, der mich hinderte, meine Mutter an den Höhen und Tiefen meines Lebens teilhaben zu lassen. Ich trauerte darüber, dass sie mich nur selten anderswo als auf ihrem eigenen Territorium erlebt hatte, wo immer noch die alten Regeln in Kraft waren. Ich bedauerte, dass sie ihre Gelegenheiten verpasst hatte, die beruflich erfüllte, erfolgreiche und glückliche Version ihrer Tochter in ihrem Element und auf freisinnigerem Terrain kennenzulernen. Und dann verabschiedete ich mich von all dem.

Die dritte Lektion bestand darin, meiner Mutter keine Vorwürfe mehr zu machen, mein niederes Ich mit all seiner zu kurz gekommenen Selbstgerechtigkeit, seinem Zorn, seiner Rachsucht und seinem neidvollen Hass zu überwinden. Ich musste diese Reaktionsweisen aufgeben und meine Mutter nehmen, wie sie war, ebenso wie ich selbst mir von ihr wünschte, als die genommen zu werden, die ich war. Die letzte Hürde war, meine Mutter vom »höheren Ich« aus lieben zu lernen, also auf einer Ebene des Bewusstseins, die das spirituelle oder göttliche Wesen eines Menschen ausmacht und jenseits von Körper und Geist angesiedelt ist.

Es dauerte zwar noch viele weitere Monate, bis ich so weit war. Aber ich lernte mit der Zeit, meiner Mutter zu verzeihen.

8
Herzensangelegenheiten

... Geduld zu haben gegen alles Ungelöste in Ihrem Herzen und zu versuchen, die Fragen selbst liebzuhaben ...

Rainer Maria Rilke, *Briefe an einen jungen Dichter [Kappus, 16. 7. 1903]*

Liebesbeziehungen mit all ihren Begleiterscheinungen wie Gefühlsaufwallungen und Krisen bildeten schon immer das Passepartout für meine inneren Zwiste und Desaster. Meine Affären waren nicht selten wunderschön und leidenschaftlich, oft aber auch hochdramatisch und, gemessen an allgemeinen konventionellen Erwartungen, von vornherein zum Scheitern verurteilt. Allerdings waren Zuverlässigkeit und langfristige Bindungen ohnehin keine Merkmale, von denen ich mich angezogen fühlte. Die Gründung einer Kernfamilie in einer Bis-dass-der-Tod-uns-scheidet-Ehe empfand ich als nicht erstrebenswert. Mich zog es eher hin zu Abenteuern abseits der ausgetretenen Pfade und dem Erforschen entlegenerer Winkel.

Zwei wiederkehrende Muster konnte ich hierbei ausmachen. Das erste hatte mit der mächtigen Wirkung von verletzten Menschen auf mich zu tun. Fortwährend sah ich mich von schwierigen Männern angezogen und entdeckte in deren Leiden oder Dysfunktionalität eine Aufgabe für mich. Ich verwechselte Intensität mit Intimität und wähnte hinter Süchten Kreativität. Meist hielt ich viel zu lange an solchen zerstörerischen Beziehungen fest und war am Ende von Enttäuschung und Schmerz wie erschlagen, weil ich meine Partner trotz aller Anstrengungen emotional nie erreichen konnte.

Eine zweite Standardsituation sah so aus, dass ich herzensgute Menschen zurückstieß, sobald sie mir zu nahekommen wollten. Ich umklammerte meine Schuld so innig und fest, dass nur wenig Raum für irgendeine andere Art von Nähe blieb. Die Schuld war wie ein toter oder eifersüchtiger Liebhaber. Ich spürte, wie sie sich in meine Gedanken schlich, wann immer ich mich in einer normalen Beziehung einrichten wollte. Am Ende kam es zu einem Kampf zwischen Kopf und Herz, und ich unterlag in einem weiteren missglückten Versuch, unter meinen Zeitgenossen einen Platz an der Sonne vermeintlicher Normalität zu ergattern.

Meine deutsche Großmutter brachte einmal auf den Punkt, wie ich mich fühlte. »Es ist, als hättest du zwei Seelen in deiner Brust«, sagte sie voller Mitgefühl.

Hin- und hergerissen zwischen der Sehnsucht nach klösterlicher spiritueller Hingabe und Erfüllung einerseits, einem waghalsigen Leben nah am Abgrund und fern aller Konventionen andererseits, begann ich in der Spaltung meiner Seele ein Überbleibsel des Gegensatzes zwischen den beiden einst kriegführenden Vaterländern meiner Eltern zu sehen. Allem Anschein nach war es mir unmöglich, einen Friedensvertrag auszuhandeln. Und konnte ein Mensch überhaupt zwei Seelen haben?

Irland mit seinen wechselhaften Himmeln und seiner schroffen Felsküste versprach unerschöpfliche Inspiration und Vorfreude auf alles Kommende. Ich füllte Skizzenbücher, malte, schrieb, machte lange Spaziergänge und unterrichtete. Ich führte ein ausgeglicheneres Leben und entwickelte mich künstlerisch weiter. Nach eineinhalb Jahren und Geburt und Tod einer zwar wunderschönen, aber zum Scheitern verurteilten Beziehung zog es mich dennoch zurück nach England. Ich übersiedelte ans Ufer der Severn-Mündung in der Grafschaft Gloucestershire und war richtig glücklich in meinem neuen Leben. Inspiriert von der Schönheit der umliegenden Landschaft, sammelte ich bei Ebbe im Flussbett mit bloßen Händen den Schlick und mischte ihn mit meinen Farben, zer-

Eines meiner »Schlickbilder«: *Silent Night*

matschte das Ganze zwischen den Fingern und erweckte mit tanzenden Händen große Himmel und dramatische Wettergebilde zum Leben.

Meine Kunst begann sich gut zu verkaufen, und für eine Weile war ich mit mir selbst und der Welt im Reinen, nicht zuletzt, weil zwischen mir und meiner Mutter alles ganz anders war als zuvor. Gleich bei unserer ersten Umarmung nach meiner Rückkehr aus Irland war mir aufgefallen: Wie durch ein Wunder hatte meine Vergebung den nie enden wollenden, ermüdenden Kampf zwischen uns in Luft aufgelöst. Eine freundliche, wechselseitige Zuwendung war daraus gewachsen und versprach von Dauer zu sein.

Nur meine Neigung, echte Nähe in Liebesbeziehungen im Keim zu ersticken, setzte sich fort. Die erneute Hoffnung auf Ehe und Kinder, Sicherheit und eine Zukunft in Sesshaftigkeit erfüllte sich nicht. Sosehr ich auf den Erfolg dieser Beziehung gehofft hatte, konnte doch ein Teil von mir nicht atmen, und meine Inspiration und Kreativität versiegten.

Ich suchte Hilfe bei einer Therapeutin und wagte mich mit ihr an das potenziell traumatische Geschehen in Florenz mit Ivano heran. Wir fanden heraus, dass mir wahrscheinlich eine frühe Version der Vergewaltigungsdroge Rohypnol verabreicht worden war, deren Wirkung genau zu dem passte, was ich erlebt hatte: Verlust der Muskelkoordination, Schwierigkeiten beim Stehen oder Gehen, Schläfrigkeit und ein Gefühl von Trunkenheit, die vier bis sechs Stunden anhalten, gefolgt von Gedächtnisverlust, weswegen sich Opfer kaum oder gar nicht an Übergriffe erinnern können. Doch was immer auch während meiner Erinnerungslücke geschehen war: Es blieb für mich ein angstfreies Erlebnis. Dramatisch, faszinierend, schrecklich und merkwürdig vielleicht, aber eben nicht die Wurzel meines Problems.

Wir betrachteten danach die Dynamik in der Familie und meine Zeit im Internat. Ich drängte die Therapeutin sogar, herauszufinden, wofür der häufig wiederkehrende Fuchs in meinen Träumen stand, und mir ein für alle Mal zu sagen, was er wollte. Inzwischen war ich zur Expertin in Sachen Traumdeutung geworden und hatte mir verschiedene Reime darauf gemacht: Vielleicht war der Fuchs eine Art Türhüter meines Herzens und stets bereit, mir gegen Ablehnung beiseitezustehen, sobald jemand die Verdorbenheit in meinem Innersten erkannt hatte? Oder war er der Teil von mir, der sich einsam fühlte? Ich kam keinen Schritt weiter.

Jedenfalls begann ich mithilfe der Therapeutin, meinen Fuchs mehr als Beschützer und nicht mehr als Feind zu sehen. In dem wirren Unterholz jenes Traums von früher hatte ich etwas Wichtiges suchen oder tun müssen, und der Fuchs hatte mich in der Grube gefangen gehalten, wohlmeinend, nicht in feindlicher Absicht, damit sich meine Augen an die Dunkelheit gewöhnten und ich sehen konnte. Noch war meine Zeit, fröhlich an der Sonne herumzutollen, nicht gekommen – noch nicht.

Das konnte ich nachvollziehen.

Heute erkenne ich in dieser inneren Dynamik die Merkmale eines ererbten Traumas wieder, nämlich die Aufspaltung in einen »Überlebensanteil«, der das traumatisierte Selbst beschützt, und ein »reales Selbst«, das zusieht und nach einer Auflösung sucht. Die Kälte meines Körpers, die unzählige Ärzte an mir bemerkt hatten, war eine Form von Dissoziation. Ich brauchte die Heftigkeit dramatischer oder schmerzhafter Beziehungen ebenso wie frenetische Aktivität, große Wagnisse und immer neue Herausforderungen, damit ich überhaupt irgendetwas spürte. Ich wies zugewandte, sanftmütige Freunde zu ihrem eigenen Schutz ab und begeisterte mich für Männer, die nicht zu mir passten, weil ihr knallharter Eigensinn und ihre emotionale Unzuverlässigkeit mich von dem Druck befreiten, selbst gut sein zu müssen.

»Ich will nicht Mutter werden, bevor ich mir nicht zutraue, meinen ganzen Scheiß für mich zu behalten und kein Opfer von dem Scheiß mehr zu sein, den meine Eltern erst ihren eigenen Eltern abgenommen und dann auf mir abgeladen haben« – das hatte ich 1989 einer Freundin geschrieben. Wenn ich selbst schlecht oder halb verdorben war, so meine Überlegung, dann wollte ich keine Variation meiner selbst in die Welt setzen. Und selbst wenn ich nicht schlecht war, wollte ich meinen inneren Zwist nicht an ein Kind weitergeben.

Die Vorstellung, dass ein »Generationenfluch« des Verbrechens, der Krankheit oder der Schicksalsschläge von den Eltern zu den Nachkommen wandern kann, gibt es seit sehr langer Zeit. Im Alten Testament heißt es, die »Missetat der Väter« werde »an Kindern und Kindeskindern bis ins dritte und vierte Glied« heimgesucht, und »die Väter haben saure Trauben gegessen, aber den Kindern sind die Zähne davon stumpf geworden«.

In den Anfängen der Psychoanalyse am Ende des 19. Jahrhunderts knüpfte die Untersuchung von Nachwirkungen elterlicher Neurosen auf Kinder an solche Gedanken an. Auch alle nachfolgenden Richtungen der Psychologie befassten sich mit Traumata unter dem Gesichtspunkt der Weitergabe neurotischer Merkmale. 1913 spekulierte Freud in *Totem und Tabu*, dass Erlebnisse einer Generation sich in allen nachfolgenden wiederholen könnten. Doch wie das geschah, wusste er nicht. Daher vermutete er, unbewusste Konflikte lauerten darauf, in späteren Auseinandersetzungen zur Austragung zu kommen, und ging okkulten Spekulationen über Telepathie als eine Form der generationenübergreifenden Übertragung nach.

In den Sechzigerjahren beschrieb der Schweizer Psychoanalytiker C. G. Jung, wie er sich in seinem Empfinden von Sachverhalten oder Fragen geprägt fühlte, die seine Eltern, Großeltern und noch weiter entfernten Vorfahren unerledigt hinterlassen hatten, und wie ihm oft vorkam, dass er Unbewältigtes aus früheren Zeiten vollenden oder weitergeben musste. Ziemlich genau das hatte auch ich mein Leben lang gespürt, aber nicht die Worte gefunden, um es so deutlich zum Ausdruck zu bringen.

Der Gedanke fand weitere Verbreitung, als sich in den USA ähnliche Probleme bei Kindern von amerikanischen Veteranen des umstrittenen Vietnamkriegs zeigten. Ähnlich wie die Deutschen im Zweiten Weltkrieg galten auch diese ehemaligen Kämpfer vielen im eigenen Land mehr als Täter und nicht so sehr als Opfer der Gewalt. Der Begriff der »generationenübergreifenden Weitergabe« setzte sich durch, um nicht nur die Übernahme von seelischen Wunden und Bürden einer Generation durch die nächste zu beschreiben, sondern auch das Ringen der Kinder mit dem Trauma und ihre Versuche, es zu äußern, ohne es dadurch in ihren Eltern zu reaktivieren. Wie der Psychotherapeut Dr. Gerard Fromm schreibt: »Was Menschen von ihren Erfahrungen nicht für sich behalten können – was sie traumatisch überwältigend, unerträglich, undenkbar begleitet –, fällt aus dem gesellschaftlichen Diskurs heraus, bricht dann aber sehr oft über der nachfolgenden Generation als affektiver wunder Punkt oder chaotische Dringlichkeit herein.«

Doch in der Zeit, als ich meine Mutter und meine Beziehungen besser zu verstehen und meine wiederkehrenden Träume zu deuten versuchte, waren derartige Einsichten noch kaum bekannt. Ohnehin hatte ich keinen Zugang zur aktuellen Forschung in der wissenschaftlichen Psychologie und Psychotherapie. Stattdessen verließ ich mich auf meinen Instinkt und suchte gewohnheitsmäßig die Kraftquellen alter religiöser Weisheit auf.

Aus purem Zufall hatte ich einige Jahre zuvor während meiner Zeit in Irland im Haus einer Freundin einen Mann getroffen, der aus Neuseeland kam und erzählte, Maori-Älteste hätten ihn ausgesandt, seine Geschichte zu erzählen und dadurch die Menschen zu heilen. Er hatte ein wunderschönes Gesicht, sah aber gar nicht aus wie ein Zauberer. So offen, wie ich damals für alternative und uralte Weisheiten war (und immer noch bin), so zweifelte ich doch sehr, ob das Verfahren, das ihm vorschwebte, auch nur die geringste Wirkung haben konnte. Aber es wirkte.

Wir saßen in der warmen Küche, und ich folgte seinen leise gesprochenen Anweisungen. Beide kneteten wir einen Tonklumpen von der Größe einer Limette zwischen unseren Handtellern. Während der Klumpen sich erwärmte, sprach der Mann zu meinem Schmerz, und die behutsamen Worte durchdrangen sachte das Bollwerk, hinter dem er sich verbarg. Wir prägten das Relief einer labyrinthischen Spirale aus unvordenklichen Zeiten in die Oberflächen beider Tonkugeln ein, und dann folgte ich dem Mann nach draußen in den kühlen Nachmittag. Wir vergruben die beiden Kugeln in einem Erdofen, den er dort ausgehoben hatte. Während des Brennens rief er archaische Wesen aus den Torfmooren und Meeren an, sie mögen aus ihrer Vertreibung zurückkehren.

So schräg das vielleicht klingt – es war ein sehr ergreifendes Erlebnis, als greife jemand in mein Inneres hinab, als spreche er direkt zu den Tiefen meines Körpers und berührte dabei meinen innersten Kern. Als alles vorbei war, verkündete der Mann mit sanfter Stimme seine Diagnose: »Da ruht eine Zelle der Erinnerung tief in den Wassern deines Ätherischen. Sie wurde von Generation zu Generation weitergegeben wie ein Gen und wartet darauf, angesprochen und in die Freiheit entlassen zu werden.«

Etwas später legte er das immer noch warme Amulett mit seinem schlangengleichen Relief in meine Hände und dankte mir dafür, dass ich ihn so nah an mich herangelassen hatte.

Jahre danach kamen mir seine Worte wieder in den Sinn, als sie mir im Gewand akademischer Sprache, in wissenschaftlichen Büchern zum Thema Epigenetik erneut begegneten.

Als wäre ich nach dem Scheitern meiner letzten Beziehung in einen alten Funktionsmodus zurückgefallen, arbeitete ich wieder im Gefängnis – diesmal im tiefsten London und in Knästen, die um nichts weniger grauenhaft waren als die Kerker in den Romanen eines Solschenizyn oder Dickens. Ich zog wieder in die Stadt und war bald mit Vollgas unterwegs in meiner neuen Rolle als Mitarbeiterin von Koestler Arts, der wichtigsten britischen Spendenorganisation im Bereich Kunstförderung in Gefängnissen. Ich brachte Projekte auf den Weg, trieb Geld ein und vertrat das Ziel der Stiftung, Resozialisierung durch Kunst, mit Leidenschaft in öffentlichen Vorträgen. Mit Unterstützung und Ermutigung von Sir Stephen Tumin und Lord Ramsbotham, den beiden damaligen Oberinspektoren des Gefängniswesens, sowie weiteren Experten des modernen Strafvollzugs entwickelte ich das Programm *Learning to Learn through the Arts*. Es sollte helfen, Lernhürden abzubauen und ein Sprungbrett für Weiterbildung, Berufsausbildung und bezahlte Arbeit für die Gefängnisinsassen schaffen.

Wir verpflichteten bildende Künstler als Dozenten und gestalteten Intensivprojekte mit dem Ziel, unterschiedliche Lernstile zu vermitteln, das Selbstwertgefühl der Beteiligten sowie ihre emotionale Kompetenz zu steigern und in den Häftlingen den aufrichtigen Wunsch nach Weiterentwicklung zu nähren. Einmal mehr konnte ich zusehen, wie Kunst schöpferische Talente freisetzte und in den

Häftlingen ein Ventil für ihre Traumata, ihre Wut und Sehnsüchte öffnete, je mehr sie sich angenommen und geachtet fühlten. Abwehrhaltungen wurden abgelegt, und Vertrauen wuchs, Haltungen änderten und Gesichter entspannten sich. Ich erlebte Männer, denen beim Austeilen unserer selbst gebastelten Zeugnisse – wertlos als Qualifikationen, unschätzbar wertvoll als Selbstbestätigungen – die Tränen kamen. Am Ende prallte ich jedoch wie so viele andere, die sich voller Begeisterung in die Reform des britischen Strafvollzugs stürzten, an der vorherrschenden Meinung ab, dass »Strafe wehtun muss«. Der politische Wille, den Strafvollzug als beinhart gegenüber Verbrechen und Verbrechern darzustellen, hatte in der Justizverwaltung eine Kultur des Widerstands gegen Veränderung und der Vermeidung von Risiken hervorgebracht. Aus Erfahrung wusste ich aber, dass mein Ansatz nur dann eine Veränderung zum Besseren bewirken konnte, wenn sich auch das riesige, dysfunktionale System insgesamt änderte. Und nach vier Jahren war ich einmal mehr dem Punkt des Zusammenbruchs vor Erschöpfung gefährlich nahe. Diesmal gestand ich mir bewusst meine Niederlage ein und erkannte die Notwendigkeit, aus Selbstschutz die Reißleine zu ziehen. Ich kapitulierte vor der sturen Unlogik einer überfüllten, unterfinanzierten Einrichtung und kündigte.

Das war der Moment, als mein deutscher Großvater aus den Kulissen auftauchte und die Bühne meines Lebens betrat.

9
Der Aschenbecher

Wir werden nie kapitulieren.
Winston Churchill

DER GEGENWART DER TOTEN war ich immer gewahr. Sie existieren in den Lücken zwischen den Lebenden, in den Dingen, die sie berührt, oder in den Kleidern, die sie getragen haben, in Wolken der Erinnerung, die uns einhüllen: still, unbeachtet und doch immer präsent.

Es ist das Jahr 1981. Ich bin siebzehn Jahre alt und sitze mit Freundinnen rund um unseren Küchentisch, auf ihm das damals typische Sammelsurium von Kaffeetassen, Zigarettenschachteln und Feuerzeugen. Kräuselnder Rauch sammelt sich unter der Decke wie ein Schleier aus Spinnweben. Mitten auf dem Tisch steht ein rundes schwarzes Ding mit einem glänzenden Messingdeckel und einer Art Zangengriff an der Seite.

Beim Plaudern über Diäten, Jungs und Feten oder Klagen über die Alten ziehen wir lange an unseren Zigaretten, inhalieren tief und klopfen die Asche auf dem Deckel des Aschenbechers ab. Jemand lässt seine Zigarette in einer der Rillen im Deckel zu einer langen, grauen Wurst verglühen.

Immer wenn der Deckel voll mit Asche ist, drückt eine von uns den Griff mit Daumen und Zeigefinger zusammen. Der Deckel öffnet sich wie eine Falltür. Asche und ausgedrückte Stummel verschwinden in dem schwarzen Hohlraum darunter, bevor der Deckel wieder zuschnappt. Als der Behälter überquillt, schraube ich den Deckel ab und kippe die angesammelten Zigarettenreste in den Mülleimer.

Der Aschenbecher meines Großvaters

Dieser Aschenbecher hat für uns keinerlei Bedeutung, bis meine Schwester und ich eines Tages rauchend am Küchentisch sitzen, während meine Mutter den Teig für einen ihrer berühmten Apfelkuchen mit Mandelsplittern ausrollt und erzählt, dass er ihrem Vater gehört hatte. Er benutzte ihn nach dem Krieg, wenn er in seinem Sessel im gartenseitigen Zimmer oder auf dem Balkon seines Hauses saß und in die Leere jenseits des Gartens starrte. Tag für Tag saß er da und zündete eine Zigarette am glühenden Stummel der vorigen an, manchmal bis zu siebzig am Tag, bis er an Lungenkrebs starb. Das schleifende Geräusch des Klappdeckels, mit dem der Vater einen Stummel nach dem anderen in dem schwarzen Napf versenkte, hatte die Jugendjahre meiner Mutter begleitet, ebenso wie es jetzt unsere Jugend begleitete.

2005 sah ich mit einer Freundin den Film *Der Untergang*, der damals gerade in die Kinos gekommen war. Er schildert das Geschehen im Führerbunker, Hitlers Berliner Hauptquartier während der letzten zehn Tage des Zweiten Weltkriegs, auf Basis von Augenzeugenberichten. Selbstverständlich wusste jeder, wie der Film endet.

Hitler begeht Selbstmord. Sein »Tausendjähriges Reich« bricht zusammen. Deutschland verliert den Krieg. Es gab also nicht den geringsten Grund zum Weinen. Dennoch heulte ich nach dem Abspann vier Stunden lang untröstlich Rotz und Wasser.

»Warum musst du denn bloß so weinen?«, fragte meine Begleiterin spöttelnd.

Die Frage war berechtigt. Meine Reaktion auf den Film blieb rätselhaft, auch mir selbst.

Ich war soeben vierzig Jahre alt geworden, also in einem Alter, in dem man, wie eine ältere Freundin von mir sagte, den Horizont seines Lebens ausmachen kann. Tatsächlich hatte sich mein Geburtstag wie die Ankunft auf einem Gipfel angefühlt. Ich sah rückwärts auf die Landschaft meiner Vergangenheit und vorwärts auf die Jahre, die noch vor mir lagen, und zum ersten Mal schienen mir die Entfernungen gleich weit.

In den meisten Kulturen stellen sich die Menschen ihre Vergangenheit als das vor, was hinter ihnen liegt, und die Zukunft als vorausliegend. Aber es gibt einige, etwa das Volk der Aymara in den Anden, für die das Vergangene vor einem liegt, da man es ja bereits überblicken kann, während die Zukunft einem von hinten auflauert, finster und unbekannt.

In jenem Londoner Kino erlebte ich einen gewaltigen Zusammenstoß von Fragmenten der Zeit. Ein Ereignis aus der Vergangenheit ragte plötzlich in meine Gegenwart und baute sich vor mir auf wie eine Straßensperre. Was war es an dem Film, das eine derartige Tränenflut in mir ausgelöst hatte? Mit Sicherheit nicht Hitlers Untergang. Wehgetan hatte mir das Sterben der sechs Goebbels-Kinder von der Hand der eigenen Mutter. Aber auch das war nicht der Auslöser gewesen – sondern der Moment, in dem die Generäle sich Hitler zu widersetzen und ihn von seinem katastrophalen Befehl zum Durchhalten abzubringen versuchten, weil sie wussten, dass dieser unzählige deutsche Zivilisten das Leben kosten sollte. Im Film sieht man einen Hitler, der sich wehrt und seine gesamte Offiziersriege als einen Haufen »niederträchtiger, treuloser Feiglinge … Verräter und Versager … das Geschmeiß des deutschen Volkes … ohne Ehre« beschimpft.

Ehre.

Dieses Wort sprang mich geradezu an, so erstaunlich war es im Zusammenhang mit diesem in jeder nur möglichen Hinsicht unwürdigen Kapitel der deutschen Geschichte.

Hitler tobt weiter und beschuldigt die Generäle, seine Pläne seit Jahren von Anfang an behindert, ihm Widerstände in den Weg gelegt, ihn getäuscht und belogen zu haben. »Ich hätte gut daran getan«, schreit er, »alle Offiziere liquidieren zu lassen, wie Stalin!« Er übergeht ihre empörten und sogar aufrichtig gekränkten Einwände und befiehlt, einige von ihnen erschießen zu lassen.

Zum ersten Mal überhaupt – jedenfalls nach meiner Erinnerung – sah man diese Offiziere in einem Film in einem halbwegs menschlichen Licht. Da standen sie und versuchten, Leben zu retten, anstatt weiter zu töten. Bis dahin waren für mich die beiden Lager immer klar getrennt gewesen: die guten Engländer hier, die bösen Deutschen dort. In dieser einen Szene gerieten diese Gewissheiten einen Moment lang ins Wanken.

Meine Eltern hatten mir immer erzählt, dass meinem Großvater nichts wichtiger gewesen war als die Ehre. Hätte womöglich auch er als General der Wehrmacht Hitler die Stirn geboten und getan, was er konnte, um die Flut der sinnlosen Vernichtung von Menschenleben einzudämmen?

Wieder zu Hause in meiner Wohnung, schaltete ich den Computer ein und googelte den Namen meines Großvaters: Karl von Graffen. Ein Foto von ihm erschien auf dem Bildschirm. Ich erkannte ihn auf den ersten Blick. Die Schirmmütze überschattete seine Augen. Er stand mit einer Zigarette in der Hand vor einer Bergkulisse und unterhielt sich mit zwei anderen Soldaten in anderen Uniformen, die außerdem Helme trugen. Mein Großvater wirkte auf dem Bild wie der ranghöhere Offizier.

Von den spärlichen Erzählungen meiner Mutter abgesehen, wusste ich immer noch sehr wenig über ihn. Mit den Jahren trat das vertraute schwarz-weiße Gesicht in seinem goldgrünen Lederrahmen inmitten eines blühenden Gartens der jüngeren Genera-

Kapitulation des LXXVI. Panzerkorps gegenüber dem 337. Infanterie-Regiment der 85. Division in La Stanga, Italien, am 2. Mai 1945: Oberst Oliver W. Hughes, Kommandeur des 337. Regiments (l.), General von Graffen, LXXVI. Panzerkorps (Mitte), Leutnant Lamm, Dolmetscher

tionen auf dem Schreibtisch meiner Mutter ein wenig in den Hintergrund. Aber er war immer noch da mit seinem unverwandten Blick unter dem Schirm seiner Mütze und den in Schweigen versiegelten Lippen.

Nun betrachtete ich dieses nie zuvor gesehene Foto genauer, las die Bildunterschrift und stellte fest, dass sie meinen Großvater bei der Kapitulation zeigte. Die beiden anderen Soldaten waren nicht seine Leute, sondern Amerikaner. Das Bild hielt den Moment fest, an dem sein Krieg verloren war und er seine Gefangenschaft antrat. Das geschah am 2. Mai 1945, zwei Tage nach Hitlers Selbstmord.

Ich konnte meinen Blick nicht von diesem Mann lösen, der in einer anderen Welt vielleicht zu einem heiß geliebten Opa geworden wäre. Er stand kerzengerade zwischen einem Offizier und seinem Dolmetscher und sah dabei würdevoll und höflich, eben durch und durch ehrenhaft aus.

Das Foto stammte aus einem Ort namens La Stanga in den italienischen Dolomiten. Was um Himmels willen trieb er überhaupt in Italien? Ich musste mir eingestehen, dass ich nur sehr wenig über das wusste, was mein Großvater im Krieg gemacht hatte. Hinter ihm sah man weitere Soldaten. Sie sammelten sich entlang einer Brüstung über etwas, das nach einem Gleiskörper aussah. Es fiel mir schwer zu glauben, dass dieses Bild ihn in Aktion – oder eigentlich Untätigkeit – als den Verlierer, den gefangenen Feind zeigte.

Ich hatte das Foto in einem Album im Netz gefunden, das jemand dem Andenken an den eigenen Vater widmete. Ich hinterließ eine Nachricht in der Kommentarspalte und erhielt zu meiner Überraschung fast unverzüglich eine Antwort.

Noch größer war die Überraschung, als ich feststellte, dass die Antwort von meiner Tante Marlen aus Deutschland kam. Sie klang zugleich belustigt und erfreut, als hätte die ältere Schwester meiner Mutter schon seit Jahren geduldig auf mich oder irgendjemanden gewartet, der sich für ihren Vater interessierte. Sie schrieb, sie sei gerade dabei, Hunderte von Briefen abzutippen, die Karl meiner

Großmutter – sie war zu diesem Zeitpunkt erst seit zwei Jahren tot – von der Front und später aus Kriegsgefangenenlagern geschrieben hatte. Mit Bleistift auf sehr dünnem Papier in Kurrentschrift verfasst, sagte sie, seien diese Briefe inzwischen fast nicht mehr zu lesen. Tante Marlen versprach, mir ein paar Auszüge aus ihrer bisherigen Abschrift zu schicken.

Eine Woche später erhielt ich ihr Typoskript mit einer E-Mail. Kaum hatte ich die Anhänge geöffnet, fand ich mich abrupt an die Ostfront versetzt.

11. 4. 41
Mein allerliebster Herzensschatz, heute Morgen erhielt ich Deinen lieben Brief … mit 150 Zigaretten … habe herzlichen Dank dafür. Augenblicklich habe ich mir eine schöne Reserve für schlechte Zeiten zugelegt.

3. 6. 41
Mein allerliebster Schatz, ich weiß nicht, ob ich in den nächsten Tagen zum Schreiben komme, darum will ich Dir heute noch einige Grüße schicken. Und es wird wohl einige Zeit dauern, bis ich wieder von Dir hören werde, denn ich bin dauernd unterwegs und die Feldpost hat es nicht so eilig.

Das waren die ersten Worte, die aus dem verschlossenen Mund des gestrengen Mannes auf dem Foto zu mir drangen. Und es waren Worte der Liebe. Erstaunt von der Zärtlichkeit seiner Stimme, war ich beinahe peinlich berührt, mich, ohne auch nur anzuklopfen, in die Innigkeit seiner Ehe einzuschleichen.

22. 10. 41
Ich habe zum ersten Mal seit dem 22. 6. ein Bettgestell mit Matratze, schlafe aber sonst in meinem Schlafsack. Er hält mollig warm und ist, wo ich mich am wohlsten fühle.

10. 11. 41
Gestern bin ich zu einem Stummelraucher herabgesunken. Ich habe mir die Stummel aus einem Aschenbecher zusammengesucht und mir eine neue Zigarette daraus gedreht. Immerhin bin ich auf diese Weise auf eine halbe Zigarette Tagesdurchschnitt gekommen. Trotzdem ist und bleibt es zum Ko…, daß man von der Unfähigkeit eines sogenannten Intendanten abhängig ist …

15. 6. 42
Gestern war für uns ein heißer Tag, weil der Russe wieder mehrere Male mit Panzern angriff und auch bei unserem nördlichen Nachbarn durchkam, allerdings nur mit einzelnen Panzern … Wir haben 15 Stück gestern erledigt … Ich bekam vom Oberbefehlshaber der Armee und Heeresgruppe Glückwunsch- und Anerkennungsschreiben. »Unter Ihrer bewährten Führung usw.«

Als krachte ein Magnet auf einen Tisch voller Eisenspäne, richteten dieses kleine Foto und diese wenigen Zeilen mein ganzes Leben urplötzlich neu aus. Mein Großvater hatte mit einem Mal eine eindrucksvolle Präsenz. Ich konnte das Rumpeln der Panzer hören und seinen Zigarettenrauch riechen, die Geborgenheit in seinem Schlafsack spüren und den Ärger über seine Zwangslage nachempfinden.

Rückblickend erkenne ich den *Untergang* und die Entdeckung dieses Fotos aus Italien als einen Scheideweg in meinem Leben. Die Kapitulation war auch für meinen Großvater ein Wendepunkt, doch während mein Weg von da an aus der Finsternis herausführte, verlor er sich immer tiefer in ihr.

Da ich meine Stelle bei Koestler Arts aufgegeben hatte und meine Bilder in den Galerien weggingen wie warme Semmeln, entschied ich mich, wieder nach Gloucestershire zu ziehen und mich ganz auf meine Kunst zu konzentrieren. Unterwegs in der Gegend ver-

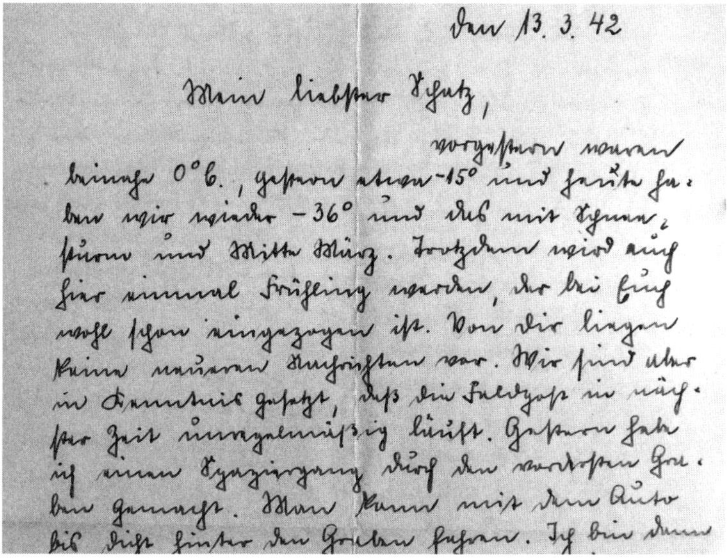

Den 13. 3. 42

Mein liebster Schatz,

vorgestern waren beinahe 0°C., gestern etwa -15° und heute haben wir wieder -36° und das mit Schneestürmen und Mitte März. Trotzdem wird auch hier einmal Frühling werden, der bei Euch wohl schon eingezogen ist. Von dir liegen keine neueren Nachrichten vor. Wir sind aber in Kenntnis gesetzt, dass die Feldpost in nächster Zeit unregelmäßig läuft. Gestern habe ich einen Spaziergang durch den vordersten Graben gemacht. Man kann mit dem Auto bis dicht hinter den Graben fahren. Ich bin dann

Ein Brief meines Großvaters an meine Großmutter, März 1942

liebte ich mich auf der Stelle in das baufällige Friedhofswärterhäuschen am viktorianischen Kirchhof von Stroud, das gerade zum Verkauf stand. Ich war hellauf begeistert, als mein Kaufangebot für das Objekt angenommen wurde, und fing an, es zu meinem ersten dauerhaften Wohnsitz zu machen. Das Innere befreite ich von eingedrungenem Efeu, feuchten Raufasertapeten, Glanzlack und lebensgefährlicher Elektrik und hauchte so diesen Mauern ganz allmählich wieder Leben ein. Sie lächelten strahlend – so schien es, als ich sie mit Farbe bestrich und die Leere zwischen ihnen mit Liebe, Lachen und dem Krimskrams meines Lebens füllte. Ich war mir sicher: In diesem heruntergekommenen, einst von den Hütern der Toten bewohnten Steinhaus hatte ich mein Zuhause gefunden.

Beim Auspacken von Kisten, die lange irgendwo im Haus meiner Eltern gestanden hatten, fiel mir auch der schwarze Aschenbecher in die Hände – der stete Begleiter meines Großvaters in dessen letzten Lebensjahren. Es war Jahrzehnte her, dass er in meiner Jugend zu Hause auf dem Küchentisch seinen Dienst getan hatte, und in all der Zeit war er mir nicht mehr untergekommen.

Ich drehte ihn in meinen Händen hin und her. Inzwischen hatte ich in Stroud ein Kunststudium begonnen und versuchte mich an neuen Arbeitsweisen. Ich erkundete beispielsweise, wie Erinnerung an Orten verweilen kann, wie die Geschichte der Erde eine Stimmung geben kann, wie ein Gegenstand das Wesen einer Person in sich bergen kann. So ging mir auch auf, dass der Aschenbecher ein bedeutungsvoller Nachlass meines Großvaters war.

Im Mai 2007 bewältigte Tante Marlen schließlich ihre Herkulesaufgabe, die Hunderten Briefe meines Großvaters an seine Frau in den Jahren seiner Abwesenheit abzutippen. Sie schlug diese Chronik seiner Kriegsjahre in einen blauen Einband und schickte mir eine Kopie davon. Mit dem Wörterbuch in der Hand ging ich daran, sie zu lesen. Trotz einer Handvoll Schnipsel, die sie mir zuvor per Mail gesandt hatte, machte ich mir kaum eine Vorstellung, was der Rest wohl enthalten würde.

Zu schreiben begann er in Polen in den ersten Monaten des Jahres 1941. Zu diesem Zeitpunkt läuft der Krieg gut für die Deutschen. Mein Großvater klingt entspannt und zuversichtlich, als Soldat ist er ganz in seinem Element:

Ich denke, wir werden in den nächsten Monaten erst die Engländer aus dem Mittelmeer herausschmeißen, damit wir ungestörte Verbindungen mit Afrika haben … Ich habe mich schon sicher etwas unbeliebt gemacht, weil ich sehr auf Zucht und Ordnung halte. Von jetzt ab werden alle, die sich auf der Straße oder in Wirtschaften ungebührlich benehmen, von den Streifen zur Wache mitgenommen und in einer kalten Bude ohne Möbel bis zum nächsten Morgen eingesperrt … Ich bin jetzt dabei, meine russischen Sprachkenntnisse aufzufrischen, ich glaube aber kaum, daß ich Gelegenheit finden werde, diese Kenntnisse anzuwenden.

Ich mochte ihn nicht. Er wirkte auf mich wie ein machohafter Schlägertyp – die Art von kriegsversessenem Armeeoffizier, dem ich laut und deutlich die Meinung gesagt hätte, wäre er noch am Leben gewesen. Mir gefiel auch sein Tonfall gegenüber meiner Großmutter nicht. Manchmal geißelt er sie sarkastisch dafür, dass sie nicht oft genug schreibt, dann wieder befiehlt er in harschem Ton, ihm Dinge nachzusenden, die er vergessen hat: Handschuhe, einen dickeren Mantel, Tabak – vor allem Tabak. Er war eindeutig nikotinsüchtig, und ob sein Krieg gerade gut oder schlecht lief, hatte nicht zuletzt damit zu tun, wie viele Zigaretten er rauchen oder – das vor allem gab den Ausschlag – nicht rauchen konnte.

Hinzu kam, dass mich seine Briefe verwirrten. Er erwähnt darin zu viele Ortsnamen und militärische Begriffe oder deutsche Wörter, die ich nicht kannte.

Wir bekommen wunderschöne knusprige Brötchen, Butter, Marmelade und Wurstbelag dazu … dann bin ich jeden Tag von morgens bis abends mit dem Auto unterwegs … In 4 Wochen ist das Balkanproblem wahrscheinlich schon Geschichte. Unsere Verluste im Balkan sind ja lächerlich gering … Auch den Italienern kann nichts mehr passieren … In Kiel und Berlin haben sich die Engländer wohl etwas unliebsamer bemerkbar gemacht. Hast Du auch viel davon gemerkt? … Mir wird die Trennungszeit allmählich zu lang, aber ich denke, in 6 Monaten sind wir nicht mehr getrennt. Ich glaube, daß wir auch das nächste Weihnachtsfest gemeinsam verleben können … Tausend Dank für die 200 R6.

R6 war eine deutsche Zigarettenmarke. Das kam mir bekannt vor. Waren das nicht die gleichen, die auch mein Bruder Christopher rauchte?

Was genau macht mein Großvater in Polen? Offenkundig ist er sehr beschäftigt und trifft viele Leute, aber wen? Er erwähnt »sehr delikate Sachen« und drillt sein Regiment zur Vorbereitung auf lange Fußmärsche, aber wofür?

Am 21. Juni schreibt er nur vier Zeilen:

Mein Liebstes,
schnell noch einen Gruß. Ich habe leider nicht mehr Zeit. Du wirst es, wenn Du diesen Brief erhältst, wissen warum! Einen ganz lieben Kuß für die Kinder und für Dich,
Dein Karl.

Tatsächlich erfuhr meine Großmutter schon bald den Grund, und nicht nur sie, sondern auch die ganze Welt. Der im Geheimen vorbereitete Überfall auf die Sowjetunion, das Unternehmen Barbarossa, hatte begonnen. Seiner Division standen viele Hunderte Kilometer Weg Richtung Moskau bevor.

Ich legte die Briefe weg und sah aus dem Fenster. Heftiger Frühlingsregen rauschte auf die Bäume und Gräber des Friedhofs nieder und drohte die letzten rosa Blüten zu zerdreschen. Ich machte Feuer im Kamin, versank in einem Lehnsessel und las weiter. An den Seitenrändern markierte ich, wo mein Großvater Orte nannte oder Wörter benutzte, die ich nicht oder nur vage kannte.

Was war das OKW? Warum empfingen russische Dorfbewohner die Deutschen mit Blumen und Milch, als wären sie Befreier? Wer waren die »Terroristen« und »Partisanen«, die furchtbare Gewalttaten und Gemetzel an den Soldaten verübten?

1. 7. 41
… unvorstellbar schlechte Wege und ein Staub, daß man nicht weiter als 2 m sehen kann … Überall stehen zusammengeschossene russische Tanks herum … Aber in spätestens 3–4 Wochen werden wir wohl in Moskau sein, und dann ist es um Rußland geschehen.

Ach ja? Um Russland geschehen? Sogar mein spärliches Wissen über den Zweiten Weltkrieg sagte mir, dass das schon damals eine völlig überzogene Erwartung gewesen sein musste. Der Krieg dort wütete fast bis zur Niederlage Deutschlands vier Jahre später. Im Weiterlesen folgte ich seinem Vormarsch zur Hölle der Ostfront und in die nicht enden wollende Belagerung Leningrads während eines ganzen eisigen Winters und durch den Schlamm des folgenden Frühlings.

Die Sowjets besannen sich allmählich nach der ersten Überrumpelung und schlugen in zunehmendem Bewusstsein ihrer Stärke zurück. Während die Bomben fielen, sanken auch die Temperaturen. Dann ging meinem Großvater der Zigarettenvorrat aus, und er schrieb auch keine Briefe mehr. Es war im Juni 1942. Seine Division stand am Wolchow unter schwerem Artilleriebeschuss. Die Deutschen hatten 40 000 Russen im Schlammbad der Sümpfe eingekesselt, und die Russen versuchten, sich mit ihren Panzern einen Weg frei zu kämpfen. Plötzlich Schweigen. Es war, als hätte jemand mehrere Kapitel aus einem Roman gerissen.

Ein Abgrund tat sich vor mir auf. Meine Mutter ergänzte aus ihren Kindheitserinnerungen einige Details, und mein Vater, der sich sehr für die neuere europäische Geschichte interessierte, griff nach den Büchern im Regal seines kleinen Arbeitszimmers. Seine Bibliothek enthielt mehr als nur die von den Siegern geschriebene Geschichte, denn immerhin war er mit einer Deutschen verheiratet, und so verengte sich auch sein Verständnis der Ereignisse nicht auf eine britische Sicht. Als ich begann, einige meiner Fragen zu googeln, förderte das immer neue zutage. Es war, als würfe man Spreu in den Wind. Vor lauter Hunger nach bebilderter Information und greifbaren Erlebnisberichten graste ich Fotos im Netz ab, um den Rahmen des Geschehens mit Leben zu erfüllen.

Ein spärlicher Fluss von Briefen begann erst wieder im Februar 1945, als ich meinen Großvater in Italien wiederfand – immer noch zuversichtlich, immer noch Befehlshaber, immer noch rauchend.

Der Krieg endete 1945, doch er schrieb danach weiter Briefe. Der dritte Teil seiner Chronik galt seinem Leben als Kriegsgefangener, erst in Italien und später in Deutschland. Diese letzten Briefe verbanden mich mit einem menschlichen Schicksal, auf das ich mir schon eher einen Reim machen konnte. Als Häftling war mir mein Großvater näher als in seiner Rolle als Offizier. Und als sich seine Stimmung verfinsterte, da die Gefangenschaft ihm immer mehr zusetzte, empfand ich seine Bestürzung und Verzweiflung, als wären sie meine eigenen.

Beim Lesen seiner späten Briefe aus der Zeit, in denen Engländer seine Gefängniswärter waren, musste ich mich meinen eigenen inneren Dämonen stellen. Ich spürte an dieser Stelle ein mir bekanntes Tauziehen sich widersprechender Loyalitäten. Er war ein deutscher Gefangener der britischen Vergeltungsjustiz. Und zugleich hatten doch die Engländer ein menschenverachtendes Regime niedergezwungen. Ich las weiter, wollte mich in ihn hineinversetzen, suchte verzweifelt nach Anzeichen von Selbstreflexion, Bedauern, Reue, Entsetzen – was auch immer mir ermöglicht hätte, ihn mir als einen »braven Soldaten« zurechtzulegen, der Befehle aus Pflichtgefühl und nicht aus einem Glauben an die Sache befolgt hatte.

10
Wie der Großvater, so der Enkel

Betrachten wir unsere Eltern, so sehen wir, dass hinter ihnen deren Eltern stehen, und hinter diesen andere Eltern, und so immer weiter über viele Generationen. Ein und dasselbe Leben fließt durch sie alle hindurch, und am Ende erreicht es uns.

Bert Hellinger, *Einführung in die Familienaufstellung, Taipei 2011*

»Dein Bruder hat mich schon immer an meinen Vater erinnert«, sagte meine Mutter eines Tages beiläufig.

Ich hatte das nie zuvor von ihr gehört.

Christopher sah äußerlich weder meinen Eltern noch mir oder meiner Schwester ähnlich.

Ein »Mondgesicht« nannten wir ihn manchmal im Scherz.

Christopher arbeitete seit Mitte der Neunzigerjahre in Wiesbaden und Frankfurt für General Motors. Seine Ankunft in Deutschland fiel mit meiner Abreise zusammen. Er war stiller und zurückhaltender als die anderen in der Familie, aber in seinem Beruf offensichtlich erfolgreich und angesehen. Er war auch humorvoll und großherzig, wenn wir einander sahen. Doch die Kontakte zu ihm wurden mit der Zeit immer spärlicher, seine Besuche kürzer und seltener. Mails blieben monatelang unbeantwortet. Meine Eltern sorgten sich um ihn, wollten aber seinen Ausreden Glauben schenken: dass er ihre letzte Nachricht nicht bekommen habe; dass er besonders beschäftigt oder dienstlich im Ausland gewesen sei.

Wir wussten, dass er viel trank und rauchte, und es war klar, dass er mit irgendetwas schwer zu kämpfen hatte. Doch niemand von uns konnte mit ihm darüber reden, ohne Gefahr zu laufen, dass er sich daraufhin noch weiter zurückzog. Caroline und ich versuchten behutsam, ihn zum Reden zu bringen. Wir boten bedingungslose Unterstützung und Vertraulichkeit an, aber unsere Bemühungen blieben unbeantwortet.

Auffällig war der Zeitpunkt, an dem meine Mutter die obige Bemerkung fallen ließ. Nur einige Wochen zuvor hatte ich an einer »Familienaufstellung« teilgenommen. Diese vom deutschen Psychoanalytiker Bert Hellinger entwickelten Gruppenübungen sind sehr wirksam darin, tiefer liegende und meist ebenso unbewusste wie destruktive Dynamiken innerhalb von Familien aufzudecken – insbesondere solche, die sich über mehrere Generationen erstrecken. Sie gründen auf dem Gedanken, dass unser Wohlergehen als Einzelwesen eng mit dem unseres umfassenderen Familiensystems bzw. der »Familienseele« in Vergangenheit und Gegenwart verbunden ist.

Das Format ist variabel, meist aber einfach. In einem größeren Kreis von Teilnehmern bittet jemand darum, aufgestellt zu werden. Der Seminarleiter fordert die Person im Mittelpunkt auf, aus dem Kreis Menschen auszusuchen, die ihre Angehörigen darstellen sollen, und sie räumlich so zu platzieren, dass es sich für sie stimmig anfühlt. So könnte beispielsweise die Mutter in der Mitte zu stehen kommen, ein der Familie »entfremdeter« Vater am Rand, die »tote« Großmutter mit Blick zu ihr und die Geschwister hinter ihr. Nun wird jedes »Familienmitglied« gefragt, wie es sich an seiner jeweiligen Position fühlt.

Mit einem Rollenspiel hat das nichts zu tun. Die Mitwirkenden erfahren keine Einzelheiten über ihre »Figuren« und deren Charakter. Der ganze Ablauf folgt allein der Intuition. Alle Beteiligten sollen äußern, was immer ihnen an Worten und Gefühlen in den Sinn kommt. Im nächsten Schritt hilft der Leiter dabei, die Ausgangskonstellation umzubilden. Behutsam werden die Darsteller innerhalb des Kreises verschoben, sodass sich eine andere Aufstellung mit anderer Dynamik ergibt.

Das war eine erstaunliche Erfahrung für mich. Ich sah zu, wie anhand der Personen und der Aufstellung, für die ich mich entschieden hatte, die Dynamik meiner Familie mit unheimlicher Präzision zum Vorschein kam. Unter den vielen kleineren Offenbarungen stach eine besonders hervor: die Dynamik zwischen meinem Bruder und meinem Großvater, den ich ganz am Rand des Kreises und weit weg von allen anderen Familienangehörigen, wie einen fernen Planeten in seiner Umlaufbahn, positioniert hatte. Der Mann, der Christopher darstellte, fühlte sich zu unserem Großvater hingezogen wie von einem Magneten, löste sich von der Kernfamilie und stellte sich neben ihn an den Rand.

Ich hatte keine Erklärung dafür, war mir danach aber sicher, dass die Wiedereingliederung meines Großvaters in den Familienkreis, wohin er gehörte, auch meinen Bruder mitziehen würde. Wie genau ich das bewerkstelligen wollte, wusste ich noch nicht, aber ich entschloss mich an Ort und Stelle, es zu schaffen.

Den Anfang machte ich, indem ich mit Christopher eine Ebene der unbeschwerten, von keinen Absichten oder Erwartungen vorgeprägten Plauderei suchte. Vielleicht konnte Akzeptanz mehr erreichen als Druck. Als ich ihm Auszüge aus den Briefen unseres Großvaters mailte, ging ich davon aus, dass sie sein Interesse wecken, war aber auch gründlich darauf vorbereitet, nichts von ihm zu hören. Ganz gegen seine sonstige Gewohnheit antwortete er unverzüglich.

»Die Briefe sind unglaublich«, schrieb er nach Monaten der Funkstille. »Ich habe sie nur kurz überflogen, weil ich auf der Arbeit nicht gern in Tränen ausbreche! WO hast du die her???«

Dieser spontane Gefühlsausdruck berührte mich. Mein Bruder fehlte mir. In unserem beiläufigen Hin und Her per Mail fand ich heraus, dass er tatsächlich R6 rauchte – die Lieblingsmarke meines

Großvaters. »Wie kamst du auf diese Marke?«, fragte ich ihn. Sie war für einen Engländer eine ziemlich ungewöhnliche Wahl. Eine konkrete Begründung konnte er nicht nennen.

War das reiner Zufall? So fühlte es sich für mich nicht an.

Als älteste der Schwestern hatte sich Tante Marlen zur Archivarin der Familiengeschichte ernannt. Sie verwahrte auch sämtliche Fotoalben. Mit den Briefen war mein Großvater als Soldat wiederauferstanden. Nun wollte ich mir ein vollständigeres Bild von ihm als Vater, Ehemann, Sohn, Sportler, Dichter und schließlich gebrochenem Mann machen.

Ich plante eine Deutschlandreise, und meine Tante und mein Onkel boten an, mich an einige bedeutsame Orte unserer Familiengeschichte zu führen. Ich dehnte diese Einladung auf Christopher aus. Er nahm ohne Zögern an.

Je näher der Termin der Abreise rückte, umso aufgeregter und nervöser wurde ich. Unterdessen hatte ich von Christopher seit Wochen kein Lebenszeichen mehr erhalten. Er reagierte auf keine Nachrichten, und ich fürchtete schon, er würde kneifen. Während ich noch das Beste hoffte, wappnete ich mich innerlich schon für eine Enttäuschung.

24 Stunden vor meiner Abreise antwortete er mir endlich mit der Mitteilung, er habe seine Termine durcheinandergebracht und sei in Detroit. Ich versuchte, das gelassen zu nehmen, war mir aber ganz sicher, dass er mir nicht die Wahrheit gesagt hatte. Und tatsächlich: Als meine Eltern am nächsten Tag in seinem Frankfurter Büro anriefen, war er dort.

Er gab als Erstes zu, dass er mich angelogen und deswegen ein furchtbar schlechtes Gewissen hatte. Doch anscheinend war das der Beginn einer sehr offenen Unterhaltung mit meinen Eltern, in der er ihnen sagte, dass er schlicht unfähig sei, sich mit Fragen über sein Leben auseinanderzusetzen, die seine Verwandten unweigerlich stellen würden. Er sagte auch, dass er mit Problemen zu kämpfen hatte. Was genau er meinte, erfuhren wir nicht. Denn abgesehen davon, dass er in seinem Beruf sehr erfolgreich und in einer Führungsposition angelangt war, wussten wir so gut wie nichts über sein Leben. Immerhin war sein Eingeständnis, dass er mit irgendetwas ins Reine kommen musste, schon so etwas wie ein winziger Spalt in der Mauer seiner Verschwiegenheit. Und so war ich einerseits traurig, hoffte andererseits aber insgeheim, dass Christopher vielleicht gerade dabei war, die Kurve zu kriegen.

Ich rief meine Mutter an, und auch sie klang sehr viel besser als sonst, wenn sie mit ihrem Sohn gesprochen hatte. »Wenigstens wissen wir jetzt, dass er noch lebt«, sagte sie. Sie weinte einige Zeit und fügte dann hinzu: »Du bist ein ganz besonderer Mensch, Liebes.«

Dieser seltene Ausdruck eines wenig vertrauten Gefühls rührte mich sehr. Und ich staunte, wie unverkrampft und eng unsere Beziehung im Lauf der vergangenen Jahre geworden war. Kam das daher, dass mein Verzeihen unsere Ecken und Kanten abgeschliffen hatte? Oder erlaubte es meiner Mutter mein Interesse an ihrer Familie, lang eingeübte Abwehrmechanismen auszusetzen?

Ich war schon oft in Itzehoe gewesen, wo Tante Marlen und Onkel Wulf wohnten und wo die Wurzeln unserer Familie lagen. Im Wohnzimmer ihrer Wohnung sitzend und mit dem gewohnten Glas Sekt vor uns entspann sich mühelos ein Gespräch. Bald stellte ich eine Frage nach der anderen. Welche Rollen hatten meine Großeltern beim Aufstieg des Nationalsozialismus gespielt? Hatten sie ihn gutgeheißen? Hatte meine Großmutter irgendetwas von den Juden in den Konzentrationslagern gewusst? Hatten die beiden jemals irgendjemanden versteckt oder in anderer Form ernsthaften Widerstand geleistet? Hatten sie Leute gekannt, die zu den SA-Schlägern gehört und Juden schikaniert, alte Männer gezwungen hatten, auf Händen und Knien die Straßen zu schrubben? Und falls nicht – was hatte sie davon abgehalten, zu empfinden und zu handeln wie so viele andere?

Lange Zeit hatte ich mir das Deutschland der Nazis als einen riesigen grauen Kaninchenbau vorgestellt, in den Durchschnittsbürger plumpsten wie Alice im Wunderland – wo sie sich in einem langen Gang mit lauter verschlossenen Türen wiederfanden, aber ohne Schlüssel, der in irgendeines der Schlösser passte. Ich wollte wissen, warum manche dagestanden und zugesehen hatten, wie ihre Nachbarn verschleppt wurden, während andere ihr Leben riskierten, um diese Nachbarn zu verstecken. Ich wollte die Teilnahmslosigkeit verstehen, die aus Menschen verzagte Zuschauer machte. Ich wollte wissen, wofür meine Vorfahren sich entschieden hatten.

Meine Tante war vom Dauerfeuer meiner Fragen nicht aus der Fassung zu bringen. Sie antwortete offen und ehrlich. Meine Großeltern hatten gewusst, dass Juden verschwanden, aber von den Konzentrationslagern hatten sie nichts gewusst. Goebbels' Propaganda hatte ihnen ein ganz anderes Bild vorgegaukelt. Sie hatten sich nie an Pogromen beteiligt, aber auch nie jemanden versteckt. Bevor ich schlafen ging, drückte sie mir ein Exemplar der Lebenserinnerungen von Mummygroß, geschrieben in ihren letzten Lebensjahren, in die Hand. Nach dem Tod meiner Großmutter hatte Tante Marlen sie abgetippt und mit den Briefen meines Großvaters binden lassen.

Ich blätterte zum ersten Mal in diesen Erinnerungen, und da meine Großmutter mit uns nie über den Krieg gesprochen hatte, vertiefte ich mich zuallererst in diesen Zeitabschnitt. Ich las bis spät in die Nacht, hörte aus ihren Beschreibungen des Familienalltags die geliebte Stimme, wie sie mit den finsteren Zeiten haderte – sanftmütig und im Ton von jemandem, der keinen Staub aufwirbeln will.

Ich verschlang auch die wenigen älteren Fotoalben der Familie, die Krieg und Flucht überstanden hatten, und starrte auf die sepiafarbenen Bilder. Ich hätte mir gewünscht, sie in alle Richtungen ausdehnen zu können, um mehr über ihren Kontext zu erfahren.

Ich bekam meinen Großvater aus allen Winkeln zu sehen, nicht mehr nur als ein Gesicht unter seiner Schirmmütze. Er war ein gut aussehender Mann: hohe Wangenknochen, seelenvoller Blick. Und eine seiner Gestalten auf den Fotos hätte durchaus als ältere Inkarnation meines Bruders durchgehen können. Die Ähnlichkeiten zwischen den beiden waren so himmelschreiend offensichtlich, dass ich mich fragte, warum sie bis zur jüngsten Bemerkung meiner Mutter anscheinend niemand bemerkt hatte.

Am folgenden Tag fuhren Tante Marlen und Onkel Wulf mich nach Plön, in die Geburtsstadt meines Großvaters, wo er auch begraben ist. In einigem Abstand vom See auf einem gepflegten Friedhof fand sich sein Grab, übersät mit aprikosenfarbenen Blüten. Ich kniete mich daneben hin und fühlte mich benommen und überwältigt zugleich.

»Hallo, Großvati«, begrüßte ich ihn verlegen. Es war das erste Mal, dass ich ihn in dieser Verniedlichungsform ansprach.

An dem roten Backsteinhaus, in dem er zur Welt gekommen war, gab es nicht viel zu sehen, ebenso wenig in dem imposanten weißen Schloss, dem einstigen Sitz der Kadettenschule, wo ihm als Internatsschüler die Werte eingedrillt wurden, die später das Fundament seines Charakters ausmachten. Wir konnten beide Häuser nicht betreten, und ohnehin sahen sie so aus, als gäbe es dort keine Spuren unserer Vergangenheit mehr.

Nach einem Kaffee am Seeufer fuhren wir mehrere Stunden Richtung Osten nach Schwerin, wo meine Großeltern ihre ersten, glücklichen Ehejahre verbracht hatten. Ich spähte durch das rostige, von Brombeerranken strangulierte schmiedeeiserne Tor an der beeindruckend großen ehemaligen Kaserne mit dem jetzt stillen, weitläufigen Innenhof. Hier hatten einst junge Männer, als ihnen das Leben noch voller ungeahnter Möglichkeiten erschien, für den Fotografen posiert.

Draußen vor dem rot-weißen Backsteinbau mit Blick auf den See und das Schloss, in dem meine Großeltern sich nach ihrer

Hochzeit einrichteten, schlug ich mich durch das Blumenbeet und spähte durch ein Fenster in ihre damalige Erdgeschosswohnung. Ich hoffte, einen Blick auf den Schauplatz der fröhlichen Frühstückstischszene zu erhaschen, die mir in einem von Tante Marlens Familienalben untergekommen war. Gardinen verdunkelten das Zimmer. Immerhin konnte ich die Schnitzereien in der bemalten Täfelung erahnen.

Im Stadtzentrum zeugten bröckelnder Putz und Einschusslöcher an den Häusern von Krieg, sowjetischer Besatzung und den Jahrzehnten der DDR. Ich folgte meiner Tante und meinem Onkel in einen der ältesten Weinkeller der Stadt mit wuchtigen Gewölbedecken und kleinen Tischen im orangeroten Licht von Butzenscheiben – einst das Lieblingslokal meiner Großeltern. Hier verlobten sie sich 1928 nach nur drei Treffen. Ich sah auf die gestärkten weißen Servietten, die in Erwartung der Abendgäste auf den Tischen in Habtachtstellung standen, und stellte mir vor, wie meine Großeltern hier einander in die Augen sahen, sich anlächelten und mit Sekt auf ihre gemeinsame Zukunft anstießen.

Wir folgten weiter ihren Spuren und lustwandelten zwischen den Lilien und Buchsbaumhecken des Parks am Ufer des wunderschönen Sees. Im Schloss zeigte mein Onkel mir eine weiße Wendeltreppe, von der ich schon wusste, dass mein Großvater sie jeden Morgen hinaufgerannt war, um oben seinen Dienst anzutreten. Er filmte mich, als ich dieselbe Treppe hochlief, mitgerissen von der emotionalen Nähe, die ich dabei zu dem kraftstrotzenden jungen Mann, Ehegatten und Vater von damals spürte, der hier ein ausgefülltes und glückliches Leben führte – ohne jeden Grund zur Furcht, es könnte schon bald wieder vorbei sein.

Ich wollte an jedem dieser Orte eine Art symbolische Gabe für ihn hinterlassen, ihm etwas schenken, wie man auch zum Besuch von Freunden ein Gastgeschenk mitbringt. Zuerst dachte ich an eine Rose oder irgendein anderes Sinnbild von Frieden oder Liebe als Geste der Wiedergutmachung, aber als ich mir meinen Großvater vergegenwärtigte, wie er wirklich war, wusste ich, was es sein musste: Tabak. Tabak hatte ihm das Leben erträglich und vielleicht auch, in seinen letzten Jahren, zur Hölle gemacht. In jedem Fall war Tabak eine große Sache für ihn gewesen. Und da ich auch in meiner Malerei seit einiger Zeit mit Erde, Schlamm und Sand arbeitete, sie als Träger von Erinnerungen an die Orte ihrer Herkunft benutzte, fand ich es passend, einen kleinen Bodenaustausch zwischen meinen beiden Ländern vorzunehmen. Ein Gefühl sagte mir, dass mein Großvater mir so ein esoterisches Gesülze um die Ohren gehauen hätte. Trotzdem grub ich fortan an jedem bedeutungsvollen Ort ein kleines Loch, sammelte die Erde daraus in einer beschrifteten Plastiktüte und füllte es mit Erde aus meinem Garten in Gloucestershire vermischt mit einer Prise Golden Virginia aus englischer Herstellung.

Unser längster Ausflug führte nach Jüterbog, wo die Familie während des Krieges gewohnt hatte. Tante Marlen kannte die Stadt und das Haus schon von einem Klassentreffen einige Jahre zuvor und zeigte mir alle Sehenswürdigkeiten ihrer Kindheit. Da war die Schillerschule, die alle drei Mädchen besucht hatten und an der Nazilehrer über ihren adeligen Nachnamen grollten, weil er für eine alte Elite stand, die der Nationalsozialismus – zumindest offiziell – doch hinter sich lassen wollte. Da war der See, in dem sie im Sommer schwammen und den Brandbomben einmal in ein brodelndes Feuerbad verwandelten, sodass die Kinder rasch ans Ufer strampeln mussten, um sich unter den Sträuchern am Ufer in Sicherheit zu bringen.

Das Haus im ehemaligen Militärbezirk der Stadt. aus dem sie am Ende fliehen hatten müssen, war zur Hälfte hinter Kastanien und wucherndem Gestrüpp verborgen. Es war ein großes Haus mit hohen, schmalen Fenstern, wie alle umstehenden roten Backsteinhäuser auch. Damals hatten sich je zwei Familien eines dieser Häuser geteilt, unsere hatte das Erdgeschoss bewohnt. Inzwischen war das Haus unter vier Parteien aufgeteilt.

Meine Tante klopfte an die Tür. Eine Frau mit Kurzhaarfrisur in ausgebeulten Jeans und roten Sportschuhen öffnete und verbarrikadierte den Flur, während wir uns an der Türschwelle zusammendrängten und erklärten, wer wir waren. Unsere Hoffnung, wir würden hereingebeten, erfüllte sich nicht, aber die Frau führte uns über eine Hintertreppe hinauf zum riesigen leeren Dachboden, in dem die Kinder einst gespielt hatten. Tante Marlen kämpfte schwer mit den Gefühlen, die in ihr hochkamen, als sie zum ersten Mal seit dem überstürzten Aufbruch in den Vierzigerjahren in dem Raum stand, der einst ihr Spielzimmer gewesen war.

Draußen gingen wir im Garten auf und ab – einer einfallslos gehaltenen Rasenfläche, die nach einem Foto der Kinder aus dem Jahr vor ihrer Flucht auf den ersten Blick wiederzuerkennen war. Wie es schien, hatte er sich in den sechzig Jahren danach überhaupt nicht verändert.

An der gegenüberliegenden Straßenseite stand noch ein Haus, in dem sich damals ein Laden befunden hatte – Schauplatz einer

V. l. n. r.: Marlen, Adolf, Dorothee und Jutta vor ihrem Haus in Jüterbog, 1944

Erzählung meiner Mutter, die mir als Kind immer rätselhaft vorgekommen war: Die kleine Jutta betrat eines Tages den Laden, begrüßte den Besitzer mit den Worten »guten Morgen«. Ein Lehrer, der sich gerade in dem Geschäft aufhielt, stellte sie zur Rede, warum sie nicht »Heil Hitler« gesagt hatte. Sie erklärte, die Mutter habe ihr gesagt, sie müssten zu ihnen bekannten Menschen nicht »Heil Hitler« sagen. Diese Mitteilung hätte beinahe schwerwiegende Folgen für meine Großmutter gehabt. Sie wurde angezeigt und verhört und nur wieder freigelassen, weil ihr Mann ein hochrangiger Wehrmachtsoffizier war.

Meine Tante sprach positiv, sogar in den höchsten Tönen von ihrer Kindheit: ihren liebevollen Eltern, den Streichen, die der ältere Bruder seinen Schwestern gespielt hatte, den Späßen und Redeweisen der Familie. Anders als meine Mutter beteuerte sie, dass sie als Kinder niemals gehungert hätten. Und sie erzählte von nächtlichen Bombenalarmen, als sie aus dem Bett und in den Keller gezerrt worden war, ohne auch nur die Andeutung einer traumatischen Erschütterung. Mir wurde klar, dass die unterschiedlichen Erzählungen Ausdruck nicht unbedingt verschiedener Erlebnisse, sondern eher divergierender Erinnerungen waren. Ich sah auch ein, dass man von Menschen, die zu der Zeit noch Kinder gewesen und von frühestem Alter an mit Propaganda gefüttert worden waren, nicht ohne Weiteres erwarten konnte, die volle Wahrheit über die Ereignisse zu erfahren.

In der einstigen Artillerieschule, an der mein Großvater Theorie und Taktik des Krieges gelehrt hatte, ging ich mit knirschenden Schritten durch Flure voll Glasscherben und rostender Konservendosen, hinterlassen beim Abzug der Roten Armee im Jahr 1993. Ich stellte mir meinen Großvater in seinem Berufshabit vor, wie er in seinen schiefergrauen Kniehosen und schwarzen Stiefeln forsch von einem Zimmer und Bau zum anderen über die Böden nagelte. Vom einstigen Prestige der Schule zeugten nur noch wenige bau-

Karl bei einer Artillerievorführung

liche Reste: die Rosette einer Stuckdecke, ein Marmorfries, der steinerne Rumpf und die Flügel eines enthaupteten Naziadlers.

Wie sehr hätte ich Christopher gewünscht, dabei zu sein und in den Stiefelstapfen seines Großvaters dessen steilem Aufstieg in seinem prestigeträchtigen Beruf nachzugehen.

Zurück in Schleswig-Holstein, übersprangen wir mal eben den ganzen Krieg und landeten im Leben der Familie von 1945. Tante Dörli, die damals achtjährige, jüngste der drei Schwestern, gesellte sich zu uns. Entlang der Ostsee folgten wir dem Verlauf der Schlei und hielten irgendwann vor einem großen, von niedrigen Häusern eingefassten Hof. Die Flügel des Gebäudes streckten sich uns einladend entgegen, wie offene Arme. Am hinteren Ende stand ein imposantes weißes Haus mit einem hohen, roten Ziegeldach. Das war Grödersby, das Landgut meiner Urgroßeltern, auf dem meine Familie zusammen mit anderen Verwandten und Flüchtlingen nach dem Krieg wohnte. Mein Großvater kam hinzu, als er 1948 aus der Kriegsgefangenschaft entlassen wurde.

Der Gemüsegarten in den Jahren nach dem Krieg

Da von den gegenwärtigen Eigentümern weit und breit nichts zu sehen war, schlichen wir uns zum Garten hinter dem Haus, der einst bis hinunter ans Ufer reichte. Damals über und über mit Blumen und Gemüse bepflanzt, war er nun größtenteils zu Rasen eingeebnet. Die ordentlich aufgereihten Tomaten, die mein Großvater hier gezogen und an Restaurants in Kappeln oder Schleswig verkauft hatte, waren spurlos verschwunden, und von den früheren Bäumen unten am Ufer stand nur noch eine einzige Trauerweide. Dort hatte es einst auch einen Steg gegeben, von dem aus die Familie in ihren glücklicheren Tagen Ende der Fünfzigerjahre mit dem Segelboot hinausfuhr.

Das also war der Blick meines Großvaters aus seinem Sessel auf dem Balkon gewesen. Beinahe konnte ich das Schnappen des Messingdeckels auf seinem Aschenbecher hören, während er eine neue Zigarette an der vorherigen anzündete. Hier in seinem Elternhaus, bis ihn am Ende der Krebs holte. Meine beiden Tanten klangen traurig, als sie ihre Erinnerungen an diese schwierigen Jahre hervorholten. Wie ich wusste, war mein Großvater vor dem Krieg streng oder eher noch herrisch gewesen. Nach beinahe zehn Jahren Abwesenheit tauchte er im hektischen Getriebe einer Familie wieder auf, die ihren Weg ohne ihn finden hatte müssen. Seine frühere Stellung als Familienoberhaupt war auf meine Großmutter übergegangen. Sie war ihren vier Kindern damals faktisch Mutter und Vater zugleich, und drei dieser Kinder waren inzwischen Jugendliche. Seine Autorität war zum großen Teil dahin.

Mein Großvater war seiner eigenen Familie ziemlich fremd geworden. Während sein Sohn sich auf eine Berufslaufbahn in der Landwirtschaft vorbereitete und seine Frau den Haushalt schmiss, redete er von seinem kleinen Gemüsegarten, den er anzulegen begonnen hatte, doch niemand nahm ihn darin ernst. Frau und Kinder hatten im Alltag keine Verwendung für ihn. Er wirkte auf sie seltsam weltfremd. Was wusste er schon über irgendetwas nach all den Jahren in der Ferne?

Für ihre Mutter fanden meine Tanten nichts als lobende Worte. Eine großartige Frau, sagten sie. Bei Kriegsende war sie erst Mitte dreißig, trotzdem hatte sie die ganze Zeit über die Familie zusammengehalten, die Töchter ernährt, erzogen und ihnen vor allem ein Gefühl der Geborgenheit gegeben. Sie arbeitete unermüdlich und klagte nie. Sie unterstützte ihren Mann an der Front und auch später in der Kriegsgefangenschaft mit Briefen und Paketen.

Wie ihre Geschlechtsgenossinnen in England und anderswo waren die deutschen Frauen in den langen Jahren des Krieges ohne ihre Männer sehr viel unabhängiger und selbstständiger geworden. Überall in Europa stellten die vom Krieg zermürbten Ehemänner fest, dass ihre Familien für ihr Gedeihen nicht mehr auf sie angewiesen waren. Es muss auch den Frauen schwergefallen sein, sich an die Rückkehr dieser nun unheroischen, gebrochenen Männer in ihr Leben zu gewöhnen. Meine Großmutter machte sich später Vorwürfe, sie sei nicht geduldig und rücksichtsvoll genug gewesen, doch der Krieg hatte auch sie stark gezeichnet.

Aus der krachenden Niederlage der Nation war ein organischer Feminismus hervorgegangen. In England gelang es den heimkehrenden Kriegshelden nach einer Zeit des Übergangs, ihre Frauen zurück in ihre Vorkriegsschubladen zu packen, obwohl auch die Frauen einen gewaltigen Beitrag zu den Kriegsanstrengungen geleistet hatten. Doch in Deutschland waren die Verschiebungen tiefgreifender und dauerhafter.

1945 schrieb die anonyme Autorin des Kriegstagebuchs *Eine Frau in Berlin:*

Immer wieder bemerke ich in diesen Tagen, daß sich mein Gefühl, das Gefühl aller Frauen den Männern gegenüber ändert. Sie tun uns leid, erscheinen uns so kümmerlich und kraftlos. Das schwächliche Geschlecht. Eine Art von Kollektiv-Enttäuschung bereitet sich unter der Oberfläche bei den Frauen vor. Die männerbeherrschte, den starken Mann verherrlichende Naziwelt wankt – und mit ihr der Mythos »Mann«. In früheren Kriegen konnten die Männer darauf pochen, daß ihnen das Privileg des Tötens und Getötetwerdens fürs Vaterland zustand. Heute haben wir Frauen daran teil. Das formt uns um, macht uns krötig. Am Ende dieses Krieges steht neben vielen anderen Niederlagen auch die Niederlage der Männer als Geschlecht.

Es tat mir in der Seele weh um meinen Großvater – nicht als Offizier, sondern als Mann. Die Beziehung meiner Großeltern war anfangs eine zwischen einem starken, erfolgreichen Gatten und einer kultivierten, femininen Frau. Diese Charaktere hatte der Krieg in Stücke gerissen, und wie sich zeigte, war es unmöglich, sie wieder zusammenzusetzen. Ich spürte, was der tiefe Fall innerhalb seiner Familie für meinen Großvater bedeutet haben muss. Ohnehin wäre es angesichts der furchtbaren Verbrechen, die nach dem Krieg ans Licht kamen, nicht verwunderlich gewesen, wenn seine Frau und seine Kinder wie so viele andere starke innere Vorbehalte ihm und seinem beruflichen Einsatz für die Sache des Krieges gegenüber entwickelt hätten. Doch wenn es so war, kam keiner dieser Gedanken jemals offen zur Sprache.

Meine Tanten beschrieben ihren Vater als einen verträumten Dichter und Denker, der zudem überhaupt nicht mit Geld umgehen konnte. Öfter gab er das wenige, das sie hatten, für zwar gut gemeinte, aber unpraktische Dinge aus. Einmal wollte er richtig auf den Putz hauen und schenkte meiner Großmutter ein blumiges Negligé – rührendes Geschenk eines Ehemanns, der so lange jeder körperlichen Nähe beraubt gewesen war, zugleich aber wenig geschätzter Luxus in einer Zeit, da man die Saubohnen groß wie Vogeleier wachsen ließ, um hungrige Münder irgendwie zu stopfen. Später kaufte er meiner Großmutter ein Opel-Cabrio, sein Lieblingsauto, zum Geburtstag, und trieb sie damit angesichts der auf Kante genähten Haushaltsplanung in helle Verzweiflung.

Beiläufig fiel mir eine weitere, kaum zu übersehende Gemeinsamkeit zwischen meinem Großvater und meinem Bruder auf: Christopher arbeitete bei General Motors, also für Opel.

Die traurigste Geschichte von allen war Tante Marlens Erinnerung daran, dass mein Großvater einmal beim Mittagessen im Kreis der Familie seine Hand über den Tisch nach seiner Frau ausstreckte und meine Großmutter diskret, ohne ein Wort, ihre Hand zurückzog. Ich fröstelte, als ich das hörte, obwohl es ein warmer und sonniger Tag war, und nahm das zum Anlass, mich unter die Trauerweide zu verabschieden. Dort unter dem Baum vollzog ich mein kleines Erdenritual der Erinnerung und Wiedergutmachung und rammte dabei meine Kelle so ungestüm in den durchwurzelten Boden, dass der Griff abbrach.

In den Monaten danach verlor mein Bruder jeden Halt. Sein Rückzug im allerletzten Moment vor der gemeinsamen Reise hatte uns klargemacht, dass sein Leben aus den Fugen geraten war und er die Kontrolle über den Alkohol verloren hatte. Aus eigener Erfahrung wusste ich, dass ihm ein absoluter Tiefpunkt des Leidens bevorstand, das sprichwörtliche »Ganz unten«, an dem ein Mensch mit dem vollen Ausmaß seiner Störungen, seiner Verdrängungen, seines Schmerzes konfrontiert wird. Wer nicht mehr tiefer sinken kann, muss eine Entscheidung treffen, und manchmal ist diese Entscheidung so grundsätzlich und radikal wie die zwischen Leben und Tod. Um dann weiterzuleben, muss man sich für Veränderung entscheiden. So und nur so kann aus Ganz unten, dem Sumpf der Verzweiflung, wieder ein fester Boden werden, von dem man sich abstoßen und nach oben, in Richtung Besserung gelangen kann. So finster und einsam es ganz unten ist, so gut tut es auch, dort anzukommen. Denn das ist die Chance, den freien Fall in die Selbstzerstörung aufzuhalten.

Christopher kam um Weihnachten 2007 ganz unten an, ein halbes Jahr nach meinem Besuch in Deutschland. Davor hörten wir monatelang nichts von ihm und fürchteten, ohne jede Möglichkeit, ihn zu kontaktieren, schon das Schlimmste. Bei den Weihnachtsliedern versagten uns die Stimmen, und mein Vater kniete nach dem Abendmahl länger als sonst.

Am 2. Januar meldete sich ein Kollege telefonisch bei meinen Eltern. Christopher war nach Neujahr nicht zur Arbeit erschienen. Man hatte ihn in seiner Wohnung gerade noch lebend gefunden. Er lag in einem Frankfurter Krankenhaus, und sein Körper wurde nur noch von Apparaten am Leben gehalten. Unverzüglich fand sich die ganze Familie bei ihm ein. Angesichts dieser neuesten Herausforderung durch ihre kleine Brut von Sonderlingen wirkten meine Eltern von einem Tag auf den anderen um viele Jahre gealtert.

Christopher lag wochenlang auf dem Grund seiner finsteren Grube und hatte nicht die Kraft, sich nach oben durchzukämpfen. Doch er hielt durch. Es folgte einer Phase der Rekonvaleszenz, während der ihm – zu unser beider Vergnügen – einige der Methoden und Denkansätze zugemutet wurden, die er schon von meinen Therapien her kannte, aber bisher nicht allzu ernst genommen hatte. Am Ende kam er wieder auf die Füße. Er besiegte seine Dämonen, oder konnte sie wenigstens unter Verschluss halten, ging zurück zur Arbeit und nahm vor allem auch wieder seinen Platz in der Familie ein.

Ich sah bei alldem staunend zu und merkte, wie im Hintergrund der dramatischen Ereignisse die zunehmende Gegenwart unseres Großvaters in Gesprächen auch unser bisheriges gemeinsames Fundament erzittern ließ. Meine Reisen und Forschungen waren wie Phasen einer Operation, bei der man aus dem Körper eine Kugel entfernt. Diese eiterte seit Langem tief in den Eingeweiden unserer Vergangenheit vor sich hin, und erst als uns alle ein Fieber ergriff, merkten wir, dass sie da war.

Doch zu guter Letzt gaben wir meinem Großvater wieder seinen Platz im Gefüge, und mit ihm kehrte auch mein Bruder in den Schoß der Familie zurück.

11
Schattenreiche

Wahres Sehen heißt sehen, was für andere unsichtbar bleibt.

Jonathan Swift, *Thoughts on Various Subjects, Moral and Diverting*

Mit siebzehn Jahren erfuhr ich in Florenz zum ersten Mal, welche Macht von einem Ort ausgehen kann. Während meiner Studien der Kunstgeschichte dort war ich einmal damit beschäftigt, vier Statuen von Michelangelo in der Medici-Kapelle abzuzeichnen, als der diensthabende Wärter herbeigeschlendert kam, um zu sehen, was ich da machte. Anscheinend sprang meine Leidenschaft für den Bildhauer auf ihn über. Er bedeutete mir, ihm durch eine kleine Tür in einem Winkel der Kapelle zu folgen, von wo eine steile, schmale Treppe in ein winziges Kellergelass mit Gewölbedecke führte.

Kaum hatten sich meine Augen an das schwache Licht gewöhnt, erschienen an der weiß verputzten Wand amputierte Gliedmaßen: gestikulierende Hände, angespannte Muskeln in einer Schulter, ein aufsitzender Fuß. Ich spürte ein Kribbeln und bekam Gänsehaut. Der Wärter stand da und sagte kein Wort, bis er merkte, dass mir dämmerte, was ich da zu sehen bekam. Es waren dieselben Posen, die ich soeben gezeichnet hatte. Nun konnte der Mann seine Begeisterung kaum noch zurückhalten. Bis vor Kurzem, erklärte er, hatte man diesen Raum als Kohlenkeller genutzt. Erst als die Kohlen ausgeräumt wurden, entdeckte man diese Zeichnungen. Ich stand in einer Kammer, die Michelangelo während seiner Arbeit am Bau der Kapelle und an den Plastiken als Atelier genutzt hatte. Es war, als wären 400 Jahre Abstand zu nichts geschrumpft. Aus den gewöhnlich straffen Fäden der Zeit zwischen Vergangenheit und Zukunft wich alle Spannung. Schlaff und geräuschlos fielen sie im Häufchen dieses Moments zusammen. Angesichts der unschätzbar wertvollen Skizzen spürte ich eine Erregung, wie ich sie nie zuvor gekannt hatte. Ich hinterfragte oder beurteilte nicht, was mir geschah. Ich wusste einfach, dass ich dem Geist dieses lange toten Mannes so nahe war wie irgend möglich.

Da wurde mir klar, dass ein Mensch in seinem Wesen auf einer bestimmten Ebene an einem Ort verweilen und sich mit der Gegenwart verbinden kann, auch wenn seine körperliche Gestalt längst von uns gegangen ist.

Künstler lernen früh, dass der »negative« Raum zwischen oder rund um physische Formen ebenso wichtig ist wie das Objekt als solches. Leerer Raum ist die Stille zwischen Tönen in der Musik, die Pause im Gedicht, das Innehalten eines Tänzers. Gerade darin liegt oft die Bedeutung oder dramatische Spannung eines Werks. Die Fülle des leeren Raums erfahren zu können erfordert ein Außerkraftsetzen der linken Gehirnhälfte zugunsten der rechten. Das logische, lineare, analytische Denken tritt zugunsten des verträumten, schöpferischen, gefühlsbetonten in den Hintergrund. Erst dann kann man eigentlich richtig sehen, und aus dieser Kraftquelle kann man schöpfen, um künstlerisch zu schaffen.

Die Technik dieses anderen Sehens habe ich während meiner Ausbildung zur Kunsttherapeutin anzuwenden gelernt. Wir verglichen beispielsweise ein abgestorbenes Blatt mit einem frischen grünen oder die Hand eines Säuglings mit der eines alten Menschen. Die Unterschiede sind nicht allein visueller oder sinnlicher Art. Wir spüren, wenn wir es zulassen, in solchem Nebeneinander auch die unterschiedliche Quantität und Qualität der in den physischen Gestalten wirkenden Lebenskräfte.

Aus dieser Einsicht ergaben sich für mich viele Fragen nach dem, was wir Menschen in Gegenwart von Reliquien, Antiquitätensammlungen und Museumskunst empfinden. Oder auch auf den Schlachtfeldern der Geschichte und an archaischen Kultstätten. Oder eben an Familiengräbern.

Der animistische Glaube, dass in jedem belebten oder unbelebten Ding eine Seele oder ein Geist wohnt, war prägend für die verschiedensten alten Kulturen. Was aber bringt noch heute so viele Menschen dazu, ganz bestimmte greifbare Gegenstände, Gebäude und Landschaften so sehr zu schätzen, dass sie diese unbedingt bewahren wollen? Sind wir es selbst, die die stoffliche Welt mit Bedeutungen aufladen, oder enthält dieser Stoff, wie auch unser eigener Körper bis tief in seine Muskeln und einzelnen Zellen hinein, nachklingende Erinnerungen? Und wenn Erinnerung ein physisches Objekt oder einen Ort wie eine Aura umgibt: Könnten wir sie uns nach irgendeiner Methode kognitiv erschließen, ebenso wie Künstler sich darin üben, mit ihrer rechten Gehirnhälfte die Energie des negativen Raums zu erschließen?

Psychologen nennen eine Erinnerung an Vergangenes, das man sich über längere Zeit nicht mehr vergegenwärtigt hat, »wiedergefunden«. Wie ein Geruch oder eine Melodie oder ein Stück unseres materiellen Erbes können auch gewisse Orte urplötzlich eine Vergangenheit heraufbeschwören, die zuvor unerreichbar tief verschüttet schien. Es ist das Zusammenwirken mehrerer sinnlicher Ebenen, das sie erschließt und lebendig macht, ähnlich wie die Lebensberichte von Zeitzeugen schwarz-weiße historische Fakten um Farbigkeit, Detailfülle und Emotionen ergänzen.

Nachdem ich die Erinnerungsorte aus dem Leben meiner Vorfahren in Deutschland besucht hatte, begann ich mich zu fragen, ob nicht auch unbewältigte Traumata oder Verbrechen den physischen Tod eines Menschen überdauern und so lange in der Erinnerung an ihn gefangen bleiben können, bis spätere Generationen sie ausgraben, verarbeiten und am Ende ruhen lassen. Wenn die Zeit nicht linear und objektiv, sondern relativ oder gar eine Illusion ist, wie manche Philosophen und sogar einzelne Physiker behaupten:

Könnten sich dann nicht auch Vergangenheit, Gegenwart und Zukunft in jedem einzelnen Augenblick verbinden?

Nun wusste ich Bescheid über manche Tatsachen aus der Vergangenheit meiner Familie, doch das allein reichte nicht, um sie auch zu verarbeiten. Ich hatte etliche Geistesblitze auf der Ebene des Begreifens, aber meine heftigsten Reaktionen entsprangen einer tieferen Region meiner selbst. Seit über vierzig Jahren lebten diese Geschichten, diese Traumata von Opfern wie Tätern des Krieges in mir weiter und wühlten mich auf. Ich hatte versucht, sie niederzuhalten und ihnen zu entkommen – ohne irgendeine Ahnung von den Wirkungsweisen des Traumas, aber mit dem bestimmten Gefühl, dass das *Empfinden* seiner Wucht ein wesentliches Element der Gesundung sein würde. Und um die ganze Geschichte mit all ihrer Macht auf mich wirken zu lassen, musste ich die Orte aufsuchen, an denen Erinnerung, Bewusstsein und Gefühle aufeinanderprallten.

Zwei Orte kannte ich als Schauplätze von Schlüsselmomenten im Leben meiner Großeltern. Der eine war La Stanga im Norden von Belluno, wo mein Großvater im Mai 1945 kapituliert hatte.

Aus dem Wehrpass, den ich unter seinen Briefen gefunden hatte, wusste ich, dass er im September 1943 aus Russland nach Mittelitalien abkommandiert worden war und anschließend rund um Bologna, San Marino und Rimini und später in der berüchtigten Schlacht von 1944 bei Monte Cassino gegen die Alliierten kämpfte. In den letzten Wochen des Krieges wurde er zum Kommandeur des LXXVI. Panzerkorps in den Dolomiten befördert, was erklärt, warum er in La Stanga den Befehl zur bedingungslosen Kapitulation gegenüber den Amerikanern erhielt.

Ich lud meine Schwester ein, mit mir nach Italien zu fahren und dieses La Stanga aufzusuchen, und da sie mir immer eine Stütze war, sagte sie auch diesmal Ja. Mit nichts als einem Ausdruck des Fotos, das ich im Internet gefunden hatte, und spärlichen Reiseinformationen fuhren Caroline und ich durch Tiroler Postkartentäler bis zur Kleinstadt Sterzing, etwa fünf Kilometer von dem Dorf Stanghe entfernt, das ich auf einer Karte der Dolomiten entdeckt – und mit La Stanga verwechselt hatte. Bald war aber klar, dass Stanghe nicht der Ort auf dem Foto sein konnte. Die Landschaft sah ganz anders aus. Ratlos fragten wir in der Fremdenverkehrsinformation von Sterzing nach. Obwohl es schon ziemlich spät am Nachmittag war, wuchs der junge Angestellte dort zu unserem Glück an dieser ungeahnten Herausforderung. Zu dritt suchten wir Wanderkarten der bergigen Gegend nördlich von Belluno ab und blätterten in Reiseführern, bis unser Mann einen Weiler namens La Stanga ausfindig machte, der nur aus ein paar Rechtecken mit einer Straße mittendurch bestand und mehrere Autostunden weit entfernt war.

Am nächsten Morgen folgten wir einer Straße, die sich kurvenreich durch die Dolomiten windet, bis uns ein Ortsschild die Ankunft in La Stanga verkündete. Die Karte im Fremdenverkehrsbüro hatte nicht gelogen: Es gab hier wirklich nicht mehr als einen winzigen Häuserhaufen und ein Gasthaus an der Straße. Vergeblich suchten wir die Landschaft nach Merkmalen wie denen auf der Fotografie ab. Der Weiler lag schon hinter uns, als ich in den Rückspiegel sah und fand, was wir suchten. Beide erkannten wir die riesigen Felsen, die zu beiden Seiten des Tals wie gespreizte Schenkel aufragten, und dazwischen die Berghütte auf dem Foto. Eine Handvoll weiterer Häuser waren seither rundherum entstanden. Die Gleise waren verschwunden, und die moderne Asphaltstraße hatte die Szenerie von 1945 fast bis zur Unkenntlichkeit verändert. Doch die Berglandschaft war dieselbe. Mit Herzklopfen wendeten wir und näherten uns einer Frau, die gerade ihre Wäsche aufhängte.

Im ersten Moment zögerte ich, ihr unser Foto zu zeigen, denn ich fürchtete heftige Ablehnung alles Deutschen. Doch die Frau erwies sich als zuvorkommend und hilfsbereit. Die ursprüngliche Berghütte, sagte sie, sei 1942 erbaut worden. Caroline und ich gin-

La Stanga

gen auf und ab und suchten die Stelle, an der unser Großvater mit den beiden Amerikanern gestanden hatte, aber die Blickwinkel und Lagen von Haus und Felsen stimmten nie mit dem Foto überein. Die Frau riet uns, im Gasthaus nachzufragen, das ebenfalls schon seit den Vierzigerjahren existierte. Wir bestellten dort am Tresen zwei Bier und zeigten dem Wirt zaghaft unser Bild. Es versetzte ihn in helle Aufregung. Er rief seine Frau herbei, die uns erzählte, dass ihre Großtante das Gasthaus während der deutschen Besatzung betrieben hatte und die Generäle eben hier gewohnt hatten. Ihre Mutter, damals dreizehn Jahre alt, erinnerte sich noch gut daran. Die einfachen Landser waren fünfzig Meter weiter unten an der Straße untergebracht, kamen aber oft zum Essen und Trinken ins Gasthaus.

Mein Großvater stand wahrscheinlich direkt vor diesem Haus, als er gefangen genommen wurde. Vielleicht waren die Amerikaner früh am Morgen eingetroffen und hatten die Offiziere überrascht, bevor sie auf ihren Posten sein konnten. Wenn es in dieser

Phase des Krieges überhaupt noch Posten gab. Oder vielleicht war er vor das Haus getreten, um die Sieger zu empfangen. Empfangen? Verhält man sich so gegenüber Leuten, die einen im nächsten Moment gefangen nehmen? Es fiel mir schwer, mich in seinen Gemütszustand zu versetzen. Nach Jahren der Befehle zum Vorstoßen, Zerstören, Töten oder Stellunghalten bekam er nun die Anweisung, die Waffen zu strecken, die weiße Fahne zu hissen und sich selbst und seine Männer auf unbestimmte Zeit der Gefangenschaft auszuliefern. Mit meinem ganzen Willen drang ich in diesen Ort, die von ihm bezeugten Ereignisse zu enthüllen. Ich sehnte mich danach, den Vorhang der Zeit aufzureißen und in die Fußstapfen meines Großvaters zu treten.

Die beiden Wirte luden uns zum Abendessen in ihr Gasthaus ein. Erschöpft von der Reise fanden wir in einer kleineren Pension in der Nähe ein Bett für die Nacht. Deren Betreiber, ein ebenso gastfreundliches Ehepaar, schlossen sich spontan der Schar neugieriger Einheimischer an. Meine Geschichtskenntnisse über den Zweiten Weltkrieg waren so erbärmlich gering und so sehr auf England und Deutschland beschränkt, dass mir Italiens eigene faschistische Vergangenheit unter Mussolini entgangen war – und ebenso, dass es wegen dieser gemeinsamen Vergangenheit in zahlreichen italienischen Familien während des Krieges Loyalitäten gegenüber den Deutschen gegeben hatte. So war ich zuerst einfach erleichtert über die warmherzige Aufnahme anstatt der sonst üblichen Verachtung.

Das Abendessen wurde uns von der Großnichte der Frau serviert, die unserem Großvater aufgetragen hatte. Gut möglich, dass wir sogar am selben Tisch saßen und unsere Füße auf dieselben Terrakottafliesen und neben denselben Kachelofen stellten. Tiramisu und Grappa gab es aufs Haus. In einem kleinen Nebenzimmer – auch dieses noch mit dem ursprünglichen Fliesenboden – prasselte ein Feuer in einem rundum offenen Kamin mit Holzbänken an drei Seiten. Ich setzte mich davor und starrte in die

Flammen. Die Zeitlücke zwischen 1945 und 2008 begann sich zu schließen. Mit Sicherheit hatte mein Großvater hier gesessen, geredet, geraucht und Zigarettenstummel ins Feuer geschnippt und sich mehr oder weniger damit abgefunden, dass das Ende seines Krieges einen Weg über die Berge suchte und jederzeit da sein konnte.

Am nächsten Morgen gab Caroline zu, dass sie emotional verkatert war. Sie war es nicht gewohnt, sich länger in den riesigen Schattenreichen unserer Familie und Deutschlands dunkelster Zeit aufzuhalten. Auch sie hatte mit den Hoffnungen der Eltern und Erwartungen der Gesellschaft gebrochen. Von ihren Reisen in Südamerika war sie mit einem jungen Mann namens Dante im Schlepptau zurückgekehrt – einem »bettelarmen peruanischen Panflötenspieler«, wie ihn sein Trauzeuge bei der Hochzeit selbst nannte. Jahrelang verwendete sie ihre meiste Kraft darauf, eine von der Außenwelt als völlig misslungen erachtete Ehe zusammenzuhalten und ihre beiden prächtigen Jungs großzuziehen. Daneben ging sie noch einer Arbeit in der Reisebranche nach. Umso mehr freute ich mich für sie und für mich selbst, dass sie sich auf dieses Abenteuer eingelassen hatte. Immerhin war das auch ihr familiäres Gepäck. Ich war mir sicher, dass wir alle einen Teil davon mit uns herumschleppten, wenn wir auch auf verschiedene Weise damit umgingen.

Etwas hatte ich noch zu erledigen, bevor wir La Stanga verließen: meinen rituellen Bodenaustausch. In dessen Verbindung eines ortsspezifischen Rituals mit einer Geste der Erinnerung und Wiedergutmachung hatte ich begonnen, so etwas wie eine Akupunktur zu sehen. Statt mit Nadeln regte ich mit einer Kelle die Heilung verletzter Orte und verletzter Menschen an. Und ich half mir selbst beim Verarbeiten und Bewältigen der Traumata und Schuldgefühle in meinem Inneren.

Da die Stelle auf der Schotterstraße, an der mein Großvater gestanden hatte, inzwischen asphaltiert war, tauschte ich meine Mi-

Beim Durchführen meines Rituals in La Stanga

schung aus Erde und Tabak gegen eine Handvoll weichen Sand und Kiesel aus einem fast ausgetrockneten Flussbett. Während ich damit beschäftigt war, wallte in meinem Herzen unvermittelt Reue auf.

Ich bat – wen genau, konnte ich nicht mit Sicherheit sagen – stellvertretend für meinen Großvater, aber auch für meine Großmutter, meine übrige Verwandtschaft und mich selbst um Verzeihung. Ich suchte Vergebung für alle tatsächliche oder vermeintliche Schuld, die im Zusammenhang mit dem Krieg auf uns lastete. Ich sandte Heilung und Liebe all jenen, die auf der einen oder anderen Seite unter der entsetzlichen Grausamkeit ihrer Mitmenschen gelitten hatten.

Wir beendeten unsere Zeremonie, indem wir die ausgedruckten Fotos von der Kapitulation meines Großvaters zu einem kleinen Origami-Schiffchen falteten – ähnlich denen, die wir als Kinder aus Schokoladen- und Keksverpackungen gemacht haben. Das Schiffchen setzten wir in das Rinnsal, das zu dieser Jahreszeit vom

Fluss noch übrig war. Auf der Weiterfahrt in die Dolomiten spürte ich noch eine ganze Weile das Nachglühen dieser intensiven Begegnung zwischen Kriegsenkeln, deren Familienschicksale einander einmal mehr kreuzten.

Der andere Ort mit besonderer Bedeutung war Berlin: für meine Großeltern eine Stadt vieler schöner Erinnerungen, für meine Mutter der Schauplatz ihres großen Traumas.

Seit Langem bedauerte ich, dass ich Ostberlin nie zu Mauerzeiten besucht hatte. In meiner Fantasie war dieses Ostberlin eine Stadtlandschaft voller Spione, die an düsteren Straßenecken lauerten, während unerschrockene Seelen auf ihren Fluchtversuchen erschossen wurden und wie Krähen in einem Stacheldrahtverhau ihr Leben aushauchten. Die bloße Vorstellung eines Eisernen Vorhangs, der sich von Norden nach Süden quer durch Europa zog, es wie einen Laib Brot zerschnitt und Familien auseinanderriss, faszinierte mich.

Doch ich lernte Berlin erst kennen, nachdem die Jubelszenen vom Fall der Mauer 1989 über unsere Bildschirme geflackert waren. Im ehemaligen Ostteil der Stadt machten noch mehr bröckelnde Fassaden voller Einschusslöcher das Scheitern des DDR-Lebens anschaulich. Unter tiefen grauen Wolken fühlte sich die Luft klamm und abgestanden an, als stiege man hinunter in ein feuchtes Kellergrab für die Zeit selbst. Ein kalter Wind pfiff über einen breiten, mit Schutt übersäten Streifen wüsten Landes, der sich dem Verlauf der teilweise schon abgerissenen Mauer folgend durch die Stadt wand. Hier und da tauchte wie aus dem Nichts ein Café auf und bot mit seinem Kerzenlicht etwas Zuflucht vor dem Nachhall der schweren Stiefel, die früher in den Straßen auf und ab zu hören waren. Hinter dem Anschein von Trostlosigkeit war aber unverkennbar schon eine Erleichterung und ein Frühlingsversprechen zu spüren.

Über die gesamten 1990er-Jahre bestimmten Kräne und Bagger das Bild Berlins. Als der Kapitalismus die Gelegenheit wahrnahm, sich die verrottenden Überreste des Kommunismus einzuverleiben, ging die einzigartige Rohheit aus den ersten Jahren nach der Wiedervereinigung allmählich ein in die Hochglanzgefälligkeit heutiger Städte überall auf der Welt. Norman Fosters glitzernde Glaskuppel krönte die Restaurierung des Reichstags, spiegelte den vorwärtsgerichteten Blick des neuen deutschen Parlaments, beleuchtete dessen Transparenz. Wachtürme und Grenzposten wurden, ihrer tödlichen Macht längst beraubt, Teil des touristischen Rummelplatzes.

Noch überdauerte in Nebenstraßen und Vororten eine finsterere Energie; sie pochte durch die Risse im Pflaster und schlich sich in den noch unsanierten Hauseingängen herum, wo einst die Berliner vor Projektilen und Splittern Deckung gesucht hatten. Und keine noch so ambitionierte kosmetische Chirurgie konnte verbergen, wie sehr sich die beinahe völlige Verwüstung der Stadt in die Gesichter derjenigen eingegraben hatte, die sie selbst miterlebt hatten. All der frische Asphalt schaffte es nicht, die Gespenster zu bannen, die einen beim Herumlaufen durch eine Geschichte anwehten, die nicht zur Vergangenheit werden wollte.

Ich brauchte eine Weile, bis mir klar wurde, dass der heutige, 2006 in Betrieb genommene Berliner Hauptbahnhof an der Stelle des alten Lehrter Bahnhofs steht, von dem aus meine Mutter der Stadt entkommen ist. Erst 2008 setzte ich mich in der neuen Haupthalle hin und versuchte, die Stimmung einzufangen. Doch die vielen vergangenen Jahre und der vollständige Umbau hatte dort jede fühlbare Anbindung an diesen schrecklichsten Moment im Leben meiner Mutter abgeschnitten. Ihr Bahnhof war eine chaotische, erdrückende, in Panik hierhin und dahin drängende Masse verzweifelter Menschen gewesen. Meiner verbreitete die Ruhe deutscher Pünktlichkeit und freundlicher Ausgabe von Kaffee und Brezeln an Leute, die ihren Alltagsbeschäftigungen nachgingen.

Erst später im Lauf desselben Tages, während ich mit einer alten Freundin die rasant wachsende Berliner Kunstszene erkundete, rammte uns diese Vergangenheit mit einer Wucht ins Hier und Jetzt, die uns beide erschreckte.

Wir waren eine Weile fröhlich Straßen abgelaufen, in denen sich eine schicke vollverglaste Galerie an die andere reihte, waren in minimalistischen weißen Sälen ein und aus gegangen, die so grell leuchteten, dass man meinte, die Anstreicher hätten sie nur Stunden zuvor verlassen. Doch je länger sich der Tag hinzog, umso deutlicher spürte ich ein unbehagliches Gefühl in mir hochkommen. Irgendetwas schien aus den Bürgersteigen durch meine Füße in meine Beine einzudringen und sie schwer zu machen. Dieses Etwas stieg weiter und machte meinen Bauch ganz hart. Als wir in einem Café Rast machten, hatte es die Höhe meines Herzens erreicht und schoss dann in einer Riesenwelle von Schluchzern aus mir heraus, die mich anscheinend wie aus dem Nichts überfielen. Meine Freundin war baff. Ich selbst auch. Bis mir klar wurde, wo wir waren. Gleich links von uns befand sich die erschütternde Installation »Das fehlende Haus« von Christian Boltanski aus dem Jahr 1990: Namenstafeln ziehen sich in einer Baulücke an den beiden Feuermauern hinauf und erinnern an jüdische Familien, die hier einst gewohnt haben. Fast direkt gegenüber liegt Berlins ältester jüdischer Friedhof. Davor erinnert ein Häuflein kleiner Bronzefiguren an die 55 000 Juden, die hier zusammengetrieben wurden, bevor man sie in die Vernichtungslager deportierte. Ohne es zu ahnen, waren wir durch das einst jüdische Scheunenviertel geschlendert. Mir fiel ein Satz aus dem Buch *Fluchtstücke* von Anne Michaels ein: »Die Wahrheit spricht aus dem Boden.«

Ich fragte mich, wie irgendjemand an diesem Ort vorbeigehen und nicht den Angriff auf seine Psyche spüren konnte. Wie eine Fotografie im Entwicklerbad langsam Konturen zeigt, hatte eine schwere, unheimliche Traurigkeit allmählich von mir Besitz ergriffen. Am Ende hielt sie meinen ganzen Körper wie in einer Schraubzwinge gefangen und forderte Bestätigung.

12 Schichten des Schweigens

Die Welt ist voller Schuld, die nicht vergeben wurde und auch nicht mehr vergeben werden kann – es sei denn von Gott.

Bernhard Schlink, *Vergangenheitsschuld*

Auf der Hochzeit eines Freundes. Ich bin in Hochstimmung, schlürfe Sekt, plaudere mit Unbekannten und spüre die Liebe der Gäste, die dem glücklichen Paar gilt. Nach einem Mittagessen spielt die Kapelle auf. Klezmermusik. Ich erfahre, dass die Braut zur Hälfte jüdisch ist. Schon nehmen die Gäste die Tanzfläche ein, klatschen in die Hände und tanzen in einem Kreis, aber ich bleibe außen vor. Eigentlich tanze ich immer gern zu den immer schneller werdenden Rhythmen dieser tiefen, seelenvollen Musik. Doch diesmal treibt es mir unwillkürlich und peinlicherweise die Tränen in die Augen. Etwas Seltsames geschieht mit mir. In meinen Ohren pfeift es. Mein Mund ist trocken. Vor meinen Augen verschwimmen die Tänzer und verwandeln sich in etwas, das wie auf Bildern aus den Dreißiger- und Vierzigerjahren des 20. Jahrhunderts aussieht. Jüdische Männer und Frauen, die ihre Traditionen pflegen, so gut es eben geht.

Ich möchte laut aufschreien, als sich die Gestalten vor mir weiter verwandeln in ausgemergelte, nackte Leichen, die von Planierraupen in Massengräber geschoben werden. Ich will verschwinden, sagen, wie leid es mir tut, um Vergebung bitten. Aber ich bringe kein Wort heraus. Von einem Moment auf den anderen bin ich zum feindlichen Eindringling geworden. Ich spüre, dass ich Aufmerksamkeit errege. Ich erstarre innerlich, während mich die Menschen rundherum mit lächelnden Gesichtern einladen, doch mitzumachen. Sie tun das nur, weil sie nicht wissen, wer ich bin, was ich bin. Ich täusche sie allein schon dadurch, dass ich hier bin. Wie würden sie sich verhalten, wenn sie Bescheid wüssten über mich?

Wenn man als Mittvierzigerin eine bisher unbekannte Hälfte seiner Persönlichkeit neu entdeckt und ans Tageslicht holt, ist das ein merkwürdiger Vorgang. Es fühlt sich an, als würde man in einer bekannten Welt als unbekanntes Wesen wiedergeboren. Die Last meiner Schuldgefühle begann klarere Konturen anzunehmen – die eines möglichen Verbrechens. Meine Tagebücher und meine Kunst bezeugten und beförderten diese »Enttarnung«, zeichneten sie auf wie ein Zeitrafferfilm das Schlüpfen des Schmetterlings aus seinem Kokon. Oder jedenfalls wollte ich es gern so sehen.

»Irgendein Teil von mir fühlt sich verantwortlich. Nicht ich, Angela Findlay«, schrieb ich, »sondern etwas, das mit meinem Blut, durch meine Gene fließt.«

Verstehen konnte ich mein Schuldgefühl nur, indem ich es mit dem verglich, was Deutsche meines Alters unter Umständen auch gefühlt haben könnten, vermutlich aber längst verarbeitet hatten. Das Gefühl einer Schuld war der unauslöschliche Fleck auf meiner ansonsten weißen Weste: Er blieb einfach da. Und doch war diese Schuld ja gar nicht die meine. Ich konnte es kaum erwarten, den Deckel meines Unterbewussten aufzustemmen, den Inhalt herauszunehmen und jede einzelne Geschichte so gründlich zu untersuchen, wie ich es mit den Berichten meiner Mutter und meines Großvaters getan hatte.

Zu Beginn meines zweiten Jahres im Kunststudium an der Uni in Stroud fertigte ich Collagen aus Kopien meiner wachsenden Sammlung von Fotografien, Landkarten und Texten an. Das waren abstrakte Darstellungen von Geschichten über meine deutschen Vorfahren. Ich klebte sie auf große Unterlagen aus Papier, das ich zuvor zerrissen, zusammengenäht und mit Farbe vollgespritzt hatte. Und dann geschah mein »Coming-out« – mehr zufällig und fast von selbst, während der Jahresabschlusspräsentationen unserer Arbeiten. Gewöhnlich hatte ich keine Hemmungen, meine Arbeiten unter meinen Kommilitonen herumzuzeigen, auch weil die meisten Spätstudierende waren wie ich selbst. Doch diesmal hatte ich panische Angst. Meine Stimme und mein ganzer Körper zitterten, als ich gestand, worum es in meinen Arbeiten ging: »Mein Großvater war ein deutscher … ein deutscher General. Und ich erforsche seine Lebensgeschichte.«

Selbst wenn ich die Ermordung eines Kindes gestanden hätte, hätte ich mich wahrscheinlich nicht mehr fürchten und wehrloser fühlen können als in diesem Moment, in dem ich den anderen, die mich kaum länger als ein Jahr kannten, meine deutschen Wurzeln offenbarte.

Meine Furcht war nicht ganz unbegründet. Niemand sagte etwas, aber ich spürte, wie sich die Stimmung im Raum verkrampfte und die Kommilitonen deutschfeindliche Aufwallungen oder Vorurteile niederhielten. Deutsche zu verspotten war damals immer noch ein nationaler Zeitvertreib und eine letzte Bastion legitimer Diskriminierung. Selbst krasseste Verachtung erweckte kaum Missfallen und provozierte auch in europafreundlichen liberalen Kreisen nur selten Empörung oder Verärgerung, Man musste eigentlich nur ein wenig an der Oberfläche kratzen – schon kam sie zum Vorschein. Und ich bekannte mich ja auch nicht einfach nur zu meiner deutschen Herkunft, sondern dazu, die Enkelin eines deutschen Generals, also eines Handlangers des Naziregimes, zu sein.

Nach und nach erzählten die anderen davon, wie ihr Leben und ihre Familie von den Nazis geprägt worden waren. Eine Studentin war vor Kurzem zum Judentum übergetreten, weil ihr Mann Jude war. Sie konnte mit dem Inhalt meiner Arbeit nicht gut umgehen und noch weniger ihr Gatte, der sogar einer gemeinsamen Freundin Vorwürfe machte, weil sie sich weiter mit mir sehen ließ. Ich spürte den vertrauten Stachel und die tiefe Beunruhigung, die daher rührten, dass ich nicht dazugehörte, dass ich ausgestoßen war. Es gab ja auch keinerlei Ansatzpunkt, mein Anderssein zu verteidigen. Wenn es um den Holocaust ging, gab es keine Verteidigung.

Ein anderer Kommilitone, den das Thema tief verstörte, offenbarte sich als Sohn eines der ersten englischen Soldaten, die 1945 das Konzentrationslager Bergen-Belsen erreichten. Ein weiterer brachte seine Sicht während eines privaten Besuchs in meinem Haus ohne Umschweife auf den Punkt:

»Sie alle haben Schuld«, sagte er und sprach damit sein Urteil über das gesamte deutsche Volk.

»Ja wie, meine zehnjährige Mutter auch?«, fragte ich in aufrichtiger Bestürzung zurück und zeigte ihm ein Bild von ihr in diesem Alter.

»Ja!«, antwortete er entschieden. Ein Gast, der mit ihm gekommen war, verließ demonstrativ den Raum.

Seine Worte taten mir weh, und das vielleicht mehr als zuvor, weil die Deutschen an sich, gegen die sich der tief sitzende Hass der meisten Engländer richtete, nunmehr die Gesichter meiner Verwandten angenommen hatten. Ärgerlich fand ich aber auch die moralische Überheblichkeit, mit der dieser Mann auf dem hohen Ross saß.

Es gab noch eine andere Reaktion, die mich nicht weniger unvorbereitet traf: Manche Mauern des Bollwerks der Antipathie bröckelten. Mit tränenüberströmtem Gesicht dankte mir einer meiner Professoren dafür, dass ich die Geschichten von echten Menschen erzählte, die diese Zeiten erlebt haben. Sein Onkel war von Deutschen getötet worden, und er hatte von früher Kindheit an gelernt, sie zu hassen. Mitgefühl für Deutsche empfinden zu können befreite ihn, wie er sagte, von einem wütenden Groll, an den er sein ganzes bisheriges Leben lang gefesselt gewesen war. Sogar der Mann, dessen Vater an der Befreiung von Bergen-Belsen mitgewirkt hatte, besänftigte seinen Zorn, während er mir beim

Bearbeiten eines Fotos für mein Projekt half, und meine Arbeit daran bewegte ihn sichtlich.

Was genau tat ich da eigentlich? Während ich tastend einen Weg durch das Minenfeld meiner Familiengeschichte suchte, fühlte ich mich nackt und schutzlos. Einerseits recherchierte ich einfach nur und machte Kunst über die Rolle meines Großvaters im Krieg. Andererseits war ich eine Archäologin und schabte behutsam Schichten des Schweigens und der Verdrängung ab, um unverarbeitete Erlebnisse und Gefühle meiner Vorfahren sichtbar zu machen, mich tiefer und tiefer in eine Finsternis hineinzuarbeiten, deren Ausdehnung ich nicht einschätzen konnte. Ich fühlte mich sehr allein dabei.

2002 veröffentlichte der Sozialpsychologe Harald Welzer eine Studie darüber, wie meine Zeitgenossen in Deutschland mit ihren Familiengeschichten umgingen. In *Opa war kein Nazi* untersucht Welzer Gespräche über den Nationalsozialismus und den Holocaust in vierzig Familien, jeweils über drei Generationen hinweg. Er zeigt, wie jede der drei Generationen in der Rekonstruktion des Vergangenen dazu neigte, in ein bestimmtes Muster zu fallen. Wer den Krieg selbst erlebt hatte, berichtete von den Ereignissen auf abstrakte, bruchstückhafte oder auch widersprüchliche Art, möglicherweise in der vorweggenommenen Verteidigung gegen Anklagen oder Verurteilungen. Die Kinder und Enkel der Kriegsgeneration füllten danach die Lücken und schufen sich durch größere Detailfülle ihre eigenen Versionen, hauptsächlich um ihre Vorfahren in einem günstigeren Licht darzustellen und sie von den »bösen Nazis« abzusetzen, über die sie so viel gehört hatten. Oft beurteilten sie ihre Großeltern positiver als diese Großeltern sich selbst.

Zwei Drittel der befragten jungen Deutschen stellten kleinere Tapferkeiten groß heraus, um sich ihre Vorfahren als Widerständler, Helden oder Opfer des Nationalsozialismus schönzureden. Die Hälfte behauptete, ihre Großeltern oder Eltern hätten das NS-Regime abgelehnt, nur zwei Prozent glaubten, die Vorfahren hätten eine »sehr gute« Meinung von ihm gehabt, und nur vier Prozent sahen eine »ziemlich gute« Meinung. Nur ein Prozent gestand sich ein, dass die eigenen Vorfahren direkt an Verbrechen beteiligt waren. Demgegenüber erwähnten 63 Prozent Nöte und Leiden während des Krieges. Legt man diese Daten zugrunde, so hätten im Zweiten Weltkrieg 25 Prozent der erwachsenen Deutschen verfolgten Menschen geholfen und 15 Prozent aktiven Widerstand geleistet. Nur drei Prozent wären Antisemiten gewesen.

Diese Ergebnisse stimmten ganz offensichtlich nicht mit der Wirklichkeit überein. Ich konnte die Gefühle der Nachfahren dennoch ein Stück weit verstehen. Bei der Weigerung, Missetaten der eigenen Vorfahren auf den Grund zu gehen, spielt Loyalität eine erhebliche Rolle. Menschen, die man liebt, Vorwürfen auszusetzen, ist sehr schmerzhaft. Ich selbst fühlte mich von der Aufgabe, die Ungeheuerlichkeiten des Holocaust in meine Familiengeschichte einzubetten, völlig überfordert. Eine meiner Tanten sagte, niemand in der Familie habe irgendetwas von den Vertreibungen der Juden mitbekommen. Meine Mutter erinnerte sich, einen Viehwaggon voller Menschen gesehen zu haben. Vielleicht hat sie ihn gesehen, vielleicht auch nicht. Vielleicht war es ein Viehwaggon, der verwundete Soldaten zurückbrachte. Sie wusste noch, dass eine ihrer besten Freundinnen verschwunden war, nachdem deren Mann sich zu den Russen davongemacht hatte. Sie erfuhr nie, was mit ihrer Freundin geschehen war.

Kleine Häppchen Information, aber nicht genug, um irgendjemanden von der Schuld freizusprechen, die in einer Entscheidung für das Nichtstun oder Weggucken bestand. Die so viele Deutsche in eine – aktive oder verhaltene – Komplizenschaft mit Hitlers Diktatur hineinzog. Nichtstun war schließlich das, was die Taten anderer erst ermöglichte. Heutzutage werden wir angehalten, uns einzumischen und nicht unbeteiligt zu bleiben. Auch ich habe es mir mit der Zeit zur Gewohnheit gemacht, unangenehme Wahrheiten anzusprechen. Doch ich fühlte mich damals nicht – und fühle mich bis heute nicht – in der Lage, über das Verhalten meiner Vorfahren zu urteilen. Ich wollte es einfach verstehen und daraus lernen.

Zwar war ich außerstande, meine Großmutter irgendwie anders zu sehen als in der Rolle des sanftmütigen, liebevollen, »guten« Menschen, als den ich sie kannte. Doch ich konnte mir dieser »Güte« nicht hundertprozentig sicher sein, und so verbot ich es mir, die Möglichkeit einer scheußlicheren Wahrheit von vornherein auszuschließen, wie das viele meiner deutschen Zeitgenossen taten, indem sie nur einzelne Gesten des Widerstands sehen und sie als Unschuldsbeweise werten wollten. In ihren Lebenserinnerungen tat sich ein winziger Spalt im Schweigen zur Frage der Verantwortung gewöhnlicher Deutscher auf:

Wir hatten wohl von Konzentrationslagern gehört, aber nie Näheres. Die Menschen, die es selbst erlebt hatten, waren so vergattert, dass sie bei ihrem evtl. Herauskommen nichts erzählten von all dem Schrecklichen, das dort passiert ist. Das ist uns später nie geglaubt worden – die heute das sagen, haben aber auch nie in einer Diktatur gelebt! In Zeiten danach ist es so einfach zu urteilen und zu verurteilen, wenn man das Ende weiß. Wenn schon die ausländische Diplomatie nichts durchschaute – wir kleinen Bürger bezogen schließlich unser Wissen nur aus der äußerst geschickten Propaganda eines Dr. Goebbels im Radio oder in der Presse. Der pathologische Hass Hitlers auf die Juden machte uns Angst, aber wie sehr wurden wir bespitzelt, jedes defaitistische Wort war eine große Gefahr. Wohl hat es Widerstand im Untergrund gegeben, aber nicht jeder fühlte sich als Märtyrer. Ich möchte wohl wissen, wie sich unter den damaligen Umständen unsere heutigen Kritiker verhalten hätten!

Ihre Frage ist berechtigt. Sie ist für mich zur eigentlich entscheidenden Frage geworden. Bin ich mutig genug oder wäre ich damals mutig genug gewesen, verfolgte Menschen auf meinem Dachboden zu verstecken? Könnte irgendeine meiner Überzeugungen je in aggressiven Fanatismus umschlagen? Hätte ich Schlägertypen die Stirn geboten?

Ab und zu tat ich das schon, aber sicher nicht oft genug. Einmal bin ich instinktiv dazwischengegangen, als in einer Schlägerei einem jungen Mann gegen den Kopf getreten wurde. Und in meiner Gefängnisarbeit habe ich mich häufig gegen Diskriminierung, Sexismus und Ungerechtigkeit gewehrt. Aber stehe ich Menschen immer bei, wenn sie mit Vorurteilen und Rassismus konfrontiert werden, und tun wir das als Gesellschaft? Oder sind wir nicht manchmal zu eingeschüchtert oder zu selbstzufrieden, um unangenehme Wahrheiten auszusprechen, selbst am Esstisch oder im Büro?

Wir verbreiten mitunter stundenlang Nachrichten und unterzeichnen Petitionen für dies oder gegen jenes. Wir schreiben vielleicht auch einen Blog oder laufen bei einer Demo mit. Aber was täten wir, wenn Kriege, Rechtsverletzungen, Machtmissbräuche der Gräuel nicht nur anderswo in der Welt, sondern vor unserer Haustür stattfänden? Wären wir stets unbeirrbar und kühn genug, dagegen zu protestieren? Mir scheint, die Antwort lautet für die meisten von uns: Nein. Wahrscheinlich waren wir alle zu verschiedenen Zeiten in unserem Leben schwächer oder stärker, mutig oder feig in unterschiedlichem Maß. Vielleicht war es bei meiner Großmutter nicht anders. Mir scheint, sie hatte in zweierlei Hinsicht völlig recht: Erstens wissen die meisten von uns nicht, wie es ist, in einer Diktatur zu leben; sie waren nie damit konfrontiert, dass heldenhaftes Tun, Widerstand oder Verweigerung nicht nur uns selbst, sondern unter Umständen auch unsere Angehörigen in Todesgefahr bringen kann. Und zweitens können wir Heutige im Gegensatz zu den Menschen damals das Geschehen aus der Distanz betrachten. Wir wissen, wozu es führte.

Eiserne Schuhe am Donauufer (2005), Budapest

Die beinahe schon ungesunde Entschlossenheit, mit der ich die Übel der damaligen Zeit in den Blick nahm, hielt mehrere Jahre an. Ich las erschütternde Berichte von Zeugen und Überlebenden der Gräuel. Ich erfuhr von den unfassbaren Ausmaßen und Methoden der systematischen Ermordung von elf Millionen Menschen. Ich besuchte Schauplätze der schlimmsten Verbrechen und Unmenschlichkeit. In Dachau, einem der ersten und am längsten betriebenen Konzentrationslager der Nazis, vermittelt eine Dauerausstellung einen kleinen Bruchteil der Qualen, die Menschen dort erleiden mussten. Im französischen Oradour-sur-Glane erzählen bröckelnde Ruinen, liegen gelassene Fahrräder und rostige Nähmaschinen, die seit 1944 unberührt blieben, die Geschichte eines Massakers der deutschen Besatzer an 643 Dorfbewohnern. Ein Mahnmal in Budapest reiht eiserne Schuhe im Stil der Zeit entlang der Pester Seite des Donauufers aneinander: zerschlissene Männerstiefel, Stöckelschuhe mit Riemen, kleine Kinderschuhe mit Schnallen. Ich stellte meine Füße dazwischen. Das war der letzte

Boden unter den Füßen von etwa 3500 ungarischen Juden, die hier erschossen wurden und ins eiskalte Wasser stürzten.

Nach einem anderen Erlebnis in Budapest gestattete ich mir am Ende selbst, mich nicht länger in immer neue Beschreibungen und Bilder des Holocaust zu vertiefen. Im finsteren »Haus des Terrors« – zwischen 1937 und 1944 Hauptquartier der ungarischen Nazipartei, der Pfeilkreuzler – ging ich vorbei an Installationen, die die Grausamkeit der direkt aufeinander folgenden faschistischen und kommunistischen Regimes zum Thema hatten. In einem abgedunkelten Raum zwang ich mich, einmal mehr Filmaufnahmen von Bergen bis auf die Knochen abgemagerter Leichen anzusehen, die in Massengräbern verscharrt wurden. Ich schluckte schwer, weil ich nicht wollte, dass die in mir hochkommenden Gefühle die bedrückte Stille im Raum zerrissen. Da erreichte mich von irgendwoher der Befehl: »Es ist genug.« Das war eine behutsame Anweisung, mehr wie eine Hand auf der Schulter, die mich erlöste. Woher sie auch kam: Sie erfolgte zu Recht. Ich hatte genug gesehen.

Ich fügte mich unter einer Bedingung: Ich schwor mir, dass ich vor keiner Geschichte aus meiner Familie, die auch nur die leiseste Andeutung von Judenfeindlichkeit oder eines begangenen Verbrechens enthielt, zurückschrecken würde. Was auch immer zum Vorschein kommen sollte: Ich würde mich ihm stellen.

Doch mir war auch klar, dass das, soweit es meinen Großvater anging, kompliziert werden würde.

13

Ein »guter« Soldat?

... so tut niemand, obwohl er weiß oder glaubt, daß anderes besser ist als das, was er tut, und auch ausführbar, dennoch dies letztere, da er doch das Bessere tun konnte ...

Platon, *Protagoras 358b*

Die Familie von Graffen, 1942

Auf Tante Marlenes Dachboden. Sie hält mir ein Schwarz-Weiß-Foto mit abgestoßenen Kanten hin. Es wurde etwa 1942 aufgenommen. Es zeigt meine Großmutter im Kreis ihrer vier Kinder. Alle haben sich fein gemacht, sind ordentlich frisiert und schauen nach irgendetwas oben in einer Ecke des Zimmers. Sie haben Fotogesichter aufgesetzt und lächeln etwas schief, vermutlich weil ihnen gesagt wurde, dass sie lächeln sollen.

Meine Tante schenkt mir eine der neuen Kopien, die sie von dem Foto gemacht hat, und freut sich über die sauberen Kanten.

»Das Original ist das Foto, das dein Großvater während des ganzen Krieges in der Brusttasche seiner Jacke getragen hat«, sagt sie. »Deshalb ist es ein wenig zerschlissen. Die hier sind schön glatt und sauber.«

Wie auf Knopfdruck kommen mir die Tränen. Plötzlich ist er so nah. Meine Tante merkt es und gibt mir stattdessen das alte Foto. Sie findet es seltsam, dass mir das Original lieber ist als eine makellose neue Kopie. Umgekehrt bin ich irritiert von ihrer mangelnden Sentimentalität, ihrer Abgebrühtheit. Anscheinend hat sie keinen Sinn für den großen Wert, den das Bild für ihren Vater hatte, da er es doch während des gesamten Krieges im Osten in einer Tasche an seinem Herzen trug.

Für ihn muss es ein Sinnbild seines Zuhauses gewesen sein. Für mich war es beinahe schon eine Reliquie, ein schmaler Durchgang zu der Welt, in der er gelebt hatte. Ich sah ihn vor mir, wie er das Foto in einem Schützenloch oder einem Bretterverschlag kauernd herausnahm und an eine Lampe lehnte, in deren Schein er einen seiner Hunderten Briefe an seine Frau schrieb. Dieses dünne Stück Papier überstand einen Krieg, der ganze Städte, ungezählte Panzer und Millionen Menschenleben vernichtete. Ich betrachtete es, wie er selbst es jahrelang immer wieder angesehen haben und dabei seine Frau und jedes seiner Kinder, die ohne ihn aufwuchsen, umso mehr vermisst haben musste. Doch auch seine große Liebe zu diesen fünf Menschen konnte ihn nicht von seinem Eid auf Hitler und dem Treueschwur gegenüber seinem Vaterland entbinden.

Ein Teil von mir glaubte ehrlich, was die Eltern uns Kindern erzählt hatten: dass nicht alle Deutschen Nazis gewesen waren und mein Großvater einer von den guten Soldaten in einer »sauberen« Wehrmacht. Ich wollte ihn um alles in der Welt von den Verbrechen des Holocaust fernhalten. Wollte ihn als einen apolitischen

Artilleristen und Divisionskommandeur in der Geschichte einordnen. Seine Briefe genau zu lesen und mehr über den berüchtigten Überfall auf die Sowjetunion herauszufinden, sah ich als Chance, mir Zugang zu dem Menschen in der Uniform zu verschaffen. Hatte er an Hitlers Vision für Deutschland geglaubt? Oder sich einfach nur aus vaterländischer Pflicht gebunden gefühlt? Was für eine Art Soldat war mein Großvater gewesen?

Ich registrierte mich in einem Forum für Liebhaber von Wehrmacht-Militaria, ohne zu wissen, mit wem ich es zu tun bekam – Eigenbrötler, Sammler oder üblere Naturen. Kaum hatte ich den Namen meines Großvaters in das Suchfeld eingegeben, gelangte ich zu einem Bereich, in dem drei Mitglieder verschiedene deutsche Generäle auf Schwarz-Weiß-Fotos anhand ihrer Orden und anderen Insignien auf den Uniformen identifizierten.

Auf einem dieser Fotos hätte ich meinen Großvater gar nicht erkannt. Er stand da im Profil und trug den üblichen deutschen Stahlhelm. Vor und hinter ihm sah man zwei anscheinend höherrangige Offiziere in ihren Uniformen. Einer von ihnen, identifiziert als Philip Keffel, sah zu, während der andere, Alexander von Pfuhlstein, meinem Großvater einen Orden umhängte. Ein Mitglied namens Elwyn identifizierte den Ausgezeichneten als von Graffen – »hager, aber etwas größer als von Pfuhlstein, mit längerem Oberkörper«.

Wieso kannten diese Menschen meinen Großvater so genau bis ins körperliche Detail? Einem von ihnen, Pete, sandte ich eine Nachricht. Ich war etwas in Sorge, auf wen ich mich da wohl einließ, doch er antwortete unverzüglich, zuvorkommend und hilfsbereit, gefolgt von einer vorsichtigen Nachfrage, ob Angela mein richtiger Name sei. Anscheinend verirren sich Frauen nur selten auf derartige Seiten. Im Verlauf der Korrespondenz wurde mir allmählich wohler. Pete sandte mir per Mail Fotos von meinem Großvater, die ich nie zuvor gesehen hatte, und füllte einige meiner Wissenslücken über den Krieg – ohnehin war ich mehr oder weniger blank, was

Karl (Mitte) wird an der Ostfront durch Alexander von Pfuhlstein am 13. August 1942 das Ritterkreuz verliehen.

die Ostfront anging. Zu dem Zeitpunkt wusste ich noch nicht einmal, dass Leningrad und St. Petersburg dieselbe Stadt waren.

Pete gab mir auch Bescheid, als auf eBay in den USA Fotos von meinem Großvater versteigert wurden. Auf einem davon erhielt er einen weiteren Orden, auf einem anderen führte er in Russland eine Gedenkzeremonie durch. Weder das eine noch das andere Bild hatte ich je gesehen. Ich stand um fünf Uhr morgens auf, um in den letzten Stunden mitzubieten. Ich sah zu, wie die Gebote in die Höhe kletterten: 25 Dollar, 30, 35 … eines konnte ich für 40 Dollar ergattern, doch die anderen stiegen weiter in absurde Höhen. Was waren das für Leute, die sich für solche Bilder interessierten? Und was wussten sie über meinen Großvater?

Ich kontaktierte Elwyn über das Forum und bat ihn um Information jedweder Art über General von Graffen. Wie Pete fragte auch er nach dem Grund meines Interesses. Wieder geriet ich ins Zögern. Dieser Mann konnte ein Nazijäger sein und mich öffent-

Mein Großvater (r.) in Russland

lich bloßstellen. Oder vielleicht war er ein Neonazi, der mich als Glücksfund verbuchte. Ich entschloss mich, ihm zu vertrauen, holte tief Luft und schrieb ihm die Wahrheit. Er revanchierte sich und erklärte, er sei ein »Sammler von Informationen«, der leidenschaftlich gern verstreute militärische Einzelheiten und Fakten sortierte. Er besaß umfassende Kenntnisse über Ritterkreuzträger, Generäle, Schlachtordnungen, Orden und vieles mehr, eine gut sortierte Bibliothek zu allem, was mit der Wehrmacht zu tun hatte, und eine ziemlich große Sammlung digitaler Bilder. Wie um allfälliges verbliebenes Misstrauen auf meiner Seite auszuräumen, hinterließ er in meinem Postfach noch ein paar Fotos und Informationen.

Diese Kontaktaufnahme erwies sich als das große Los unter meinen Brieffreundschaften. Elwyn half mir in den folgenden Monaten und Jahren beim Schließen meiner gähnenden Wissenslücken. Er schickte mir Namen und Bilder von Leuten, die Untergebene oder Vorgesetzte Karls von Graffen gewesen waren, sandte mir Aufmarschpläne und – am allerbesten – verschaffte mir Einblicke in das damalige Geschehen, die mir ein lebendiges Bild meines Großvaters vermittelten.

Im Gegenzug erzählte ich ihm Geschichten, die ich aus Gesprächen meiner Familie und aus den Briefen kannte: wie mein Großvater unter Schwierigkeiten die Blaue Division – eine Truppe spanischer Freiwilliger und Francos Beitrag zur deutschen Kriegführung im Osten als Gegenleistung für Hitlers Unterstützung der Faschisten im Spanischen Bürgerkrieg – disziplinierte, als die Männer an der Ostfront nachts Feuer machten, sangen und tanzten; wie der Divisionskommandant Muñoz Grandes meinen Großvater bei dessen Besuch in Spanien nach dem Krieg, wie vorhergesagt im Pyjama Sardinen aus der Dose essend, empfing.

Als ich Elwyn gegenüber beiläufig erwähnte, dass meine Mutter für General Speidel im NATO-Hauptquartier gearbeitet hatte, war ich verblüfft von seiner Antwort: »Du meinst General Hans Speidel, den ehemaligen Stabschef von Rommel? Er war einer der ganz wenigen Überlebenden der Verschwörung vom Juli 1944 zur Ermordung Hitlers. Die Planung dieses Attentats war wahrscheinlich der bedeutendste Akt von Widerstand und Befehlsverweigerung im gesamten Krieg!«

Ich hatte davon nicht das Geringste geahnt. Dabei hatte ich General Speidel sogar persönlich kennengelernt – als einen sanftmütigen älteren Herrn, der uns 1976 zum Mittagessen bei sich zu Hause einlud, als wir auf Rundreise zur Verwandtschaft in Deutschland waren. Und ausgerechnet diese Einladung blieb uns lange als eine unserer peinlichsten Darbietungen kindlichen schlechten Benehmens in Erinnerung.

Wenige Minuten nach unserer Ankunft hatte ich mein Glas Sekt über den hellen Seidenbezug seines Sofas gekippt. Caroline und Christopher sprangen mir bei wie ein gut eingespieltes Rettungsteam, um den Fleck unter den Kissen verschwinden zu lassen. Am Esstisch pustete ich wohlerzogen auf einen Löffel voll Suppe, um sie zu kühlen, wobei aber mein Blick auf Caroline fiel, die gerade einen Schluck sprudelnden Mineralwassers nahm und ein ersichtlich angewidertes Gesicht zog über das, was damals noch eine seifig-salzige Brühe war. Ein prustendes Lachen platzte zwischen meinen gespitzten Lippen hervor, und die Suppe regnete über den ganzen Tisch. Caroline versuchte ihrerseits, einen Lachanfall mit einem weiteren Schluck Mineralwasser zu ertränken, was nur dazu führte, dass sie es spektakulär durch die Nase wieder herausbeförderte. Meine Mutter wäre am liebsten vor Scham im Boden versunken und schickte uns aus dem Zimmer.

Stunden später zogen wir peinlich berührt und unter wortreichen Entschuldigungen ab, denn der General hatte sich uns gegenüber die ganze Zeit freundlich und verständnisvoll gezeigt. Er schenkte jedem von uns ein signiertes Foto von sich zum Abschied. Meines legte ich zwischen die Seiten meines ersten Tagebuchs, wo es zwischen rot-goldener Marzipanfolie und einer Postkarte mit einem Wildschwein darauf platt gedrückt wurde.

Jetzt erst erfuhr ich, dass unser gutmütiger Gastgeber nicht nur eine Hauptrolle beim Unterlaufen von Hitlers Befehl zur Zerstörung von Paris beim Abzug der Deutschen gespielt, sondern auch Rommel selbst für die Verschwörung gewonnen hatte – Erwin Rommel, gemeinhin als der »Wüstenfuchs« bekannt und für seine brillante Kampftaktik gegen die Engländer in Nordafrika gefürchtet, später in Deutschland und im Ausland am meisten von allen Feldmarschällen der Wehrmacht für seine Bemühungen geachtet, den Krieg mit den Westalliierten zu beenden und Frieden zu schließen. Anscheinend wurde mein Großvater des Öfteren auf Fotos mit Rommel verwechselt, und immer wieder wollten Leute

Ähnlichkeiten zwischen den beiden auch im Verhalten als Soldaten bemerkt haben. Bei meinem Großvater und seiner ganzen Familie musste das als großes Kompliment ankommen.

Doch Rommel überlebte den Krieg nicht. Als er mit der gescheiterten, von Claus von Stauffenberg und anderen hohen Offizieren eingefädelten Verschwörung zur Ermordung Hitlers und Entmachtung der NSDAP in Verbindung gebracht wurde, ließ man ihm die Wahl zwischen einem Prozess und Selbstmord. Um seiner Familie die Sippenhaft zu ersparen, entschied er sich für den Suizid, der von der Propaganda als Tod infolge der Verletzungen durch einen Tieffliegerbeschuss schöngeredet wurde. Hunderte Personen wurden im Zusammenhang mit dem Komplott festgenommen. Von Stauffenberg selbst wurde bereits am Tag nach dem

»Für Angela in gutem Gedenken an den 11. 8. 1976, Hans Speidel«

Attentat von einem Hinrichtungskommando erschossen, zahlreiche Mitverschwörer oder Mitwisser, von hochrangigen Offizieren bis zu Randfiguren, wurden in den darauf folgenden Monaten von der Gestapo gestellt, gefoltert und hingerichtet oder zum Selbstmord gezwungen, oft nach Schauprozessen mit dürftigster Beweislage.

Hans Speidel gehörte zu den wenigen, die von der Gestapo verhört, aber wieder freigelassen wurden, nachdem er sich über Monate geweigert hatte, irgendjemanden zu verraten. Wie es scheint, ersuchte Rommel Hitler persönlich, ihn zu verschonen.

Auch meine Mutter wusste offenbar nichts über diese Vorgeschichte ihres ehemaligen Chefs, obwohl sie bis zu seinem Tod 1984 mit ihm in Verbindung stand. Noch Jahrzehnte später schämte ich mich lebhaft dafür, wie sehr ich sie damals bei unserem einzigen Besuch blamiert hatte.

Mein eher zufälliger Forumskontakt Elwyn erwies sich als einer der angesehensten Experten im Internet für alles, was mit dem Zweiten Weltkrieg zu tun hatte. Ich wusste nicht, wie alt er war, wie er aussah und womit er sein Geld verdiente, saß nun aber im selben virtuellen Boot und setzte die Segel mit ihm. Damit begann eine der abenteuerlichsten Reisen, die ich in meinem Leben je unternommen habe.

Bis zu diesem Zeitpunkt war der Zweite Weltkrieg für mich nur ein Meer von Fragezeichen. Mit jeder Mail von Elwyn tauchten darin Inseln und Archipele von Einsichten auf. Ich begriff allmählich die Strukturen und Hierarchien von Rang und Macht im Deutschland Hitlers: den Unterschied zwischen der Wehrmacht – Deutschlands regulären Streitkräften von 1935 bis 1945, bestehend aus Heer, Kriegsmarine und Luftwaffe – einerseits und der 1925 von Hitler ursprünglich zum Schutz von Naziversammlungen gegründeten SS oder Schutzstaffel andererseits mit der Waffen-SS als fanatisierter Kampftruppe. Elwyn beschrieb mir die Ziele des Überfalls auf die Sowjetunion und wies besonders auf die moralische Zerrissenheit der Soldaten zwischen Dienstpflicht und Gewissen hin.

Die Überlegungen hinter der militärischen Strategie und den Kriegszielen waren mir völlig fremd. Kaum vorstellbar war für mich, wie irgendjemand damals geglaubt hatte, dass Deutschland die riesige Landmasse Russlands jemals »einnehmen« würde können. Hatte denn niemand aus Napoleons Scheitern etwas gelernt? Der krasse Mangel an Weitsicht machte mich wütend. Anscheinend gab es da wenig mehr als eben die machohafte, machtgierige Kurzsichtigkeit, wie sie hinter so vielen Konflikten steckt, nur eben notdürftig bemäntelt als gerechtfertigte Reaktion auf eine angeblich wahrgenommene Bedrohung.

Ich mochte Elwyn. Seine vorurteilsfreie Empathie gegenüber dem damaligen Zeitgeist gestattete es mir, mein Unverständnis abzulegen, und hatte auch etwas Beruhigendes. Ich war nie zuvor jemandem begegnet, der diesen Weg der Einsicht mit mir ging. In meiner Welt musste niemand außer mir herausfinden, ob sein Großvater ein Nazi war oder nicht.

Bald wurde mir auch klar, dass ich nach Russland fahren musste. Denn dort würde ich meinem Großvater als einem Mann in seinem Element und auf dem Höhepunkt seines Könnens am nächsten kommen: dem herausragenden Artilleristen und Divisionskommandeur, der in einer der härtesten Schlachten des Krieges den Sieg davontrug. Dort konnte ich vielleicht ein Gefühl dafür bekommen, was das in praktischer und menschlicher Hinsicht bedeutete, und mich eventuell vergewissern, dass mein Großvater tatsächlich ein anständiger und kühner, ein »guter Soldat« gewesen war. In Russland musste der Schleier zwischen Vergangenheit und Gegenwart am dünnsten sein. Ein Blick auf die Schatten dahinter würde mich lehren, was ich mit dem Staffelstab anfangen sollte, den er mir nach meinem Gefühl in dem Moment, als sein Leben endete und meines begann, übergeben hatte. Dann konnte ich vielleicht die Dinge auf sich beruhen lassen.

Aber wo genau in Russland? Inzwischen hatte ich mir alle in den Briefen meines Großvaters genannten Orte notiert. Da er in der Feldpost seinen Aufenthaltsort nicht bekannt geben durfte, verklausulierte er ihn manchmal nach dem Muster: Ich bin in einem Dorf stationiert, das mit »B« anfängt und so klingt wie der Ort, wo wir an deinem Geburtstag das Picknick gemacht haben.

Ich gab die Orte bei Google ein und zeichnete auf einer größeren Landkarte den scheinbar wahllosen Zickzackweg ein, den er zurückgelegt hatte. Jeder Zentimeter auf meiner Karte entsprach Hunderten Kilometern Land. Das Bild der Ostfront, das daraus entstand, ergab jedoch keinen Sinn.

Elwyn beruhigte mich und übernahm es selbst, den Weg meines Großvaters durch Russland nachzuzeichnen. Ich sandte ihm meine Liste der Ortsnamen, und er schloss sich mit seinen Kontakten kurz, um Ungereimtheiten und Widersprüche zu bereinigen, die sich aus den ständig verschobenen Grenzen und auch daraus ergaben, dass Orte manchmal deutsch, dann wieder polnisch oder russisch bezeichnet worden waren. Allmählich entwickelte ich einen Sinn für die Größenordnung des Einmarsches und dafür, was auf meinem Großvater lastete, als dieser Krieg eskalierte und alle ihm vertrauten Normen des bewaffneten Konflikts sprengte. Es war faszinierend und furchtbar zugleich: Insgesamt 148 Divisionen oder 80 Prozent der Wehrmacht waren beteiligt. 17 Panzerdivisionen mit 3400 Panzern, unterstützt von 2700 Maschinen der Luftwaffe. Mir war völlig schleierhaft, wie davor irgendjemandem entgangen sein konnte, dass an Russlands Grenzen mehr als dreieinhalb Millionen Landser zusammengezogen wurden. Wie ich später las, hatte Stalin das Offensichtliche schlicht nicht glauben wollen und daher die vielen Warnungen vor dem drohenden deutschen Einmarsch ignoriert.

Als Nächstes griff ich zu autobiografischen Schilderungen der Ostfront, um mir ein lebendigeres und persönlicher gefärbtes Bild des Geschehens zu verschaffen. Ich bestellte das Buch *At Lenin-*

grad's Gates von William Lubbeck, der als Heinrich Friedrich Wilhelm Lübbecke und neunzehnjähriger Landser in der 58. Division gekämpft hatte – in derselben Einheit, die mein Großvater während der furchtbaren Schlacht am Wolchow befehligte. Ein graues, kaltfeuchtes Wochenende lang ließ ich mich von ihm in den tiefsten Winter Russlands 1942 und in den Süden von Leningrad versetzen.

Es hat minus zwanzig Grad. Die Sowjets haben mit einem Großangriff auf die deutschen Stellungen am Fluss Wolchow begonnen, um sie einzukreisen und die grausame Belagerung Leningrads zu durchbrechen, die letztlich insgesamt 900 Tage lang dauern sollte. Die 58. Infanterie-Division hält auf den Wolchow zu, um den Feind von seinen rückwärtigen Einheiten abzuschneiden. Die deutschen Truppen waten in südlicher und nördlicher Richtung zugleich durch hüfthohen Schnee. Es gelingt ihnen, 180 000 Rotarmisten einzukesseln. Die Sowjetsoldaten wehren sich mit allen Mitteln. Der Himmel über dem Wolchow ist erfüllt vom unablässigen Dröhnen der Artilleriegeschütze und der Maschinengewehre. »Die seelische Belastung durch die ständig drohenden Angriffe aus allen möglichen Richtungen … ist sogar noch schlimmer als die drückende Furcht vor den Scharfschützen«, schreibt Lubbeck.

Mit Einsetzen des Tauwetters im Frühjahr verwandelt sich das ganze Schlachtfeld in einen Sumpf. Die Deutschen müssen eineinhalb Meter hohe Dämme und Knüppelwege aus umgefallenen Bäumen bauen. »Unser Quartier bauten wir aus wasserdichten Zelten auf einem Floß aus Baumstämmen, damit wir nicht im Schlamm versanken.«

Mückenschwarme und Lause plagten sie und raubten ihnen den Schlaf. Selten gab es heiße Suppe, meist ernährten sie sich von Kommissbrot, Thunfisch in Dosen und Wurst. »Obwohl unsere Kampfmoral weiterhin hoch war, schwächten und erschöpften uns Schlafmangel, unzureichendes Essen und die Belastungen durch den Kampf … Mein Gewicht fiel unter magere 80 Kilo, aber viele andere deutsche Soldaten hatten weit schlimmere gesundheitliche Probleme.«

Die Schlacht wütet bis Ende Juni und endet mit einem deutschen Sieg. Rund 33 000 Rotarmisten werden gefangen genommen. Zurück blieben, so weit das Auge reicht, ein endloser Wald aus Baumstümpfen, Leichenteile und der unbeschreiblich grauenhafte Gestank des Todes.

Dieser Mann hatte Seite an Seite mit meinem Großvater in einer der brutalsten und blutigsten Schlachten der Ostfront gekämpft. Er hatte dieselbe Eiseskälte und denselben bodenlosen Schlamm erduldet, dieselben Läuse und Mücken hatten ihn ausgesaugt. Mir kam der Gedanke, dass William Lubbeck vielleicht einer der ganz wenigen noch lebenden Menschen war, der meinen Großvater in Aktion erlebt hatte – wenn nicht gar der einzige, der womöglich selbst mit angesehen und erlebt hatte, welche Art Soldat er gewesen war.

Sein Buch war vor relativ kurzer Zeit erschienen. Lebte er vielleicht noch? Ich schrieb ihm an die Adresse seines Verlags Pen & Sword Books. Ein paar Wochen danach erhielt ich eine Antwort von William Lubbeck mit der Einladung, ihn unter einer amerikanischen Telefonnummer anzurufen.

Ich griff zum Telefon.

Bei seinen ersten Worten fing mein Herz heftig zu schlagen an.

»Ich kenne Ihren Großvater gut, Frau Findlay.«

Ich dankte ihm für seine Bereitschaft, mit mir zu reden.

»Ich fand es sehr interessant, Ihren Brief zu lesen«, sagte er auf Deutsch. »Alle meine Erinnerungen sind zurückgekehrt.«

Plötzlich bekam ich ein schlechtes Gewissen. Mir wurde klar, dass ich die Wirkung, die dieses seltsame Gespräch zwischen Fremden über den Atlantik hinweg auf ihn und auf mich selbst haben konnte, gar nicht bedacht hatte.

Herr Lubbeck schilderte aus dem Gedächtnis in seinem halb deutschen, halb amerikanischen Akzent den Schauplatz des Geschehens nach der Schlacht am Wolchow. »Von der Landschaft fünf Meilen westlich des Flusses war außer Baumstümpfen, Schlamm und toten Russen nichts mehr zu sehen«, sagte er. »Es stank.«

Nach einer Weile nahm ich all meinen Mut zusammen und stellte die Frage, die mich am meisten umtrieb und erschreckte zugleich: »Können Sie mir denn, ähm, sagen, was für ein Mensch mein Großvater war? Welche Art Soldat?«

Als siebte er in den hintersten Winkeln seines Geistes Haufen voller Erinnerungen durch, antwortete er langsam: »Er war ein sehr strenger, entschlossener Mensch; ein guter Soldat, sehr tatkräftig.« Er hielt inne. »Ein sehr entschlossener, tatkräftiger Soldat«, sagte er noch einmal.

Ich verstand ihn so, dass mein Großvater in vorderster Reihe geführt hatte. Er war nicht jemand gewesen, der sich zurückhielt und im Schutz seines Bunkers Befehle bellte.

Gern hätte ich Lubbeck noch mehr Fragen gestellt. Aber mir schien, dass ich mit schwierigen moralischen Fragen seine großherzige Bereitschaft missbraucht hätte, die nur noch schwach erleuchtete Vergangenheit in den grellen Schein meiner heutigen Sicht auf die Dinge zu stellen. Meine Stimme zitterte schon unter der Heftigkeit meiner Gefühle, und so dankte ich ihm einfach und sagte, wie viel es mir bedeutete, mit ihm reden zu können. Er blieb für einen Moment still, als hätte er sich in den von mir aufgewühlten Erinnerungen verloren.

»Ja … ja, das verstehe ich«, sagte er nach langer Pause so bedächtig und sanft, dass ich ganz sicher war, er verstand mich wirklich.

14

»Sie waren alle Mörder«

»Wir« – dieses »Wir« meint jeden, der nicht das Geringste von dem erlebt hat, was diese Menschen durchgemacht haben – verstehen nicht. Wir kapieren es nicht. Wir können uns wirklich nicht vorstellen, wie furchtbar, wie entsetzlich Krieg ist – und wie normal er mit der Zeit wird. Können es nicht verstehen, es uns nicht vorstellen.

Susan Sontag, *Looking at War*

»Ich komme mit«, verkündete meine Mutter am Telefon, wobei ihre Stimme zu gleichen Teilen Zögern und Entschlossenheit vermittelte. Ich war dabei, eine umständliche Zugreise durch Russland zu buchen, deren Route den siebzig Jahre alten Spuren meines Großvaters folgte.

»Echt jetzt?«, gab ich zurück, überrascht und auch erleichtert. Ich hatte mich nicht allein auf diesen Weg machen wollen, aber wer sonst würde mich wohl auf einer so persönlichen Reise begleiten? »Bist du sicher, dass du mitwillst?«

Sie wollte ganz und gar nicht, wie sich herausstellte, aber sie fühlte sich verpflichtet, mich zu begleiten. Schon den Gedanken, dass ich alleine nach Russland aufbrach, konnte sie nicht ertragen, und sie wusste, dass sie es sich nie verzeihen würde, wenn mir auf meiner »Pilgerfahrt« etwas zustieß. Sosehr ich ihr dafür dankbar war, so entsetzt war mein Vater. Meine Mutter war zu dieser Zeit 75 Jahre alt und hatte schwere Diabetes. Ihr Leben hing von einer fein abgestimmten Abfolge regelmäßiger Mahlzeiten und Insulinspritzen ab. Aber sie war nicht mehr umzustimmen. Und ich freute mich ungemein darauf, dieses Abenteuer mit ihr gemeinsam zu erleben.

Am 14. September 2009 fuhren wir in Köln los, wo ich ein paar Tage mit Besuchen bei alten Freunden verbracht hatte. Für Momente tauschten wir die Rollen, als ich meiner Mutter ein Paket schwarzer, mit Salami belegter Pumpernickelscheiben gab, denn es war nur eine Frage der Zeit bis zu ihrer nächsten Unterzuckerung. Während wir im Kölner Hauptbahnhof auf Bahnsteig 7 warteten, musste ich die ganze Zeit an die verstörenden Abschiedsworte einer der Freundinnen denken, die ich Stunden zuvor auf einen schnellen Kaffee getroffen hatte.

»Sie waren alle Mörder.«

Sie hatte diesen Satz herausgezischt und war beim Anblick meines Großvaters auf dem Foto, das ich ihr zeigte, zurückgeschreckt.

Ich war völlig entgeistert. Wir kannten einander seit fünfzehn Jahren, aber es war das erste Mal, dass der Zweite Weltkrieg in unseren Gesprächen aufkam. Ihr eigener Vater war desertiert, erzählte sie mir mit unverhohlenem Stolz. Ohne es ausdrücklich zu sagen, gab sie zu verstehen, dass auch mein Großvater sich dem Kriegsdienst entziehen hätte sollen.

Ich hatte Mühe, ihrer Argumentation zu folgen. Wollte sie damit sagen, dass er seine Leute im Stich lassen, seine Familie der Gefahr von Repressalien und Sippenhaft aussetzen hätte sollen? Wäre das die richtige Entscheidung für einen hohen Offizier der Wehrmacht gewesen? Ich staunte, wie schwarz-weiß sie die Dinge sah. Wir hatten früher endlose Debatten über die Natur des Verbrechens und der Verbrecher geführt, und ich hatte ihre Ansichten stets voll und ganz respektiert. Aber offenbar hatte ich unterschätzt, wie groß die Abscheu und Empörung vieler Deutscher gegenüber ihrer damaligen Armee immer noch war. »Willst du wirklich Berufssoldaten, die in Ausübung ihrer Pflicht töten, in einen Topf mit Mördern unschuldiger Menschen im Gefängnis werfen?«, fragte ich sie.

Ohne Zweifel waren viele Nazis tatsächlich Mörder gewesen, aber die Soldaten der Wehrmacht doch nicht. Oder betrachtete sie alle Soldaten als Mörder? »Soweit ich weiß, hat sich mein Großvater sehr korrekt verhalten«, sagte ich und meinte damit nicht nur »pedantisch«, sondern auch »anständig«.

Angewidert wandte sie sich ab. »Wenn ich das Wort nur höre!« Mir wurde da erst klar, dass »Korrektheit« in den Ohren mancher Deutscher eine blinde Ergebenheit gegenüber den Nazis und ihren höchst »unkorrekten« Herrschaftsmethoden bedeutete. Und sie wiederholte, wie um mich wachzurütteln aus meiner Naivität: »Sie waren alle Mörder.«

Ich war getroffen von dem Ingrimm, mit dem meine Freundin die gesamte Wehrmacht verurteilte, und auch verletzt von ihrer heftigen Aversion gegen jemanden aus meiner Familie. Aber die Saat des Zweifels an meinem Vorhaben begann aufzugehen. Vielleicht musste ich aufhören zu hoffen und nach seinem guten Kern zu suchen. Vielleicht wussten die heutigen Deutschen etwas, das ich nicht wusste. Vielleicht sollte auch ich meinen Großvater unmissverständlich schuldig sprechen und ihn aus meiner inneren Ahnentafel streichen. Immerhin taten viele Deutsche in meinem Alter genau das. Aber es ging gegen meine Natur, einen Menschen nicht wenigstens verstehen zu wollen, bevor man ihn verdammt und sich von ihm lossagt – noch dazu den eigenen Großvater.

Ich behielt meine Gedanken für mich, während ein Vorbote Russlands in den Kölner Bahnhof tuckerte und am Bahnsteig 7 anhielt, als käme er aus einer sehr weit entfernten Welt. Das Erste-Klasse-Abteil, das uns zu leisten meine Mutter und ich für klug gehalten hatten, war etwa eineinhalb Meter breit und zwei Meter lang, mit hellgrauer Resopaltäfelung, grünen Sitzen und erinnerte nur sehr entfernt an die Orient-Express-Luxusresidenz, die ich mir in meiner Fantasie ausgemalt hatte. Ein Grobian von Schaffner ließ mit einem speziellen Schlüssel die obere Liege herunter, drückte uns einen Haufen Laken in die Hände und sagte, unsere Betten müssten wir selbst machen. Wenig später lagen wir zwischen diesen bretthart gestärkten Tüchern, die als Laken kaum zu gebrauchen waren. Hin und her geschaukelt vom rhythmischen Gerumpel eines schlecht gefederten Waggons und eingelullt von einem Gutenachtlied scheppernder Metallteile, sank meine Mutter in den Schlaf. Nur mein Geist blieb die ganze Nacht über hellwach. Ich sah meinen Großvater vor mir, wie er jeden einzelnen Kilometer dieser Route zurücklegte: vorbei an Przasnysz, Chelmo, Sokdany, Elk, Grajewo und Osowiec immer weiter hinein in das unbekannte Land.

Wir wissen nicht, was mein Großvater über den Ausbruch des Krieges dachte. Mir fiel wieder ein, wie Elwyn seine wahrscheinliche Gemütsverfassung beschrieben hatte: »Es muss für ihn so aufregend gewesen sein: Er ging kurz vor dem gewaltigen Einmarsch von 1941 an der Grenze zwischen Polen und Russland mit seinen Männern in Stellung und wartete darauf, jeden Moment all das in die Praxis umzusetzen, was er ihnen beigebracht hatte.«

Als mein Großvater zum ersten Mal schreibt, am 13. März 1941, hält er sich irgendwo in Ostpreußen, also im heutigen Nordpolen, auf. Seine Briefe erwecken den Eindruck eines sehr beschäftigten Mannes mit großer militärischer Verantwortung, der es gar nicht erwarten kann, endlich loszulegen. Er beschreibt seine Truppe als bunt zusammengewürfelten Haufen, ist aber zuversichtlich, dass er sie auf Vordermann bringen kann. Er bittet meine Großmutter, ihm ein Russischwörterbuch zu schicken – »nur für alle Fälle«.

Am 24. Juni geht es los. Das Unternehmen Barbarossa hat begonnen. Er klingt optimistisch. Deutlich wird, dass er aus ganzem Herzen an die Notwendigkeit glaubt, die bolschewistische Gefahr aus dem Osten bekämpfen zu müssen. Es geht aus seiner Sicht um einen Präventivschlag, der einem russischen Einmarsch in Europa zuvorkommen soll, und die riesigen Waffenvorräte, die die Deutschen in Russland entdecken, bestätigen ihn in dieser Überzeugung.

Jetzt sitzen wir mitten in den Sümpfen und schießen uns mit feindlicher Artillerie herum. Seit dem 21. 6. bin ich nicht mehr aus den Kleidern gekommen. Wenn man mal ein wenig ruhen konnte, tat man es im Sitzen ... Du kannst Dir gar nicht vorstellen, in was für Hütten die Leute hier leben und wie verdreckt alles ist.

Ich habe für meine Mutter und mich je einen Ausdruck seiner Briefe mitgebracht, und während wir der Route meines Großvaters durch Weißrussland folgen, folgen wir zugleich seiner Erzählung, hören die Worte, die eine vorbeiziehende Landschaft mit Leben erfüllen: unendliche, flache Weiten, Birkenwälder, kleine Kirchen mit Kuppeln und bunt bemalte Holzhäuser mit Wellblechdächern, sandige Wege, die eines mit dem anderen verbinden. Anderswo überschwemmt Sumpfland, das trügerisch nach festem Boden aussieht, die Straßen, und kleine Häuser auf Inseln treiben darauf wie hölzerne Archen.

Die Leute sind sehr freundlich und entgegenkommend. Wir wurden ... gut bewirtet. Honig, Eier, Brot und Kartoffeln mit Butter ... Alle schimpfen auf den Bolschewismus und die Kommissare ... Mir bekommt der Krieg ausgezeichnet, und ich denke, daß wir uns schon auf Wintersport ohne Krieg einstellen können, denn lange wird es hier wohl nicht dauern.

Mir war unverständlich, wie irgendjemandem Krieg nicht nur gut, sondern sogar noch ausgezeichnet bekommen konnte. Doch seine Zuversicht war nicht völlig fehl am Platz. Der deutsche Blitzkrieg war berüchtigt für seine Schlagkraft und zuvor in Westeuropa auf wenig Gegenwehr getroffen. Hier kam noch das Element der Überrumpelung hinzu. Und tatsächlich wurden die Soldaten der Wehrmacht anfangs von einigen Untergebenen des sowjetischen Regimes als Befreier von Stalins grausamer Diktatur wohlwollend begrüßt.

Im allgemeinen ist die Bevölkerung friedlich … [Aber heute] haben wir eine ganze Anzahl von Bewohnern erschießen müssen, weil sie Franktireurkrieg führten.

Ich erschrak, mit welcher Beiläufigkeit mein Großvater erwähnte, dass man Menschen erschossen hatte. Ich versuchte mich davon zu überzeugen, dass dergleichen für Soldaten im Einsatz zum normalen Arbeitsalltag gehörte. Oder für Mörder.

In den Wäldern und Ortschaften treiben sich aber auch viele Franktireure herum … In einem Ort hatten die Russen ein Zwangslager mit Folterkammer eingerichtet und kurz vor unserem Eintreffen alle Insassen, darunter viele Frauen, umgebracht, Brüste abgeschnitten, Bauch aufgeschlitzt u.s.w. Ich hatte es bis jetzt mehr für Propaganda gehalten.

Er war sich also der russenfeindlichen Propaganda bewusst. Das schien mir wichtig. Es deutete darauf hin, dass er das Argument der Nazis, die Ausdehnung nach Osten sei unverzichtbar zur Schaffung von Lebensraum für das deutsche Volk, nicht immer überzeugend gefunden hatte, auch wenn er es inzwischen vielleicht glaubte. Gleich im nächsten Satz heißt es:

Hinter unserem Rücken räumt jetzt die S. S. auf.

»Aufräumen?« An diesem Punkt war ich mir – wie in so vielen Phasen meiner Wahrheitssuche – der vollen Bedeutung dieser Wortwahl nicht bewusst. Meine Sicht war so sehr auf die Frage nach der Schuld meines Großvaters verengt, dass mir das Geschehen insgesamt aus dem Blick geriet. Später erst fand ich heraus, dass das Verhalten der SS im Gefolge der vorstoßenden Wehrmacht seit den 1990er-Jahren offiziell als Kriegsverbrechen anerkannt ist; dass es sich dabei um einen geplanten Massenmord handelte, an dem auch viele Wehrmachtssoldaten allzu bereitwillig teilnahmen; dass viele Landser zunächst über die Brutalität der SS-Truppen aufrichtig empört waren und sie als nicht hinnehmbare Verfehlungen im Krieg den Vorgesetzten meldeten, dann aber wegzusehen begannen. Oder selbst mitmachten.

Die verharmlosende Andeutung meines Großvaters an das »Aufräumen« kann sich auf nichts anderes bezogen haben als auf den Massenmord an Millionen von Kommunisten und Juden in Dörfern und Städten überall in den von der Wehrmacht eroberten Gebieten. Ganze jüdische Gemeinden wurden über Nacht unter Mitwissen und Mitwirken von Teilen der einheimischen Bevölkerung und ihrer Bürgerwehren ausgelöscht. Wie konnte da mein Großvater vom Vorgehen der SS reden, als handelte es sich um eine dienstfertige Küchenbrigade, die das Geschirr abräumt und spült, nachdem die Wehrmacht gegessen hat?

Meine Mutter und ich rumpelten weiter in Richtung Minsk. Mangels irgendeiner auch nur ungefähren Entsprechung eines Speisewagens hielten wir uns an die mitgebrachten Schwarzbrote mit Salami. Unsere zweite Nacht im Zug führte uns entlang der Hauptverkehrsstraße nach Moskau, die auch mein Großvater genommen hatte. Ich versuchte, mir die Soldaten dabei vorzustellen, wie sich diese jungen Männer Tausende Kilometer weit weg von der Heimat hinter dürren silbergrauen Stämmen der von Sternen erleuchteten Bäume verbargen, wie sie ihre Gewehre und Vorräte schleppten, wie sie an ihre Lieben zu Hause dachten, wie sie sich fragten, was sie erwartete.

Gestern bin ich durch eine Gegend gefahren, durch die später 2 abgeschnittene Kompanien Russen marschierten, 5 Minuten nach mir. Ich war grade auf einer B. Stelle [Beobachtungsstelle der Artillerie] und habe sie persönlich zusammengeschossen.

Ich sah flüchtig zu meiner Mutter, die mir gegenübersaß und dieselbe Stelle las. Sie war immer ganz sicher gewesen, dass mein Großvater niemanden getötet haben konnte. Meine mutige und so verletzliche Mutter. Ich hoffte, sie würde diese Stelle vielleicht nur überfliegen oder dass der Satz wegen einer kleinen Unterzuckerung vielleicht nicht so richtig in ihr Bewusstsein drang. Ich fühlte mich schäbig in diesem Moment, weil ich Familienlegenden als das offenbarte, was sie waren: Legenden. Ich fühlte mich schuldig, weil ich die positive Sicht meiner Tante auf ihren Vater erschütterte, und als Verräterin, weil ich den privaten, sehr persönlichen Schriftverkehr meiner Großeltern mit dem kritischen Besteck der Gegenwart, aus der überlegenen Sicht der Nachgeborenen zerpflückte. Aber diese Suche nach Wahrheit war meine, nicht ihre.

Mir scheint, dass meine Mutter diesen Eintrag übersprungen haben muss, ob absichtlich oder unwillkürlich. Aber ihr entging nicht, dass mich etwas bedrückte. Ich erzählte ihr, was meine Freundin gesagt hatte.

»Sie mussten Befehle ausführen, Liebes«, sagte sie sanft. »Wie viele andere Offiziere fühlte sich dein Großvater gebunden durch Pflicht. Sie hatten Treue und Gehorsam gegenüber Hitler schwören müssen. Ein paar junge Deutsche mit sehr modernen oder linken Ansichten halten Soldaten deshalb heute für Mörder, aber nicht alle.«

Ihre schützende Hand über ihm und mittelbar auch über mir war genau die seelische Umarmung, die ich so dringend brauchte. Zugleich wusste ich, dass all das nicht so einfach war, wie sie glaubte. Wir lasen weiter, inzwischen angekommen im Juli 1941.

Ich glaube, daß ich bis gestern in 8 Tagen nicht mehr als 10–12 Stunden geschlafen habe ... Die ganze Gegend ist eine Staubmasse, durch die die Sonne leicht verdunkelt hindurchscheint. Die Hauptchausseen sehen aus wie ein Trichterfeld, man kommt mit dem Auto nur wenig schneller als zu Fuß vorwärts.

Die Rote Armee war in führungslose Haufen zersprengt, es bereitete den Deutschen keine Mühe, Gefangene zu machen. Rund sechs Millionen Russen gerieten in Gefangenschaft, viele von ihnen wurden auf der Stelle hingerichtet. Doch die Wehrmacht war schlecht aufgestellt. Ihre mechanisierten Waffen waren oft untauglich für das Gelände. Viele Panzer besaßen keine Staubfilter und waren daher nutzlos. Nicht nur waren ihnen die sowjetischen KV1-Panzer unter diesen Bedingungen überlegen, sondern die Kolonnen der Wehrmacht zogen durch den aufgewirbelten Staub auch Luftangriffe der Roten Armee auf sich. Die Russen setzten den Wald in Brand, um den Feind aufzuhalten. Sie hinterließen auf dem Rückzug Zeitbomben in Gebäuden.

Eine der größten Herausforderungen für die Landser waren die Partisanen. Mein Großvater beschrieb, wie sie sich barfuß in den Wäldern versteckten und, dort aufgestöbert, die Hände hoben, als würden sie sich ergeben. Dann griffen sie plötzlich mit Maschinengewehren und Handgranaten an. Verwundete wurden auf die grausamste Weise hingemetzelt: »Augen ausgestochen, mit Bajonettstichen und Kolbenschlägen durchlöchert bzw. die Knochen zerschmettert, und ausgeplündert … Unsere Leute haben jetzt so eine Wut gegen diese Art von Kriegsführung, daß es keinen Pardon gibt.«

Beim Lesen und Wiederlesen der Briefe in dem schwachen Sonnenlicht, während der Zug sich durch endlose Kilometer von Birkenwäldern arbeitete, wurde mir klar, dass die russischen Partisanen in den Augen der deutschen Soldaten nicht einfach nur aus dem Hinterhalt angriffen, sondern fest verankerte militärische Ehrbegriffe verletzten. Und das mit solch wilder Brutalität, dass sich die Landser ihrerseits genötigt fühlten, die ihnen eingedrillte und verinnerlichte Auffassung von »anständiger Kriegführung« aufzugeben und wie Straßenbanditen um ihr Überleben zu kämpfen. Wie musste sich meine Großmutter gefühlt haben, als sie das las? War die Ehrlichkeit ihres Mannes vielleicht einer der Gründe für die Gefühlskälte in der Ehe nach seiner Rückkehr aus der Gefangenschaft?

Ich sitze hier im Hemd in einer Wiese. Der Himmel ist wolkenlos … Wir sind … im letzten Monat immerhin über 1000 km zu Fuß marschiert und haben bis Moskau noch 800 km. Die ganze Erholung bei diesen Märschen sind 2 Stunden Rast, sonst wird 24 Stunden und länger am Tag marschiert. Diese Quälerei habe ich auch satt. Wo wir schließlich landen werden, weiß ich noch nicht, weil sich unser Vormarschweg täglich ändert.

Von da an häufen sich seine Klagen über die oberen »Idioten« und ihre erratischen Befehle. Jede einzelne davon unterstrich ich, wie um Indizien für seine Verteidigung zu sammeln. Ich war erleichtert, als Mutter und ich nach 3000 Kilometern und zwei Tagen und Nächten endlich in Moskau ankamen und uns nach einer ordentlichen Mahlzeit umsehen konnten. Niemand sprach Englisch, und es schien uns unklug, es mit Deutsch zu probieren. Also folgten wir Schildern mit dem Buchstaben »M« in der Annahme, dass sie zur U-Bahn führten, fanden uns dann aber vor den Herrentoiletten wieder. Irgendwann gelangten wir doch zum weitläufigen Roten Platz und dem Kreml und suchten uns einen Tisch in einem Restaurant mit Aussicht auf die blau-goldenen Kuppeln, die wie frisch gebackene Windbeutel auf den herrschaftlichen weißen Mauern saßen. Von hier aus hatten wir auch die Passanten gut im Blick: gebückte alte Damen mit Kopftüchern saßen stumm auf Parkbänken und präsentierten sich aller Welt, als hätte man sie aus Fotos der 1940er-Jahre geschnitten und in die Gegenwart eingesetzt; auch einige lebende Klischees der heutigen russischen Gesellschaft – todernste Wachtposten als fleischgewordene Komm-mir-bloß-nicht-zu-nahe-Warnungen mit ihren Gewehren, langbeinige Frauen in hautengen Jeans und mörderisch hohen Absätzen – stolzierten vorbei.

Danach wandten wir uns wieder meinem Großvater zu, und wir alle drei fuhren weiter in Richtung Norden nach Twer. Seine Stimmung schlug um, als Woche um Woche verging und die Umstände immer schwieriger wurden.

Ich habe mir ein Loch in die Erde gebuddelt als Bett und darüber mein Zelt gebaut. Wir sind aber das freie Leben schon so gewohnt, daß uns das nicht mehr stört … In unserem Zelt wimmelt es von Fliegen und Ameisen am Tage und in der Nacht von Mücken. Das Wetter ist kalt und regnerisch, zu rauchen, trinken oder lesen gibt es nichts. Radio können wir auch nicht mehr hören, weil wir zu weit vom Deutschlandsender entfernt sind und wegen der Gewitterstörungen. Unser Stroh riecht nach Kuhmist und steckt scheinbar voller Hühnerflöhe. Ich habe jetzt schon 4 Tage und 19 Stunden nicht geraucht und getrunken, es ist verheerend. Wenn ich bloß bald meine Wut an den Russen auslassen könnte, denn diese Enthaltsamkeit halte ich nicht mehr lange aus.

Das wäre dann doch Mord, oder nicht? Ich kannte aus dem Gefängnis Männer, die aus geringeren Anlässen gemordet hatten. Aber mein Großvater hatte zu diesem Zeitpunkt schon unzählige Menschenleben mehr ausgelöscht als jeder von ihnen.

Ich las seine Schilderung mit Verstörung und Faszination. Ich konnte und kann auch heute noch nicht das Geringste mit seinen Taten und mit seiner Haltung als Angreifer anfangen. Die Gewalt des Krieges erschüttert mich, und ich nehme an, dass ich meinen Großvater als Mann nicht mögen würde, wenn er in mein Leben versetzt würde, so wie ich mich seit einiger Zeit in seines hineinversetzte. Und doch war und bin ich auf anderer Ebene ehrfürchtig ergriffen von der schieren Zähigkeit dieser Landser, oder gleich welcher Soldaten überhaupt. Beinahe kann ich das Adrenalin schmecken. Denkt man sich das Grauen weg, so bleibt ihre erstaunliche Leistung, allein was die körperliche Kraftanstrengung und das Durchhaltevermögen angeht, und ihr Todesmut kannte anscheinend keine Grenzen.

Ab und zu berühren mich die Briefe auch. Er ist guter Dinge und zuversichtlich. Er beruhigt seine Frau, dass er in Sicherheit ist. Er dankt ihr aus ganzem Herzen für die Päckchen und Briefe, die sie schickt. Er versucht, ihr Hoffnung zu machen, und rät ihr, wie sie auf ihr Wohlergehen achten und gesund bleiben kann. Ich sehe ihn dabei vor mir, wie er das verschlissene Foto, das meine Tante mir gegeben hat, herausholt und die Gesichter seiner Frau und seiner Kinder anstarrt, während rund um seinen Holzverschlag die Geschosse niedergehen und auf beiden Seiten Väter, Söhne und Ehemänner töten.

Das änderte nichts daran, dass mich der Mann und seine aus der Zeit gefallene Welt zutiefst abstießen. Aber ich wollte auf irgendeinem Weg doch zumindest versuchen, diesen zum Schlafen in einem Erdloch genötigten engen Verwandten zu lieben.

Es war schwarze Nacht, als Mutter und ich in Twer ankamen. Diese strategisch wichtige Stadt hieß damals Kalinin und wurde Ende 1941 für zwei Monate von der Wehrmacht besetzt. Bald war Twer auch die erste größere Stadt in Europa, die der Wehrmacht wieder abgerungen wurde. Mein Großvater kam dort erst eine Woche nach den vordersten Einheiten an, weil ihn die schlechten Straßen aufgehalten hatten. Seine Einheiten konnten wenig mehr tun, als Verstärkung zu erwarten. Ihn selbst beschäftigte anscheinend vor allem die Frage, ob er wohl rechtzeitig zu Weihnachten wieder daheim sein würde.

Wir suchten unseren Weg durch eine nach Urin stinkende Bahnhofsunterführung und gelangten zu einem Taxistand, den man ohne Weiteres für einen Schrottplatz halten hätte können. Auf die Dächer rostiger Autos waren kariert gemusterte Taxilichter mit Klebeband befestigt. Jedes Auto in der Reihe sah aus, als würde es zu einem kompakten Haufen Einzelteilen zusammenfallen, sobald man die Tür von innen zuschlug. Dahinter stand eine Auswahl todernst blickender Männer, von denen etwas Bedrohliches ausging. Wir standen vor der schwierigen Entscheidung, welcher Fahrer uns wohl mit der geringsten Wahrscheinlichkeit in seinen Kofferraum stopfen und unsere Leichen in einer finsteren Gasse beseitigen würde.

Den Zuschlag gab ich einem durchtrainierten jungen Kerl mit kahl rasiertem Schädel, der uns schweigend durch endlose Straßen voller Schlaglöcher mit keiner anderen Beleuchtung als roten Lichtern in den Hauseingängen fuhr. Ich bekam plötzlich Heimweh. Doch die Stadt, in der meinem Großvater zum ersten Mal in vier Monaten der Luxus einer Matratze zuteilwurde, hatte doch einiges zu bieten. Zu unserer Überraschung hielt das Taxi vor einem geradezu außerirdisch wirkenden, grell erleuchteten, nagelneuen Business-Hotel.

Am nächsten Tag goss es in Strömen. »Die Stadt sieht trostlos aus, trotzdem keine großen Kämpfe stattgefunden haben, sind alle Gebäude zerstört, weil die Russen sie angesteckt haben – Holzhäuser, Geschäfts- und Lagerhäuser«, hatte mein Großvater damals mitgeteilt. Siebzig Jahre später wirkte Twer nicht allzu verändert. Überall sah man ausgebrannte Reste einst wunderschöner Holzhäuser im Berghüttenstil, zerstört diesmal anscheinend in der Absicht, die Grundstücke für Bauherren attraktiver zu machen. Andere Häuser standen schief, verrottet und nur noch von Blechpflastern zusammengehalten da. An jedem Haus hingen uralte Kabelknäuel. Der Rost blätterte, brüchige Stufen führten zu vielfach geflickten Türen, auf staubigen Fenstersimsen zeigten sich Vasen mit vertrockneten Blumen hinter dreckigen oder gesprungenen Fenstern und zerschlissenen Gardinen.

Was wir in Twer jedoch nicht vorfanden, war die bittere Novemberkälte und den Schnee, der damals auf die deutschen Soldaten fiel. Als der Winter 1941/42 einsetzte, trugen sie immer noch ihre Sommeruniformen. »Wir haben hier auch am Tage immerhin die angenehme Temperatur von minus 16 ° seit einigen Tagen«, bestätigte mein Großvater. »Die armen Fußlatscher, die in ihren Schützenlöchern ohne Winterkleidung und ohne Feuerung sitzen müssen, kann man nur bedauern.« Und es wurde noch schlimmer, vor allem für die Russen. Dieser Winter war der kälteste des 20. Jahrhunderts, und in Twer wurden bis zu 50 Grad Kälte verzeichnet. »Draußen haben wir etwa immer 30–40° minus … Hier dicht bei unserem Haus haben sie auch 3 Russen aufgehängt und einen als Wegweiser in den Schnee gestellt. Auch am Wege lag ein erfrorener Russe, aber daß sich irgend jemand aus der Bevölkerung darum kümmert, gibt es nicht.«

Als die Wehrmacht im Dezember 1941 Kalinin in Schutt und Asche hinter sich ließ, wurde mein Großvater erstmals Artilleriekommandeur auf Korpsebene und befehligte nahe Leningrad sechs Regimenter der 18. Armee. Am Weihnachtsabend erhielt er das Deutsche Kreuz in Gold für wiederholt bewiesene Kühnheit und entschlossene Führung im Kampf. Außerdem bekam er Heimaturlaub. Als er Mitte Januar an die Front zurückkehrte, hatte General Georg Lindemann die Führung der 18. Armee übernommen. Unübersehbar forderte die Belagerung Leningrads einen hohen Tribut. In seinen Briefen vom März 1942 schildert mein Großvater grauenhafte Szenen:

Auf allen Straßen strömt [die russische Bevölkerung] hin und her mit bepackten Schlitten. Oft sieht man ganz gebrechliche Leute, die in einer Stunde kaum 100 m vorwärts humpeln. Wenn einer tot ist, sitzen die anderen gemütlich dabei und frühstücken, als ob nichts geschehen sei. Vor unseren Stellungen liegen Tausende toter Russen unter dem Schnee. Es wird im Frühjahr einen bestialischen Gestank geben.

Gestern habe ich eine Russin erschießen lassen, weil sie gestohlen hatte. Es wird überhaupt kurzer Prozeß gemacht, wer keinen Ausweis hat, wird erschossen. Das haben die Russen sich durch ihre Partisanen selbst zuzuschreiben. Wir müssen uns dagegen schützen. Die russische Bevölkerung ist aber Schlimmeres von ihren eigenen Kommissaren gewohnt und völlig stumpf gegen alles. Die Russen können ihnen das Haus überm Kopf zusammenschießen, sie bleiben ruhig drinnen. Die ordentlichen Russen könnten einem leid tun, vor allem auch die Kinder. Aber selbst die Kinder werden als Spione oder Partisanen angesetzt. Man kann also keinem trauen.

Beim Lesen dieser Stellen drehte sich mir der Magen um. Während unser scheppernder Zug Twer verließ, hatte ich das Gefühl, dass das Bild meines Großvaters nicht klarer, sondern immer nebelhafter wurde. Manchmal brachte er Mitgefühl, Unverständnis und sogar Sorge um die ihm begegnenden Menschen zum Ausdruck. In solchen Momenten war ich ihm gegenüber milder gestimmt. Doch meistens musste ich mich innerlich gegen seine Stimme und meinen eigenen aufkommenden Ekel wappnen. Ein kleiner Trost war die Erinnerung der Familie an den letztgenannten Zwischenfall, in dem er die Russin wegen Diebstahls erschießen hatte lassen. Anscheinend verfolgte ihn diese Exekution mehr als alles andere und ließ ihn auch noch lange nach dem Krieg nicht mehr los. Ich fragte mich, was genau an ihr wohl so beharrlich an der Panzerung seines Gewissens gekratzt hatte.

Sollte ich überhaupt versuchen, ihn mir als einen Mann begreiflich zu machen, der in eine Geschichte des Grauens verstrickt war, als bloßes Rädchen in einem entsetzlichen Todesgetriebe? Oder sollte ich ihn verurteilen als willfährigen Mörder seiner Mitmenschen? Konnte ich stolz sein auf seine Leistungen als Soldat, wie die Engländer auf ihre Soldaten stolz sind, obwohl auch diese töten? Oder sollte ich einfach hinnehmen, dass ich von diesem Krieg nichts verstand und gar nicht berechtigt bin zu einer Meinung, geschweige denn einem Urteil? Aus der Rückschau zu urteilen ist schließlich von vornherein ungerecht.

Aus Sicht meines Großvaters war die Beförderung zum Befehlshaber der 58. Division im April 1942 ein echter Karrierehöhepunkt. Er kommandierte nun eine Einheit, die zuvor der berühmte Erich von Manstein geführt hatte – verehrt als Deutschlands begabtester Feldkommandeur aufgrund seines strategischen Genies und seiner Erfolge auf dem Schlachtfeld. Die Beförderung trug meinem Großvater zugleich die Versetzung an den »Arsch der Welt« ein, wie die Landser das Sumpfland des Wolchow zwischen Weliki Nowgorod und St. Petersburg nannten.

Mutter und ich kamen in Nowgorod mit einem Gefühl an, in der Stadt von 1942 zu sein. Dichte Rauchwolken hingen in der Luft, Scheinwerfer durchbohrten sie auf der Suche nach feindlichen Flugzeugen im Himmel, das Heulen fallender Stukas und Dröhnen eingeschlagener Bomben umgab einen überall. Tausende Menschen gingen schleppend unter schwarzen Schirmen in dieselbe Richtung davon und beugten ihre Köpfe unter dem Re-

Karl von Graffen (r.) mit Generalfeldmarschall Erich von Manstein (l.) in Ropscha

gen. Es brauchte erst die mitreißende Wiedergabe der Filmmusik aus *Titanic* in der Lautstärke eines Rockkonzerts, um uns abrupt in die Gegenwart zurückzuholen. Die Bomben erwiesen sich als Feuerwerk und die Suchscheinwerfer als tanzende Laserstrahlen. Nowgorod feierte gerade seinen 1150sten Geburtstag.

Unser Gepäck ließen wir im sehr wahrscheinlich letzten freien Hotelzimmer der Stadt – der Bau ein hässliches Relikt des Kommunismus, in dem es von der in Fetzen herabhängenden Tapete bis zu den billigen, gebrechlichen Möbeln an nichts fehlte – und machten uns dann zum Fremdenverkehrsbüro auf, um uns ein Taxi zu besorgen. Es war jedoch ein offizieller Feiertag, und da gab es keine Taxis. So bot uns die junge Mitarbeiterin ihren Freund als Stadtführer für den Tag an. Wladimir, sagte sie stolz, spreche Englisch. Ein paar Stunden später zwängten wir uns in sein Auto. Bislang hatte die Sprachbarriere jegliche Unterhaltungen außer zwei ganz kurzen Wortwechseln auf Bahnsteigen verhindert. Aber schon das wenige hatte ausgereicht, um uns klarzumachen, wie groß die Feindseligkeit gegenüber Deutschen nach wie vor war. Mutter und ich hatten uns eine Tarngeschichte zurechtgelegt: Wir recherchierten für ein englisches Buch über die Schlachten des Zweiten Weltkriegs; anhand von Kopien alter handgezeichneter Karten aus dem Jahr 1942 folgten wir dem Verlauf der Straße nach Moskau und St. Petersburg.

Verlassene Panzer, überwucherte Bunker und Panzersperren aus Stahl waren noch immer über die offene Landschaft verstreut – als bewusst erhaltene Mahnmale für den »Großen Vaterländischen Krieg«. Eine sorgsam gepflegte Gedenkstätte nach der anderen fand sich entlang der Straße. Manche stellten Reste verfeuerter Munition oder rostige Helme zur Schau – mit ausgefransten Einschusslöchern als drastische Zeugnisse des Schicksals, das ihre Träger ereilt hatte.

Auf Gräbern fanden sich emaillierte Fotografien von den Gesichtern der Gefallenen – allzu oft noch sehr junge Männer. Anderswo führten Marmorplatten die Namen von Tausenden und Abertausenden russischen Gefallenen an.

Es war überwältigend.

An keinem Ort, den ich kannte, nicht einmal in Berlin, fühlte sich der Krieg noch so nahe an wie hier. So echt.

So tödlich.

Mit tiefer Stimme und starkem russischen Akzent klärte uns Wladimir, ein kräftiger, durchtrainiert wirkender Mann in Jeans und Turnschuhen, über die heutigen Einstellungen zum Krieg auf. Er beschrieb, wie dieser Krieg als Triumph des Kommunismus nicht nur über den Faschismus, sondern ebenso über den Westen insgesamt gefeiert wurde und wie dieser Westen für Russen gleichbedeutend mit Konzentrationslagern, Folter und dem Bösen überhaupt war. Ihm zufolge sprach man kaum über die Gulag-Gefängnisse und Lager, in denen insgesamt mehr Menschen gestorben sind als in den Konzentrationslagern der Nazis. Oder von der

Grabmal eines gefallenen Russen

Wahrheit, die stramme Stalinanhänger gern verschweigen, nämlich dass unter den Völkern, die dem Sowjetreich unterworfen waren, beispielsweise die Letten, Litauer und Ukrainer, die Wehrmacht tatsächlich als Befreierin begrüßt wurde. Das Konservieren einer Haltung vaterländischen Auftrumpfens wirkte auf mich ganz so, als sei es dazu da, die unfassbar großen Opfer unter der russischen Zivilbevölkerung irgendwie erträglich zu machen.

Über eine holprige Straße fuhren wir zum Ufer des Wolchow, heute ein malerischer Fluss mit Fischerbooten. Nichts an dieser friedlichen Szenerie ließ die schweren Gefechte und Gemetzel erahnen, die einst seine Ufer aufgerissen hatten. Ein beunruhigendes Summen von Mücken erfüllte die Luft.

Ich wusste, dass wir den Stellungen der 58. Division am Ausgang des Kessels nahe waren, in dem die Wehrmacht zu diesem Zeitpunkt 60 000 Russen eingeschlossen hatte. Möglichst unauffällig las ich in den Briefen nach. »Unsere Stellungen liegen auch wieder mitten im Sumpf, zwei Kilometer abseits von einer Straße, die von Nowgorod nach Norden führt. Teilweise muß man durch 70 cm tiefe Seen, wenn man zu unseren Stellungen will.« Es ist Anfang April 1942, und die Deutschen bauen emsig an Baumstamm-Dämmen, aber Schnee und Eis tauen so schnell, dass sich ganze Gebiete in Schlammwüsten verwandeln.

Wenn man es nicht gesehen hat, kann man sich keinen Begriff von dem Modder und Schlamm machen … Mit Panjewagen können wir nicht mehr fahren, weil die ganzen Wagen im Schlamm verschwinden … Es sind schon mehrere Pferde im Schlamm ertrunken. Sie waten bis zum Bauch in einer grauschwarzen Tunke. Wenn mal ein tieferes Loch, ein Stein oder ein Ast in der Brühe liegt, stolpert das Pferd oder fliegt hin.

Die bitteren Klagen meines Großvaters – über stinkendes Sumpfland voller Leichen, kapitulierende russische Soldaten, andauern-

Einer der Knüppelwege aus Holzbohlen. Mein Großvater ist der Offizier im langen Mantel.

de Explosionen und Maschinengewehrfeuer in der Luft – sind durchsetzt von Berichten über vergnügte Zusammenkünfte in seinen Quartieren, wobei Cognac und anscheinend auch Unmengen von Zigaretten, die er unter seinen Leuten verteilte, für gute Stimmung sorgten.

Das bestätigt, was meinem Großvater auch William Lubbeck bescheinigte: dass er ein ungewöhnlich »frontnaher« Divisionskommandeur war. Regelmäßig sah man ihn an der vordersten Linie, von der die Russen nur 400 Meter entfernt waren. Beliebt war er anscheinend auch: An seinem Geburtstag im Juni gratulierten ihm die anderen Divisionskommandeure mit Flieder- und Maiglöckchensträußen, Telefonanrufen, Zigaretten und Hennessy.

Am 20. Juni 1942 enden die Briefe jäh. Als hätte jemand einen Schalter umgelegt, erstirbt die inzwischen so vertraute Stimme im Schweigen lange verlorener Briefe. Eine Woche später führte er seine Division in der Schlacht am Wolchow zum Sieg.

Die Erfolge der Division fanden in den Berichten des Oberkommandos regelmäßig lobende Erwähnung. Im selben Sommer wurde mein Großvater nicht nur zum Generalmajor befördert, sondern auch mit dem Ritterkreuz des Eisernen Kreuzes für herausragende Tapferkeit im Kampf und erfolgreiche militärische Führung ausgezeichnet. Das waren so ziemlich die höchsten militärischen Ehren, die ein deutscher Soldat erlangen konnte.

Ich wollte mir selbst erlauben, die Genugtuung zu teilen, die mein Großvater über die Anerkennung seiner eigenen Leistung und die seiner Männer empfunden haben muss. Das war ein Moment der Leichtigkeit inmitten der Schwere all der bedrückenden Gefühle, die auf meiner Seele lasteten. Auf dem Foto, das ich ersteigert hatte, vermittelt seine Haltung das Selbstbewusstsein eines erfolgreichen Soldaten und Stolz auf das Geleistete. Mein Großvater zeigte denselben Stolz, den man auch in den Augen englischer

Mein Großvater in Russland (1942)

Soldaten sieht, denen das Victoria Cross verliehen wurde. Und auch ich wollte gern denselben Stolz fühlen wie ihre Angehörigen. Aber ich konnte es nicht. Nicht angesichts all des von Deutschland verursachten Sterbens und Leides. Und nicht in dem Wissen, für wen und wofür mein Großvater seinen Kampf geführt hatte.

Unsere Forschungsreise forderte ihren Tribut. Ich fühlte mich inzwischen regelrecht benommen vor Erschöpfung. Aber noch hatte ich mein wichtigstes Ziel nicht erreicht: den genauen Standort der 58. Division, der sich laut Karte ein kleines Stück weit vom Fluss entfernt jenseits der Gleise am Bahnhof von Miasnoj Bor befand. Das war die einzige Stelle in ganz Russland, an der ich ganz sicher sein konnte, dass ich auf demselben Flecken Erde stand, über den schon mein Großvater gelaufen war. Ich wollte die Aura des Ortes spüren, wollte Karl dort selbst in Aktion sehen, die Umgebung wahrnehmen, wie er selbst sie wahrgenommen haben musste. Wenn es mir nur gelang, mich auf die verborgenen Erinnerungen einzustimmen, so hoffte ich, fand ich ganz bestimmt den Schlüssel zum Wesen meines Großvaters.

Das oberflächliche Geplauder meiner Mutter tarnte uns, während ich den Bahndamm entlangkletterte, die Augen weit offen und die Ohren gespitzt, hellwach mit jeder Faser meines Körpers und vollkommen konzentriert auf das Durchdringen des Birkenwaldes, der inzwischen über den abgerissenen Baumstümpfen in der nassen Landschaft gewachsen war. Wie ein Kind beim Versteckspiel verspürte ich plötzlich den Hinweis: »Warm!«. Aber ich drang nicht zu dem Ort durch, den ich suchte, weder in der Landschaft noch in mir selbst.

Ein Gefühl des Unfertigen nagte an mir, als wir im Morgengrauen des folgenden Tages unseren letzten Zug von Nowgorod nach St. Petersburg bestiegen. Meine Mutter schlief sofort ein, ebenso wie die meisten anderen Reisenden. Ich sah hinüber zu ihr, die in mancher Hinsicht so zerbrechlich war, in anderer so ungewöhnlich zäh und eine so starke Stütze sein konnte. Dass ich diese

Reise mit ihr hatte machen können, fühlte sich wie ein riesiges Geschenk an. Die Umstände waren weit entfernt von der bequemen und kulturgesättigten Art des Reisens, die sie gewohnt war, und ich liebte sie ganz besonders dafür, dass sie mitgekommen war. Sie hatte sich als wunderbare Begleiterin erwiesen und sich nicht nur unserer eigenwilligen Reiseroute klaglos ergeben, sondern sich auch mit der ihr eigenen Wissbegier auf alles eingelassen, was uns unterwegs begegnete.

Leise griff ich nach meinem Fotoapparat und ging hinaus in den lauten Gang, wo ich ein Fenster öffnen konnte. Die aufgehende Sonne entzündete den leichten Nebel, der über der Landschaft schwebte, zu einer rosa- und goldfarbenen Glut. Erst jetzt wurde mir klar, dass dieser Zug durch Miasnoj Bor fahren würde.

Kilometer um Kilometer Birkenwald zog an meinen müden Augen vorbei, bis sich der Strom gestreifter Baumstämme endlich hypnotisch zu einem einzigen verschwommenen Bild verband. Es sah aus wie das abstrakte Gemälde eines Zebras, und je mehr ich gebannt hinaussah und dabei unter dem rhythmischen Schaukeln des Zuges schwankte, umso mehr fühlte ich mich in eine andere

Weißbirken bei Miasnoj Bor

Welt hinübergezogen, sah ich in die Augen des Ortes, des Waldes, in seine Seele. Behutsam rührte ich an so etwas wie die »negativen Räume« der Landschaft.

Zwischen den Birkenstämmen sah ich die Männer der 58. Division, spürte ihr emsiges Getriebe im Unterholz, roch den Schlamm und den Moder, hörte das Feuer der Artillerie. Ich fühlte die Gegenwart meines Großvaters eindringlicher als je zuvor. Da war er: ein Soldat von Beruf, der tut, wozu er ausgebildet und was ihm befohlen worden ist, und der all das so gewissenhaft tut, wie er kann, nicht anders als Tausende andere in derselben Lage. Konnte ich das gutheißen? Nein. Aber verstehen konnte ich es für einen Augenblick.

Erst später, als ich meiner Mutter bei unserem letzten gemeinsamen Abendessen auf dieser Reise gegenübersaß, kamen mir die Tränen. Zuvor schon hätte ich mich in vielen Momenten gern dem Weinen überlassen, aber wegen der praktischen Erfordernisse unserer Reise in Russland und der Sorge um die anfällige Gesundheit und Gemütslage meiner Mutter war ich gezwungen gewesen, mich zusammenzureißen. Doch nun war das Ende in Sicht, und da ich wusste, dass ich sie bald wieder heil meinem Vater zurückbringen konnte, begann ich loszulassen. Die zurückgehaltene Anspannung löste sich. Rührung überkam mich, und ich heulte drauflos – für alle Menschen und Welten, die von der Scheußlichkeit des Krieges heimgesucht wurden; für meine tapfere Mutter, die mich auf dieser aufwühlenden Reise begleitete, obwohl sie gar nicht wirklich verstand, wonach ich suchte; für den Teil von mir selbst, der über so viele Jahre von einer unsichtbaren, aber gewaltigen Schuldlast wegen eines der furchtbarsten Kapitel der Geschichte erdrückt worden war; und für den erbarmungslosen, strafenden Teil meiner selbst, der mich für all das zur Verantwortung zog.

Meine Mutter war lieb zu mir. Offensichtlich konnte sie weder die innere Zerrissenheit meiner Gefühle noch mein beinahe schon obsessives Interesse an ihrem Vater ganz verstehen. Doch sie sah sehr wohl, wie mich all das erschöpft hatte. Wie mich das Wort »Mörder« erschüttert hatte, wie sehr es mich umtrieb. »Alles war so anders damals«, sagte sie leise, und dabei spürte ich ihre ganze Kraft, die Kraft einer Mutter beim Trösten ihres Kindes. »Alles ist gut, Liebes«, redete sie mir zu, als die Tränen nicht aufhören wollten.

Aber es war überhaupt nicht gut. Nichts an alldem war gut.

15

Eine »saubere« Wehrmacht?

Um Böses zu tun, muss der Mensch es zuallererst als Gutes begreifen oder als bewusste, gesetzmäßige Tat. So ist, zum Glück, die Natur des Menschen beschaffen, dass er für seine Handlungen eine Rechtfertigung suchen muss.

Alexander Solschenizyn, *Der Archipel Gulag*

»Ich glaube nicht, dass ich Kunst über ›Meinen Großvater, den Mörder‹ produzieren kann«, sagte ich zwei Mitstudenten bei unserer ersten von vielen gemeinsamen Autofahrten im letzten Jahr unseres Kunststudiums, das nun in Bristol stattfand. Ich war mit der Hoffnung nach Russland gefahren, dort einen Schatz an Material zu finden, von dort aber nur noch orientierungsloser zurückgekehrt.

Ich zögerte, unsere neuen Lehrer in meine Geschichte einzuweihen. Ich fand, dass ich meinen Großvater nicht länger verteidigen oder mein bisheriges Bild von ihm bewahren konnte, weil ich nicht mit Sicherheit wusste, was er getan oder nicht getan hatte. Es gab zu viele Lücken in seiner Biografie. Auch wollte ich mich nicht dem Urteil von Leuten aussetzen, für die der Zweite Weltkrieg eine glasklare Schwarz-Weiß-Erzählung vom Sieg des Guten über das Böse war. Nicht anders als zuvor in meiner Gefängnisarbeit strebte ich nach Einsicht in das Wesen derjenigen, die schuldig gesprochen werden – nicht um infrage zu stellen, ob sie schuldig sind, sondern um zu verstehen, wie Menschen des Bösen fähig werden. Und wie sie sich – falls möglich – entsühnen können oder wie man ihnen vergeben kann. Wer war ich denn überhaupt, dass ich das

Andenken meines Großvaters einer solchen Schuldzuweisung aussetzte? Er hatte zu Lebzeiten schon genug Verurteilungen erduldet.

Ich war drauf und dran aufzugeben.

Unser erstes Seminar war nicht geeignet, meine Befürchtungen zu zerstreuen. Die Studenten hatten ihre Arbeiten in dem kleinen, niedrigen, fensterlosen Raum ausgebreitet, und unser Dozent ging von einem zum anderen, stellte Fragen und verteilte guten Rat. Als ich an der Reihe war, sah er die Ideenskizzen und Bilder von meiner Russlandreise kaum an und stürzte sich gleich darauf in eine übergriffige Kritik an den Beweggründen für meine Recherche.

Seine Fragen umschwirrten mich wie Querschläger, während er meine Ansätze als »klischeehaft« verwarf und sich dabei keinerlei Mühe gab, sie erst einmal zu verstehen. Entmutigt von seinen feindseligen Einwänden, faselte ich nur irgendetwas vom »Erkunden von Nuancen« und »Infragestellen schwarz-weißer Stereotype«.

Die in Bristol gepflegte Auffassung von bildender Kunst unterschied sich von der in Stroud wie Fußball von Rugby. Ich sollte nicht nur meinen Großvater vergessen, sondern dazu gleich noch Bedeutung, Inhalt und Thema, also wesentliche Bestandteile meiner bisherigen Arbeit. Die Anweisungen des Dozenten ließen mich in einem schöpferischen Vakuum zurück. Ich steuerte auf ein krachendes Scheitern zu.

Es war der deutsche Philosoph Theodor Adorno, der 1949 am Ende eines Aufsatzes den häufig zitierten und missverstandenen Satz schrieb: »Nach Auschwitz ein Gedicht zu schreiben, ist barbarisch.« Kunst zu machen, nachdem ich mir vom Ausmaß der Verwüstung an der Ostfront einen Eindruck verschafft hatte, schien mir ein ganz ähnliches Unding. Ich nahm Zuflucht zu einer guten Vertrauten: der Zerstörung.

Ich fing an, Dinge fallen zu lassen wie Bomben. Zuerst kletterte ich auf eine Stehleiter und ließ einen großen Steinbrocken auf einen Porzellanteller mit fein säuberlich arrangierten Stücken eines Battenberg-Kuchens fallen. Ich entschied mich bewusst für diesen unverzichtbaren Bestandteil des englischen Fünfuhrtees, weil sich unter der Marzipanglasur deutsches Erbe verbarg. Die klassischen rosa und gelben Quadrate sind eine Reminiszenz an die Hochzeitstorte bei der Heirat von Prinz Ludwig Alexander von Battenberg mit einer Enkelin von Königin Viktoria.

Danach wagte ich mich weiter in die Höhe. Von einer Fußgängerbrücke über den Avon warf ich mehrere größere Felsbrocken in das von Ebbe und Flut versandete und verschlammte Flussbett draußen vor der Kunsthochschule und hielt das Ganze filmisch fest. Um meine Gedanken in Alltagsmaterialien zum Ausdruck zu bringen, experimentierte ich mit Schlick, den ich eimerweise ins Atelier schleppte, sowie mit zersägten und neu zusammengesetzten Birkenlaminat-Bodenplatten. Beides nutzte ich, um die verwüsteten Birkenwälder der Sümpfe am Wolchow wiederzugeben. Ich nahm zwei Speisen, die für jede meiner beiden Nationalitäten standen – eine gebratene englische Schweinswurst und ein gekochtes Frankfurter Würstchen –, und legte sie zusammengebunden zwischen zwei Brötchenhälften, garniert mit blutrot triefendem Ketchup. Aneinander gefesselte Feinde.

So fühlte es sich in meinem Inneren an.

Kaputt/Broken (2009)

Im Gewölbekeller meines Hauses baute ich ein Diorama. Darin saßen kopflose Männer in weißen Hemden und Krawatten an einer Tischplatte bis zur Hüfte in einem Meer aus Schlamm, das aussah, als sei es rundherum angestiegen und als überraschte und fröre es sie in der Zeit ein, während sie über einem Champagnerfrühstück das tödliche Schicksal der Welt ausheckten.

Über den ganzen Rest des Studienjahres ignorierte ich den Rat meines Dozenten, »meinen Großvater zu vergessen«, und konzentrierte mich ganz auf die Abschlussarbeit: eine tonlose Diaprojektion von Worten, die sich selbst in die Fragen einfügten, die ich ihm in meinem Kopf andauernd stellte. Was hast du gefühlt? Was hast du gewusst? Was hast du getan?

Manchmal überlagerten die Worte einander zu dichten, unleserlichen schwarzen Balken, die an Zensur erinnerten und Unaussprechlichkeit vermittelten. Dann wieder verblassten sie und erschienen wie totgeschwiegene Geheimnisse. Mein Dozent würdigte diese Arbeit bei der Abschlussvorstellung als elegant und zurückhaltend. Doch ihr geflüstertes Flehen um Antworten verlor sich in den weitläufigen weißen Hallen und dem Geraune aufgekratzter frischgebackener Absolventen. Die Begeisterung der anderen wollte so gar nicht auf mich überspringen.

Es tat weh. Auf allen Ebenen. »Sie waren alle Mörder.« »Sie haben alle mitgemacht.« »Alle wussten Bescheid.« Diese Worte bekam ich nicht mehr aus dem Kopf. Mir fiel ein, was mir meine Mutter einmal erzählt hatte: dass sie, in den Sechzigerjahren in England angekommen, Leute sagen gehört hatte, die Deutschen müssten »es doch gewusst haben« – und ihnen insgeheim zustimmte. Diese leisen Eingeständnisse entwichen ihrer Seele, wie sich die Kriegsgefangenen in den Filmen aus den Lagern schleichen. Sie schlüpften unter dem Zaun hindurch, wenn bei einer Wachablösung der hin und her schwenkende Suchscheinwerfer in die passende Richtung zeigte und sich so für einen Moment ein unbewachter Fluchtweg auftat.

Ich begann zu verstehen, wie unmöglich es manchen Menschen ihrer Generation erschienen sein muss, die Taten der Eltern zu hinterfragen. Als halbe Engländerin hatte ich den Vorteil, mich in den sicheren Hafen meiner englischen Identität flüchten zu können, wenn es draußen allzu rau herging. Hätte ich es wirklich gewollt, so wäre es mir sogar möglich gewesen, die Fahne der Sieger zu schwenken oder bei Fußballturnieren in die frotzelnden Chöre »Zwei Weltkriege und ein Weltcup!« einzustimmen. Dass ich der dritten Generation angehörte, schuf zudem eine beruhigende Distanz zwischen mir und dem Großvater, den ich nie kennengelernt hatte. Und so war ich in einer viel besseren Position als meine Mutter, wenn es darum ging, einer möglichen Schuld in unserer Familie nachzugehen.

Wenn alle deutschen Wehrmachtssoldaten als Mörder galten, wenn man ihnen eine Mitschuld am Holocaust gab, wenn man sie als Teil der NS-Vernichtungsmaschine betrachtete, so mussten sich daraus Konsequenzen für ihre Nachfahren ergeben. War es dieses Gefühl einer offenen Rechnung, das mich umtrieb? Suchte ich nach Rechtfertigungen für das, was mein Großvater getan hatte, oder nach irgendeiner Art Vergebung oder Abbitte? Schleppte ich die ganze Zeit einen Haufen unverarbeiteten Mülls mit mir herum, den er nach dem Krieg vielleicht gefühlt hat, mit dem er aber nichts zu tun haben wollte? Und war vielleicht all das durch einen seltsamen Mechanismus, den ich erst noch durchschauen musste, als Aufgabe auf mich übergegangen?

Keine dieser Fragen konnte ich beantworten, bevor ich nicht festgestellt hatte, ob mein Großvater des Mordes schuldig war.

Mord ist definiert als das gesetzwidrige, vorsätzliche Töten eines Menschen durch einen anderen. Mörder sind Menschen, die mit Absicht getötet haben. Ihre Gründe dafür reichen von Rachsucht bis hin zur Überzeugung, dass der Tod eines bestimmten Menschen ihr eigenes Leben in der einen oder anderen Weise verbessern wird. Befördert werden kann der Entschluss zu morden durch Alkohol, Drogen oder psychotische Schübe.

Im Gegensatz hierzu werden Soldaten dazu ausgebildet und per Befehl gezwungen, die Soldaten eines Feindes »vorsätzlich zu töten«. Hitler dehnte diese Bestimmung jedoch so weit aus, dass sie das vorsätzliche Töten auch von Zivilisten und insbesondere von Juden mit umfasste. Er legitimierte den Mord.

Als Kriegsgefangener erwartete mein Großvater gemeinsam mit anderen gefangenen Generälen das Urteil des Feindes. In dieser Lage erläuterte – und verteidigte – er die Rolle und die Pflichten des Wehrmachtssoldaten: »Wir deutschen Generäle sind keine Politiker. Wir haben auch nie auf die Politik irgendeinen Einfluß ausgeübt, wie die Propaganda es stets hinzustellen versucht. Der Soldat diente dem Staat, ihm leistete er seinen Eid und nicht irgendeiner Partei.«

Er argumentierte, dass die Reichswehr die Weimarer Republik genauso verteidigt hatte wie zuvor das Kaiserreich und danach die Wehrmacht den Nazistaat; dass Soldaten einschließlich ihrer Offiziere kein Stimmrecht besaßen und keine Befugnis, dem Willen des Volkes in die Quere zu kommen; dass die Armee selbst unterm Nationalsozialismus ihre unpolitische Stellung beibehielt und der Hitlergruß in der Armee erst nach dem Stauffenberg-Attentat vorgeschrieben wurde – und dass selbst Hitler diese unpolitische Haltung nicht aufweichen konnte, weshalb er mit der Waffen-SS eine zweite, politische Armee, einen militärischen Arm der Nazipartei, aufbaute.

In der Nachkriegszeit untermauerte das internationale Narrativ im Wesentlichen diese Darstellung einer »sauberen« Wehrmacht. Während die Alliierten überführten Nazis und gewöhnlichen Zivilisten gleichermaßen eine Kollektivschuld übertrugen, gestanden sie Angehörigen der Streitkräfte in der Regel zu, nur ihre Pflicht getan zu haben. Der Internationale Militärgerichtshof, der die Nürnberger Prozesse abhielt, betrachtete die Wehrmacht nicht als verbrecherische Organisation und kam zu dem Urteil, dass den deutschen Generalstab und sein Oberkommando keine Kollektivschuld traf. Dr. Hans Laternser, der den Generalstab in Nürnberg verteidigte, stützte sich für seine Argumentation auf Klassiker und moderne Denker des Völkerrechts sowie auf hohe Offiziere der Alliierten im Zweiten Weltkrieg, darunter die britischen Feldmarschälle Harold Alexander und Bernard Montgomery. Alexander hatte anerkannt, dass die deutschen Soldaten anständig und wie »Gentlemen« gekämpft hätten, und Feldmarschall Montgomery bekräftigte in einer Rede vom 26. Juli 1946 die Haltung meines Großvaters, dass die Armee eines Landes über der Politik stehe und dem Staat verpflichtet sei: »Die Armee ist kein Bund von Einzelpersonen, sondern eine kämpfende Körperschaft, zusammengeschweißt durch Disziplin und beherrscht von ihrem Befehlshaber. Freiheit ist die Grundlage der Demokratie; Disziplin ist die Grundlage der Armee.«

Unter den Briefen meines Großvaters fand sich ein Rundschreiben von 1946 an deutsche Kriegsgefangene, das mit Genehmigung des britischen Armeekommandos gedruckt und verteilt worden war. Darin enthalten ist ein Thomas Carlyle zugeschriebenes Zitat in deutscher Übersetzung, das diese Auffassung ebenfalls unterstützte: »Wenn ein Mann Soldat wird, dann gehorcht er mit Leib und Seele seinem vorgesetzten Offizier. Er darf selbst nicht entscheiden, ob die Sache, für die er kämpft, gut oder böse ist. Seine Feinde werden nicht von ihm, sondern für ihn bestimmt. Seine Pflicht ist zu gehorchen, ohne zu fragen.«

Auf denselben Grundsätzen beruhte damals jede Armee der Welt, und daran hat sich bis heute wenig geändert. Pflicht und Gehorsam waren, wie ich glaube, meines Großvaters Verteidigungslinie. »Du brauchst um mich nicht in Sorge zu sein«, hatte er meiner Großmutter vertraulich im Dezember 1945 geschrieben, »denn als Höherer Artilleriekommandeur konnte ich keine Verbrechen begehen.«

Es gab aber noch andere Gründe, warum die Alliierten die Wehrmacht und ihre Angehörigen von der Anklage in Nürnberg ausnahmen. Anders als die Waffen-SS, die sich vorwiegend aus Freiwilligen zusammensetzte, bestand die Wehrmacht aus Millionen Wehrpflichtigen. Deutsche Männer hatten kaum Möglichkeiten, der Einberufung zu entgehen, es sei denn, sie waren bereit zu noch Schlimmerem, etwa dem Wachdienst in einem Konzentrationslager. Die Alliierten wollten nicht ein ganzes Volk in einer Weise willkürlich und pauschal bestrafen, die an die deutschen Pogrome erinnert hätte. Außerdem hatten sich zu dieser Zeit bereits die Spannungen des aufkommenden Kalten Krieges verschärft, und es war im Interesse der Westmächte, Deutschland als Verbündeten und Bollwerk gegen das kommunistische Osteuropa zu stärken. Um Deutschlands Wiederbewaffnung politisch zu ermöglichen, musste die öffentliche Meinung in den Ländern der ehemaligen Alliierten davon abgebracht werden, die Wehrmacht als eine Naziarmee zu sehen.

Jahrzehntelang wurde die Wehrmacht daher weithin als »anständig« und »unbescholten« hingestellt, und ihre ehemaligen Angehörigen sahen sich selbst genauso: ein Fels der Ehrenhaftigkeit in einer Brandung der Kriegsgräuel. Bis eine Ausstellung von 1995 unwiderleglich bewies, dass es mit der Anständigkeit nicht so weit her war, schon gar nicht im Osten.

»Verbrechen der Wehrmacht«, eine Wanderausstellung des Hamburger Instituts für Sozialforschung, präsentierte übereinstimmende Einschätzungen von Historikern zum Vernichtungskrieg der Wehrmacht an der Ostfront. Sie wurde in mehreren Städten Deutschlands und Österreichs gezeigt und schockierte und empörte die Öffentlichkeit.

Anhand von Dokumenten und Fotos, die zu großen Teilen aus Familienalben stammten, war zu sehen, wie Soldaten der Wehrmacht bei Massenhinrichtungen von zusammengetriebenen Juden und russischen Zivilisten zusahen oder daran mitwirkten. Die Bilder zeigten Landser, die sowjetische Gefangene zu langen Märschen zwangen, bei denen Hunderttausende starben, und wer auch das überlebte, den ließ man verhungern oder er wurde erschossen. Mehr als drei Millionen dieser Gefangenen starben. Ein großer Teil der Opfer des Holocaust wurde nicht in Konzentrationslagern getötet, sondern durch Erschießung, insbesondere bei den Massenmorden in der Ukraine.

Es war auch nicht einfach nur der Fatalismus »Befehl ist Befehl«, der manche Soldaten zum Töten trieb. Die Selbstwahrnehmung als rassisch und kulturell Privilegierte erfüllte sie mit einer so tiefen Verachtung der »Untermenschen«, dass sie bereit waren, Juden und sogar Frauen und Kinder allein aufgrund von ideologischem Fanatismus umzubringen.

Seit dieser Ausstellung lagen unleugbare Beweise dafür vor, dass die Wehrmacht nicht nur von den Kriegsverbrechen gewusst hatte, die bislang den SS-Truppen zugeschrieben worden waren, sondern dass sie selbst tief darin verstrickt war.

Heftige Kritik, Streit und Debatten folgten der Eröffnung der Ausstellung. Menschen gingen gegen das auf die Straßen, was sie als Verrat und mutwilliges In-den-Dreck-Ziehen des guten Rufs ihrer Väter und Großväter sahen. Sie forderten eine klare Abgrenzung gegenüber denjenigen, die Verbrechen begangen hatten, da die Ausstellung andernfalls, wie es hieß, Deutsche als genetisch kriminell darstellte. Eine Verfügungsgewalt über das eigene Handeln gebe es für Soldaten nicht, behaupteten die Kritiker. Auch andere Nationen hätten Kriegsverbrechen begangen. Die Hinrichtungen seien auch für die deutschen Soldaten furchtbar gewesen. Und was war mit dem Gemetzel an Unschuldigen, das die Luftwaffen der Alliierten bei ihren Bombenangriffen auf deutsche Städte angerichtet hatten?

Zwar wurden bestimmte Bilder wegen fehlerhafter Zuordnungen, ungenauer Bildunterschriften oder irreführender, emotional manipulierender Inhalte entfernt, doch letztlich kamen die Historiker zu dem Konsens, dass an der Grundaussage der Ausstellung nicht zu rütteln sei: Die Wehrmacht war an der Planung und Durchführung eines Angriffs- und Vernichtungskriegs gegen Juden, sowjetische Kriegsgefangene und Zivilisten beteiligt.

Da ich zum Zeitpunkt der Ausstellung sogar in Köln lebte, begreife ich selbst nicht, wie all das damals an mir vorbeigehen konnte. Ich war wohl zu sehr mit meiner Arbeit im Gefängnis und mit alternativen Heilverfahren beschäftigt und bekam kaum mit, was sich in den Medien des Landes abspielte. Kulturell ritt ich auf der Welle des Pazifismus und der Emanzipation im neuen Deutschland, doch für die allgemeine Politik oder auch den Krieg interessierte ich mich kaum. Allerdings erinnere ich mich an Irritationen in meiner Familie, die ich erst im Nachhinein mit den Berichten über die Kontroverse in Verbindung brachte. Während eines Besuchs zu Hause hörte ich am Rande erregte Telefongespräche mit, die meine Mutter mit ihren Verwandten in Deutschland führte. Sie sprach im Ton geflüsterten Entsetzens, und ich schnappte bei ihrem Auf-und-ab-Gehen in der Küche die Worte »Wehrmacht«, »Vati« und »schrecklich« auf, die sonst in ihren Unterhaltungen nicht fielen.

Ich bemerkte ein leises Gefühl der Panik, das im Korridor ihrer Dialoge flatterte wie ein gefangener Vogel. Obwohl sie nur selten auf meinen Großvater zu sprechen kamen, wusste ich, dass meine Mutter und ihre Schwestern von jeher viel auf seine preußischen Tugenden der Tapferkeit, Pflichterfüllung und niemals fehlgehenden Anständigkeit gaben. Die hatte man ihm schon in der Kindheit anerzogen, und seine Töchter verbürgten sich für seine Ehre. Ihr Glaube an seine Unschuld war eine der Rettungsbojen, an die sich die Familie klammerte. Durch die brachiale Entzauberung des Mythos einer »sauberen Wehrmacht« brach das sorgsam gepflegte Konstrukt der Unschuld in sich zusammen. Als die Legende von der Unschuld verblich, machte sich bei Karls erwachsenen Kindern und seiner Frau ein kaum verborgenes Entsetzen breit, vor dem sie vergeblich nach Rettung suchten. Auch ich spürte ihre Panik, doch ohne Kenntnisse der Militärgeschichte Nazideutschlands fehlte mir jeder Kontext, jeder Rahmen, um geeignete Fragen zu stellen, und überhaupt jeder Sinn für das, worum es da eigentlich ging.

Die Ausstellung war bis 1999 zu sehen, und ihre Wirkung erschütterte das Land zutiefst. Die sorgfältig konstruierte Abwehr von Schuld geriet ins Wanken, Fassaden harmloser imaginärer Erinnerungen an Angehörige bei der Wehrmacht bröckelten, unausgesprochene Verdächtigungen bestätigten sich. Bis dahin konnten vom Krieg gezeichnete Familien die Schuld entschlossen auf die bereits inkriminierte Waffen-SS schieben und damit von Soldaten, die in der international geachteten Wehrmacht gedient hatten, fernhalten. Es war eine Möglichkeit, wenigstens noch die Scherben des Ruhms ihrer Vorfahren als Herolde deutscher Ehre auf den kaputten Kaminsimsen des Familiengewissens aufzustellen: blank geputzte, verbeulte Trophäen, gerettet aus den Trümmern der Verdammnis.

Damit war es nun vorbei. Die Büchse der Pandora war geöffnet. 2001 präsentierte das Hamburger Institut für Sozialforschung eine überarbeitete Fassung der Ausstellung mit dem doppelten Umfang an Quellenmaterial. Sie wanderte drei Jahre durch Deutschland und fand zuletzt als Dauerausstellung im Deutschen Historischen Museum in Berlin eine ständige Heimat.

Etwa um dieselbe Zeit wurden in England Abschriften heimlich abgehörter, privater Unterhaltungen zwischen kriegsgefangenen hohen Offizieren und Generälen der Wehrmacht in Lagern wie Trent Park zur Veröffentlichung freigegeben. Diese Gespräche hatten zwischen 1939 und 1942 stattgefunden, und sie gewährten ungeahnte Einblicke in das, was die Führung der deutschen Armee gewusst hatte. Nämlich eine ganze Menge. Etliche Offiziere hatten sich auch aktiver an Kriegsverbrechen beteiligt als bisher bekannt. Und kein einziger behauptete in diesem privaten Kreis, von Holocaust und Vernichtungskrieg nichts gewusst zu haben.

In weiterer Folge lernte ich, dass Soldaten der Ostfront sogar schon vor Beginn des Unternehmens Barbarossa auf die Hauptziele des Kriegszugs eingestimmt wurden. In seiner Wahnvorstellung vom reinblütigen arischen Volk und dessen überlegenen Tugenden und Qualitäten sprach Hitler dem Feind als »slawischem Untermenschen« jegliche Menschlichkeit ab. Am 30. März 1941 erklärte er seinen Befehlshabern: »Der Krieg gegen Russland wird von der Art sein, daß er nicht ritterlich geführt werden kann. Dieser Kampf ist einer der Ideologien und rassischer Unterschiede und wird mit einer nie dagewesenen Härte geführt werden.«

Im Mai desselben Jahres umriss der von Wilhelm Keitel, dem Chef des Oberkommandos der Wehrmacht, unterzeichnete Kriegsgerichtsbarkeitserlass das geplante Vorgehen gegen sowjetische Bürger: »schonungsloses Erledigen« von Partisanen, Hinrichtungen ohne Richter, kollektive Bestrafungen sowie eine Generalamnestie für deutsche Soldaten, die in der UdSSR Kriegsverbrechen begingen.

Am 6. Juni wies der »Kommissarbefehl« die Wehrmacht an, sowjetische Politkommissare der Roten Armee auf der Stelle ohne Verhandlung zu erschießen, weil ihre Aufgabe die Durchsetzung der »jüdisch-bolschewistischen Ideologie« in den Streitkräften war. Mehrere Offiziere drängten Hitler, den Befehl abzumildern, doch er weigerte sich. »Indem ich mich des Juden erwehre, kämpfe ich für das Werk des Herren«, hatte er schon in *Mein Kampf* geschrieben. Im November 1941 griff Generalfeldmarschall von Reichenau, einer der rabiatesten Nazis in der Wehrmachtsführung, diese Leitlinie auf und hämmerte den Soldaten ein, sie seien nicht einfach Kämpfer, sondern Verteidiger einer rücksichtslosen Rassenideologie und »Rächer für alle Bestialitäten, die deutschem … Volkstum vom jüdischen Untermenschentum zugefügt wurden«. Daraus entstünden ihnen »Aufgaben, die über das hergebrachte einseitige Soldatentum hinausgehen«. Für »missverstandene Menschlichkeit« gebe es da keinen Platz.

Nicht alle Wehrmachtgeneräle befolgten diese Befehle widerspruchslos. Etliche waren entsetzt vom Treiben der SS und der »Einsatzgruppen«, Polizeieinheiten, die als Hinrichtungskommandos hinter der Front tätig waren. Einige schrieben direkt an Hitler, schilderten die demotivierende Wirkung dieser Brutalität auf die Landser und baten darum, sie einzustellen. Im November stimmten weitere hohe Offiziere in die Bedenken ein, was die Auswirkung des Vernichtungskriegs auf die eigenen Männer anging. Sie beklagten, dass die Operationen der SS zur Ermordung von Teilen der Zivilbevölkerung zu rasch nach den Erfolgen der Wehrmacht geschahen, den Soldaten Gewissensbisse bereiteten und damit die eigene Kampfmoral schwächten. Sie fürchteten, dass dies zu einem Verlust der inneren Ausgeglichenheit und zu Brutalisierung auch nach dem Krieg führen konnte. Am Ende einigten sich die Generäle direkt mit der SS-Führung. Sie ließen die SS weiter gewähren, aber erst, nachdem die Wehrmacht zur Eroberung der nächsten Stadt weitergezogen war. So konnte sie behaupten, dass sie mit dem Treiben der Einsatzgruppen nichts zu tun hatte.

Ich wünschte mir aus ganzer Seele, mein Großvater wäre physisch und moralisch zu weit weg gewesen, um auch nur entfernt in diese Verbrechen hineingezogen zu werden. Oder dass ich auf einen Beweis dafür stoßen würde, dass er energisch protestiert hatte – und zwar nicht nur wegen der negativen Folgewirkungen auf seine Männer, sondern zuerst und vor allem gegen die Barbarei, gewöhnliche Zivilisten zu ermorden.

Ich fragte mich, welche Worte er wohl gewählt hatte, um seine Truppe auf die Schlacht einzustimmen. Mir fiel seine Bemerkung zum »Aufräumen« der SS hinter seinen Einheiten wieder ein. Er schrieb das anscheinend ohne einen Gedanken der Reue. Wie hatte er nicht sehen können, dass dieses »Aufräumen« eine vollkommene Abkehr von den Gesetzen der Kriegführung bedeutete, die man ihm schon als Kadetten beigebracht hatte? Könnte die knappe Erwähnung darauf gezielt haben, persönliche Abscheu oder Missfallen oder wenigstens eine Kenntnisnahme mit Bedauern zu vermitteln? Was immer nun zutraf: Aus seiner Art, darüber zu schreiben, ergibt sich der Eindruck, dass er all das für unvermeidbar hielt.

Der von Rußland in Szene gesetzte … Kampf von Partisanen, der aus dem Hinterhalt geführt wurde, mußte die Bevölkerung in Mitleidenschaft ziehen und zu Gegenmaßnahmen führen. So wurde der Kampf mit einer Erbitterung geführt, die ihresgleichen sucht. Es war kein Kampf unter Soldaten, sondern gegen vertierte, jedes Verbrechens fähige Horden. Kein Deutscher, der in ihre Hände fiel, kam mit dem Leben davon. Diese Bestien, die es nicht einmal verschmähten, ihre eigenen Gefallenen zu schlachten und zu verzehren, konnten nicht als reguläre Truppe angesehen werden … Ein gefangener russischer Oberst äußerte dem Generaloberst Lindemann gegenüber, daß in dem Hungerwinter 1927 alle Russen Menschenfleisch gegessen hätten und daß keine andere Leber so schmackhaft sei, wie die menschliche. Trotzdem hat der deutsche Soldat fair und anständig gekämpft. Das wissen auch alle alliierten Soldaten, die Deutschen im Kampf gegenüber gestanden haben.

War seine Sicht auf das Geschehens eine Folge dessen, was er erlebt hatte? Die Brutalität der Freischärler, die vom Beginn des Einmarsches an wie aus dem Nichts angriffen, hatte die Landser oft überrumpelt, desorientiert und in vielen ein Bedürfnis nach Rache geweckt, das sich in gnadenlosen Vergeltungsakten äußerte. Zugleich lässt seine Wortwahl hier darauf schließen, dass er die unablässige Propaganda und Angstmache vor den »roten Horden« sowie die Verachtung der Bolschewisten als niedere »Bestien« verinnerlicht oder wenigstens hingenommen hatte.

Je mehr Soldaten des Reichs auf Pflichterfüllung und Gehorsam eingeschworen und, ob willentlich oder nicht, Teil des Vernichtungsapparates wurden, umso weniger sinnfällig wirkte noch das Wort »Mord«. Man verlor sich im Sog eines ideologisch aufgeheizten Krieges, in dem »besondere Maßnahmen« erforderlich – sprich: Kriegsverbrechen an der Tagesordnung – waren und von Soldaten erwartet wurde, dass sie »fern von allen politischen Erwägungen der Zukunft« gleich welche Befehle ausführten.

Von Politikern und Herrschern überall in der Welt werden Gewalt, Zerstörung und Krieg als gerechtfertigte Reaktionen auf eine wahrgenommene Bedrohung oder ein Übel dargestellt. Für den ausgebildeten Soldaten gehören das Sterben und der Tod zu seiner Arbeit. Sie sind Mittel zum Zweck der Landesverteidigung, der Wiederherstellung von Ordnung oder der Bewahrung des Friedens. Als Soldat lernt man, dass man Heilsames bewirkt und Teil der Lösung eines Problems ist. »Meistens hasst man die Feinde nicht«, hat mir ein befreundeter ehemaliger Soldat einmal gesagt. »Sie stehen einfach nur auf der ›anderen Seite‹. Man ist allein damit beschäftigt, für den jeweiligen Auftrag und für seine Freunde zu kämpfen.«

Der Militärhistoriker Sönke Neitzel und Harald Welzer haben in ihrem Werk *Soldaten: Protokolle vom Kämpfen, Töten und Sterben* diese Darstellung bekräftigt und damit ein überraschend anderes Bild vom deutschen Soldaten als das allzu schwarz-weiß gehaltene gezeichnet, an das wir uns im Alltag gewöhnt haben. Ihre Untersuchung beruht auf fast 17 000 Protokollen abgehörter Unterhaltungen aus den Staatsarchiven in London und Washington. Die Mitschriften hielten Unterhaltungen zwischen deutschen Kriegsgefangenen in britischem und amerikanischem Gewahrsam fest und belegen, wie normal oder sogar banal die massenhafte Gewalt und Grausamkeit für diese geworden war. Die Protokolle offenbaren aber auch, dass Landser wie Offiziere nicht anders als heutige Soldaten im Kampf vor allem im Blick hatten, ihre Pflicht zu erfüllen, die nächste Schlacht durchzustehen, auf ihre Einheit, ihre Waffen, ihre Kameraden zu achten. Demonstrative Tapferkeit war ihnen wichtig, denn sie wollten unter ihren Kameraden gut dastehen und strebten nach Beförderung. Kurz gesagt, sie wollten ihre Aufgabe als »zähe«, disziplinierte, fähige Soldaten erledigen, so gut sie eben konnten.

Die wenigsten Soldaten der Wehrmacht interessierten sich für die Politik des Nationalsozialismus oder die von ihm geplante Vernichtung, ethnische Säuberung und Welteroberung. Tatsächlich hatten nur fünf bis zehn Prozent überhaupt eine klare Vorstellung von der Ideologie der Nazis. Weitere fünf bis zehn Prozent waren entschiedene Gegner der Nazis. Und obwohl nur 0,2 Prozent von dem, was die deutschen Kriegsgefangenen einander in den aufgezeichneten Gesprächen erzählten, mit dem Holocaust zu tun hatte, geht daraus doch eindeutig hervor, dass so gut wie alle Landser selbst erlebt hatten oder nach dem Hörensagen wussten, dass Juden massenhaft ermordet wurden. Allerdings bildete der Völkermord längst nicht so sehr den Mittelpunkt ihrer Welt, wie man das in den vergangenen Jahrzehnten angenommen hat. In ihrem Lebensalltag erlangten politischer Fanatismus und Rassismus nie den Stellenwert, den Hitler sich bei den Soldaten wünschte.

Einige bekundeten Entsetzen, Reue oder Scham, wenn sie über das Ausmaß der Vernichtungen und insbesondere die Verbrechen gegen Frauen und Kinder sprachen, oder sie kritisierten das unmenschliche Vorgehen dabei. Andere hatten selbst an Massenhinrichtungen teilgenommen und betrachteten das als ihre »Chance der unbestraften Unmenschlichkeit«, wie der Philosoph Günther Anders es nannte, oder sie waren Zuschauer bei dem, was als groteske Sehenswürdigkeit eines »Hinrichtungstourismus« beschrieben worden ist. Befohlen aber hatte ihnen das niemand.

Die Soldaten mussten nicht judenfeindlich oder rassistisch eingestellt sein, um dennoch Befehle auszuführen, die zuvor gesetzte Grenzen überschritten. Ihre Aufgabe sahen sie darin, der militärischen Werteordnung von Gehorsam, Pflichterfüllung und Opfer gerecht zu werden, nicht, über das Richtig oder Falsch ihres Handelns zu befinden. Es zählte nur das Ergebnis.

Noch komplizierter ist die Frage, ob deutsche Generäle moralisch verpflichtet waren, Hitlers Befehle auszuführen, obwohl sie wussten, dass diese Befehle das Kriegsvölkerrecht verletzten. Einige waren überzeugte Nazis; andere waren überzeugte Gegner des Nationalsozialismus, verabscheuten Hitler und seine Herrschaft, kämpften aber dennoch weiter. Sich den Befehlen zu widersetzen hätte für sie schwerwiegende Folgen gehabt, doch rechtfertigt das allein in ethischer Hinsicht nicht, dass sie sich fügten. Die Historiker kommen zu unterschiedlichen Ergebnissen, aber mindestens 8000 deutsche Soldaten wurden wegen Fahnenflucht hingerichtet, bis zu 15 000 weitere wegen geringfügiger Akte des Ungehorsams. Noch andere wurden auf der Stelle von Offizieren oder Kameraden getötet, weil sie sich Befehlen verweigerten.

Wenn es um die Konzentrationslager und den Massenmord an jüdischen Zivilisten in den Städten geht, versagt angesichts der Verbrechen der SS allerdings jede derartige Erklärung. Das Ausführen von Befehlen war in diesem Zusammenhang nichts als eine Ausrede. Auch haben Historiker und deutsche Staatsanwälte bisher keine Fälle finden können, in denen Verweigerung mit einer Androhung der Todesstrafe erwidert worden wäre. Erst wenn man die potenziell tödliche Macht der Indoktrination und ihre Fähigkeit versteht, dafür empfänglichen Gemütern Überzeugungen einzupflanzen, erschließt sich ansatzweise eine verquere Logik, nach der das »Beseitigen« bestimmter Arten von Menschen, die als »unwerte« Untermenschen oder eine Gefahr für die Zivilisation gebrandmarkt waren, irgendjemandem »gut« oder »richtig« erscheinen konnte.

Ist es Soldaten überhaupt möglich, zwischen einer Art von Pflichterfüllung oder Befehlsgehorsam und einer anderen zu unterscheiden? Wenn sie nicht in jedem Fall die Befehle ausführen dürfen: Nach welchen anderen Grundregeln sollte dann eine Armee funktionieren? Im Nachkriegsdeutschland der Fünfzigerjahre war die Ethik und Rechtmäßigkeit der »soldatischen Pflichterfüllung« Gegenstand heftiger und eingehender Auseinandersetzungen. Heute ist militärischer Ungehorsam im Regelwerk der Bundeswehr verankert. Im Handbuch der Bundeswehrsoldaten, ist zu lesen, dass ein militärischer Befehl nicht bindend ist, wenn er kein legitimes Ziel verfolgt oder nicht mit vernünftigen Mitteln ausgeführt werden kann. Mehr noch: Der Befehl darf nicht befolgt werden, wenn er die Menschenwürde anderer verletzt, gegen das Völkerrecht verstößt oder verbrecherischer Art ist.

Das ist heute. Damals war es ganz anders.

In der Bibliothek meines Vaters steht ein Buch, auf das meine Mutter hin und wieder zu sprechen kam, wenn es um meinen Großvater ging: *Die verdammte Pflicht* von Alexander Stahlberg. Stahlberg war Adjudant des oben erwähnten Generalfeldmarschalls Erich von Manstein und schloss sich dem militärischen Widerstand an, der im Juli 1944 unter Führung von Claus von Stauffenberg und anderen Wehrmachtsoffizieren ein Attentat auf Hitler unternahm. Obwohl es Stahlberg nicht gelang, von Manstein für die Verschwörung zu gewinnen, fiel Stahlberg durch den bloßen Versuch in die Kategorie der »guten Deutschen«.

Ich rief meinen Vater an und fragte ihn nach dem Buch. Er selbst glaubte, dass es einige »gute Deutsche« gegeben habe, und wies mich in seiner wunderbar ausgleichenden und maßvollen Art – vielleicht auch ausgehend von seiner eigenen Erfahrung als Marineoffizier – auf das allmächtige Pflichtbewusstsein unter den Offizieren hin. Am Ende unseres Gesprächs reichte er den Hörer an meine Mutter. Sie spann den Faden weiter. »Dein Großvater hat seinen Eid sehr ernst genommen«, sagte sie bestimmt, wie schon so oft zuvor. »Aber als er gebeten wurde, an der Verschwörung Stauffenbergs mitzuwirken –«

»Was?«, unterbrach ich sie. Mein Herz tat einen Sprung, und ich machte mich bereit, meinen Großvater auf den Heldensockel neben diese kühnen Verschwörer zu stellen.

»– lehnte er ab«, schloss sie.

Ich war am Boden zerstört. »Warum?«, fragte ich enttäuscht.

»Für ihn war das Mord.«

Dieser Augenblick, in dem plötzlich alles anders zu sein schien, machte mir klar, wie verzweifelt ich nach einem hieb- und stichfesten Beweis suchte, dass mein Großvater einer der »Guten« gewesen war und dass es Gründe gab, ihn nachsichtiger zu beurteilen. So niedergeschlagen ich danach war, entging mir doch nicht, dass man ihn für die Verschwörung gewinnen hatte wollen und dass schon das allein ein Indiz in meinem Sinne war, denn offenbar hatten die Verschwörer bei ihm Einstellungen zu Hitler und zu den Nazis ausgemacht oder wenigstens vermutet, die ihn zu einem potenziellen Verbündeten machten. Umso bitterer die Ironie, dass sein soldatischer Entschluss, nicht noch einen Menschen gesetzwidrig zu töten, nicht einmal einen so gewissenlosen Diktator, ihm später vor dem Tribunal der öffentlichen Meinung als Mittäterschaft am Massenmord vorgehalten wurde. Beteiligung am Attentat auf Hitler hätte ihm in der Geschichte einen Platz unter den Helden gesichert. Aber damit auch einen unter den Märtyrern, denn sie hätte ihn ohne Zweifel sein Leben gekostet.

Ich bohrte bei meiner Mutter weiter nach, aber sie konnte mir dazu nichts Genaueres sagen. Ihr Vater sei unpolitisch gewesen, sagte sie, und habe die Verschwörung abgelehnt, weil er fand, dass es einem Soldaten nicht anstand, in dieser Weise zu handeln. Meine Großmutter hatte ihn darin bestärkt. Auch sie sah das als einen »Betrug«. Mit diesem neuen Körnchen Information durchkämmte ich die Briefe einmal mehr und fand schließlich einen, in dem mein Großvater seinen Entschluss andeutet, nicht mitzumachen, »weil ich jede gewaltsame Politik ablehne. Wir Soldaten haben zu gehorchen und nicht … eine Revolution zu machen.«

Da waren sie wieder – die preußischen Tugenden, das Substrat seiner Offizierslaufbahn. Was ich im Kontext dieses »Vernichtungskampfs« nicht verstehen konnte, war seine Absage an »jede gewaltsame Politik«.

»Es ist ein Hohn, daß diejenigen, die ihr Leben für den Staat und die Erhaltung der Demokratie einsetzten, (von den heutigen Demokraten) als Kriegsverbrecher und Volksverräter hingestellt … werden«, schrieb mein Großvater als Kriegsgefangener. Ich kann in diesem Satz spüren, wie nahe ihm das ging.

Was sollte ich als seine Enkelin mit dem »Urteil« über die Wehrmacht fünfzig Jahre nach Kriegsende anfangen? Und mit den Befehlen dieser Armee zum Töten? Was hätte mein Großvater damals richtigerweise tun sollen? Gab es einzelne Akte der Gewalt, die man meinem Großvater persönlich zur Last gelegt hatte? Um das herauszufinden, schrieb ich an das deutsche Militärarchiv in Freiburg mit der Bitte um alle verfügbaren Unterlagen zu Karl von Graffen. Mehrere Monate später landete ein Packen schlecht fotokopierter, kaum lesbarer Dokumente mit einem schweren Plumpsen vor meiner Tür.

16 Die Militärakte

Wir haben uns oft gefragt, wo der Krieg lebt, was es war, das ihn so abscheulich machte. Und jetzt wird uns klar, dass wir wissen, wo er lebt … in uns selbst.

Albert Camus, *Notizen aus den Jahren 1935–1942*

Der braune Umschlag des Militärarchivs in Freiburg enthielt knapp fünfzig Fotokopien von Berichten und Formularen. Manche waren getippt, andere handgeschrieben, fast alle trugen Stempel und Unterschriften. Niemand aus meiner Familie kannte diese Dokumente. Um sie einordnen zu können, waren in der Folge alle meine Kenntnisse nicht nur der deutschen Sprache, sondern auch der Abläufe innerhalb der Wehrmacht stark gefordert. Seite um Seite arbeitete ich ab und hatte die größte Mühe mit den alten Handschriften und der ausgeblichenen Druckerschwärze. Meine Mutter half mit dabei. Wie ich herausfand, handelte es sich bei den Berichten überwiegend um die üblichen Leistungsbeurteilungen von Vorgesetzten mit dem Zweck, die Eignung meines Großvaters für einen möglichen Aufstieg in der Offiziershierarchie zu ermitteln. In einer davon aus dem März 1941, unmittelbar nachdem Karl zum Oberkommando des Heeres versetzt worden ist, heißt es: »Gediegene, zielbewusste Persönlichkeit, außerordentlich fleißig und gewissenhaft …« In einer anderen:

Vor dem Feinde vorzüglich bewährt … Zeichnete sich auch in schwierigen Lagen durch Ruhe und persönlichen Mut aus … Hatte sein Rgt. vor Beginn des Krieges gegen Russland auf einem sehr hohen Stand der Ausbildung gebracht und es insbesondere verstanden, das neu aufgestellte Offizierskorps zu einer Einheit zusammenzuschweißen und sein großes artilleristisches Können auf seine Offiziere zu übertragen. War auch während des Krieges unermüdlich mit Erfolg bemüht, die Ausbildung seines Rgts. zu heben. Weit über dem Durchschnitt stehender Rgts. Kdr. Eignung für Artilleriekommandeur.

Weitere Berichte bescheinigten ihm bis 1944 seine Zuverlässigkeit: »tapferer, umsichtiger Kommandeur; in schwierigen Lagen vor dem Feinde ausgezeichnet bewährt. Sehr tätig; peinlich genauer Arbeiter, guter Taktiker. Vertritt zäh seine Ansicht.«

All das verlieh dem Bild, das ich mir in der Vorstellung von meinem Großvater machte, mehr Farbigkeit. »Überlegener Könner auf art. [-illeristischem] Gebiet. Hat besonders in der Organisation der art. Abwehrkraft Hervorragendes geleistet. Geistig über Durchschnitt. Körperlich sehr frisch und leistungsfähig. Starke Seiten: Sehr zuverlässiger Arbeiter, Organisationstalent. Schwache Seiten: Etwas bedächtig. Einverstanden, sehr guter Art.Führer.«

In welcher Hinsicht wurde hier wohl Bedächtigkeit als Schwäche gesehen? Hatte er sich als zögerlich bei der Ausführung von Befehlen gezeigt, die gegen die Ehrbegriffe der Wehrmacht verstießen? Inwieweit könnte er vorsichtig gewesen sein? Welche Risiken wollte er nicht eingehen?

Ein einziges Loblied war ein Telegramm, das ihn für das Ritterkreuz empfahl:

Durch den erfolgreichen Angriff der 58. I.D. [Infantrie-Division] am 31. 5. 1942 zur Abschneidung des am westl. Wolchow eingedrungenen Gegners und durch die heldenhaften Abwehrkämpfe der Div. in der Riegelstellung unter tagelangem Artl. Trommelfeuer ist es ermöglicht worden, den eingekesselten Gegner zu vernichten. Am 27. 6. 1942 war der Kampf erfolgreich beendet. Der erfolgreiche Abschluss dieser Vernichtungsschlacht ist in erster Linie dem Führer der 58. I.D. Oberst von Graffen auf Grund seiner mitreißenden, hervorragenden Füh-

rung, seines unerschöpflichen persönliches Einsatzes und vor allen Dingen seines eisernen Willens zum Durchhalten, der sich auf alle Soldaten der Division übertrug, zu verdanken.

Beim Wort »Vernichtungsschlacht« zuckte ich zusammen. Doch ohne Zweifel, überlegte ich, würden die einschlägigen Fähigkeiten bei jedem tüchtigen Soldaten überall in der Welt bewundert.

Ein Schriftverkehr von 1943 fiel mir besonders auf. Darin ging es um ein Missverständnis rund um eine mögliche Beförderung Karls zum kommandierenden General nach einem erfolgreichen Einsatz als dessen Stellvertreter. Karl selbst ging offenkundig davon aus, dass er seine Eignung für diesen Posten bewiesen hatte, doch Generalfeldmarschall Küchler, Oberbefehlshaber der Heeresgruppe Nord, zweifelte an seiner Fähigkeit und Entschlossenheit, die gleichzeitigen Kampfhandlungen mehrerer Divisionen zu überblicken und zu koordinieren. Er war der Ansicht, dass es meinem Großvater an der inneren Haltung eines kommandierenden Generals mangelte, weil er eine bestimmte neue Aufgabe abgelehnt und ihre Durchführung verweigert hatte, obwohl er von deren Dimension, Wichtigkeit und Bedeutung Kenntnis erhalten hatte, dass er sich stattdessen mit nebensächlichen Unstimmigkeiten aufgehalten und persönliche Belange vor das Interesse des großen Ganzen gestellt hatte.

Das war spannend. Welche wichtige Aufgabe hatte er sich auszuführen geweigert? Welche persönlichen Einwände hatte er geäußert? War die Aufgabe womöglich eine, die seinem Gewissen so sehr widerstrebte, dass er sich weigerte, seinen Männern die Durchführung zu befehlen? Ich suchte im Netz Information über diesen von Küchler zusammen. Laut Wikipedia war er ein Befürworter der nationalsozialistischen Rassenpolitik und wurde wegen Kriegsverbrechen und Verbrechen gegen die Menschlichkeit in der Sowjetunion zu zwanzig Jahren Gefängnis verurteilt. Er hatte unter anderem Kritik an der »völkischen Endlösung dieses Volkskampfs« mit der Begründung unterbunden, dieser verlange »besonders strenge Maßnahmen«.

Ich stellte mir vor, wie der Anstand meines Großvaters eine tiefe Linie in den Sand zog und er entschied, seinen beruflichen Ehrgeiz auf dem Altar seiner Soldatenmoral zu opfern. So erkannte ich ihn auch wieder in den Schilderungen von Freunden und Angehörigen: der »brave Soldat«. Obwohl er sich also für diesen einen Karrieresprung nicht empfahl, rissen die Lobeshymnen in den Berichten über ihn nicht ab.

Wertvolle, vornehm denkende Persönlichkeit mit einem Einschlag zu bedächtigem Wesen; bescheiden und loyal. Taktisch gut beanlagt und geschult. Hat eine recht interessante Planübung angelegt und geleitet … Zeigt besondere Neigung und bemerkenswertes Geschick für Organisation. Nationalsozialistische Haltung einwandfrei.

Um Himmels willen, da war sie nun. Versteckt zwischen Schichten und Lagen des Lobes. »Nationalsozialistische Haltung einwandfrei«. Und hier gleich noch eine: »Gute nationalsozialistische Haltung« – und noch eine: »Überzeugter Nationalsozialist«. Mir wurde übel. Meiner Mutter, die bei der Lektüre mit mir in ihrem Wintergarten saß, ebenso. Wir sahen uns über den von Papieren übersäten Tisch hinweg an. Die Vormittagssonne verschwand hinter dem Baum des Nachbarn und warf einen Schatten, der die Dokumente grau werden ließ.

Was bedeutete das? Hatte er den gewissenhaften Nazi markiert, um Karriere zu machen? Und falls nicht: Was daran hatte ihn »überzeugt«?

Verdammt noch mal. Wie weiter?

17
Verlorene Unschuld

Zerstörung hinterlässt keine Leere, sie verwandelt einfach nur Anwesenheit in Abwesenheit.

Anne Michaels, *Fugitive Pieces*

Ich stehe hüfthoch im Meer, die Sonne wärmt mich. Ich fühle mich geborgen vom Land hinter und dem klaren Himmel über mir. Dann wird alles grau; das alte, bleierne, tote Grau der Zerstörung. Ich bin nicht länger ich selbst, sondern meine Mutter als kleines Mädchen, und sehe zu, wie Verwüstung um sich greift. Ich sehe Soldaten marschieren … Das kleine Mädchen kann seine Augen nicht davon abwenden. Krieg mit all seinen Schrecken. Die Hand eines Erwachsenen will es wegziehen, aber es ist starr vor Entsetzen. Wie eine Aschewelle wälzt sich das Grau von rechts heran, näher und näher an die harmonische Welt der Kindheit voller Schmetterlinge, Sommersonne und Lachen. Als die Welle das Mädchen erfasst, überflutet sie alles. Ich kann seinen Schmerz und seine Verzweiflung spüren in dem Moment, da alles, was schön in seinem Leben war, von ihr verschlungen wird. Dann weine ich um das Mädchen; ich weine seine Tränen, als es das Grau fortschicken will und bittet, ihm etwas von dem Kindheitsparadies zu lassen, etwas davon behalten zu dürfen. Aber das Grau erhört kein Flehen und verschlingt alles.

Ich absolvierte ein paar Therapiesitzungen bei einer Freundin, deren Ansatz zur Erschließung traumatischer, im Körpergedächtnis gespeicherter Erinnerungen mich interessierte. Während mir obige Bilderfolge erschien, waren meine Augen geschlossen, aber ich war bei vollem Bewusstsein. Es war, als holte mein Körper das, was meiner Mutter geschehen war, aus einem versteckten Schrank voller sorgsam weggesperrter Erlebnisse und Traumata hervor.

Als ich die Trauer losließ, stieß ich auf einen dicken Klotz, den ich als das ganze Leben meiner Mutter von ihrer frühesten Kindheit bis zu ihrer Flucht aus Jüterbog erkannte, zusammengequetscht wie ein altes Auto in der Schrottpresse. Da war ein erdrückendes Gefühl der Tragik, dass ihre Unschuld von einem Moment zum nächsten für immer verflogen war. Dann wurde mein ganzer Körper taub. Er fühlte sich leer an wie der flatternde Stoff einer Handpuppe ohne Hand. Ich erkannte deutlich, wie die Kriegserlebnisse meiner Mutter etwas in ihrem Inneren abgetötet und eine Leere hinterlassen hatten, die nichts je wieder füllen würde können. Ich wusste das nun. Doch meine Mutter konnte selbst nichts von dem sehen oder spüren – keine der traumatischen Wirkungen, die der Krieg auf sie gehabt hatte. Stattdessen hatte ich diese irgendwie in mir aufgesogen, spürte und erlitt sie an ihrer Stelle.

Der Krieg schwelte weiter in mir, und zwar, wie ich später herausfand, auf noch vielfältigere Weise, als ich ahnte.

Nicht allen deutschen Kindern widerfuhr im Krieg der Schock fürs Leben. Einige bewahrten freudige Erinnerungen an das Spielen zwischen den Trümmern, an abenteuerliches Stöbern nach Essbarem, an Mundraub oder die Suche nach Bombensplittern. Eine Langzeitstudie mit 400 älteren Therapiepatienten aus den Jahren 1990 bis 1993 ergab, dass der Krieg und die Nachkriegszeit in 54 Prozent von ihnen tiefe Spuren hinterlassen hatte: dauerhafte körperliche Schäden aufgrund von Unterernährung, mangelnde Selbstsorge, herabgesetzte Empathiefähigkeit, Probleme mit dem Selbstbild und körperlicher Nähe.

Bevor Sabine Bode die Lebensgeschichten dieser Menschen für ihr Buch über Kriegskinder (2004) sammelte, wurden deren Leiden in der Öffentlichkeit so gut wie nicht beachtet und auch nicht erforscht. Selbst innerhalb der Familien schwieg man sich weitgehend über die schwierige Vergangenheit aus. Bodes Buch enthüllte, dass solche Kindheitserinnerungen allmählich in Form kleiner Geständnisse durchzusickern begannen, je älter die zwischen 1927 und 1947 geborenen Kriegskinder wurden und je machtvoller die tief verschütteten Traumata hervordrängten. Viele hatten Bombenangriffe, Vertreibungen, Flucht, Armut, Hunger, Kälte erduldet, viele hatte der Krieg zu Waisen gemacht. Bis Kriegsende hatten 1,7 Millionen Frauen ihre Ehemänner und 2,5 Millionen Kinder ihre Väter verloren. Ein Viertel aller deutschen Jugendlichen wuchs damals ohne eine Vaterfigur auf. Manche Ehemänner und Väter kehrten erst nach zehn Jahren in sowjetischer Gefangenschaft und dann nur noch als leere Hüllen ihres früheren Ichs zurück. Seelisch gebrochen und körperlich zerrüttet von Mangelernährung, Albträumen und Invalidität, versuchten sie wie mein Großvater, ihre Autorität wieder geltend zu machen, mussten aber feststellen, dass sie für ihre Kinder oft zu völlig Fremden geworden waren. Am Ende terrorisierten viele ihre Familien im Alkoholrausch oder in Ausbrüchen von körperlicher Gewalt. Die verlorenen Väter waren häufig entweder unerträglich streng oder in sich gekehrt und abwesend.

Bei 5,5 Millionen heimatvertriebenen Kindern ging es bis weit in die Fünfzigerjahre im Alltag zuallererst um Überleben und Anpassung. Viele mussten sich auch noch um ihre erschöpften Mütter kümmern. Die waren von Trauer zermürbt oder von Vergewaltigungen gezeichnet und konnten ihren Kindern keine Geborgenheit mehr vermitteln. Obwohl die Kinder sich hinsichtlich ihrer kognitiven Fähigkeiten oft gut entwickelten und im Erwachsenenleben sehr erfolgreich waren, hatten etliche von ihnen über Jahrzehnte mit emotionalen Schwierigkeiten zu kämpfen.

Manche flüchteten sich in ihre Arbeit und in Leistungsstreben, andere waren tief verunsichert und misstrauisch gegenüber neuen Vorstellungen oder Erfahrungen. Im Denken blieben sie oft von

Schwarz-Weiß-Schemata geprägt, und ihr dringendes Bedürfnis nach materieller Sicherheit hatte zur Folge, dass sie Veränderungen ihrer Lebensumstände als enorm belastend empfanden. Viele hatten auch in ihren Ehen zu kämpfen, fühlten sich nicht in der Lage, über ihre Probleme zu sprechen, und gaben ehemaligen Partnern die alleinige Schuld an gescheiterten Beziehungen. Viele wiesen einen markanten Mangel an Selbstreflexion auf: Oft hinterfragten sie einmal gefasste Überzeugungen über Jahrzehnte nicht mehr.

Was Bode erstaunte, waren die großen Unterschiede in den Traumaerfahrungen derjenigen, die als Opfer des Krieges galten, und der anderer Menschen auf der Seite der Täter. Die Opfer wussten, dass sie Opfer waren. Demgegenüber empfanden die Kinder der Täter nicht, dass sie furchtbare Dinge durchgemacht hatten. »Das war damals normal«, lautete die Erklärung für so viele Aspekte des Lebens als Kriegskinder. Obwohl sie unter den Nachwirkungen erheblich litten, wurden sie durch die Atmosphäre des Schweigens, des Schuldempfindens und der Scham genötigt, ihr eigenes Unglück zu übergehen und auf diejenigen zu verweisen, denen es viel schlimmer ergangen war. »Nimm dich nicht so wichtig, streng dich an, schau nach vorne«: Das bekamen junge Deutsche häufig zu hören, wenn sie irgendwelche Klagen äußerten. Da niemand ihre seelische Last anerkannte und sie selbst kaum verstanden, was ihnen widerfahren war, fanden sie keinen emotionalen Zugang zu ihren Erlebnissen, ja, nicht einmal Worte dafür.

Spätere Bücher über diese Generation lassen vermuten, dass das Trauma und die Härten des Krieges sowie die davon zerrütteten Familien nicht das einzige gemeinsame Erbe waren, das sie in ihrem Denken und Leben geprägt hat. Auch die NS-Indoktrination wirkte nach und spielte eine finstere Rolle. Wider die »Verweichlichung der Jugend« hatte Hitler bei einem Aufmarsch der Hitlerjugend 1935 gefordert: »Dann muss der deutsche Junge der Zukunft schlank und rank sein. Flink wie Windhunde, zäh wie Leder und hart wie Kruppstahl!«

Diese Konditionierung begann bereits bei der Geburt mit den grausamen Erziehungsmethoden, die die NS-Ärztin Johanna Haarer in ihrem Buch *Die deutsche Mutter und ihr erstes Kind* empfahl. Um den Nachwuchs zu strammen Nazis zu formen, wurde Müttern geraten, den Willen des Kindes zu brechen, es von kalter Autorität abhängig zu machen, es körperlich, geistig und seelisch abzuhärten. Ein Säugling wurde sofort nach der Geburt für 24 Stunden allein in einem dunklen Zimmer seinem Schreien überlassen. Auch danach sollten seine Bedürfnisse ignoriert und nur zu festgelegten Zeiten gestillt oder gefüttert werden. Körperliche Nähe und Zärtlichkeit waren zu vermeiden, auf Gefühle oder Ängste des Kindes zeigte man besser keine Reaktion.

Familie von Graffen, 1939

Nicht alle Mütter unterwarfen sich diesem Regime. Meine Großmutter war zwar streng, erzog aber ihre eigenen Kinder, bevor sich der Einfluss Haarers geltend machte. Und dieser Einfluss sollte noch bis weit in die Sechzigerjahre anhalten. Grausig, aber wahr: Fast die Hälfte der 1,2 Millionen Exemplare ihres Erziehungsratgebers wurden erst nach dem Krieg verkauft. Fehlende körperliche Nähe entfremdete die Kinder von den Signalen, die ihre eigenen Körper aussandten und empfingen, was dazu führte, dass sie auch später als Erwachsene Anzeichen körperlicher Krankheit nicht wahrnahmen oder übergingen. Weil man ihre Gefühle als Kleinkinder nicht wahrgenommen hatte, entwickelten sie keine Fähigkeit zur Empathie. Gefühle zu zeigen verriet das Unvermögen, sie zu meistern, also hielt man damit an sich. Die vorsätzliche Störung des Bindungsprozesses war darauf ausgelegt, dem Kind die Nähe zur Mutter zu nehmen und es der Hitlerjugend in die Arme zu treiben, wo seine Bedürfnisse scheinbar erfüllt wurden. Infolge der Unterdrückung ihrer Individualität fürchteten die Kinder jedes Anderssein. Man erwartete von ihnen, ihr Selbstwertgefühl und ihren Eigensinn aufzugeben und als Bestandteil einer hierarchischen Ordnung zu funktionieren.

Meine Mutter kam 1934, ein Jahr nach der »Machtergreifung«, zur Welt und kannte bis 1945 keine andere Welt als die, in der Hitler regierte. Als sie fünf Jahre alt war und der Krieg ausbrach, herrschten die Nazis über alle Bereiche des Lebens in Deutschland. Hitler nahm die Jugend ins Visier, denn »wer die Jugend hat, hat die Zukunft«. Seine Vorstellungen von Erziehung entsprachen im Wesentlichen einer Massen-Gehirnwäsche.

Zuerst wurden alle jüdischen Lehrkräfte entlassen, dann schrittweise auch jüdischen Kindern der Schulbesuch verboten. Meine Mutter erinnerte sich, dass einige ihrer Freunde plötzlich nicht mehr in der Klasse waren. Lehrer mit abweichenden politischen Einstellungen oder auch einem nur lauwarmen Bekenntnis zur Sache der Nazis wurden freigestellt oder Nachschulungen unterworfen. Fast alle wurden gezwungen, dem Nationalsozialistischen Lehrerbund beizutreten.

Die Lehrpläne in Geschichte, Literatur und Naturwissenschaften wurden so umgearbeitet, dass sie der Doktrin der Rassenhierarchie mit dem archetypischen arischen Mann – blond, schlank, kräftig gebaut und zäh – an der Spitze entsprachen. Polen und andere Slawen oder auch Roma galten als minderwertig, den niedrigsten Rang von allen hatten die Juden. Sie wurden schon in Bilderbüchern für die ganz Kleinen verhöhnt und als hakennasige Schmarotzer verteufelt, die nur aufs Geld aus sind. Aus solchen Bildern entstand am Ende die verfestigte Wahrnehmung des Juden als eines bösen Untermenschen, den man vernichten musste.

Lehrbücher der Biologie wurden benutzt, um Schülern die Grundsätze der »Rassenhygiene« einzutrichtern, während Atlanten ihnen verdeutlichten, dass Deutschland die »Einkreisung« und das Überranntwerden durch die kinderreichen slawischen Völker drohe. Aus der Tatsache, dass Deutschland dichter bevölkert war als beispielsweise Osteuropa, wurde gefolgert, dass es seine Grenzen verschieben müsse. Hitlers Autobiografie *Mein Kampf*, geschrieben während seines Gefängnisaufenthalts 1924, wurde mehrfach neu aufgelegt und in den Schulen gelesen. Schüler mussten Lehrern gegenüber ihre Treue zum Nationalsozialismus mit dem Hitlergruß bekunden. Hitler war bestrebt, aus dieser Jugend eine mitleidlose, disziplinierte Herrenrasse zu formen, in den unreifen Gemütern eine fanatische Hingabe an die Sache des Volkes und eine unbedingte Treue ihm gegenüber zu verankern.

1939 waren alle anderen Jugendorganisationen abgeschafft oder der Hitlerjugend eingegliedert, die als Dachorganisation verschiedene Bünde für die einzelnen Altersgruppen umfasste. Die Mitgliedschaft war für Kinder ab dem elften Lebensjahr verpflichtend. Jede Gruppe trug Uniformen mit Hakenkreuz-Armbinden. Leibesertüchtigung und das Eintrichtern der Nazi-Ideologie standen auf dem Programm. Jungen erlernten zweifellos abenteuerliche militärische Fertigkeiten wie Marschieren, Schießen mit dem Kleinkalibergewehr, das Ausheben von Schützengräben, Tarnung und Kartenlesen. Unterdessen wurden die Mädchen auf das häusliche Leben vorbereitet und übten, wie man kleine Soldaten großzieht, Betten macht und Luftangriffe überlebt.

Meine Mutter erzählte mir, wie sehr sie sich als Neunjährige darauf gefreut hatte, dem Jungmädelbund für zehn- bis vierzehnjährige Mädchen in der Hitlerjugend beizutreten. »Das sah so sehr nach Spaß aus: die Ausflüge mit den Zelten, große Lagerfeuer, draußen spielen, singen und dazugehören.« Kinder aus reichen und armen Familien erfreuten sich an denselben Aktivitäten und waren stolz darauf, dass sie gemeinsam einen Beitrag zum Aufbau von Deutschlands großer Zukunft leisteten.

Meine Mutter und ihre Schwestern hatten wohl auch eine Schwäche für die rührseligen Plakate aus Goebbels' gnadenloser

Meine Mutter an ihrem ersten Schultag

Propagandamaschine: lächelnde blonde Kinder genau wie sie, die weit in die Ferne blickten wie zu einem strahlend schönen Horizont und deren Gesichter von einer Art Götterbildnis des »Führers« überblendet wurden.

Da damals Gefühle wie Furcht, Schmerz, Verletzlichkeit und Sanftheit als Zeichen von Verweichlichung verfemt waren, unterstanden auch Kunst und Religion strenger staatlicher Überwachung. Individualismus, eigenständiges Denken sowie eine individuelle Moralvorstellung galten den Nazis als potenzielle Bedrohung. Kindern wurde eingeschärft, ihre eigenen Gefühle geringzuschätzen, und ihnen fehlten infolgedessen auch die Voraussetzungen, um gut für sich selbst zu sorgen.

Ich versuchte mir vorzustellen, was diese indoktrinierten deutschen Kinder mit Hitlers Versprechen anfingen, nachdem der »Führer« mitsamt seiner Ideologie 1945 beinahe über Nacht verschwunden war.

Als ich mein Kunstdiplom in der Tasche hatte, wusste ich nicht so recht, wie es in meinem Leben weitergehen sollte. Ich richtete mich in einem Behelfsatelier in einem der steinernen Keller unter meinem Haus ein, und in dieser kleinen, gebärmutterartigen Zelle machte ich mich wieder mit meiner alten Freundin, der Farbe, vertraut. Erst ließ ich sie unzensiert durch mich und auf die Leinwand strömen, dann tastete ich mich mit einer Kombination aus fotografischer Collage und Ölmalerei voran. Bild um Bild wurde so gemalt und zum Trocknen aufgehängt, aber ich hatte keine Vorstellung, was ich da eigentlich tat. Und weil der Raum so eng war, konnte ich nicht einmal ausreichend weit zurücktreten, um meine Hervorbringungen zu betrachten.

Erst im folgenden Frühjahr, als ich wie ein Igel aus dem Winterschlaf gekrochen kam, wurde mir ungefähr klar, was ich da die ganze Zeit über malte: Ich warf ansonsten immer noch Bomben, jetzt aber in gediegene Interieurs von Wohnzimmern. Ich schuf häusliche Alltagsszenen, in die roh der Krieg einbrach. Gedeckte Tische, jäh verlassen von fliehenden Gästen. Ausgesuchte Gegenstände, vielleicht ein Sortiment heiß geliebten Besitzes, in aller Eile für den plötzlichen Aufbruch zusammengerafft. Farbe auf umgekehrte, collagierte Zeitschriftenfotos von Einrichtungen gekleckert, somit Welten auf den Kopf gestellt. Geborgenheit, Sicherheit, Vertrautheit und Wärme eines »Zuhauses« zerstört.

Mit all dem Aufwühlen meiner Familienvergangenheit hatte ich die Erinnerungen meiner Mutter und die daran gebundenen Gefühle aus den Tiefen meiner Seele gelöst, wo ich sie zuvor verwahrt hatte, ohne zu wissen, was ich sonst mit ihnen anfangen sollte. Nun sprudelten sie aus mir hervor. Ich malte die Angst und den Schmerz, die meine Mutter nie gezeigt oder auch nur empfunden hatte, wann immer sie Geschichten aus ihrer Kindheit erzählte. Ich durchlitt stellvertretend das Trauma, das sie und vielleicht die ganze Familie erlebt hatte und das darin bestand, aus der eigenen Welt gerissen zu werden.

Ich stellte die silbernen Kerzenleuchter dar, die meine Großmutter nach Wildenhorst vorauszuschicken versucht hatte, die an den Wänden hängen gebliebenen Gemälde, die Stühle mit den seidenen Kissen, die sowjetische Soldaten später auf der Suche nach verstecktem Geld zerfetzten, auch das Familienporzellan, das in zorniger Vergeltung für die Tausende Kilometer entfernt im Osten zerstörten Hütten, Dörfer und Familien zertrümmert wurde. Alles kam nun zum Vorschein.

Wie meine Schlammbilder verkaufte sich auch diese Malerei rasant. Die Galerien wollten sie schneller, als ich sie malen konnte. Ich war endlich wieder in meinem Element und konnte abheben. Dabei arbeitete ich mit einem Fotografen zusammen, um meine Collagen-Stillleben auf ein höheres gestalterisches Niveau zu bringen. Doch mir ging auch auf, dass in dieser Kunst etwas fehlte. Farbe, Form und das Malen reichten mir als Sprache nicht mehr aus. Ich musste die Dimension der Zeit mit dazunehmen.

Ein Gemälde existiert nur im Raum. Begrenzt von den Rändern der Leinwand ist darin alles auf einmal, im selben Augenblick dargestellt. Was mir vorschwebte, war nun aber weniger ein dreidimensionales, statisches Objekt, sondern vielmehr eine Erzählung, eine Reise wie ein Musikstück oder eine Geschichte. Ich wünschte mir, dass Menschen sich aktiv auf einen Prozess einließen, aus dem sie ein wenig verändert hervorgingen.

Da kam mir die Einladung zu einem zwölftägigen Kunst- und Kulturforum in Laubach, einer Kleinstadt nordöstlich von Frankfurt, gerade recht. Es war eine ideale Gelegenheit zum Experimentieren. Das von Kunstbegeisterten veranstaltete Kolleg im zauberhaften Schloss Laubach bot den – ich glaube, es waren acht – beteiligten Künstlern Zeit, Raum und eine stete Versorgung mit köstlichen Mahlzeiten und ließ sie ansonsten an ihrer Kunst für eine abschließende Ausstellung arbeiten.

Den ersten Tag verbrachte ich damit, auf dem Gelände herumzuschlendern. Einem Mann auf einer Arbeitsbühne sah ich zu, wie er einen der alten Bäume am Seeufer in Form brachte, einem anderen beim Reparieren einer Straßenlaterne. Am folgenden Morgen hatte ich einen Einfall für eine meiner Arbeiten.

Ich graste Trödelläden nach Geschirr und Möbeln ab, kaufte essbare Zutaten im Supermarkt und kontaktierte die Feuerwehr vor Ort. Zu einer verabredeten Zeit fuhr ein großes rotes Löschfahrzeug vor dem Schloss auf, wo sich eine kleine Schar von Leuten versammelt hatte. Meine Performance begann unspektakulär damit, dass ich einen Cafétisch mit einem typisch englischen und einem typisch deutschen Frühstück deckte. Tee, Toast und Gebrutzeltes auf der einen Seite, Kaffee, frische Brötchen, Käse und Marmelade auf der anderen. Dann bestieg ich mit einem der Feuerwehrmänner den Rettungskorb der Teleskopleiter und nahm drei Zehn-Kilo-Felsbrocken mit. Erfrischend unbekümmert um Gesundheit und Sicherheit fuhren wir vierzig Meter bis zur maximalen Höhe der Leiter hoch, bis ich über das Dach des Schlosses in

Beim *Rock Drop* (2012)

den Park und auf die Stadt rundherum schauen konnte. Ich hob einen der Steine hoch, lehnte mich über den Rand des Korbs, zielte auf den Frühstückstisch und ließ den Brocken fallen.

Er krachte Zentimeter neben dem Tisch auf den Boden. Ziemlich aus dem Konzept gebracht durch die Winzigkeit meines Ziels von der Höhe meines Ausgucks aus, zitternd vor Aufregung und auch, weil ich einen zweiten Fehlwurf fürchtete, griff ich mir den zweiten Brocken. Diesmal klatschten die Zuschauer, als er erst das Marmeladeglas pulverisierte und sofort darauf ein klaffendes Loch in die Tischdecke und die papierdünne Tischplatte darunter riss. Der dritte Stein erledigte den Rest. Die Tischbeine spreizten sich wie die eines sterbenden Tieres. Zurück blieben beide Frühstücke zermatscht wie Gekröse in dunklen Pfützen vergossenen Tees.

Ich war hellauf begeistert. Das Publikum hatte nicht gewusst, was ihm bevorstand. Einige Leute zeigten sich verstört von der gewaltsamen Zerstörung einer gediegenen häuslichen Szenerie, andere fanden gerade das ausgesprochen witzig. Vor dem zerbombten Tisch stehend erzählte ich von meiner Familiengeschichte im vollen Bewusstsein, dass jeder einzelne unter meinen deutschen Zuhörern eine eigene, oft genug unerzählte, sehr wahrscheinlich schlimmere Geschichte hatte als ich.

Ich will diese Geschichten hören, dachte ich. Ich will wissen, was aus anderen, gewöhnlichen Deutschen wurde, die sich nach dem Sturz Hitlers und des Nationalsozialismus in die grauen Schatten eines gebrochenen Landes einfügten, sich im Trümmerhaufen ihres früheren Lebens verloren. Die sich selbst und ihre Kinder zum Schweigen brachten, wenn sie der Mittäterschaft oder des Mitläufertums angeklagt wurden, und das noch bis ins 21. Jahrhundert. Was wurde aus all den Leuten, die auf den Straßen Spalier gestanden und gejubelt hatten, während Hitler in seinem offenen Mercedes vorbeifuhr? Die voll und ganz überzeugt waren, dass es richtig war, die Juden aus der Gesellschaft auszuschließen und zu vernichten, ihre leeren Wohnungen zu übernehmen und ihre Habe zu kaufen, zu stehlen oder damit zu hehlen? Was wurde aus all den Bürgern, die an die von Hitler versprochene große Zukunft des ruhmreichen Dritten Reichs geglaubt und sich dafür aufgeopfert hatten? Aus den Frauen und Kindern, die ihr Zuhause auf der Flucht zurücklassen mussten? Aus den überlebenden Soldaten, die verwundet, erschöpft, besiegt und schuldbeladen aus der Gefangenschaft zurückkehrten? Aus den vom Krieg zerrissenen Familien, die sich selbst im engsten Kreis außerstande fühlten, die erlittenen Schrecken und Verluste zur Sprache zu bringen? Aus den Kriegskindern, deren Traumata und Leiden lange Zeit als unbedeutend galten oder sogar als verdient angesichts der Gräuel, die Deutschland anderen zugefügt hatte?

Was wurde aus den Verlierern des Zweiten Weltkriegs?

18
Die Geschichte der Verlierer

Welche Seite sich im Krieg am Ende auch für den Sieger hält – es gibt keine Gewinner, sondern nur Verlierer.

Neville Chamberlain, *Rede in Kettering, 3. Juli 1938*

Weiß es die Welt, was in Deutschland vor sich geht?

Millionen deutscher Frauen und Kinder bis zu 12 Jahren wurden vergewaltigt oder mit ihren Familien hingeschlachtet. Mehr als die Hälfte des deutschen Volkes verlor dadurch sein gesamtes Hab und Gut. Keine Stadt über 100 000 Einwohnern blieb von der hemmungslosen Vernichtungswut verschont. Und die Männer als moderne Arbeitssklaven unter unsagbarer Drangsalierung verschleppt, so daß sie zu Tausenden an Erschöpfung starben.

14 Millionen Deutsche wurden nachts aus ihren Betten gerissen, ihrer gesamten Habe beraubt, die Familien auseinandergerissen, von Haus und Hof verjagt und wie Viehherden in großen Trecks durch Deutschland getrieben. Das Elend dieser Trecks ist nicht zu beschreiben. Ohne Nahrung; Kartoffelschalen, eine Mohrrübe aus einem Komposthaufen hervorgesucht, waren eine Delikatesse. Ohne Schutz gegen winterliche Kälte mußten menschliche Wesen auf freiem Felde übernachten, und das wochenlang. Wer vor Erschöpfung nicht weiter konnte, fand den Tod. Tagelang schleppten Mütter sich mit ihrem toten Kind herum, dem Irrsinn nahe oder schon verfallen. Wer in der russische Zone Besitz hat, der seit Jahrhunderten der Familie gehörte, wird entschädigungslos enteignet, und wenn nicht sofort hingeschlachtet, in ein Konzentrationslager gebracht oder als Sklave nach

Rußland verschleppt. Tausende wählten den Selbstmord, um dieser unmenschlichen Behandlung zu entgehen. Vier Millionen Frauen, Kinder und Greise sind nicht in den Umsiedlungszonen angekommen. Keine Phantasie kann die Verhältnisse so schildern, wie sie tatsächlich sind. Noch weniger kann derjenige sich einen Begriff von dem Elend machen, der abseits vom Kriege gestanden hat und in gesicherten Lebensverhältnissen die Annehmlichkeiten moderner Kultur genießt.

Die Plünderung des Privateigentums von maßgebenden Stellen wurde nicht nur geduldet, sondern sogar empfohlen … Wir Gefangenen haben es am eigenen Leibe gespürt, daß man uns bis aufs Hemd ausplünderte. Uhren, Ringe, Tassen, Spiegel, Eßbestecke, Decken, Zeltausrüstungen, selbst Bilder engster Familienangehöriger wurden abgenommen. Auf drahtumzäunten Feldern, ohne Baum und Strauch, in einer malariaverseuchten Gegend wurden die so Ausgeplünderten, Frauen, hilflose Krüppel schutzlos den Unbilden eines ungewohnten Klimas ausgesetzt. Nicht einmal das, was man jedem Tier zubilligt, Streu als Lagerstätte, eine witterungsgeschützte Behausung und ausreichende Nahrung wurde zugestanden. War das die vom Feldmarschall Lord Alexander vor der Kapitulation zugesicherte ehrenvolle Behandlung? Waren das die Ideale der Menschlichkeit und Menschenrechte, für die die alliierten Soldaten in den Kampf zogen?

Diese Zeilen stammen von meinem Großvater, der als Kriegsgefangener 1946 in Italien seine Gedanken niederschrieb. Lange Zeit hatte ich mich nur auf seine Briefe konzentriert und mit seiner Rolle im Krieg beschäftigt und seine späteren Aufzeichnungen lediglich überflogen. Nichts von dem, was er darin sagt, war bis zu diesem Zeitpunkt bei mir angekommen.

Ich konnte seine Empörung spüren. Aber stimmte das alles denn? Und falls ja, warum hatte ich nie davon gehört? Die Geschichte fast jeder deutschen Familie musste davon gezeichnet sein.

So einfach war es nicht. Mein Großvater bestand darauf, dass die Deutschen Mitgefühl und Verständnis verdienten. Er übersah völlig, dass seine Beschreibung ihres Elends und Leidens ebenso auf all diejenigen zutraf, die unter deutscher Grausamkeit gelitten hatten. Das deutete darauf hin, dass er sich entweder über das Ausmaß der »Endlösung«, d.h. der von den Nazis spätestens 1942 geplanten weltweiten Vernichtung der Juden, im Unklaren war, was für das Jahr 1946 kaum noch anzunehmen ist, oder dass er den Umgang der Deutschen mit Zivilisten an der Ostfront nicht für Unrecht hielt.

Um mit dem Ausgraben der Geschichte der Verlierer zu beginnen, schien es mir das Beste, bei den Trümmern und Toten am Ende des Krieges anzusetzen. Ein paar harte Fakten sollten es mir ermöglichen, das Grundgerüst, auf dem mein Großvater sein Plädoyer aufbaute, auf seine Tragfähigkeit zu prüfen. Und so saß ich an meinem mit aufgeschlagenen Büchern und ausgedruckten Artikeln aus dem Netz bedeckten Schreibtisch und wälzte Zahlen, bei denen es sich in den meisten Fällen um anerkannte Schätzungen handelte. Beim schieren Ausmaß von Tod und Vernichtung verschlug es mir die Sprache.

Insgesamt wurden im Krieg ungefähr sechzig Millionen Menschen getötet. Darin enthalten als die naturgemäß berüchtigtste Teilsumme von allen sind die elf Millionen Ermordeten des Holocaust, von denen etwa sechs Millionen Juden waren. Die anderen fünf Millionen waren Kommunisten, Homosexuelle, Behinderte oder psychisch kranke Menschen, Sinti und Roma (»Zigeuner«, wie man damals sagte), polnische Zivilisten, Sowjetbürger und Kriegsgefangene, deutsche Widerständler und andere.

Ebenso unvorstellbar ist die Zahl der 26 Millionen russischen Toten, von denen etwa ein Drittel Soldaten und zwei Drittel Zivilisten waren. Je nach Quelle starben im Krieg zwischen sieben und neun Millionen Deutsche. Rund sechs Millionen waren Soldaten – jeder achte deutsche Mann wurde im Krieg getötet – und bis zu drei Millionen Zivilisten. Eine halbe Million, zumeist Frauen, Kinder und Alte, starben bei den britischen und amerikanischen Bombenangriffen auf deutsche Städte: 42 000 in Hamburg, 25 000 in Dresden.

China verlor bis zu 20 Millionen Menschen, Polen ungefähr sechs Millionen, Frankreich und die USA jeweils etwas mehr oder weniger als eine halbe Million. Der echte Donnerschlag war für mich aber die Opferbilanz des Vereinten Königreichs: knapp 451 000 Menschen. Fast genauso viele deutsche Soldaten starben allein im Januar 1945! Von den englischen Toten waren 383 000 Soldaten, einschließlich Kämpfern aus Übersee (Kronkolonien und Kaiserreich Indien), und 67 200 Zivilisten. 40 000 von diesen starben bei deutschen Luftangriffen während des »Blitzkriegs« 1940/41.

Warum überraschten mich diese Statistiken so sehr? Jeder einzelne Tod ist eine Tragödie für die Hinterbliebenen. Dennoch gewichteten die Zahlen das Ausmaß der Verluste in anderen Ländern für mich ganz anders als zuvor.

In Deutschland nahmen Tod und Leid während des Krieges und danach unterschiedlichste Formen an. Ungefähr elf Millionen Soldaten gerieten in Gefangenschaft, und man schätzt, dass eine Million von ihnen in sowjetischen Lagern an Kälte, Erschöpfung oder Krankheit starben. Die anderen wurden im Lauf der frühen Nachkriegsjahre freigelassen (1955 kehrten die letzten 10 000 aus Sibirien zurück). Millionen waren verschollen. Selbstmord griff seuchenartig um sich, nachdem Hitler und das Ehepaar Goebbels sich und die eigenen Kinder getötet hatten. Zehntausende deutsche Männer und Frauen, darunter 53 der 554 Wehrmachtsgeneräle, taten es ihnen gleich und rissen oft ebenso ihre Kinder mit in den Tod.

Vielleicht am meisten entsetzte mich die Zahl der mehr als 400 000 Frauen und Mädchen zwischen acht und achtzig Jahren, die nach dem Ende des Krieges von sowjetischen Soldaten vergewaltigt wurden, darunter einige bis zu sechzig oder siebzig Mal. Geschätzte 10 000 tote Frauen sind auf diese gewalttätigen Übergriffe zurückzuführen. Mindestens 100 000 Vergewaltigungen fanden allein in Berlin statt, wo sich – die Schätzungen gehen weit auseinander – mehrere Tausend Frauen deswegen das Leben nahmen – manchmal auch ihre Kinder töteten. Der Historiker Antony Beevor hat diese Ereignisse als größte Massenvergewaltigung in der Geschichte bezeichnet.

Warum waren diese Tatsachen nicht allgemein bekannt? Mir fiel das erste Buch wieder ein, das ich in meiner Lesegruppe ein oder zwei Jahre zuvor besprochen hatte: der anonym veröffentlichte Bericht *Eine Frau in Berlin.* »Das ist offensichtlich erfunden«, waren sich mehrere Mitglieder einig. Sie verwarfen die autobiografische Beschreibung vielfacher Vergewaltigungen durch die Sowjets unmittelbar nach dem Krieg als unglaubwürdig.

Nicht, dass nur die Sieger über das Leid der Kiegsverlierer hinweggesehen hätten. Auch in Deutschland wurde über nichts davon öffentlich gesprochen, bevor Günter Grass 2002 seine Novelle *Im Krebsgang* veröffentlichte. Sie durchbrach am Ende das Schweigen, in das die Deutschen ihre Kriegserfahrungen gehüllt hatten, und zog eine Welle von Fernsehsendungen, Zeitungsartikeln und Büchern nach sich, die sich zum ersten Mal mit alldem auseinandersetzten. In Grass' Erzählung geht es um die Versenkung des deutschen Schiffes *Wilhelm Gustloff* – ursprünglich ein Urlaubsdampfer der NS-Organisation *Kraft durch Freude* – in der Ostsee durch ein sowjetisches U-Boot im Januar 1945. Mehr als 9000 deutsche Flüchtlinge und Soldaten auf dem Rückzug aus dem Osten ertranken dabei – mehr als bei den Schiffbrüchen der *Titanic* und der *Lusitania* zusammengenommen. Kein anderes Schiffsunglück der Geschichte hat mehr Todesopfer gefordert.

Ich erinnerte mich an das geschäftige Hamburg meiner Kindheit und konnte kaum glauben, dass dieselbe Stadt nur dreißig Jahre zuvor, im Juli 1943, in acht Tage währenden Flächenbombardements der Alliierten eingeäschert worden war. Man macht es sich zu einfach, wenn man darin nur eine wohlverdiente Vergeltung sieht, denn in Hamburg wie auch bei den berüchtigten Angriffen auf Dresden kamen Zehntausende Zivilisten auf furchtbarste Art und Weise um. Wie hatten es die Deutschen geschafft, so rasch wieder aufzustehen und sich den Trümmerstaub abzuklopfen? Wie hatten sie all den Schutt beseitigt? Angesichts dessen verschoben sich die Koordinaten der an Schlachten orientierten und auf Männer konzentrierten Geschichte, die ich in der Schule gelernt und aus Filmen mitgenommen hatte.

Ich begann, mir aus einer breiteren Auswahl von Quellen meine eigene Geschichte zusammenzustellen. Zunächst wurde mir klar, dass Deutschland nach der bedingungslosen Kapitulation am 8. Mai 1945 in völligem Chaos versank. In der Endphase des Krieges hatte die Naziregierung Zivilisten im Osten zunächst verboten, vor der rasch anrückenden Rachearmee der Sowjets Richtung Westen zu fliehen. Erst ab 1944, als ganz Deutschland allmählich von den Alliierten eingekreist wurde, genehmigte sie die Flucht von Deutschstämmigen – zumeist Alte, Frauen und Kinder unter sechzehn Jahren – aus dem Osten. Millionen von Menschen packten, was sie forttragen konnten, auf Handwagen und brachen auf zu Hunderte Kilometer langen Fußmärschen, nicht selten durch hohen Schnee.

Wer zurückblieb, bekam die volle Wucht der sowjetischen Wut und Rachegelüste ab. Frauen wurden nicht nur ausgeplündert, verprügelt und immer wieder vergewaltigt, sondern auch in Arbeitslager weiter im Osten verschleppt, wenn sie nur ein Kind hatten oder kinderlos waren. Mütter mit größeren Familien landeten in anderen Lagern auf ehemals deutsch besetztem Gebiet, und viele dieser Frauen und Kinder starben dort in den folgenden zwei Jahren. Unmittelbar nach der Niederlage der Wehrmacht flohen viele weitere Menschen aus Pommern, Schlesien, Ostpreußen, dem Baltikum und Posen (heute zu Polen gehörig) oder wurden von dort gewaltsam vertrieben. Nach Schätzungen kamen 500 000 bis 600 000 (nach anderen Zahlen bis zu zwei Millionen) dieser Flüchtlinge, darunter die Hälfte Frauen und Kinder, unterwegs ums Leben. Sie wurden ermordet, starben an Hunger oder Unterkühlung, ertranken beim Überqueren zugefrorener Flüsse oder wurden Opfer von sexueller Gewalt, Selbstmord, Krankheit und Luftangriffen, wurden von Panzern niedergewalzt. Das allein waren mehr Tote als sämtliche britischen Opfer in diesem Krieg.

Auf der Potsdamer Konferenz vom Sommer 1945 zeichneten die Siegermächte UdSSR, USA und Großbritannien die Karte Europas neu. Sie nahmen Deutschland ein Viertel seines bisherigen Staatsgebietes weg und teilten den Rest in vier Zonen auf: Der Nordwesten unterstand den Briten, der Nordosten den Sowjets, der Südwesten Frankreich und der Südosten den Amerikanern. Obwohl Berlin mitten in der sowjetischen Zone lag, wurde es ebenso in vier Sektoren unter der jeweiligen Herrschaft einer der Siegermächte geteilt.

Um eine Welle von ethnisch motivierten Rachegemetzeln zu vermeiden, einigten sich die Alliierten auf die Umsiedlung aller in Polen, Ungarn, Rumänien, Jugoslawien und der Tschechoslowakei verbliebenen Deutschen, die dort teilweise seit Jahrhunderten lebten, in das zusammengeschrumpfte deutsche Staatsgebiet. »Wir machen da reinen Tisch«, sagte Churchill und erläuterte, man werde den Deutschen »eine kurze Zeit gewähren, um das Nötigste mitzunehmen und aufzubrechen«. Angesichts der Verheerung und Grausamkeit, die anstelle des im Potsdamer Abkommen festgehaltenen »geordneten und menschenwürdigen Verfahrens« um sich griff, nannte er die Massenvertreibungen später eine »Tragödie gewaltigen Ausmaßes«.

61 deutsche Städte lagen in Trümmern. Zwanzig Prozent aller Wohnungen und Häuser in Deutschland (acht Millionen) waren zerstört, und fast die Hälfte aller Straßen, Bahngleise, Wasser-, Gas- und Elektrizitätswerke existierten nicht mehr. Nahrung und Rohstoffe aller Art waren knapp. Ein Viertel der überlebenden deutschen Bevölkerung – rund vierzehn Millionen Menschen – waren Vertriebene ohne Obdach oder irgendeinen Unterschlupf.

Vierzehn Millionen. Da war sie wieder, diese Zahl, die mein Großvater genannt hatte. Ich bekam sie nicht aus dem Kopf. Die größte erzwungene Völkerwanderung der Geschichte. Dennoch hatte ich nie davon gehört.

Bei der Ankunft in den Besatzungszonen der Alliierten wurden viele deutsche Flüchtlinge in die ehemaligen Konzentrationslager gesperrt – sogar in Auschwitz, und das keine zwei Wochen nach dessen Befreiung durch die Russen. Dort waren sie häufig weiteren sadistischen Misshandlungen, Folterungen, Vergewaltigungen und Hunger ausgesetzt, indem ihre Kerkermeister die schlimmsten Gewalttaten der Nazis nachahmten. Viele andere lebten in Flüchtlingslagern, noch andere schliefen unter freiem Himmel oder suchten Schutz zwischen den Bombentrümmern. Nur die wenigsten Familien auf der Flucht hatten so großes Glück wie meine Mutter, die bei ihren Verwandten unterkam.

Journalisten aus England und den anderen Ländern der Alliierten versuchten, auf die furchtbare Lage aufmerksam zu machen, und verurteilten das Geschehen als unsägliche, massenhafte Menschenrechtsverletzung. Doch sie stießen bei den Politikern auf taube Ohren, denn diese wollten jeden Eindruck vermeiden, sie seien den Deutschen gegenüber zu nachsichtig. Die Warnung von George Orwell, dass ein »gewaltiges Verbrechen« bevorstand, »entsprechend einer Verpflanzung der gesamten Bevölkerung Australiens«, verhallte ebenso ungehört. Und nicht anders erging es Bertrand Russell mit seinem Brief an die Londoner *Times* vom 23. Oktober 1945, in dem er schrieb: »In Osteuropa werden gegenwärtig von unseren Verbündeten Massenvertreibungen durchgeführt, und offensichtlich geht man dort daran, Millionen Deutsche zwar nicht durch Gas, dafür aber durch den Raub ihrer Häuser und Nahrungsmittel zu vernichten, indem man sie langsam und qualvoll an Hunger sterben lässt.«

Plötzlich waren die Deutschen Opfer einer unmenschlichen »Vernichtungs«-Politik« von der Hand der Alliierten.

Es fiel mir nicht leicht, mir meine eigenen Vorfahren als Teil dieser vierzehn Millionen Vertriebenen vorzustellen. Doch sosehr sie Glück hatten, dass sie überhaupt noch lebten und ein Dach über dem Kopf fanden, so fielen meine Großmutter, meine Mutter, meine Tanten und mein Onkel dennoch in diese Kategorie.

In Schleswig-Holstein bestand die Bevölkerung 1945 zu 45 Prozent aus Flüchtlingen. Auch im Haus meiner Urgroßeltern war jeder Winkel einschließlich der Ställe mit Flüchtlingen und russischen Kriegsgefangenen belegt. Wie alle Landgüter, die Nahrung für das Reich produzierten, war auch dieses von den Alliierten angegriffen worden.

Meine Mutter sammelte Samen und schickte sie ihrer besten Freundin nach Jüterbog, bei der sie ihren geliebten Kanarienvogel zurücklassen hatte müssen. Sie empfing regelmäßig Berichte über sein Wohlergehen, bis die Freundin eines Tages gestehen musste, dass sie sich versehentlich auf ihn gesetzt hatte und Hansi nicht mehr lebte. Jahrzehnte später entdeckte ich diese Briefe aus der Kindheit in einer feuchten Schachtel im Keller meiner Eltern, und als ich sie mit meiner Mutter las, ging zwischen den Zeilen daraus deutlich hervor, dass aus diesem elfjährigen Mädchen selbst eine Zahl in den Statistiken über sowjetische Vergewaltigungen geworden war.

Als der Krieg vorbei war, durften die russischen Gefangenen gehen, wohin sie wollten. »Sie radelten freudestrahlend um den Rasen, ihr Wärter war über Nacht verschwunden«, erinnerte sich meine Großmutter. Der Krieg mochte zu Ende gegangen sein, doch es waren weiterhin gefährliche Zeiten, und an allen Ecken und Enden wurde weiter geschossen. Von überallher kamen Leute an die Tür und wollten gleich welche Habe gegen Essbares tauschen. Einer hieß Emil Nolde. Er bot Gemälde für Kartoffeln an, doch meine Großmutter hatte kein Interesse am Besitz von Kunst, da es ihr selbst am Nötigsten fehlte. Allein die Vorstellung! Meine Großmutter wies einen der bedeutendsten Expressionisten ab. Jedes einzelne von Noldes Bildern ist heute ein kleines Vermögen wert.

»Von einer glücklichen Befreiung«, schrieb meine Großmutter, »von der nach vielen Jahrzehnten gesprochen wurde, konnte keine Rede sein.« Meinte sie die von Hitler versprochene Befreiung von den erniedrigenden Bedingungen des Versailler Vertrags? Oder die Befreiung aus den Klauen des Naziregimes?

Im eiskalten Badezimmer waren die Schwämme gefroren, der Badeofen konnte nur am Wochenende geheizt werden. Bei der großen Wäsche stand ich um 4 Uhr auf, um den Kessel in der Waschküche anzuheizen … Vom Feld bekamen wir Rüben und kochten daraus tagelang Sirup, bis alle und alles klebte. Ein Festessen waren dann die harten Schrotklöße mit Sirup und einzelnen Speckstückchen. Und dann das Kartoffelmehlmachen! Im Waschbaljen wurden die geriebenen Kartoffeln immer wieder im kalten Wasser gewaschen, bis das Mehl einigermaßen weiß war. Wir erfanden oder hörten von einem Brotaufstrich aus gekochten Grieß mit vielen Zwiebeln und versicherten, wie hervorragend das schmeckte! Die Kinder halfen mir viel neben der Schule, völlig ohne Bücher, und mit vielen Unterbrechungen durch Stromausfälle oder Kohlenferien … Aber es ging uns so viel besser als den meisten anderen Flüchtlingen, dazu die wunderschöne Natur … Man war so dankbar für alles Schöne.

Langsam verstand ich die regelmäßige und überschwängliche Lobpreisung alles vermeintlich Schönen oder Hübschen in meiner deutschen Familie und die lebenslange Weigerung, Essen verderben zu lassen. Wenn Brot übrig war, aßen sie lieber einen schalen Kanten, als ihn wegzuwerfen und einen warmen, frischen Laib anzuschneiden. Meine Mutter und meine Tanten betonten auch immer wieder, dass sie meine Großmutter anders als viele Deutsche niemals klagen gehört hätten.

Mein Onkel Adolf mit vierzehn Jahren

Für meinen Onkel Adolf waren die letzten Wochen des Krieges das schlimmste Trauma. Wie die meisten Kinder war er Mitglied der Hitlerjugend. Zu Beginn des Krieges war er elf Jahre alt, wurde mit vierzehn aus der Schule geholt, in den Reichsarbeitsdienst übernommen, in eine Uniform mit einem Rangabzeichen gesteckt und zur militärischen Grundausbildung geschickt. 1943 waren die meisten wehrtauglichen deutschen Männer schon im Fronteinsatz, und die ersten Hitlerjungen wurden eingezogen. Obwohl er der Jüngste seiner Batterie war, fand Adolf sich bald darauf nach Berlin zur Bedienung einer 8,8-cm-Flak abkommandiert. Diese Geschütze wurden gegen alliierte Bomber eingesetzt und sollten die feindlichen Flieger vom Himmel holen. Dort musste meine Großmutter ihn seinem Schicksal überlassen, nachdem sie das Haus in Jüterbog dichtgemacht hatte.

In den Jahren nach dem Krieg musste Adolf mit einer weiteren Entwurzelung in seinem Leben fertigwerden. Er hatte inzwischen

Adolf ganz links an der 8,8-cm-Flak

Landwirtschaft studiert – in der Erwartung, das Gut in Grödersby weiterführen zu können. Doch meine Großmutter warf alles über den Haufen, indem sie nach dem Tod meines Großvaters den Besitz verkaufte. Ohne eigene Mittel, um in Deutschland einen Bauernhof zu kaufen, wanderte Adolf in den Sechzigerjahren nach Kanada aus. Obwohl er dort ein erfolgreiches Leben führte, bin ich mir ziemlich sicher, dass er bis ans Ende seiner Tage Heimweh hatte.

Anders als seine Schwestern hatte Onkel Adolf als Einziger nicht unmittelbar auf meine schriftliche Bitte um Erinnerungen, Lieblingsgeschichten, weitere Briefe oder einfach Gedanken zu seinen eigenen Kriegserlebnissen und denen seiner Familie reagiert. Irgendwann sandte er mir doch drei Fotos von Andenken an seinen Vater: Sie zeigten die zarte Bleistiftzeichnung eines Hirschkopfs, ein ebenso gezeichnetes Selbstbildnis als Offizier und einen Zinnteller, den mein Großvater mit zehn Jahren mit dem Familienwappen bemalt hatte. Ich fand das etwas seltsam. Immerhin hatte er als ältestes Kind und einziger Sohn seinen Vater vermutlich am besten von allen drei gekannt. Aber Onkel Adolf lebte anscheinend im selben Kokon des Schweigens wie meine Großmutter, wenngleich das Schweigen bei ihm weniger gefestigt schien.

Bald nach dem ersten Päckchen kamen per Post einige zusammengeheftete Blätter mit Notizen in einer alten deutschen Handschrift. Sie trugen Daten vom April und Mai 1945. Es handelte sich um Kopien eines Tagebuchs, das mein Onkel in den letzten Tagen des Krieges geführt hatte. Er diente zu dieser Zeit seit über einem Jahr bei einer Einheit, die in der Nähe von Berlin stationiert war, und da keine Post mehr zugestellt wurde, schrieb er für seine Eltern auf, wie es ihm ergangen war, falls er getötet wurde. Schon einmal war er dem Tod nur knapp entkommen, als er im Februar 1945 nach Dresden gefahren war, um sich dort für eine Offiziersstelle zu bewerben. Kaum hatte er die Stadt verlassen, wurde Dresden von den Alliierten großflächig bombardiert. Ein Kamerad in seinem Alter war einen Tag länger aufgehalten worden und hatte weniger Glück. Beim Lesen seiner Aufzeichnungen versuchte ich mir das, was er schilderte, durch die Augen eines fünfzehnjährigen Jungen vorzustellen.

26. 4. 45. *Wir wurden um 4.00 geweckt und kaum waren wir aus dem Bahnhof heraus, als er von vier [Jagdbombern] angegriffen wurde … Es gab über hundert Tote …*

29. 4. 45. *Heute ist nun wieder mal Sonntag. Ich denke viel an Euch und auch an Jüterbog. Es wurde immer soviel Schönes gemacht und man bekommt richtige Sehnsucht nach Hause. Man merkt dann auch erst mal richtig in was für einem Drecknest man sitzt, aber ich denke dann auch immer es geht alles vorüber …*

3. 5. 45. *Dann kamen noch die furchtbaren Tiefflieger, und alle 10 Minuten lagen wir im Chausseegraben. Auf der Straße brannte Auto neben Auto. Überall zurückfliehende Menschenmassen … In den Städten verkauften Läden ihre letzten Reserven ohne Marken an die*

Bevölkerung … Deutsche Soldaten desertierten massenhaft. Ab jetzt war jeder egoistisch geworden, denn jeder dachte nur an sein eigenes Leben und an seinen eigenen Vorteil.

Für jeden Jugendlichen wären solche Erlebnisse ein Trauma fürs Leben. Die Bomber flogen Nacht für Nacht, und die Jungen mussten auf sie schießen. Einmal landete die abgetrennte Hand eines Piloten, den sie getroffen hatten, in Adolfs Bunker. Ein andermal sah er zu, wie seinem Vorgesetzten der Arm weggerissen wurde und der Mann starb. Er bekam keinen Urlaub – nicht einmal für das Begräbnis seines geliebten Großvaters. »Überhaupt diese Kinder, die von der Schulbank weg eingezogen wurden – für mich unfassbar!«, schrieb meine Großmutter in ihren Erinnerungen.

Stolz zogen sie in den Krieg und wurden so hart herangenommen, wenn sie nachts unter Lebensgefahr an den Luftabwehrgeschützen standen. Bei einem Besuch in Berlin sahen wir Adolf dann bei strengstem Drill … Einmal versuchte ich nach einem schweren Angriff zu meinem Jungen zu kommen, kam aber wegen der Verwüstungen nicht durch und musste schweren Herzens aufgeben … Karl war ein gestandener Mann, aber diese Kinder erlebten den Krieg auf der untersten Stufe, ohne sich gegen unqualifizierte Vorgesetzte wehren zu können, schon gar nicht, wenn der Vater General war.

Nach seinem letzten Tagebucheintrag, einen Tag vor der bedingungslosen Kapitulation, desertierte Adolf mit einem Freund in seinem Alter. 300 Kilometer lief er durch das verwüstete Deutschland, obwohl überall schon britische Soldaten unterwegs waren, bis zu seiner Familie in Grödersby. Über seine Ankunft schrieb meine Großmutter:

Ein grauer Sonntag – wir saßen vor dem Haus – als mein Schwager auf seinem Einspänner vorfuhr mit zwei kleinen herunterkommenen

Marlen, meine Großeltern und Adolf vor dem Zwinger in Dresden anlässlich der Verleihung des Ritterkreuzes an meinen Großvater, 1943

Soldaten – unser Adolf mit einem Kumpel. Welch' unbeschreibliches Glück! Nach Auflösung ihrer Einheit waren sie 10 Tage unter größten Gefahren, dem Beschuß englischer Flieger, marschiert, eine wahre Odyssee für diese halben Kinder. Tagelang lag der arme, aber so glückliche Junge im Garten auf dem Liegestuhl wegen seiner geschwollenen Beine …

Bald nachdem mein Onkel mir diese Seiten aus seinem Tagebuch geschickt hatte, kam er zu einem seiner seltenen Besuche nach

England. In Carolines Wohnzimmer in London saßen wir zusammen beim Tee, und ich versuchte, ihn behutsam über unseren Großvater auszufragen. Schließlich gelangten wir zur Frage, ob er sich selbst als einen früheren Nazi betrachtete. Ich konnte ihm ansehen, wie unangenehm ihm die Beschäftigung mit dieser Frage war, und erwartete nichts anderes als eine ausweichende Antwort. Doch plötzlich brach es aus ihm hervor: »Was ist ein Nazi?«, fragte er zurück. »Jemand, der daran glaubte, dass man für sein Land kämpft? Falls ja, dann war ich ein Nazi«, sagte er und betonte dabei das persönliche Fürwort.

Stille füllte das kleine Zimmer. Aber ich urteilte innerlich nicht, keiner von uns dreien tat es. Wie so viele andere war Onkel Adolf nur ein Kindersoldat gewesen. Er hatte gegen echte Soldaten gekämpft und zugesehen, wie seine Kameraden rundherum zerfetzt wurden und starben. Man hatte den Jungen eingetrichtert, es als eine Ehre zu betrachten, dass sie für Volk und Vaterland ihre Pflicht erfüllten und die Stadt verteidigten. Umso größer waren danach die Enttäuschung und Antipathie gegenüber Hitler. Wie muss es gewesen sein, mit solchen unauslöschlichen Erinnerungen zu leben und dann noch Schuld oder Scham für das aufgenötigt zu bekommen, was man gezwungenermaßen getan hatte?

Im ersten Jahr nach Kriegsende wusste die Familie nicht, ob Karl tot war oder lebte. Im März 1945 war mein Großvater im Weiler Quartesana stationiert und in der Villa einer italienischen Familie einquartiert. Von dort aus war er immer wieder zur Front unterwegs, die seine Einheiten gegen den Vorstoß der Alliierten zu halten versuchten. In seinen Briefen berichtet er meiner Großmutter, dass er ihr Strapsgürtel und Wolle mitbringen würde, sobald man diesen Krieg glücklich zu Ende gebracht haben würde, und schildert ihr freudig die aufgehenden Maiglöckchen, Forsythien und Gänseblümchen rundherum. Sein Ton wird ernster, als er ihr rät, wie sie sich am besten vor den Bomben in Sicherheit bringen kann, die nun immer verheerender und schneller fallen. Er lässt nicht erkennen, ob er das baldige schlimme Ende des Krieges ahnt. In seinem letzten Brief vom 13. April 1945 schreibt er: »Nun, mein Liebstes, laß es Dir gut gehen, auch wenn wir getrennt werden sollten, und habe keine Sorgen um mein Wohlergehen. Herzliche Grüße Euch allen und Dir tausend liebe Küsse von Deinem Karl.«

Als Letztes erfährt er über das weitere Schicksal seiner Frau, dass sie versuchen wird, Berlin mit dem Zug zu verlassen, bevor die Hauptstadt überrannt wird.

Im März 1946 kam in Grödersby eine Postkarte von einem seiner Freunde an, der freigelassen worden war und mitteilte, dass Karl in Rimini als Kriegsgefangener einsaß. Er hatte fast ein Jahr lang immer wieder versucht, ein Lebenszeichen zu geben, doch keines war durchgedrungen.

Von diesem Zeitpunkt an nahm der Briefwechsel und der Versand von Päckchen zwischen dem Kriegsgefangenen Nr. G 8952 und meiner Großmutter Fahrt auf, wenn auch mit streng beschränkter Frequenz und in Blockschrift, damit die Zensoren der Alliierten besser mitlesen konnten. Die Familie hatte kein Geld. Der Zugriff auf Ersparnisse war gesperrt, und einen Sold gab es nicht mehr, weil auf meinen Großvater als Kriegsgefangenen nun die gesetzlichen Regeln zur Behandlung von Kriegsverbrechern Anwendung fanden.

Bis zu diesem Punkt hat er den weitgehend zuversichtlichen Ton beibehalten, an den ich inzwischen gewöhnt war. Doch das änderte sich nun schnell.

19
Mein Großvater als Gefangener

Die Deutschen sind nicht in gute und schlechte Deutsche unterteilt … Es gibt nur gute und schlechte Elemente im deutschen Charakter, von denen letztere im Allgemeinen überwiegen.

Anweisungen für britische Soldaten in Deutschland, 1944

Meine grösste Angst – einmal abgesehen von Klassikern wie dem Hai, der mich in Stücke reißt, oder der finsteren Kammer voller Spinnen, in die ich gesperrt werde – ist die, dass man mir irgendetwas vorwirft und ich meine Version der Geschichte nicht darstellen kann. Unschuldig zu sein oder mich unschuldig zu fühlen, es aber nicht beweisen zu können. Zu verschwinden, ohne dass irgendjemand davon erfährt oder, schlimmer noch, überhaupt bemerkt, dass ich nicht mehr da bin. So etwas geschieht Menschen andauernd, auf oft banale, manchmal auch gravierende Art und Weise. Ich frage mich heute, ob es eine Verbindung zwischen meinen Ängsten und den Erfahrungen meines Großvaters nach dem Krieg gibt.

Karl befand sich in Rimini, seit er in La Stanga den Befehl zur Kapitulation erhalten hatte. Mehrere Wochen wurde er im amerikanischen Kriegsgefangenenlager oder Holding Center CMF in Rimini-Riccione festgehalten. Als einem der ranghöchsten Generäle in Norditalien wurde ihm die Aufsicht über 150 000 deutsche Mithäftlinge in diesem Zeltlager übertragen, an dessen damaligem Standort sich heute meines Wissens der internationale Flughafen

Brief des Kriegsgefangenen Nr. G 8952

befindet. Unter den Amerikanern konnte er sich relativ frei bewegen und ausruhen. Anschließend wurden er und seine Männer »den Engländern« übergeben, wie er sie stets nannte, und mit dem Aufbau eines längerfristigen Gefangenenlagers beauftragt. Seine neuen Herren rissen ihm sofort die Schulterstücke von der Uniform.

In seinen Briefen versichert er meiner Großmutter, dass es ihm gut gehe und »daß ich die Gastfreundschaft der Engländer genieße«. Er ist auch zuversichtlich: »Generäle sind ja augenblicklich wenig gefragt, ich denke aber, daß es nicht ewig eine Schande bleibt, sich für sein Vaterland eingesetzt zu haben … In einem Jahr werde ich wohl auch bei Euch sein.«

Die Haftbedingungen waren äußerst primitiv. Dennoch wurden alle seine Ersuchen und sogar die Bitte um Seife für seine Männer abgelehnt. Karls Verhältnis zu General Dawney, dem Kommandeur des Lagers, war gespannt. Der englische Brigadier wollte auch nicht zugeben, dass die Briten irgendeine Verpflichtung hätten, sich an die Genfer Konvention zu halten.

Erst später erfuhr mein Großvater von den Erklärungen der Alliierten, laut denen die Deutschen über keinerlei rechtlichen Status oder über Menschenrechte als Kriegsgefangene verfügten. Der Begriff »bedingungslose Kapitulation« meinte genau das. Es war allein Sache der jeweiligen Siegermacht, ob sie die Deutschen als Kriegsgefangene anerkannte. Ihnen wurden keinerlei Rechte nach der Genfer Konvention oder einem anderen Schutzstatut garantiert.

Mein Großvater weigerte sich, unter diesen Umständen zu kooperieren, und zeigte den Briten verbal den Stinkefinger mit einem schwer anrüchigen Ausdruck, den meine Mutter zur hellen Begeisterung der Kinder manchmal wiederholte: »Leck mich am Arsch!« Er verlangte, von seinen Aufgaben entbunden zu werden.

Er bezahlte einen hohen Preis dafür, dass er sich nicht hatte unterkriegen lassen. Er wurde nach Taranto auf dem Stiefelabsatz Italiens verlegt, wo noch andere bekannte Generäle unter weit schlimmeren Bedingungen festgehalten wurden. Ein Schinken, das Geschenk der italienischen Familie, bei der er in Quartesana gewohnt hatte, rettete ihn vor dem Verhungern. Ich fand es bizarr, dass er selbst unter diesen Umständen an seinen Prinzipien festhielt und sich nicht dazu durchringen konnte, einem benachbarten Winzer Trauben zu stehlen. Er nahm innerhalb weniger Wochen mehr als ein Dutzend Kilo ab.

Am Ende wurde Karl wieder in die vergleichsweise luxuriösen Verhältnisse von Rimini überstellt, wo er sich in einem neuen, direkt an der Adria errichteten Lager halbwegs frei bewegen konnte. Das Wetter war warm, und da er keine 150 000 Männer mehr zu kommandieren hatte, waren seine Tage mit Schwimmen im Meer, Muschelsammeln, Melonenessen, Russischlernen, Bridge- und Tischtennisspielen gefüllt. Es gab ein Kino und abends Musik, fünfzig bis siebzig Zigaretten in der Woche und Leckerbissen wie Marmelade, Tee, Aufschnitt und Käse. Nachtruhe war erst ab Mitternacht.

»Du siehst also, daß Du keinen gebrochenen Mann erwarten brauchst«, schrieb er meiner Großmutter.

Sorgen hatte er dennoch: womit er künftig sein Geld verdienen sollte, wie er seine Familie ernähren konnte, ob man ihn überhaupt noch arbeiten lassen würde. Meine Großmutter schlug ihm vor, Imker zu werden. Das überzeugte ihn nicht ganz.

Ganz sicher war er sich jedoch, dass ihn die Alliierten nicht wegen Kriegsverbrechen verurteilen würden. Dennoch nagte die Ungewissheit über seine Zukunft an ihm, und dieses Gefühl zieht sich durch all seine Briefe. Er wusste, dass seine Entlassung noch in weiter Ferne war. Eben erst liefen Prozesse gegen Offiziere der Luftwaffe und der Marine, und ihm war klar, dass diese Priorität hatten. Heeresoffiziere mussten sich gedulden, bis sie ihr Schicksal erfuhren. Einstweilen hofften die Insassen vor allem, dass sie nicht als Gefangene nach Deutschland überstellt wurden, denn dort waren die Haftbedingungen härter und die Nahrung karger.

Im Juni 1946 feierte mein Großvater mit zwei seiner ehemaligen Divisionskommandeure und einem steten Strom von Besuchern seinen 53. Geburtstag. Die Gäste füllten seine Zelle mit Blumen und kleinen Geschenken. Rundherum kam das gewohnte Strandleben der italienischen Familien wieder in Gang. Karl steckte immer noch in seiner Uniform und ließ nun Anzeichen von Ungeduld und Verärgerung über das von den Alliierten durchgeführte Entnazifizierungsprogramm durchblicken. »Bei der ausgezeichneten Erziehung, die wir durch die Engländer genießen, habe ich mir alle Laster abgewöhnt«, schreibt er sarkastisch.

Die lange Haft setzte ihm allmählich zu. »Das Leben ist ja überhaupt sinnlos geworden«, bekennt er im August. »Denn mit Religion und guten Büchern können wir das deutsche Volk nicht satt machen. Noch weniger durch schöne Reden …« Und dann fasst er das Entscheidende, das ich selbst ein halbes Jahrhundert später aus der Arbeit mit Gefangenen lernte, umstandslos in einem Satz zusammen: »Solange der liebe Gott nichts Besseres als Kollektivstrafen zu bieten hat, wird er wohl kaum eine Besserung herbeiführen.«

Gerüchte über eine Verlegung nach Kanada breiteten sich im Lager aus, doch Mitte November geschah, was sie alle schon lange befürchteten. Sie wurden zurück nach Deutschland geschickt. Bei der Ankunft im britischen Kriegsgefangenenlager Munsterlager erhielt jeder Häftling ein Formular mit Fragen zu seinen Tätigkeiten, Einsatzbereichen und Einstellungen zu politischen und militärischen Fragen. Die Antworten wurden nach einem militärischen Entnazifizierungsschema mit I bis V benotet und dienten als Grundlage für die Entscheidung über das künftige Schicksal des Betreffenden, wobei Offiziere, die in die Gruppe I (Hauptschuldige) fielen, mit einem Gerichtsverfahren rechnen mussten. Seiner Frau sagte Karl, er sei froh, dass er eine bestimmte Beförderung in Russland abgelehnt habe. Davon hatte ich ja inzwischen aus seinen Dienstberichten erfahren. Außerdem ging er davon aus, dass ihm sein guter Ruf in Italien und einige seiner Entscheidungen, auf denen er gründete, zugutegehalten wurden.

Er hoffte aufrichtig, in Gruppe V (Entlastete) eingestuft zu werden oder schlimmstenfalls als »Mitläufer« in Gruppe IV zu landen, womit nur geringe Freiheitseinschränkungen und Geldstrafen verbunden waren. Da Gruppe I die schweren Kriegsverbrecher umfasste, fürchteten alle nichts mehr, als knapp darunter in die Gruppe II (Belastete) zu kommen, denn das bedeutete eine weitere Haftstrafe von bis zu fünf Jahren.

Mein Großvater brauchte einige Zeit, bis er sich an die neue Umgebung gewöhnte – einen zwei mal vier Meter kleinen Raum mit kaum etwas darin. Seine Tasche und andere Habe hatte man ihm unterwegs gestohlen. »Alles wird gebraucht«, schrieb er, »auch ein Besenstiel täte gut.«

Etwas Trost fand er darin, dass er im Lager ein paar alte Freunde und Bekannte aus der Truppe wiederfand, darunter zwei seiner ältesten Kumpel, die nun so ausgemergelt wie er selbst aus einem belgischen Gefangenenlager nach Munsterlager gelangt waren. Erst hier auf heimatlichem Boden erfuhr er aus der Gerüchteküche des Lagers, was mit den deutschen Männern, Frauen und Kindern geschehen war.

Er versammelte rasch eine Art Lagerfamilie mit zwei anderen Ritterkreuzträgern um sich. Sie teilten alles, sogar das Bett, wenn es richtig kalt wurde, und wechselten einander beim Kochen, Saubermachen und Einheizen ab. Seine Dankbarkeit für alles, was ihm meine Großmutter schickte – Kartoffeln, Möhren, Sellerie, Maismehl, Erbsen, Bohnen, Kaffeeersatz, Kuchen und Kekse mit Rübensirup –, war stets überschwänglich und kam aus tiefstem Herzen. Er schilderte ihr im Detail, wann und mit wem er diese kleinen Delikatessen verzehrt und überdies, wie er sie zubereitet hatte. Er sandte seiner Frau sogar Rezepte zum Nachmachen. Alles schmeckte ihm vorzüglich, verglichen mit ihrer täglichen Ration von »... ½ Liter Wasser mit Kohlstrünken und ¼ Brot mit etwas Fett ... Unser Tee schmeckt schlimmer als Waschbrühe.« Nicht einmal in Taranto, sagte er, hatte man ihm so wenig zu essen gegeben. Er rügte meine Großmutter wegen des Tabaks, der nicht kam oder bei der Ankunft schimmlig war, und erteilte umständliche Anweisungen, wie die Pflanzen besser zu ziehen und zu trocknen seien. »Auch die seelische Sorge zehrt«, erklärte er. »Das Rauchen ist ja das einzige, was man noch vom Leben hat. Wieviel Hoffnung und Bangen ist schon zerschlagen worden. Mit der Zukunft wage ich mich gar nicht zu befassen.«

Wenn ich diese ganz andere Stimme aus den Briefen meines Großvaters heraushöre, merke ich, wie sich auch mein Bezug zu ihm verändert. Kaum jemand hätte viel Mitleid mit einem gefangenen Wehrmachtsgeneral, und auch ich empfinde keines. Einfach nur Einsicht in seine Lage. Ich habe mit eigenen Augen die Hilflosigkeit eingekerkerter Männer gesehen, deren Leben Wärtern und Gerichten ausgeliefert und deren Zukunft völlig unvorhersehbar war. Und ich spüre beinahe wie in einer Art Körpergedächtnis die Wirkung seines langen und tiefen Absturzes vom General zum recht- und machtlosen Häftling.

Der Winter 1946/47 war bitterkalt. Die Temperaturen fielen auf minus zwanzig Grad. Die Wasserrohre froren ein, die Lichter gingen immer wieder aus, Kohle war so gut wie nicht vorhanden. Die Gefangenen legten Backsteine in den Ofen und wickelten sie heiß in Papier ein – als Ersatz für Wärmflaschen. Doch »warm wird man fast den ganzen Tag nicht. Kaum hat man sich morgens mit Eiswasser gewaschen, muss man ½ Stunde beim Zählappell herumstehen, wo man bis auf die Knochen durchkühlt, beim Mittagessen gibt es neue Abkühlung bis zum Nachmittagszählappell … Aber das ist ja noch ein Luxusleben gegen die arme Zivilbevölkerung in ihren provisorischen Umständen.« Unvermeidlich fällt mir auf, dass er nirgendwo Bezug nimmt auf die noch viel schlimmeren Umstände, die Millionen von Häftlingen in den Konzentrationslagern der Nazis erlitten haben.

In den Phasen erzwungener Muße saß er mit seinen Mitbewohnern auf dem Bett herum und rauchte Teeblätter oder trank Haarwasser und spielte Karten.

Ihre einzigen Kleider waren die Uniformen, die sie seit drei Jahren trugen. Sie stopften sie und nähten Knöpfe an – ein hilfloser Versuch, sich Mut zu machen, indem man Zivilkleidungsähnliches für die erhoffte baldige Entlassung herstellte.

Eben haben wir auch unsere Seifenzuteilung für 1 Monat bekommen – so groß wie 2 Stück Würfelzucker und Klopapier – 1 Blatt pro Tag! Ich würde mich freuen, wenn ich mich erst mal in Eurer Badewanne abschrubben könnte. Der Schmutz in dem wir leben ist unvorstellbar, aber ohne Reinigungsgerät und -mittel ist nichts zu machen. Vielleicht gehört der Schmutz auch zu unserer Erziehung zu einer Kulturnation. Oder vielleicht geben uns die Engländer etwas Zyankali, dann sind sie uns schneller los.

Mein Großvater versuchte, seiner Gefangenschaft irgendeinen Sinn abzuringen. Einerseits sollte sie eine Strafe sein, andererseits waren die Soldaten vorgeblich im Lager, um entnazifiziert und zu Demokraten umerzogen zu werden. Jedoch: »Alles was geschieht, ist mehr ein Anschauungsunterricht für den Nihilismus, als eine Erziehung zu demokratischem Denken. Wie hieraus wieder ein gesundes Staats- und Wirtschaftsleben entstehen soll, ist schleierhaft … Über Recht und Unrecht wird die Geschichte später ihr Urteil fällen.«

Er gab sich Mühe, bei Laune zu bleiben, bekundete Besorgnis über das, was meine Großmutter durchmachte, oder die Krankheit eines seiner Kinder, bot auch Rat zu ihrer Erziehung und in anderen Dingen an. Doch er war weggesperrt in eine kalte Stacheldrahtwelt und konnte weder ein Vater noch ein Ehemann sein. Allmählich ergab sich sein Geist dem Zorn. »Was nützen Menschlichkeit, Menschenrechte, Selbstbestimmungsrecht, Schutz der Person und des Eigentums. Freiheit, Gleichheit, Brüderlichkeit, Nächstenliebe und alle anderen demokratischen Grundsätze, wenn sie nur Ideale sind und nicht auf alle Völker Anwendung finden? Kann man noch an die Menschheit glauben? Ich glaube, es ist schwer.«

Ich hatte Mühe, dieses Fragen zu verstehen. Wie brachte er es fertig, darüber zu klagen, dass diese Prinzipien nicht gelebt wurden, ohne sich einzugestehen, dass die Nazis jede einzelne davon und noch andere in der gröbsten nur denkbaren Weise verletzt hatten? Oder dachte er immer noch, dass der Krieg Handlungen rechtfertigte, die in Zeiten von Frieden und Freiheit zu Recht verurteilt wurden? Erklären konnte ich mir das nur, wenn ich bedachte, wie ohnmächtig er sich gefühlt haben muss, das deutsche Volk zu schützen – das Volk, für das er jahrelang gekämpft hatte.

Im März 1947 klingt er bereits schwer niedergeschlagen. »Viel können wir Deutschen ja nicht mehr vom Leben erwarten, und es wäre am besten, wenn alles schnell ein Ende nähme … Mir ist ein Aufhängen lieber als ein langsames Hinmodern. Die Leidtragenden sind ja nicht wir Soldaten, sondern die Angehörigen, die von Haus und Hof vertrieben und ohne Mittel oder Unterstützung dem Hungertode entgegen gehen.« In einem anderen Brief sprach er offen und ernsthaft davon, dass er sich umbringen wollte. Meine Tante und meine Großmutter vernichteten diesen Brief.

Im April erfuhr einer seiner engsten Kameraden, »ein unermesslich anständiger und gerechter Mann, dem man nichts vorwerfen kann«, dass man ihn der gefürchteten Gruppe II zugeordnet hatte und er mindestens noch einige Jahre in einem Gefängnis vor sich hatte, in dem 150 Männer sich einen Schlafsaal teilten und die Bedingungen noch schlimmer wären als bisher. Sein Sohn war im Krieg gefallen, und seine kranke Frau lebte mit der kleinen Tochter in sehr schwierigen Verhältnissen ohne Geld. Sie schrieb häufig und drohte, sich und ihre Tochter zu töten, wenn er nicht bald entlassen wurde. Er hatte nichts, was er ihr schicken konnte. Der Zugriff auf seine Ersparnisse und sogar auf seinen Zigarettenvorrat war ihm verwehrt. Er wagte nicht, ihr von seinem Urteil zu schreiben.

Eines Morgens fanden ihn seine Mitbewohner am Wasserrohr im Keller hängend. Er hatte in seiner aufgeräumten Zelle einen kleinen Stapel mit Aufzeichnungen hinterlassen. Seine Frau und die Tochter folgten ihm eine Woche später. »Es ist sehr schade … Er ist aber weder der erste, noch wird er der letzte sein in dieser Zeit. Ich verstehe das nicht. Wir werden eben festgehalten, weil wir uns nicht schon vorher haben totgeschlagen oder aufhängen lassen.«

Ich dachte darüber nach, wie sehr Selbstmord und kriminelles Verhalten in der deutschen Gesellschaft während des Krieges und in den Jahren danach zur Normalität geworden waren. Leben und Tod gingen ineinander über – dazwischen eine Grenze, die wie eine Tür im letzten Scharnier vom Wind der Hoffnungslosigkeit und des moralischen Zusammenbruchs auf- und zugeweht wurde. In England verteufelten die christlichen Kirchen den Selbstmord so vehement und unter Androhung ewiger Verdammnis (manche tun das bis heute), dass er für die allermeisten Menschen wahrscheinlich eine fest verriegelte Tür ganz am Ende eines langen, finsteren Ganges blieb. Durch manche Familien zieht sich aber, wie es aussieht, eine Spur des Selbstmords. Ich wusste von sieben oder acht Suiziden in der deutschen Hälfte meines Stammbaums, und auch mir war diese Tür nach meinem Gefühl nie ganz verschlossen. Ich kannte den unerträglichen Schmerz der Depression, die Macht der Überzeugung, dass es der Welt und den Menschen, die man liebt, ohne einen selbst besser gehen würde, und so stand diese Tür als Möglichkeit oder sogar Einladung zu einem Ausweg aus alldem immer weit offen. Ich habe das nie als eine Schwäche gesehen.

Ein Überraschungsbesuch seines Sohnes sollte meinen Großvater etwas aufmuntern, aber das Gegenteil geschah, denn er fühlte sich davon tief gedemütigt. Er hatte ausdrücklich darum gebeten, dass der inzwischen siebzehnjährige Adolf ihn nicht besuchte. Er hatte nicht gewollt, dass sein Sohn ihn in einem solchen Zustand sah. Meiner Großmutter schrieb er, dass er sich beinahe geweigert hätte, ihn zu empfangen, und dass er es ein zweites Mal nicht mehr tun werde. Lieber wollte er sich erhängen. Es waren nun vier Jahre, seit sie sich zum letzten Mal gesehen hatten, und sie konnten ein wenig länger ausharren. Noch Wochen danach begann er seine Briefe mit einem förmlichen »Liebe Ilse«.

Bis zum Sommer hatten er und seine kriegsgefangenen Kameraden sich wohl mit ihrer Lage abgefunden (»Es findet hier auch kein General mehr etwas Entwürdigendes darin, daß man ihm die Tätigkeit eines Müllkutschers zumutet.«).

Nach mehr als zwei Jahren in Kriegsgefangenschaft kam mein Großvater vor die Spruchkammer. Marine- und Luftwaffenoffiziere, Stabsangehörige und die wichtigsten Generäle hatten ihre Verhandlungen hinter sich. Die meisten waren entlastet und damit entlassen worden. Nun waren die Generalleutnante an der Reihe.

Am 21. Juni 1947 schrieb er an meine Großmutter:

Ich war am Dienstag zur Vernehmung, hatte Dir aber im letzten Brief nichts davon geschrieben, weil ich hoffte, ohne Board [Verhand-

lung] entlassen zu werden. Diese Hoffnung war falsch, denn heute bekam ich meine Vorladung für den nächsten Dienstag. Mir wird vorgeworfen:

1. Ein Militarist,

2. Mit dem N.S. Programm einverstanden gewesen und

3. Eine endgültige Gefahr für Frieden und Sicherheit zu sein.

Rein sachlich kann man mir jedenfalls nichts vorwerfen. Ich mir auch nicht, höchstens, daß ich nicht als Alliierter oder neutraler Staatsangehöriger auf die Welt gekommen bin.

Mein Großvater hatte stets darauf bestanden, kein Nazi zu sein. »Ich bin nicht so wie er, ich nicht, auch in Italien nicht!«, hatte er über jemanden gesagt, der ganz eindeutig ein Nazi gewesen war.

Ich wünschte, ich könnte verstehen, was in seinen Augen ein Nazi war.

Am folgenden Dienstag erschien er erneut vor dem Ausschuss. Die Vernehmung dauerte ungefähr eine Stunde. Ihm wurde mitgeteilt, dass er die Entscheidung in etwa vier Wochen zu erwarten hatte.

Unter anderem waren die Briten überzeugt, dass mein Großvater seinen erstgeborenen Sohn 1928 zu Ehren Hitlers auf den Namen Adolf getauft hatte. Diese Vermutung kam meinen Großvater beinahe teuer zu stehen, doch anscheinend gelang es ihm, schlüssig darzulegen, dass Adolf seit Generationen ein häufiger Vorname in seiner Familie war.

Die Nachricht, auf die alle bange warteten, kam viel früher als gedacht. »Mein Liebstes«, schrieb er am 9. Juli. »Das, was ich erwartet hatte, ist eingetreten. Von 24, die heute ihr Urteil gehört haben, sind 23 in Gruppe II eingestuft und werden für unbestimmte Zeit in einem Internierungslager festgehalten. Darunter auch ich.«

Eine Begründung gab es nicht, weil das Urteil durch eine Spruchkammer und noch vor einer ordentlichen Gerichtsverhandlung gefallen war. Mein Großvater gab sich Mühe, den Tapfe-

Ein traditioneller Vorname: Großonkel Adolf von Graffen mit dem kleinen Adolf in Berlin, 1931

ren zu markieren, konnte aber nicht verbergen, dass ihn die Verzweiflung einholte.

Da wir ja als Deutsche außerhalb jeden Rechts gestellt sind und uns keinerlei schützende Macht zur Seite steht, müssen wir uns damit abfinden. Ich persönlich kann mir nicht das Geringste vorwerfen. Ich bin weder Nazi gewesen, noch habe ich mich militaristisch betätigt. Das wissen auch alle, mit denen ich in Berührung gekommen bin. Im Gegenteil, ich habe mich mehr für Menschlichkeit und Menschenrechte eingesetzt, als diejenigen, die immer davon reden. Ich kann es auch durch Zeugen beweisen, aber man legte keinen Wert darauf. Morgen werden wir voraussichtlich nach Adelheide (bei Bremen) abtransportiert, um mehr oder weniger lebendig begraben zu werden. Verbrecher wissen wenigstens, wann sie wieder in Freiheit gesetzt werden … Daß dieses viel schlimmer ist, als ein schneller Tod, berührt niemand, der das nicht erlebt hat, was die meisten von uns durchmachen mußten und vielleicht durchmachen müssen.

Ich spüre die Wunde in meiner Seele aufreißen, wie ein Angelhaken das Fischmaul zerreißt. Wie ein Angler zieht er mich in seine Welt. Ich tauche ein in ein Wechselbad der Gefühle zwischen Zorn, Enttäuschung, Trauer und Entsetzen. Nicht nur als Reaktion auf seine mögliche Schuld und seine Weigerung – oder völlige Unfähigkeit – einzusehen, wie sein Unglück im Vergleich zu all dem verblasst, was das Naziregime angerichtet hat, sondern auch, weil er aufrichtig glaubte, unschuldig an all dem zu sein, was man ihm persönlich vorwarf.

Wie so oft spüre ich für Menschen diese Empathie, die in Situationen gefangen sind, die zum Teil von ihnen selbst herbeigeführt wurden, zum Teil aber auch das Produkt der Welt sind, in der sie leben. Es drängt mich, seine Version der Geschichte zu verstehen, aber zugleich auch, mich von seinen Gedanken und Handlungen abzuwenden.

Ist er ein Nazi oder nicht? Und was ist überhaupt ein Nazi? Ich will ihm glauben. Ich will ihn als meinen Großvater lieben können. Aber ich weiß einfach nicht, wie.

20
Sportpokale und Jo-Jos

Das Leben bleibt nicht stehen, man muss weiterleben.
Leo Tolstoi, *Krieg und Frieden*

EINEN TERMIN ZUM BESUCH der Kaserne Adelheide bei Delmenhorst zu bekommen war mir nicht gelungen, und so wünschte mir der Taxifahrer bei der Ankunft viel Glück bei meinem Versuch, mit der Tür ins Haus zu fallen. Als ich ihm von meinen Recherchen berichtete, hatte er Feuer gefangen und mir seine Visitenkarte mitgegeben – weniger aus geschäftlichem Interesse als vielmehr, weil er auf dem Laufenden bleiben wollte. Mir fiel auf, wie ich, indem ich meine Geschichte erzählte, anscheinend auch anderen half, sich ihre eigene zu erschließen.

Auf demselben Weg wie mein Großvater, dem man im November 1947 ein paar Tage Heimaturlaub gewährt hatte, war ich nach einem Verwandtenbesuch in Bremen in den Zug nach Adelheide gestiegen. Während ich mich aber meinem Ziel voller Vorfreude näherte, war er in heller Aufregung. Er hatte unterwegs einen Anschlusszug verpasst und kein Taxi gefunden, das ihn rechtzeitig zum Lager bringen konnte. Einen Wehrmachtskameraden, der in der Nähe wohnte, hatte er um Hilfe gebeten, sich aber eine Abfuhr geholt. Er wusste keinen anderen Rat, als den Koffer in der Gepäckaufbewahrung zu lassen und sich zu Fuß auf den »endlosen« Weg entlang einer Birkenallee zum britischen Kriegsgefangenenlager zu machen, wo er die letzten Jahre seiner Haft verbringen sollte.

Die Soldaten am Eingang sahen mich mit ausdruckslosen Gesichtern an: eine Engländerin in einem blumigen Sommerkleid mit Sonnenbrille, die eingelassen werden wollte, um zu sehen, wo man ihren deutschen Großvater vor sechzig Jahren eingesperrt hatte. Von einem Moment auf den anderen fühlte ich mich verletzlich und ein bisschen verrückt. Ich hatte keine Ahnung, wie sie sich verhalten würden. In diesen versöhnlichen Zeiten, da britische und deutsche Soldaten in Afghanistan und wo noch überall Seite an Seite kämpften, konnte doch niemand im Militär immer noch die Feindseligkeit aus zwei Weltkriegen mit sich herumschleppen?

Der erste Eindruck meines Großvaters von seinem neuen Gefängnis war positiv. »Die Kaserne und die Umgebung sind sehr schön, aber dadurch fühlt man sich noch mehr gefangen.«

Dann fand er heraus, warum man ihn nach Adelheide verlegt hatte:

Aus einer amerikanischen Soldatenzeitschrift habe ich nun erfahren, warum wir hier sind. Wir sind danach Versuchskaninchen eines englischen Experiments, um etwa 2500 der »gefährlichsten Deutschen« in einem Zeitraum bis zu 10 Jahren zu Demokraten zu erziehen … 10 Jahre sind ja lange genug. Ob ich sie gesundheitlich durchhalte?

Auch ich hatte von diesem Experiment gelesen. Menschen mit unterschiedlichen Berufen und politischen Hintergründen, von Arbeitern bis zu ehemaligen Fabrikdirektoren, wurden ins Lager gesperrt und umerzogen. Irgendwann durften sogar ihre Angehörigen einziehen. Das Projekt wurde bald als undurchführbar aufgegeben. Die Einstufung meines Großvaters als eines der »gefährlichsten Deutschen« schien mir aberwitzig. Doch in den ersten, chaotischen Jahren der Alliiertenbesatzung waren solche Urteile gängig. Für viele Engländer war »Nazis« gleichbedeutend mit »Deutsche«. Nicht zuletzt dieser undifferenzierten Verurteilung, die mich als Kind und Jugendliche so verletzt hatte, wollte ich etwas entgegensetzen. Ich fand, dass die Geschichtsbücher dergestalt umgeschrieben werden sollten, dass sie Erfahrungen und Sichtweisen einer größeren Bandbreite von Deutschen berücksichtigten.

Beim Warten an der Schranke fiel mir ein, wie sich meine Großmutter an das erste Wiedersehen mit ihrem Mann nach vier Jahren Trennung erinnert hatte. Auch sie bekam die längste Zeit über nicht einmal eine Besuchserlaubnis. Als es im August 1947 doch so weit war, fuhr sie Richtung Delmenhorst in Zügen, die so voll waren, dass Leute von den Bahnsteigen durch die Fenster hineingezerrt wurden. Das letzte Wegstück bewältigten die Frauen in Lastwagen, alle in panischer Angst, ihr Zeitfenster zu verpassen. Als sich unter schwerer Bewachung ein trauriger Trupp Männer in braunen Uniformen mit den großen weißen Buchstaben »POW« auf ihren Rücken näherte, »… gab es für uns Frauen kein Halten mehr, wir stürzten zu unseren Männern, um sie zu umarmen. Später dann, als wir uns an den Holztischen gegenüber saßen, fehlten die Worte, und die halbe Stunde war vorbei.« Zuvor hatte meine Großmutter ihren Karl das letzte Mal gesehen, als er 1943 in seiner Generalsuniform mit Orden und Ehrenzeichen behängt nach Italien aufgebrochen war. Wie sehr er sich verändert hatte! »Vor allem war seine Stimme so fremd geworden.«

Ich nahm mich zusammen und versuchte gar nicht erst, durch die Reihen des Wachdienstes zu brechen. Stattdessen zeigte ich ein Foto meines Großvaters in Uniform, als wäre es ein Passierschein. Das schien zu wirken. Die Soldaten waren neugierig geworden und offenbar bereit, das übliche Montagmorgenprotokoll zu unterbrechen. Nach ein paar Telefonaten hob sich die Schranke. Keine fünf Minuten später kam ein offener Jeep herangefahren und hielt neben mir. Ein freundlicher Mann in Uniform stellte sich als meine Eskorte vor, und dann ging es hoppelnd dahin über das ausgedörrte Gelände zu den noch erhaltenen Baracken von damals.

Die in einer Niederung zwischen Bäumen gelegenen Häuser waren einst ein Lazarett, in dem mein Großvater gearbeitet hatte. Mit 55 Jahren litt er an schmerzhafter Arthrose, was ihm körperliche Schwerarbeit ersparte. Stattdessen wurde er bei den Sanitätern eingesetzt. Zu seinen Pflichten gehörte die Gewichtskontrolle. Jeden Tag stellte er etwa hundert Männer auf die Waage, um ihr – zumeist schwindendes Gewicht – zu verzeichnen. Er selbst hatte gegenüber der Vorkriegszeit mehr als dreißig Kilo abgenommen.

Wir kamen an einer anderen Baracke vorbei, in der damals die Gefangenen untergebracht waren. Die weitläufige Anlage war von Sonnenstrahlen gesprenkelt und sah richtig einladend aus. Sie erinnerte mich an mein Internat von früher. Ich stellte mir vor, wie hier damals jeder Gefangene den ihm vorgeschriebenen Tagesverlauf abarbeitete, während er sich im Herzen und in Gedanken nach seinem Zuhause sehnte. In einem dieser Bauten muss mein Großvater seine Briefe geschrieben haben – nur einer alle zwei Wochen war erlaubt.

Noch etwas gab es, das ich unbedingt sehen wollte: das Schwimmbecken. In einem seiner Briefe hatte mein Großvater geschrieben: »Ich habe heute bei einem Schwimmfest den 1. Preis im Kunstspringen gemacht.« Seine offenkundige Freude darüber konnte ich gut nachvollziehen. Einer der stolzesten Momente in meiner eigenen Kindheit war ein erster Preis im Turmspringen, den ich mit elf Jahren gewann. Unerwarteterweise hatte ich die Schulmeisterin geschlagen. Ich weiß noch, wie ich meine Eltern anstrahlte, als ich mit vor Freude fast zerspringendem Herzen über die nassen Fliesen ging, um den Pokal entgegenzunehmen. Angeblich rutschte ich dabei aus und fiel aufs Gesicht. Aber daran erinnere ich mich nicht. Das war das erste und letzte Mal, dass ich irgendetwas gewonnen habe.

In einer weiteren Übertretung des Armeeprotokolls, demzufolge ich im Jeep sitzen bleiben musste, war mein freundlicher soldatischer Begleiter bereit, mit mir zum ehemaligen Schwimmbecken zu gehen. Wir ließen das Auto stehen und wateten durch dichtes Unterholz bis zu einem großen, leeren, vom Bäumen eingefassten Loch im Boden. Obwohl es dicht überwuchert war, konnte man es nach wie vor als Schwimmbecken erkennen. Hier also war der Ort, an dem mein Großvater es noch einmal allen gezeigt hatte.

Das Schwimmbecken in Delmenhorst-Adelheide, 1947

Fast auf den Tag genau sechzig Jahre später stand ich am einstigen Beckenrand und sah ihn vor mir, als er zum Rand des längst verschwundenen Sprungbretts ging, sich sammelte, wie ich es als Kind auch so oft gemacht hatte, als er seinen knochigen Leib auf Zehenspitzen stellte und sich ins Wasser katapultierte. Meine eigenen Muskeln waren gespannt wie seine, als er mit kerzengeraden Beinen und gestreckten Zehenspitzen an Höhe gewann, sich nach unten beugte und wieder ausstreckte. Ich konnte das kühle Wasser spüren, als es seine Fingerspitzen berührte und dann seine Ellbogen; das leichte Anprallen gegen seinen Scheitel, bevor sein Körper durch die Wasseroberfläche glitt und einen winzigen Spritzer erzeugte, als sich das Wasser über seinen Füßen schloss. Ich konnte das Gluckern in seinen Ohren hören, das ein dezentes Klatschen der Zuschauer übertönte, konnte seinen Kopf wieder an die Luft kommen spüren, als er die Augen öffnete und zum Beckenrand schwamm und sich fragte, wie elegant sein Sprung wohl ausgesehen haben mochte. Zum Greifen nah war mir dieser eine Moment aus dem Jahr 1947.

Die fünf Monate lange Haft war ein eintöniges Wartespiel, unterbrochen nur von einer ernsthaften Lebensmittelvergiftung und den sporadisch ankommenden Päckchen. Schließlich war mein Großvater zum Verhör bei der Überprüfungskommission an der Reihe. Im Oktober 1947 schrieb er meiner Großmutter in verzweifeltem Ton: »Dieses ist nun schon dein zehnter Geburtstag, den wir nicht zusammen verleben konnten, und wie viele werden noch folgen? Hoffnungen darf man gar nicht mehr haben, man ist zu häufig enttäuscht worden.«

Mir fiel ein, was mein Onkel Wulf, der Mann von Tante Marlen, mir über seine eigenen langen Jahre als Gefangener im Krieg erzählt hatte: wie er und seine Kameraden in Lastwagen herumgekarrt wurden, wie man ihnen andauernd erzählte, sie würden schon diese Woche freigelassen, sogar noch am selben Tag, worauf dann jedes Mal nichts geschah; dass er gelernt hatte, von einem Moment zum nächsten zu leben und jede aufkeimende Hoffnung zu unterdrücken, die sich durch seine innere Abwehr einschlich, weil das der einzige Weg war, mit der nicht enden wollenden Ungewissheit fertigzuwerden.

»Am 26. 2.«, rechnete mein Großvater vor, »verlebe ich meine 1001. Nacht hinter Stacheldraht, zu diesem Jubiläum brauchst Du mir nicht zu gratulieren … Wenn Du eine Tasse, einen Teelöffel entbehren kannst, so kann ich sie gut gebrauchen. Und ein ähnliches Ding wie ein Brotmesser auch.« Wie sich zeigte, hatte er zu diesem Zeitpunkt nur noch eine weitere Woche hinter Stacheldraht zu erdulden. Das Militärgericht, vor dem er als »Belasteter« erscheinen musste, erklärte ihn in allen Anklagepunkten für nicht schuldig, und am 3. März 1948 kam er endlich frei.

Als er bei seiner Familie an deren neuem Sitz Grödersby ankam, den er von früher nicht kannte, war er körperlich und seelisch nur noch ein Schatten seines früheren Selbst. Einmal in der Woche musste er sich beim britischen Militär melden. Da es für ausgemusterte Generäle keine Arbeit gab, blieb ihm nichts, als hölzerne

Mein Großvater in Grödersby

Jo-Jos zu schnitzen und damit von Tür zu Tür zu ziehen. Doch als Handelsvertreter war er ein hoffnungsloser Fall. Zeigte jemand kein Interesse, wandte er sich beschämt ab und schlurfte davon, wenn man ihm die Tür vor der Nase zuschlug.

Immer noch wusste ich nicht, was während der folgenden beiden Jahrzehnte seines Lebens in ihm vorgegangen war. Woran er dachte, wenn er kettenrauchend auf der Veranda saß. Was ihn nicht mehr losließ. Man hatte ihn für unschuldig erklärt, aber fühlte er sich auch unschuldig? Fühlte er Scham? Reue? Oder litt er nur unter der Demütigung? Ich erkannte mit wachsender Gewissheit, dass er bei meiner Geburt eine Hypothek all seiner unverarbeiteten Gefühle an mich weitergegeben hatte. Wenn ich auch nur die geringste Aussicht haben wollte, diese Hypothek abzutragen, musste ich sein Innenleben tiefer ergründen und diesen Gefühlen auf die Spur kommen. Am Ende seiner gesammelten Briefe fanden sich seine »Aufzeichnungen während der Gefangenschaft«, die zu lesen ich mich bis dahin nicht hatte entschließen können. Doch nun war klar, dass daran kein Weg vorbeiführte.

21
»Wir haben nichts gewusst«

Wer vor der Vergangenheit flieht, kann das Wettrennen nur verlieren.

T.S. Eliot, *The Elder Statesman*

Auch wenn es sich für mich manchmal so anfühlte – selbstverständlich war ich nicht die Erste und bin sicher auch nicht die Letzte, die versucht, der Wahrheit auf den Grund zu gehen. In meinem Fall eine besonders schwierige Aufgabe, denn die Wahrheit verbarg sich vor mir hinter Traumata, Schuldgefühlen und dem Vorwurf der Mittäterschaft.

Die Kinder des Tätervolks kamen zwar im Krieg oder unmittelbar danach auf die Welt und wuchsen in Friedenszeiten auf. Doch die Gespenster des Krieges waren überall, auch in den eigenen Familien, stets gegenwärtig.

Die meisten erwachsenen Deutschen waren so von ihren Kriegstraumata, von moralischer Erschütterung, Enttäuschungen, Trauer, Niedergeschlagenheit oder Verbitterung eingenommen, dass sie nicht über ihr eigenes Elend und Leid hinauszusehen vermochten. Kaum zu glauben – aber tatsächlich hielten viele sich selbst und ihresgleichen für die am schwersten betroffenen Opfer des Krieges. Sie hatten ihr Zuhause, ihren Besitz, ihre Angehörigen und ihre Heimat verloren, und sie zürnten über das missbrauchte Vertrauen, auch über die vergebliche Aufopferung und Schwerstarbeit, die diese Heimat ihnen abverlangt hatte. Die vormals stolzen Männer, einst berauscht von Verheißungen der Herrlichkeit,

Macht und Überlegenheit, waren nun für die meisten entmannte, ausgemergelte, verlauste Versager. Und die Frauen waren verhärtet und auf ungesunde Art in sich gekehrt.

Viele legten Scheuklappen an, schauten nach vorn und trabten unbeirrbar weiter. Sie blickten nicht zurück und weigerten sich auch, die ihnen mit den Essensrationen auf die Teller gehäufte Schuld zu empfinden. Alle Anstrengung galt nun dem Wiederaufbau der zerbombten Städte. Ehemalige Parteimitglieder nahmen die Plätze der früheren Zwangsarbeiter ein. Frauen im Alter von fünfzehn bis fünfzig Jahren wurden in Arbeitsgruppen zusammengestellt und von den Besatzungsmächten, insbesondere den sowjetischen, zu Aufräumarbeiten abkommandiert, wo es an Arbeitskräften fehlte.

Diese später mythisch verklärten Trümmerfrauen bearbeiteten nicht selten mit bloßen Händen in Brigaden zu zehn bis zwanzig Arbeiterinnen die Häuserruinen, um sie ganz abzureißen sowie Backsteine, Balken, Toiletten und andere wiederverwertbare Dinge zu sammeln. Ein durchschnittlicher Arbeitstag dauerte neun Stunden, unterbrochen von einer zwanzig bis dreißig Minuten kurzen Mittagspause. Dafür erhielten die Frauen zeitweise neun Lebensmittelkarten und rund sechs Reichsmark in einer Zeit, als ein Laib Brot achtzig und eine Zigarette zehn Reichsmark kosteten.

Die Befreiung von Konzentrationslagern wie Bergen-Belsen und Dachau im April 1945 hatte eine enorme Wirkung nicht nur auf die öffentliche Meinung in westlichen Ländern, sondern auch auf die politischen und militärischen Entscheider. Fotos und Filmaufnahmen aus diesen Lagern lösten heftige Empörung und Abscheu gegenüber NS-Deutschland und den Deutschen ganz allgemein aus. Die öffentliche Verbreitung der Gräuel diente auch dem Zweck, dem gesamten deutschen Volk die Schuld am Zweiten Weltkrieg und am Holocaust zuzusprechen. Zivilisten aus der Umgebung der Lager mussten antreten und wurden mit den Leichenbergen der Häftlinge konfrontiert, damit Berichte über das, was dort stattgefunden hatte, später nicht als Alliiertenpropaganda abgetan werden konnten. Hier und da zwang man Zivilisten auch, beim Bestatten der Toten in Massengräbern mitzuarbeiten. Zahlreiche Deutsche nahmen den Alliierten das, was sie als »Siegerjustiz« betrachteten, äußerst übel und sahen nicht ein, dass ihnen Gräuel zur Last gelegt wurden, von denen sie nichts gewusst haben wollten. Doch Plakate mit Fotos von Leichenhaufen in der britischen und amerikanischen Zone sagten es klar und deutlich: »Diese Schandtaten: Eure Schuld!«

Immer noch erschüttert von der Niederlage waren die meisten Westdeutschen anscheinend gewillt, die Verantwortung für die Verbrechen des Dritten Reichs auf Hitler und die »Parteibonzen« als Hauptschuldige abzuwälzen. Sie waren absolut nicht bereit, eine Mittäterschaft an dem zu akzeptieren, was sich allmählich als größter Völkermord der Geschichte herausstellte. In einem Land, das sich in seiner Rolle als Heimat der Dichter und Denker gefallen hatte, verfing diese schreckliche Anklage nicht. Im Bemühen, sich gegenseitig zu entlasten und Entnazifizierungsbescheinigungen zu erwirken, verbündete sich die Bevölkerung allmählich in dem sturen Beharren darauf, dass »niemand etwas gewusst« habe.

Für deutsche Kinder waren das verwirrende Zeiten. Plötzlich durften sie keinen Hitlergruß mehr zeigen und mussten aufpassen, sich in Hörweite der Sieger nicht inkriminierend zu verplappern. Etliche werden auch miterlebt haben, wie die Erwachsenen in ihrer Familie dreist logen und ihre Nazigesinnung schlichtweg leugneten, während sie sich insgeheim weiter als Angehörige der »Herrenrasse« fühlten. Zahlreiche Angehörige dieser älteren Generation stellten sich als Opfer dar, um unangenehmen Gewissensfragen aus dem Weg zu gehen. So blieb es ihren Kindern überlassen, mit dem Makel ihrer Verbrechen fertigzuwerden. Was war den Vätern geschehen? Was hatten die Väter getan? Und was hatten sie von ihnen geerbt? Auf der Suche nach Antworten auf ihre Fragen waren diese Kinder auf sich gestellt. Selbst wenn sie herausfanden, was ihre Väter getan hatten, wurden Verbrechen der Nazis in aller

Regel kleingeredet oder mit dem Hinweis gerechtfertigt, man habe »einfach nur seine Pflicht getan«. Auch gezielte Fragen nach der Herkunft des angeblich ererbten Schmucks oder Tafelsilbers, der Möbel oder Kunstwerke wurden abgewiesen. Das Beharren darauf, dass es »in dieser Familie keine Nazis« gegeben habe, musste als Antwort genügen. Noch für Jahrzehnte wurde das Ansinnen, die jüngste Geschichte der eigenen Familie oder des Landes eingehender zu erforschen, als Gefahr für die kollektive Ehre beargwöhnt.

Kriegskinder fielen angesichts solcher zum Status quo gewordener Lügen und unter den Teppich gekehrter Geheimnisse in eine emotionale Leere. Schweigen breitete sich in den Gesprächen aus, und was ungesagt blieb, nahm eine größere Bedeutung an als das, was zur Sprache kam.

Als der jugendliche Nachwuchs gegen die Mauern dieser kollektiven Amnesie schlug, begehrten manche auf, droschen mit Anklagen auf das Schweigen ein und stellten die Alten zur Rede. Westdeutsche Jugendliche formierten sich auf den Straßen zu den als »Halbstarke« bekannten Schlägerbanden. In Nachahmung amerikanischer Idole wie Marlon Brandos *Wild One* und James Deans *Rebel Without a Cause* marodierten sie durch die Straßen und schlugen mächtig Krawall. Ohne politische Losung oder klare Forderungen, weshalb ihre Aktionen damals als sinnloses Wüten wahrgenommen wurden. Doch siebzig Jahre später erscheint das Aufbegehren gegen die verlogenen Werte gebrochener und demoralisierter Eltern schon eher verständlich.

Gebildetere junge Leute forderten die Elterngeneration intellektuell und politisch heraus. Doch Vernunft allein hat keine reinigende Kraft, und die Gefühle, die mit dem Eingeständnis historisch erwiesener Verbrechen an die Oberfläche zu kommen drohten, waren für die meisten Erwachsenen zu erschreckend, als dass sie sie hätten zulassen können. Etliche der Jungen übernahmen auch einfach die Einstellungen der eigenen Eltern: unbeirrt nach vorne schauen, weitermachen und sich in einem Leben einrichten, das Arbeitsstelle, Auto und Geld für Urlaube bot. Andere empörten sich über so viel Selbstgenügsamkeit und stritten mit aller Kraft für gesellschaftliche Veränderungen. In den folgenden Jahrzehnten kam es zu Umwälzungen auf den Gebieten von Literatur, Musik, Kunst und Gestaltung. Es entstanden neue gesellschaftliche Bewegungen gegen Atomkraft, Umweltverschmutzung, Aufrüstung und Krieg. Diese Generation setzte alles daran, das neue Deutschland komplett zu verändern.

Den Nachkommen der prominentesten Nazis ging die Auseinandersetzung mit dem, was ihre Vorfahren verbrochen hatten, besonders nahe. Für sie war es oft eine enorme Herausforderung, damit fertigzuwerden. Manche sagten sich völlig los von ihren Familien und entzogen sich dem Kreislauf der Schuld, in dem sie sich gefangen fühlten, indem sie ein einsames Leben führten. Die Großnichte von SS-Chef Heinrich Himmler schrieb Bücher. Andere äußerten sich öffentlich über die deutsche Schuld. Einige wählten den Weg der Selbstzerstörung, ergaben sich Süchten oder erlagen Geisteskrankheiten. Etliche beschlossen, keine Kinder in die Welt zu setzen. Die Großnichte und der Großneffe von Hermann Göring, den Hitler als seinen Nachfolger auserkoren hatte, ließen sich sogar sterilisieren.

Im Ausland empörte man sich in diesen Jahrzehnten sehr über die offenkundige Unfähigkeit vieler Deutscher, die Härten des eigenen Lebens in ein Verhältnis zu dem Leid zu setzen, das ihr Volk anderen zugefügt hatte. Konrad Adenauer verurteilte als neu gewählter Kanzler der Bundesrepublik Deutschland in einer Rede von 1949 die Entnazifizierungen durch die Militärbehörden der Besatzungsmächte und sprach von den Leiden der Deutschen, während er über die Opfer deutscher Kriegsverbrechen kein Wort verlor. Erst als die junge Bundesrepublik im In- und Ausland zunehmend unter Druck geriet, die deutsche Kriegsschuld anzuerkennen, bekannte sie sich 1952 schließlich zu ihrer Verantwortung immerhin gegenüber den jüdischen Opfern und einigte sich mit Mosche Scharett, dem Außenminister des kurz zuvor gegründeten jüdischen Staates Israel, auf Wiedergutmachungszahlungen.

Viele Deutsche spielten die Verbrechen ihres Landes herunter, indem sie behaupteten, der Völkermord an den Juden sei nicht schlimmer gewesen als die Ausrottung der amerikanischen Ureinwohner oder die Lynchmorde an Schwarzen in den Vereinigten Staaten. Es gab auch solche, die vom Glauben an eine ruhmreiche Herrenrasse und ihren gerechten Krieg nicht abließen. Deutschland, behaupteten sie, habe es auf sich genommen, den Rest Europas gegen den Kommunismus zu verteidigen, der Kampf gegen den Bolschewismus sei wichtiger als der Antisemitismus gewesen, die Welt schulde ihnen Dank dafür. Manche Wehrmachtsangehörige fragten, warum ausländische Diplomaten nichts gegen das Treiben der Nazis unternommen, sondern Hitlers Regierung anerkannt und teilweise sogar bewundert hatten. Einer anderen Deutung zufolge war der Krieg eigentlich eine heuchlerisch verbrämte Reaktion Großbritanniens und der USA auf die imperialistischen Ausdehnungsansprüche eines konkurrierenden Kulturvolks. Eine weitere Rechtfertigungsthese basierte auf der vermeintlich ungerechtfertigten Gleichsetzung von Hitler und »seinem« Volk. Nicht seinem »Führer«, sondern ausschließlich den eigenen Landsleuten gegenüber fühlte man sich laut dieser These in ungebrochener Loyalität verbunden.

1947 wandte sich der Philosoph Karl Jaspers nach seiner Rückkehr aus dem Schweizer Exil an die Universität Heidelberg in seinem Buch *Die Schuldfrage* an das blinde und taube Gewissen der Nation. Er erörterte und entkräftete darin sämtliche Ausreden. Ausgehend von der Prämisse, dass jeder, auch er selbst, eine moralische Verantwortung dafür trug, dass er zu wenig gegen das Aufkommen der Nazis unternommen hatte, unterschied er vier Arten von Schuld – kriminelle, politische, moralische, metaphysische. Trotzdem bekommt man einige der Ausreden bis heute zu hören.

Bis weit in die Fünfzigerjahre ließ der Groll, der unter der Oberfläche kollektiven Schweigens brodelte, nur wenig Raum zum Nachdenken. Die Vergangenheit wurde systematisch begraben, ihre Erschließung verhindert und zensiert. Da es im Nachkriegsdeutschland kaum Therapieangebote gab, richteten die Menschen ihren Blick in die Zukunft, schmorten aber die ganze Zeit mit zusammengebissenen Zähnen in einem unverdaulichen Gebräu aus seelischer Überforderung, Kriegstraumata und lähmenden Schuldgefühlen. Unwissentlich reichten sie so die Aufgaben, die sie selbst nicht lösen konnten, an die nächste Generation weiter. Erst in den 1960er-Jahren und nicht zuletzt als Folge des Prozesses gegen Adolf Eichmann, einen der ranghöchsten Organisatoren der »Endlösung der Judenfrage«, in Jerusalem sowie der Auschwitz-Prozesse in Frankfurt gingen jüngere Deutsche daran, die Gesinnung der Nation zu verändern. Sie nahmen nicht länger hin, dass man so tat, als hätte es den Holocaust nie gegeben. Oder als sei er die exklusive Angelegenheit Hitlers und seiner SS gewesen. Nicht nur die vor Gericht präsentierten Beweise rückten die Vernichtung der Juden in das allgemeine politische Bewusstsein und sandten erneut Schockwellen durch die deutsche Gesellschaft. Auch Hannah Arendts Betrachtungen zum Eichmann-Prozess, von dem sie im Auftrag des *New Yorker* berichtete, trugen dazu bei.

Die jüdische Philosophin erkannte bei Eichmann »nicht Dummheit«, wie sie schrieb, »sondern eine merkwürdige, durchaus echte Unfähigkeit zum Denken«. Eichmann zeigte keinerlei Reue für seine Taten und behauptete, er habe schlicht seine Aufgabe ausgeführt und sich gesetzestreu verhalten. Arendt brachte dieses Phänomen in ihrer Artikelserie für den *New Yorker* 1963 auf die seither berühmte Formel von der »Banalität des Bösen«. »Die Taten waren ungeheuerlich«, schrieb sie einige Jahre später, »der Täter aber … vollkommen gewöhnlich, durchschnittlich und weder teuflisch noch ein Ungeheuer.« Auch war Eichmann keineswegs der einzige »normale« Mensch unter einem Haufen bösartiger Sadisten. Ganz gewöhnliche Menschen, kleine Rädchen im Getriebe, hielten ein System am Laufen, das monströse Verbrechen beging.

Im Jahr 2011 bestritt Bettina Stangneth, Autorin des Buchs *Eichmann vor Jerusalem*, Arendts Deutung. Sie behauptete, Eichmanns scheinbare »Banalität« sei eine ausgeklügelte Strategie der Verteidigung gewesen und dem Kalkül gefolgt, dass er vielleicht dem Henker entging, wenn er den einfältigen Verwaltungsbeamten markierte. Stangneth zufolge war Arendt als Prozessbeobachterin etwas sogar noch Schrecklicheres als die Banalität des Bösen entgangen: dass derart unfassbare Taten nicht psychisch schwer beschädigten Menschen vorbehalten waren, sondern durchaus auch von intelligenten, reflektierten Menschen begangen wurden, die wussten, was sie taten, und sich bewusst dafür entschieden, es zu tun.

Je mehr Einzelheiten in diesen Prozessen ans Licht kamen, umso mehr empörte sich die Jugend des Landes über das Schweigen der Elterngeneration und erkannte darin einen moralischen Skandal, eine zweite große Schuld. Ende des Jahrzehnts entlud sich der Zorn der »Achtundsechziger« auf den Straßen Westdeutschlands in riesigen Demonstrationen und Studentenkrawallen gegen den Vietnamkrieg und das, was die Beteiligten als bourgeoise Gesellschaftsordnung erachteten: Militarismus, Konsumismus, Hierarchie, Kapitalismus. Sie protestierten gegen das Wiederaufleben autoritärer Tendenzen und gegen die Heuchelei eines Staates, der sich hinter dem weithin bemühten und bequemen Mythos vom »Befehlsnotstand« verbarg – also der Behauptung, es sei unter Hitler unmöglich gewesen, sich Befehlen zu widersetzen. Denn darauf gründeten unzählige unbehelligt gebliebene Nazis nach dem Krieg eine zweite Karriere bis hinauf an die Schaltstellen der Macht in Politik, Verwaltung, Privatwirtschaft, Polizei, Schulen und Universitäten. (Einer neueren Untersuchung offizieller Stellen zufolge waren 1957 von allen höheren Beamten im westdeutschen Justizministerium 77 Prozent ehemalige Mitglieder der NSDAP – mehr als im

Dritten Reich selbst.) Die Achtundsechziger waren entschlossen, das Unrecht der Vergangenheit zu enthüllen und dabei gerade auch das Verhalten der eher passiven Mitläufer in den Blick zu rücken.

Eine Minderheit griff zu Terrormethoden: Die berüchtigte Baader-Meinhof-Bande oder Rote Armee Fraktion, deren schwarzweiße Fahndungsfotos ich als Kind in Hamburger U-Bahn-Stationen gesehen hatte, bestand von 1970 bis 1998. Insgesamt 34 Morde gingen auf das Konto dieser Gruppe, die ihr Handeln als jenen Widerstand gegen den Faschismus rechtfertigte, den ihre Eltern nie geleistet hatten.

Während die Proteste auf den Straßen tobten und einen Wandel in der Gesellschaft insgesamt bewirkten, hatte der Generationenkonflikt in den allermeisten Familien bei Weitem nicht denselben Stellenwert. Viele junge Leute rangen eher mit der Frage, wie man einen Vater oder anderen nahen Verwandten noch lieben konnte, der schwere Verbrechen begangen hatte.

Diesen Zwiespalt erkundet der Dokumentarfilm *What Our Fathers Did: A Nazi Legacy* von 2015 sehr überzeugend. Unter den wenigen Kindern, die öffentlich über die Missetaten ihrer Väter gesprochen haben, sind Niklas Frank und Horst Wächter die bekanntesten. Beide sind Söhne einschlägiger nationalsozialistischer Kriegsverbrecher und Massenmörder, und doch nehmen sie ihren Vätern gegenüber völlig gegensätzliche Haltungen ein. Im Film werden die beiden vom Menschenrechtsanwalt und Buchautor Philippe Sands interviewt, dessen entferntere jüdische Verwandtschaft im Holocaust umgekommen ist.

Niklas Frank zögert nicht, Hans Frank zu verurteilen. Dem Leiter des Generalgouvernements Polen (der Teil Polens, der weder von Deutschland noch von der Sowjetunion annektiert worden war) und Rechtsbeistand Hitlers wurde 1945 in Nürnberg als einem der Hauptkriegsverbrecher der Prozess gemacht. Er wurde wegen Völkermords schuldig gesprochen und 1946 hingerichtet. Sohn Niklas bringt in seinem Buch *Der Vater. Eine Abrechnung* seine bedingungslose Abscheu für den Vater zum Ausdruck und stellt sich vor, ihn in der Hölle schmoren zu sehen. Ganz anders Horst Wächter. Otto Gustav Wächter, SS-Gruppenführer und Gouverneur von Krakau und später von Galizien, der direkt für die Deportation und den Tod vieler Tausender Juden verantwortlich war, entzog sich der Gerichtsverhandlung, indem er 1945 untertauchte, und starb vier Jahre später in Rom.

Im Film erklärt Horst, dass er seinen Frieden mit dem Andenken an seinen Vater schließen möchte und sich berechtigt und moralisch verpflichtet fühlt, zu ihm zu stehen. »Ich muss das Gute in meinem Vater finden … Mein Vater war ein guter Mensch, ein Liberaler, der sein Bestes tat. Andere wären schlimmer gewesen … Ich liebe ihn, ich kann nicht sagen, dass mein Vater ein Verbrecher war.« Auch Niklas Frank erklärt, er habe seinen Frieden geschlossen, wenn auch auf ganz andere Weise. Er hat sich dafür entschieden, Hans Franks Verbrechen anzuerkennen und sich von seinem Vater loszusagen. »Er war ein schlechter Mensch … Ich lasse nicht zu, dass mein Leben von diesen Eltern ruiniert wird.«

2014 erlebte ich Philippe Sands als Moderator eines ähnlichen, äußerst spannenden Gesprächs zwischen den beiden Männern im Londoner Southbank Centre. Sands hat später eindeutige Beweise für Wächters Kriegsschuld gefunden und veröffentlicht, doch damals konnte ich mich trotz der teilweise aggressiven Fragen, mit denen Horst konfrontiert wurde, nicht so recht zwischen dem Umgang beider Männer mit ihrer Familienvergangenheit entscheiden. War Horst Wächters Entschluss, Otto Wächter zu lieben, ein ehrenwerter Versuch, das Gute im Menschen zu sehen? War er eine naive und halsstarrige Leugnung von dessen Vergehen oder gar Ausdruck einer schweren psychopathologischen Störung? War Niklas' kategorisches Verstoßen des Vaters eine erfolgreiche Auseinandersetzung mit dessen abscheulichen Verbrechen oder eine Unfähigkeit zu verzeihen? Ich selbst hing dem Glauben an, dass es galt, irgendeinen Mittelweg zwischen beidem zu finden, wenn man sich von einem derart schweren Erbe befreien wollte. Ich wollte weder mit dem Hass noch mit der Unwahrheit leben müssen.

In Ostdeutschland waren die Menschen während der Jahrzehnte nach dem Krieg nicht in derselben Weise mit Vorwürfen und Schuldzuweisungen konfrontiert. Der Eiserne Vorhang schirmte sie nicht nur vom Einfluss westlicher Werte ab, sondern auch vom moralischen Rechtfertigungsdruck, den die westlichen Alliierten in ihren Sektoren auf die Bevölkerung ausübten. Die offizielle Linie der sowjetischen Besatzungszone war von Anfang an: Antifaschismus bei gleichzeitigem Totschweigen von Stalins Verbrechen. Unzählige Wahrzeichen des Imperialismus wurden abgerissen und die Neue Wache Unter den Linden in Berlin, zuvor Gedenkstätte für die gefallenen deutschen Soldaten des Ersten Weltkriegs, als Mahnmal für die Opfer von Faschismus und Krieg wiederaufgebaut. Helden des Widerstands wurden geehrt und ein viel größerer Anteil von Nazis als Kriegsverbrecher vor Gerichte gestellt als im Westen. Schulbücher belehrten über das Unrecht der faschistischen Ideologie, die Nationalhymne wurde umgeschrieben, und den 8. Mai, an dem der deutsche »Raub- und Vernichtungsfeldzug« geendet hatte, feierte man als Tag der Befreiung. Schon in den Fünfzigerjahren wurde hier offen und kritisch über die Verbrechen der SS und der Wehrmacht gesprochen, ebenso über den Antisemitismus. Ausgewanderte Juden wurden zur Rückkehr eingeladen, und man sang Friedenslieder.

Dass die Ostdeutschen von den Sowjets zu den Opfern des Faschismus gerechnet und wie Verbündete im Kampf gegen ihn behandelt wurden, ersparte diesen womöglich den Vorwurf der Beteiligung an den Gräueln der Nazis, der ein so bedeutender Faktor in der Neubildung der westdeutschen Kollektivseele war. Dafür fanden sie sich erneut in einem politischen System gefangen, in dem Denunzierung, Lüge und Vertuschung regierten und Gewalt gegen die eigenen Bürger als legitimes Herrschaftsinstrument betrachtet wurde.

Obwohl die Beweggründe der ostdeutschen Führung mehr politischer als moralischer Art waren, verbreitete sie dennoch die so schlichte wie eingängige Botschaft, dass »die Nazis« böse waren. Auch im Osten Deutschlands waren also die Nazis nicht »wir«, sondern irgendwelche anderen. Im Westen, wo die Botschaft weniger eindeutig ausfiel, ließen die Achtundsechziger den Geist der Anklage aus der Flasche, und nichts und niemand konnte ihn je wieder darin einschließen.

Das vielleicht erste klare Bekenntnis der Reue erfolgte 1970, als ein Staatsbesuch des sozialdemokratischen Bundeskanzlers Willy Brandt in Polen mit dem Gedenktag für die jüdischen Opfer des Aufstands im Warschauer Getto von 1943 zusammenfiel. Brandt fiel spontan auf die Knie und sagte kein Wort. »Unter der Last der jüngsten Geschichte tat ich, was Menschen tun, wenn die Worte versagen«, schrieb Brandt später in seiner Autobiografie. »So gedachte ich Millionen Ermordeter.« Der stille »Kniefall«, der viele Westdeutsche empörte, weil sie in dieser Geste weniger Demut als Demütigung sahen, wurde vom Rest der Welt als einer der ersten politischen Schritte zum Heilen der Wunden wahrgenommen.

Etwa um dieselbe Zeit gaben frühe Werke von Anselm Kiefer (*1945) und Gerhard Richter (*1932) in der bildenden Kunst den Anstoß zur Auseinandersetzung mit der Vergangenheit anstelle ihrer Verdrängung. Ohne direkt mit dem Finger auf Schuldige zu zeigen, ließen sie eine nationale Schuld erkennen, die viele Deutsche gern weiter geleugnet hätten, aber nicht länger leugnen konnten. Kiefer erreichte das mit einer Serie umstrittener Performances und fotografischer Selbstporträts, in denen er den verbotenen Hitlergruß an sorgfältig ausgewählten Orten provokativ reinszenierte. Richter malte in einer für ihn charakteristischen Technik der »Vermalung« Bilder nach Fotos von seinem 1944 verstorbenen Onkel Rudi in Wehrmachtsuniform und seiner Tante, die dem Euthanasieprogramm der Nazis zum Opfer gefallen war. Wie 300 000 andere angeblich unheilbar Kranke oder wegen körperlicher oder seelischer Gebrechen zu »lebensunwertem Leben« erklärte Menschen hatte man sie ermordet.

Doch erst mit der amerikanischen Fernsehserie *Holocaust*, die auch ich 1979 als Jugendliche in England sah, erreichte das Grauen die Wohnzimmer von zwanzig Millionen Deutschen aller Altersgruppen und warf ihnen den Vorwurf der Schuld und Mittäterschaft vor die Füße. Von diesem Zeitpunkt an war es für Deutsche nicht mehr möglich, an den Klagen über eigenes Leid und den Debatten darüber festzuhalten. Diskutiert wurde stattdessen vor allem darüber, wie dieses finsterste Kapitel der neueren deutschen Geschichte zu verstehen und einzuordnen sei.

Die entscheidende tektonische Verschiebung geschah am 8. Mai 1985, als Bundespräsident von Weizsäcker zum 40. Jahrestag des Kriegsendes als erster westdeutscher Politiker mit der Gewohnheit brach, den Tag als Andenken an Niederlage, bedingungslose Kapitulation und Trauer zu begehen, und stattdessen von einem »Tag der Befreiung« sprach. In einer mitreißenden Rede rang er sich zu einem Eingeständnis durch, dessen Inhalt anderen Nationen seit dem Krieg vertraut war: dass etliche Völker schwerer gelitten hatten als die Deutschen und dass ihr Leid allein die Schuld der Deutschen war – im Westen wie im Osten.

Ende der Achtzigerjahre herrschte in Westdeutschland Konsens, dass die Naziverbrechen einzigartig waren, der Holocaust ein Gräuel ohnegleichen und dass die Deutschen als Nation endlich ihre Verantwortung dafür anerkennen sollten. Der Schlüssel zur Versöhnung lag, wie Präsident von Weizsäcker gesagt hatte, in der Erinnerung. Deutschland jedoch stürzte diese selbst gestellte Aufgabe in große Verwirrung. Wie erinnert man an etwas, was man am liebsten vergessen würde?

22
Niemals vergessen

Wenn die Erinnerung wachgehalten wird, um alten Hass und Feindseligkeiten zu kultivieren, steigert sie sich mit einiger Wahrscheinlichkeit am Ende zu Rache und zur Wiederholung von Gewalt. Wenn die Erinnerung aber wachgehalten wird, um Hassgefühle zu überwinden, so kann das Gedenken heilsam wirken.

Pumla Gobodo-Madikizela, *Dare We Hope? Facing Our Past to Find a New Future*

Mein Grossvater endete als einer von einer Million deutscher Soldaten, die vorsätzlich vergessen wurden. Für diese Soldaten entstanden keine Gedenkstätten nach dem Krieg, auch weil eine Direktive der Alliierten von 1945 alles verbot, was auch nur ansatzweise als Würdigung oder Verherrlichung deutscher Militärtraditionen, der NSDAP oder jeglicher Schlachten und Kriegsereignisse verstanden werden konnte. Hauptgrund hierfür war der Konsens, dass deutsche Soldaten Rädchen im Getriebe der NS-Vernichtungsmaschinerie gewesen waren und somit als ehrlos galten – obwohl sie in den Nürnberger Prozessen für »sauber« erklärt worden waren und auch in der Himmeroder Denkschrift, die den Weg für die Wiederbewaffnung Westdeutschlands bereitete, ihre Rehabilitierung gefordert wurde.

Sogar Soldatengräber sind im Nachkriegsdeutschland kaum zu sehen. Ein Grund: Von den fast fünf Millionen gefallenen deutschen Soldaten starben die meisten auf fremdem Boden und endeten dort in Massengräbern. Auf einem kleinen Friedhof in einem Tal der bayerischen Alpen, nicht weit von Berchtesgaden und Hitlers zweiter Machtzentrale auf dem Obersalzberg, finden sich zahlreiche Grabsteine ohne Bestattete. Die meisten ziert eine Keramikfotografie eines jungen Mannes Anfang zwanzig und eine Inschrift, die Datum und Ort seines Todes vermerkt: Stalingrad, Russland oder einfach nur »im Osten«. Und erst 1966 legte Adenauer den Grundstein für die riesige, abstrakt gehaltene Friedland-Gedächtnisstätte. Gewidmet ist sie den aus sowjetischen Kriegsgefangenenlagern zurückgekehrten Wehrmachtssoldaten und den Heimatvertriebenen, aber sie ist bis heute fast völlig unbekannt.

Kollektive Erwähnung fanden die Toten allmählich in Form von Ergänzungen zu bestehenden Kriegerdenkmälern aus dem Ersten Weltkrieg. Vor allem in Süddeutschland entstanden auch bescheidene Denkmäler oder Grabsteine zur Ehrung der Verschollenen, zumeist eher versteckt in Dörfern und auf Friedhöfen. Der Volksbund Deutsche Kriegsgräberfürsorge dokumentiert mehr als 800 Kriegsgräberstätten in 45 Ländern und bestattet auch weiterhin menschliche Überreste auf neuen Friedhöfen, denn immer noch werden Leichen von im Zweiten Weltkrieg gefallenen Soldaten entdeckt. 2017 bestatteten zum Beispiel deutsche und russische Soldaten gemeinsam die sterblichen Überreste von mehr als tausend Kämpfern südwestlich von St. Petersburg, und bis vor Kurzem wateten deutsche und russische Jugendliche auch noch durch die Wolchowsümpfe auf der Suche nach Erkennungsmarken von Soldaten beider Seiten, um deren Angehörigen ein angemessenes Gedenken zu ermöglichen.

Deutscher Soldaten zu gedenken galt und gilt bis heute als problematisch. Die meisten Deutschen akzeptieren, dass auch diejenigen unter ihren Vorfahren in der Wehrmacht, die keine Nazis waren, nicht öffentlich geehrt werden. Denn damit würde man zwangsläufig zugleich die Sache gutheißen, für die sie starben. Bis heute unternehmen nur wenige Deutsche organisierte Reisen zu den Kriegsgräbern beider Weltkriege und meiden sogar die Gräber vor ihrer Haustür. Im Gegensatz zu den strahlend weißen, in Reihen aufragenden Grabsteinen der Commonwealth War Graves Commission mit den breit ausgetretenen Wegen im Gras dazwischen, die auf einen steten Strom von Besuchern schließen lassen, erweist an diesen letzten Ruhestätten kaum jemand den Bewohnern die letzte Ehre. Deutsche Kriegsgräberstätten sind meist menschenleere Orte und die einzelnen Gräber nur schlichte schwarze Kreuze oder mattgraue, in den Boden eingelassene Platten. Ich habe oft von Menschen gehört, wie trostlos sie diese Orte finden.

Ich stelle mir vor, dass dieser vorsätzliche Akt des kollektiven Vergessens damals auf meinen Großvater eine verheerende Wirkung gehabt haben muss. Er war mit dem Herzen ganz bei seinen Männern, auch noch nach ihrem Tod, und hatte sich maßgeblich für die Errichtung von Gedenkstätten für die Gefallenen im Gebiet von Nowgorod eingesetzt. Auf unserer Reise nach Russland besuchten Mutter und ich den deutschen Friedhof dort – ein weitläufiges, leeres Gelände mit nur einem hohen Holzkreuz und meh-

Karl salutiert bei der Gedenkfeier für die gefallenen deutschen Soldaten der 58. Infanterie-Division in der Nähe von Nowgorod vor seinen Truppen.

reren Häuflein wuchtiger Steine hier und da. Der Kontrast zur Förmlichkeit und Würde auf Fotos von meinem Großvater bei einem Gedenkgottesdienst zu Kriegszeiten bei Nowgorod, die ich gefunden hatte, war unübersehbar.

Mein Großvater sorgte sich auch um das Wohlergehen der Angehörigen. Im Sommer 1942 organisierte er nach der Schlacht am Wolchow eine Spendensammlung für die Ehefrauen und Kinder der getöteten oder schwer verwundeten Männer. Bis Weihnachten desselben Jahres wurden dabei rund eineinhalb Millionen Reichsmark gesammelt und verteilt. In Briefen zeigten sich die Empfänger zutiefst dankbar für die unerwartete Hilfe von der Front. Diese spontane Solidarität wurde jedoch als unvereinbar mit dem totalitären Ethos der Nazipartei betrachtet, und mehrere Anweisungen von oben untersagten weitere Kollekten. Den Soldaten war das egal. Erst die schweren Kämpfe in den folgenden Monaten brachten die Spendenbereitschaft zum Erliegen. Nach Kurt von Zydowitz, dem Autor einer Geschichte der 58. Division, gilt »das Kameradschaftswerk« meines Großvaters in seinem Grundgedanken »auch heute noch als vorbildlich«.

So erlaubte auch ich mir, stolz auf meinen Großvater zu sein, weil er im Angesicht des Todes so viel menschliche Wärme bewiesen hatte. Ich bewunderte ihn dafür, dass er ein Bewusstsein für die Bedeutung von Zeremonie und Würde bei der Trauer um gefallene Männer bewahrt hatte, und das in einer Situation, in der so gut wie nichts erwarten ließ, dass ein Menschenleben noch irgendeinen Wert besaß. Es bestärkte mich in meiner Wahrnehmung, dass er auch mitten in der tobenden Schlacht noch ein Mensch mit Gefühlen geblieben war und nach seinen inneren Überzeugungen handeln konnte, wie es viele andere mit Sicherheit nicht mehr konnten.

Schon bevor ich diese Information über meinen Großvater erhielt, war ich auf der Suche nach Möglichkeiten, mit meiner Kunst das Andenken an die gewöhnlichen, durch das Raster der Erinnerung gefallenen Menschen hochzuhalten und zu bewahren. Gemeinsam mit einem Studienkollegen hatte ich eine Serie interaktiver ortsspezifischer Installationen auf dem Friedhof von Stroud gschaffen, um Tausenden hier in namenlosen Gräbern beigesetzten ehemaligen Insassen des benachbarten Armenhauses ein wenig Gerechtigkeit widerfahren zu lassen. Um sie namentlich zu würdigen, recherchierten wir in den Sterbebüchern der Gemeinde und erzählten einzelne Details aus dem einen oder anderen Leben.

Auf dem deutschen Friedhof in Nowgorod hatten Mutter und ich schweigend dagestanden und nicht so recht gewusst, was wir empfinden sollten. Unsere Gefühle schienen blockiert. Beim Lesen der endlosen Reihen mit Namen von Männern, die zumeist mit Anfang zwanzig gefallen waren, holte uns schließlich die Trauer ein; eine überwältigende Trauer, zwar nicht um irgendjemanden oder irgendetwas Bestimmtes, doch einfach um alles.

England hatte in seiner Selbstwahrnehmung als Sieger- und ehemalige Weltmacht nie eine echte Veranlassung, die eigene Geschichte kritisch zu betrachten, und so geht es in unseren nationalen Gedenkzeremonien hauptsächlich um Gefühle von Stolz auf die Heldentaten beider Weltkriege und Dankbarkeit gegenüber den gefallenen Soldaten. Neil MacGregor, der Gründungsdirektor des Humboldt-Forums in Berlin und Autor des Buches *Deutschland. Erinnerungen einer Nation*, hält dagegen den Deutschen sehr zugute, dass sie »ihre Geschichte nutzten, um sich Gedanken über die Zukunft zu machen, während Briten die ihre verwenden, um darin Trost zu finden«.

Es fällt mir zwar nicht schwer, bei den alljährlichen Feierlichkeiten zum Armistice Day in Rührung zu geraten: angesichts der beeindruckenden Parade und der bewegenden Musik, angesichts des aufrichtigen Stolzes, der Ehrerbietung und Dankbarkeit gegenüber denen, die gekämpft haben, und denen, die gefallen sind. Doch zugleich spürte ich von jeher die damit einhergehende Gefahr, den Krieg zu heroisieren oder zu verkitschen.

Ich weiß noch, wie ich einmal die Übertragung des UK Armistice Day von 2013 im Radio hörte und dabei Blumenzwiebeln in meinem Garten pflanzte. Während meine Hände die Erde zerkrümelten, sprach ein ehemaliger britischer Soldat, der in Afghanistan gekämpft hatte und sich über die sterile und beschönigende Wirkung unserer Sprache auf unsere Beschreibung des Krieges ausließ. Ausdrücke wie »Great War«, »gefallene Soldaten« oder »Helden«, sagte er, vermittelten nichts von der grausamen Wirklichkeit des Kampfs oder von der Art, wie Soldaten wirklich sterben. »Sie ›fallen‹ nicht«, sagte er beinahe empört. Er hatte recht. Sie werden plötzlich in Stücke gerissen oder sterben langsam, in Todesangst und einsam, während sie nach ihren Müttern rufen.

Und sind wir nicht, wie ein amerikanischer Gesprächsteilnehmer zu bedenken gab, auch unredlich gegenüber denjenigen, deren Tapferkeit weit über die Erfüllung ihrer soldatischen Pflicht hinausging, wenn wir sämtliche Kriegsveteranen pauschal zu Kriegshelden stilisieren? Übersehen wir geflissentlich, dass die British Army allein bis zum Ende des Ersten Weltkriegs 80 000 Fälle von Granatenschock verzeichnete? Dass im Zweiten Weltkrieg fast 150 000 britische und amerikanische Soldaten desertierten? Und was ist mit den Soldaten der Alliierten, die sich leider weniger heldenhaft betrugen, indem sie plünderten, Angst und Schrecken verbreiteten, stahlen oder vergewaltigten? Ist derartiges Verhalten nicht eher oder mindestens ebenso sehr charakteristisch für den Krieg – in dem es eben keine wirklichen Gewinner, sondern nur etliche Abstufungen von Helden und Feiglingen, guten und schlechten Soldaten auf allen Seiten gibt? Sollte ein menschlicher Umgang damit nicht eher in der Erinnerung an die Folgen bestehen, die nach dem Schweigen der Kanonen noch lange spürbar waren?

In Deutschland gibt es nichts, was man mit dem Schauspiel der Armistice-Day-Gedenkveranstaltungen in Großbritannien vergleichen könnte. Die Unterzeichnung des Waffenstillstands am 11. November 1918 besiegelte auch für die Deutschen das Ende des

Ersten Weltkriegs, doch ihnen brachte das Abkommen keinen Frieden. Stattdessen leitete es den Sturz des Kaisers ein und zog Jahre der politischen Unruhen, grassierenden Armut, großen Entbehrungen und nationalen Demütigung nach sich, die allesamt den Boden für den Aufstieg des Nationalsozialismus bereiteten.

Ab 1952 wurde in Westdeutschland alljährlich zwei Wochen vor dem ersten Adventsonntag der Volkstrauertag begangen. Als eher allgemein gehaltener Feiertag nationalen Trauerns und Gedenkens erinnerte er nicht nur an die im Krieg getöteten Soldaten und Zivilisten des eigenen Landes, sondern an die Opfer von Gewalt und bewaffneten Konflikten überall. Seit der Wiedervereinigung werden jedes Jahr an der Neuen Wache in Berlin Kränze vor Käthe Kollwitz' großer, klobiger, wunderschöner Bronze einer trauernden, ihren toten Sohn umschlingenden Mutter niedergelegt, die dort 1993 aufgestellt wurde. Für viele Menschen erfasst gerade diese persönliche Sicht einer Mutter, die um ihr Kind trauert, am besten das Elend, die Sinnlosigkeit und die familiäre Tragödie des Krieges, um sie in den Mittelpunkt des Gedenkens zu stellen.

Waren die Gedenkstätten für die Verlierer nach dem Ersten Weltkrieg schon zurückhaltend und würdevoll-ernst, mit starker Betonung der Trauer ohne jeden Triumph gehalten, so wurde es für Deutschland nach dem Zweiten Weltkrieg nahezu unmöglich, seine Geschichte noch in den traditionellen Formen öffentlich darzustellen: in Form von Denkmälern und Statuen, die positive Gefühle der Anerkennung, Dankbarkeit und des Stolzes vermitteln sollen, um künftige Generationen mit der Aussicht auf Heldenmut und dem Versprechen ehrenvollen Gedenkens in die Schlachten der Zukunft zu werfen. Meist auf Sockeln erhöht stehen diese Symbole des Ruhms oder Bildwerke bedeutender Persönlichkeiten, in der Regel Männer, mit stolzer Haltung und in Bronze gegossen da und fordern schon in ihrer imposanten Kunstfertigkeit und ihren wuchtigen Dimensionen, dass wir im Wortsinn »zu ihnen aufsehen«. Sie sind die sichtbar gemachten

Werte ihrer Zeit; beruhigende Erinnerung an das, was eine Nation Erfolgreiches vollbracht hat.

Um 1990 gab es in Westdeutschland nur noch wenige derartige Denkmäler, die zumeist ungepflegt vor sich hin rotteten. In Ostdeutschland hatte man Konzentrationslager wie Buchenwald, Sachsenhausen und Ravensbrück als Schauplätze des Verbrechens erhalten. Sie blieben erhalten zur Beweissicherung und zur Dokumentation der dortigen Ereignisse, aber auch als grausige Friedhöfe für die Überreste von Millionen und zudem einzige Grabmäler, an denen Verwandte den Ermordeten ihre letzte Ehre erweisen konnten. Dagegen hatte man in Westdeutschland nach dem Krieg weniger Interesse am Erhalt der Stätten von Gräueltaten gezeigt. Aber nach der Wiedervereinigung geriet die Regierung unter Druck von Bürgern, etwas zu unternehmen. Seither beschränkt sich die Gedenkkultur des Landes nahezu ausschließlich auf das Vermächtnis Hitlers und den Holocaust. »Vergangenheit« und »Bewältigung« wurden zu einem dieser langen deutschen Hauptwörter zusammengesetzt, und Deutschland begann sein schwieriges, bis heute anhaltendes Ringen mit seiner jüngeren Geschichte.

Ab den späten Achtzigerjahren stellten sich auch Künstler, Bildhauer und Architekten der Herausforderung und entwickelten die einzigartige deutsche Kultur der »Gegendenkmäler«, wie James E. Young diese Art Mahnmale genannt hat, die alle gewohnten Vorstellungen von Denkmälern auf den Kopf stellen. Da den Deutschen jede Lust vergangen oder ausgetrieben worden war, der Toten ihrer eigenen Armee zu gedenken, musste sich die Aufmerksamkeit auf die Opfer richten. Künstler mussten Formen finden, um Schuld, Scham, Reue und Abbitte zum Ausdruck zu bringen. Sie wollten die Menschen davon abhalten, einfach wegzusehen, wollten sie zwingen, aus eigenem Antrieb am Erinnern der Vergangenheit mitzuwirken. Das sollte die Gefahr abwenden, dass wir einem Denk- oder Mahnmal die Aufgabe des Erinnerns überlassen und selbst nur umso vergesslicher werden.

Bundeskanzler Helmut Kohl nahm sich dieser Aufgabe für Deutschland an und machte daraus ein politisches Programm. 1994 widmete er nach einem Wettbewerb 19 000 Quadratmeter teuersten Baulands im Herzen von Berlin dem Bau eines Denkmals für die ermordeten Juden Europas.

Hier entstand das inzwischen berühmte Holocaust-Mahnmal des jüdisch-amerikanischen Architekten Peter Eisenman. Seine 2711 in einem Gittermuster angeordneten Betonstelen unterschiedlicher Höhe sollen stimmungsmäßig das Unbehagen und die Verunsicherung eines vermeintlich ordentlichen Systems ohne jeden Bezug zur Menschlichkeit symbolisieren. Bald darauf veranstalteten große und kleine Städte überall in Deutschland eigene Wettbewerbe oder suchten auf andere Art nach Möglichkeiten, der Opfer des Nationalsozialismus auf künstlerisch innovative Weise zu gedenken. Dabei entstanden zahlreiche zumeist ortsspezifische, temporäre, veränderbare, interaktive Installationen, Projektionen und Anti-Denkmäler, alle mit der Absicht, die Erinnerung lebendig zu erhalten.

In Hamburg-Harburg wurde ein zwölf Meter hoher, mit weichem Blei verkleideter Turm als Mahnmal gegen Unrecht und Faschismus gebaut, in den man seinen Namen schreiben konnte. Jedes Jahr wurde der Turm eineinhalb Meter tiefer in den Boden versenkt, bis er ganz verschwand. In Kassel stellte Horst Hoheisel einen Abguss des Aschrottbrunnens her, den ein jüdischer Industrieller im Jahr 1908 gestiftet hatte und der 1939 von den Nazis zerstört worden war. Dieser Abguss wurde im Inneren des ursprünglichen Sandsteinbeckens auf seinen Kopf gestellt und in den Boden versenkt – »ein Spiegelbild des Alten, versunken unter dem alten Standort, um die Geschichte dieses Platzes als Wunde und offene Frage zu bewahren«. An einem unauffälligen Sportplatz in Berlin-Neukölln offenbart eine Licht-Schriftprojektion von Norbert Radermacher die Geschichte des Ortes als KZ-Außenlager, wann immer jemand nichts ahnend im Dunkeln vorbeigeht und eine

Lichtschranke passiert. Die Worte wandern über Baumkronen und einen Stacheldraht, bevor sie schließlich zur Gänze lesbar auf dem Bodenpflaster landen, eine Minute verweilen, dann verblassen und schließlich ganz verschwinden. Im ehemals jüdisch geprägten Berliner Viertel Schöneberg haben Renata Stih und Frieder Schnock achtzig Tafeln an die Masten von Straßenlaternen montiert. Darauf sind nationalsozialistische Sondergesetze genannt, die Juden damals Schritt für Schritt ihrer Arbeit, gesellschaftlichen Stellung und Rechte beraubten. »Wir wollen durchaus Unbehagen damit auslösen«, sagten die beiden in Reaktion auf empörte Vorwürfe, es handle sich dabei um Antisemitismus. »Niemand soll sagen können, ›wir haben das nicht gewusst‹.« Gunter Demnig schließlich hat in ganz Europa mittlerweile über 100 000 kleine »Stolpersteine« aus Messing in das Straßenpflaster eingelassen, um der Opfer zu gedenken, die an Ort und Stelle ihren letzten Wohnsitz hatten.

Viele dieser Gegendenkmäler stießen auf teils heftigen Widerstand. Beispielsweise kam der Bau von Eisenmans Holocaust-Mahnmal beinahe zum Erliegen, als bekannt wurde, dass einige der am Bau beteiligten Unternehmen auch zu NS-Zeiten schon im Geschäft waren, darunter eines, das Zyklon B für die Gaskammern hergestellt hatte. Trotz des öffentlichen Aufschreis galt es nach 25 Millionen Euro Ausgaben für Planung und Bau aber als finanziell untragbar, die vielen mit einem Graffitischutz des Chemieunternehmens Degussa imprägnierten Betonstelen durch neue zu ersetzen. Diese Entscheidung wurde ebenso kontrovers diskutiert wie die Tatsache, dass das Mahnmal nur an die sechs Millionen jüdischen Opfer und nicht auch an die anderen fünf Millionen Ermordeten erinnert. Letzterer Kritik wurde seither durch weitere Denkmäler für die ermordeten Homosexuellen, geistig und körperlich Behinderten, Sinti und Roma entsprochen, und 2020 kam der Vorschlag eines zusätzlichen Denkmals für die Opfer des deutschen Vernichtungskriegs in Osteuropa auf.

Für viele Juden die wichtigste Erinnerungsstätte, zugleich ein eindrückliches Beispiel für die Bedeutung konkreter Tatorte, ist seit 1998 das bescheidenere Mahnmal *Gleis 17* am Bahnhof Grunewald, von wo aus 50 000 Berliner Juden aus der Stadt abtransportiert wurden. Gleich hinter einer Betonmauer von Karol Broniatowski mit den ausgehöhlten Silhouetten von Deportierten sind hier 186 Stahlplatten an beiden Seiten des Gleises in den Boden eingelassen, die in chronologischer Reihenfolge jede Abfahrt, die Zahl der deportierten Juden und ihr Ziel anführen.

Allein in Berlin entstanden in ähnlichem Stil mehr als 400 Gedenkstätten, und zahlreiche Orte, an denen Verbrechen stattfanden, werden weiterhin als Mahnmal erhalten. An vielen davon finden sich ausführliche Informationen, und es wird alles getan, damit diese Erinnerungsorte nicht zu Wallfahrtsstätten von Neonazi-Touristen werden und sich auch nicht als nachträgliche Billigung oder gar Verherrlichung von Gewalt missdeuten lassen. Dementsprechend ist auch der einstige »Führerbunker« versiegelt

Mahnmal für die deportierten Juden Europas von Karol Broniatowski (1991) am Bahnhof Grunewald

und kann nicht besichtigt werden. Nur eine schlichte Informationstafel weist auf seine Existenz hin.

Während viele dieser Mahnmale sich als Warnungen vor der fatalen Vergangenheit eines irregeleiteten Volkes verstehen, sollen wiederum andere Mut machen und eine mögliche bessere Zukunft in Aussicht stellen. In München kann man zum Beispiel noch unversehens gegen die wuchtigen Säulen des aufkommenden Nazitums rennen – der Bürgerbräu-Keller, von dem 1923 der gescheiterte Hitlerputsch seinen Ausgang nahm, und der »Führerbau«, wo Chamberlain 1938 das Münchner Abkommen unterzeichnete, finden sich hier. Es gibt in der Stadt aber auch Gedenkstätten für die kühnen Mitstreiter des politischen Widerstands: von Georg Elsner, der 1939 ganz allein versuchte – und nur knapp damit scheiterte –, Hitler in die Luft zu sprengen, bis zu Sophie Scholl, die als 21-jährige Studentin mit ihren Vertrauten der Weißen Rose wegen der Verbreitung von Friedensaufrufen 1943 verhaftet und hingerichtet wurde.

Für mich bringen all diese Gedenkstätten in ihren verschiedenen Formen den ernsthaften Wunsch seitens der Deutschen zum Ausdruck, ihre Opfer ohne jede schon vorweggenommene Entschuldigung, Entpflichtung oder Versöhnung um Verzeihung zu bitten. Und sie mahnen uns alle, wachsam zu bleiben. Aufrufe wie »Nie wieder!« oder »Niemals vergessen!« sind zu Prinzipien der deutschen Politik, Kultur und Außenbeziehungen geworden. Führende Vertreter des Landes haben immer wieder vorbehaltlos Deutschlands Schuld eingestanden und wie keine anderen Politiker weltweit Reue und Buße für die eigenen Vergehen demonstriert.

Was Deutschland in dieser Hinsicht geleistet hat, ist weder vollkommen noch vollendet. Doch allein indem es die Aufmerksamkeit ganz auf die Opfer der Tötungsmaschinerie gerichtet hat, rückt es die Leidtragenden des Krieges in den Blick: gewöhnliche Menschen, die Morden, Erniedrigungen und Gewalt zum Opfer fallen; Frauen, Kinder, Alte und Kranke. Die deutschen Denkmäler verherrlichen nichts und niemanden. Sie wollen die heutige Generation, die nur ein Leben im Frieden kennt, aus ihrer Gleichgültigkeit wachrütteln und mahnen, »den Anfängen zu wehren«.

Alle Nationen erzeugen innere Bilder ihrer Geschichte. Das können ruhmreiche Ereignisse sein, aber auch Episoden kollektiver Erschütterung oder tragische Verluste. Nur bestimmte nationale Traumata werden über Jahrzehnte oder gar Jahrhunderte hinweg in der Erinnerung bewahrt und wirken entweder verbindend oder spaltend auf die Nachfahren. Wie körperliche Traumata lassen sich derartige kollektive Erinnerungen, sowohl ihre heroischen Taten als auch ihre Demütigungen, bewusst reaktivieren und für politische Zwecke, Eroberungskriege oder Racheakte, sogar Völkermorde, nutzen. Slobodan Milošević beispielsweise knüpfte an die Schlacht auf dem Amselfeld von 1389 an und bemühte das Andenken an serbische Märtyrer, um ein Bedürfnis nach Vergeltung anzuheizen, das sich 600 Jahre später in der Vernichtung von 10 000 Albanern entlud. Auch viele andere auf ethnischen Konflikten basierende kriegerische Auseinandersetzungen der Gegenwart wurden von der bewussten Reaktivierung historischer Traumata befeuert.

Was unsere Vorfahren durchlebt und durchlitten und wie sie diese Ereignisse verarbeitet haben, kann also auf unsere heutigen Innenwelten ebenso einwirken wie ihre damaligen Überzeugungen, Einstellungen, Handlungen, Bindungen und Träume. Bleiben diese verdrängt und unverarbeitet, sorgen sie unter Umständen dafür, dass das Trauma in den Opfern weiterwirkt, und bereiten damit möglicherweise sogar den Weg für die Täter der Zukunft. Solange ein Land sich nicht den Missetaten seiner Vergangenheit stellt, prägt dieses Erbe das Leben und die Gefühlsreaktionen der Nachfahren. Es kann in die Gegenwart durchbrechen, wie ein Splitter in der Haut vom Eiter ausgestoßen wird.

Überdeutlich wurde das zum Beispiel 2020 nach dem Mord an dem Afroamerikaner George Floyd durch einen Polizeibeamten in

Minneapolis anhand der Reaktion der Black-Lives-Matter-Bewegung und anderer Demonstranten auf den Straßen in aller Welt. Gefordert wurde dabei, dass Länder sich mit den Gräueln ihrer kolonialen Vergangenheit befassen und Denkmäler für diejenigen stürzen, die auf den Rücken der Sklaven reich geworden sind. Wie schon in der Vergangenheit stoßen solche Forderungen zuverlässig auf heftigen Widerstand: Kein Land ist bereit, seine Schuld einzugestehen oder seine Schande öffentlich zu machen.

In England dienen die Siege in den beiden Weltkriegen auch dem Zweck, eine moralische Überlegenheit zu postulieren – wobei die britischen Konzentrationslager und die Gemetzel unserer eigenen, gleichwohl zunehmend umstrittenen, kolonialen Vergangenheit bis vor Kurzem tunlichst verschwiegen wurden. Aber geht es an, die Verbrechen in der Geschichte der eigenen Nation zu ignorieren, nur weil sie, verglichen mit dem Holocaust, weniger schlimm waren? Ist es in Ordnung, dass Länder an den einschlägigen Jahrestagen patriotischen Stolz bemühen, ohne dabei irgendeine eigene nationale Schandtat einzugestehen? Viele Denkmäler lassen eine Schlagseite und das selektive Erinnern einer Geschichte erkennen, die von den Siegern und denjenigen mit Macht und Einfluss geschrieben wurde. In London gibt es eine Statue Gandhis vor dem Parlamentsgebäude, aber kein Denkmal für die Opfer kolonialer Gewalt. Es dauerte fünfzig Jahre und erforderte einen zehnjährigen Rechtsstreit, bis Großbritannien seine Schuld an der brutalen Unterdrückung des Mau-Mau-Aufstands im kolonialen Kenia eingestand, sich entschuldigte und Wiedergutmachungen bezahlte. 2015 wurde schließlich ein von England finanziertes Denkmal für die getöteten und gefolterten Kenianer errichtet – in Nairobi.

Das Imperial War Museum in London verzeichnet die Gewalttaten der Deutschen im Holocaust, erwähnte aber bis vor Kurzem nicht, dass die Briten schon während des Krieges Kenntnis von den Verbrechen der Nazis hatten – und zwar, wie inzwischen allgemein anerkannt, bereits ab 1942. Erst seit Oktober 2021, als zwei neue Räume mit einer Dauerausstellung eröffnet wurden, geht das Museum auf dieses Thema ein.

Eines der vielleicht umstrittensten britischen Denkmäler mit Bezug auf den Zweiten Weltkrieg – bis 2012 zugleich eine der auffälligsten Lücken im nationalen Gedenken – gilt dem Bombenangriff auf Dresden, schon damals bekannt als ein kulturelles Juwel Europas. An zwei Tagen im Februar 1945 warfen britische und amerikanische Flieger 2700 Tonnen Sprengstoff und 200 000 Brandbomben auf das historische Zentrum der Stadt ab. Bis zu 25 000 Menschen, hauptsächlich Zivilisten und Flüchtlinge, starben dabei unter Umständen, die noch immer in der Erinnerung und in der Fantasie der Bewohner nachwirken. In England selbst waren die Reaktionen auf das Gemetzel von Dresden vom ersten Moment an gespalten, und die Größenordnung des Angriffs ist bis heute ein heikles Thema. Einige sahen und sehen immer noch das Flächenbombardement deutscher Städte als strategische Erfordernis, verdiente Rache oder angemessene Taktik zum Brechen des deutschen Kampfwillens. Andere betrachten es als Kriegsverbrechen.

Die Enthüllung des RAF Bomber Command Memorial im Londoner Green Park 2012 rührte dementsprechend an große Empfindlichkeiten. Kaum jemand hätte Einwände dagegen gehabt, dass das Land endlich anerkennend seiner 55 573 tapferen Piloten gedachte, die im Krieg ihr Leben verloren hatten. Scharf kritisiert wurde dagegen die im Zusammenhang mit der Bombardierung Dresdens verschiedentlich »abstoßend« genannte Gestaltung des Denkmals: sieben große Bronzefiguren von Flugzeugführern auf einem Sockel mit auffälligen Inschriften, in denen von Rettung aus höchster Not und Sieg die Rede ist. Erst später kam im Hintergrund eine Tafel hinzu, die in sehr allgemein gehaltener Weise »Menschen aller Nationen« gedenkt, »die von 1939 bis 1945 in Bombenangriffen umgekommen sind«. All das steht in völligem Gegensatz zu dem eindeutigen Symbol und der Botschaft von Frieden, Vergebung und Versöhnung, die von der Stadt Dresden mit dem Wiederaufbau der bei der Bombardierung zerstörten Frauenkirche zum Ausdruck gebracht wurden – unterstützt von vielen britischen Spendern im Rahmen des Dresden Trust 1993.

In den Vereinigten Staaten hat der Kongress erst 2008 formell bei der schwarzen Bevölkerung um Entschuldigung für die Sklaverei gebeten, und in Washington existiert bis heute kein Denkmal, das an diese Epoche bittersten menschlichen Leids erinnert. Wie die Mehrheit der Deutschen in den 1950er-Jahren verweigert sich die Mehrheit weißer Amerikaner sogar einer bloßen Entschuldigung für die Sklaverei, von Wiedergutmachungen nicht zu reden. In ihrem Buch *Learning from the Germans* beschreibt Susan Neiman die Arbeit des afroamerikanischen Anwalts Bryan Stephenson, der Hunderte von verurteilten Häftlingen vor der Hinrichtung gerettet und die Equal Justice Initiative gegründet hat. Woran es in Amerika vor allem mangelt, sagt er, sei Scham. Zwar haben manche Nachfahren von Sklavenbesitzern Bedauern oder Reue zum Ausdruck gebracht, doch ein landesweites Bewusstsein der Schande gebe es nicht. »Ohne Scham ändert man eigentlich gar nichts. Man macht nichts anders. Man erkennt nichts an.«

Außer Deutschland haben sich noch andere Länder des Verbergens ihrer Verbrechen schuldig gemacht, nicht zuletzt hinter dem Blendwerk einer Selbstdarstellung als Opfer des Nationalsozialismus. Das Historische Museum in Den Haag veranschaulicht anhand von Exponaten das Elend der Niederländer während der deutschen Besatzung, erwähnt aber nirgendwo die Willfährigkeit seiner Bürger, die dafür sorgte, dass aus diesem Land mehr Juden in Konzentrationslager deportiert wurden als aus irgendeinem anderen in Westeuropa. Auch Österreich hat seine alles andere als geringe Mitwirkung am Nationalsozialismus erfolgreich verdrängt, indem es sich als dessen »erstes Opfer« darstellte und sein gefälligeres Erbe von Mozart bis *The Sound of Music* in den Vordergrund rückte. Dieser eitrige Splitter brach Mitte der 1980er-Jahre heraus, als der frühere UN-Generalsekretär und österreichische Bundespräsident Kurt Waldheim wegen möglicher Vergehen als Offizier im Zweiten Weltkrieg in die Kritik geriet. Damit begann ein Prozess des unnachgiebigen Hinterfragens, den in Deutschland zuvor die Achtundsechziger in Gang gebracht hatten. Österreich war gezwungen, seinem eklatanten Mangel an Reue ins Auge zu sehen. Ein daraus entstandenes vierteiliges Mahnmal gegen Krieg und Faschismus, errichtet 1988 unweit der Wiener Staatsoper an einer Stelle, an der Hunderte Menschen in einem bombardierten Luftschutzkeller lebend begraben wurden, traf dennoch auf starke Gegenwehr. Manche wollten kein Gedenken, andere empfanden den Ort als Provokation, noch andere störten sich an der Widmung, die sämtliche Opfer von Krieg und Faschismus einbezog. Um letzterer Beschwerde entgegenzukommen, wurde die britische Künstlerin Rachel Whiteread beauftragt, ihre in Beton gegossene Bibliothek auf dem Judenplatz über den Resten von Wiens mittelalterlicher Synagoge zu errichten. So entstand im Jahr 2000 die erste Gedenkstätte des Landes für die im Holocaust ermordeten österreichischen Juden. Österreichs Gedenkkultur hat sich seither von den bis dahin vorherrschenden Heldenerzählungen in Richtung einer selbstkritischeren Auseinandersetzung mit der Vergangenheit entwickelt. Zuletzt entstanden im November 2021 in der Wiener Innenstadt die Shoah-Namensmauern – ein Kreis aus Granitplatten, auf denen sämtliche 64 440 von den Nazis getöteten österreichischen Juden namentlich angeführt sind.

In Japan verdienen die Gräuel der Atombombenabwürfe auf Hiroshima und Nagasaki ohne Zweifel all die Aufmerksamkeit, die sie erhalten, und sie haben in gewissem Maß auch das heutige Selbstverständnis des Landes geprägt. Doch bei meinem Besuch des Friedensdenkmals in Hiroshima mit seinen bewegenden Berichten von Überlebenden und den aufrichtigen Botschaften des Weltfriedens und der Versöhnung suchte ich vergeblich nach leisesten Hinweisen auf die gnadenlose Brutalität der einstigen Verbündeten der Nazis in anderen Ländern. Wenn Japans Aufruf zum

Weltfrieden wirklich überzeugen wollte, dann fehlte mir neben dem »Opfer Japan« ein Bekenntnis zu Japan als Täternation.

Doch mit den Jahren kam es auch hier zu öffentlichen Bekundungen der Reue. So äußerte Ministerpräsident Shinzo Abe 2015 vor einer gemeinsamen Sitzung des amerikanischen Kongresses »tiefes Bedauern« über das Verhalten Japans im Zweiten Weltkrieg. Abgeklärtere Beobachter vermuteten allerdings, dass es dabei weniger um aufrichtige Reue als um eine strategische Aussage ging, die Japans Aussöhnung und Bündnis mit den Vereinigten Staaten bekräftigen sollte. Japanische Schulbücher behandeln nach wie vor überwiegend das Leid der eigenen Bevölkerung und beschönigen das furchtbare Wüten Japans als Imperialmacht.

Russland nutzte als eine der Siegermächte die Bezwingung Nazideutschlands, um den Nationalstolz im eigenen Land anzuheizen und die Treue zum Staat zu festigen. Der »Große Vaterländische Krieg« ist tief im kollektiven Gedächtnis Russlands verankert, zumal die geschätzten 26 Millionen Toten Verluste in nahezu jeder Familie bedeuteten. Schulbücher vermitteln auch hier eine verzerrte und selektive Nationalerzählung, denn sie behandeln fast ausschließlich das Heldentum der sowjetischen Kriegsanstrengungen und übergehen sowohl die Verbrechen Stalins als auch dessen anfängliches Bündnis mit Nazideutschland.

Ein Land, das seine Geschichte nicht versteht, wird auch seine Gegenwart nicht verstehen können. Dennoch ist die Vorstellung einer nationalen Schuld und deren Sühne noch ziemlich jung. Und während es für die unmittelbar Beteiligten ein Wandlungserlebnis sein kann, aufrichtig um Verzeihung zu bitten, bleibt doch sehr fraglich, ob man sich Jahrzehnte nach einem Geschehen und stellvertretend für eine ganze Nation überhaupt glaubwürdig entschuldigen kann. 2010 bat der britische Premierminister David Cameron nach einer langwierigen, äußerst schmerzhaften Aufarbeitung und Untersuchung »stellvertretend für den Staat, ja auch stellvertretend für unser Land« um Verzeihung für die tödlichen Schüsse britischer Soldaten auf Zivilisten am Blutigen Sonntag von 1973 im nordirischen Londonderry. Es hatte 38 Jahre gedauert, bis das Vereinigte Königreich dazu in der Lage war. Dennoch wurden das Eingeständnis der Schuld und die aufrichtige Entschuldigung in Nordirland zumeist wohlwollend aufgenommen und als positiver Beitrag zu dem heiklen Friedensprozess gewertet.

Doch kann eine Entschuldigung von jemandem, der selbst nichts getan hat, gegenüber anderen, denen selbst nicht direkt etwas angetan wurde, irgendeine reale Wirkung haben? Und welche Rolle spielen Denk- und Mahnmale und Gedenkstätten für die Heilung von Wunden?

Verbrechen der Vergangenheit einzugestehen ist ein guter Anfang. Es beugt binären, spaltenden und abwehrenden Reden über Täter und Opfer, Recht und Unrecht vor, und es regt zu Gesprächen an, in denen es vorrangig um die Wahrnehmungen heute lebender Menschen geht – um die Folgen der Gewalt für sie selbst und um das, was ihnen vielleicht helfen würde. Eingeständnisse von Schuld begründeten den Erfolg der südafrikanischen Wahrheits- und Versöhnungskommission nach dem Ende der Apartheid. Die Forderung an den Staat lautete nicht, zu strafen, sondern die Beziehungen zwischen Tätern und Opfern durch öffentliche, begleitete Begegnungen zu reparieren, angelehnt an außergerichtliche Wiedergutmachungen oder das Verfahren des Täter-Opfer-Ausgleichs. Das war erfolgreich, wenn die Täter wirklich zuhörten, Rede und Antwort standen, die Gefühlsausbrüche von Opfern hinnahmen und ihre eigenen Gefühle äußerten.

Worauf es dabei eigentlich ankommt, ist vielleicht weniger die Entschuldigung selbst, als dass eine Nation entschlossen darangeht, sich ihrer Verbrechen der Vergangenheit zu erinnern und deren fatales Vermächtnis zu entkräften. In einem nachdenklichen Essay hat Jan Philipp Reemtsma, einer der Initiatoren der Ausstellung Verbrechen der Wehrmacht, im Jahr 2010 die Frage gestellt: »Wozu

Gedenkstätten?« Er argumentiert darin, dass die unablässig bemühte Losung »Niemals vergessen« hinterfragt werden sollte. Für ihn besteht der wichtigste Zweck der Bewahrung von Konzentrationslagern – heute sowohl Touristenziel als auch Lernort auf Schulausflügen – nicht einfach nur in der mahnenden Botschaft, »wohin das einmal geführt hat, … Leute zu diskriminieren und zu quälen«. Noch weniger seien sie »Orte der Umkehr«, denn wie können wir so sicher sein, dass Besucher sich dort mit den Opfern und nicht mit den Tätern identifizieren werden? Ebenso falsch sei es, solche Stätten zur moralischen oder politischen Indoktrination zu nutzen, wie das zunächst in Ostdeutschland geschah. Und wenn sie zu sehr auf Naziverbrechen eingegrenzt bleiben, so Reemtsma, wird ihren Besuchern der größere Zusammenhang entgehen, der für uns alle von Bedeutung ist.

Reemtsma zufolge sind Gedenkstätten in erster Linie sakrale Orte für die Selbstdeutung und das Nachdenken; Orte, an denen man Sinn sucht und Bewusstsein bildet, die Scham auslösen: »eine Scham, die, abgelöst von der Schuldfrage, jeden ergreift, der sich ergreifen lässt«. Er wünscht sich, dass Menschen die Nazizeit nicht als plötzlichen Zivilisationsbruch, sondern als allmählich eskalierende Abfolge von Grenzüberschreitungen erkennen. Eine Grenze nach der anderen wurde übertreten, für alle sichtbar, und am Ende kam der Massenmord. Unsere Aufgabe liegt für Reemtsma darin, diese Grenzen nachträglich zu erkennen und dem historischen Entsetzen nachzuspüren.

Susan Neiman schlägt vor, noch mehr Gedenkstätten nach Art des wenig bekannten Denkmals in der Rosenstraße hinter dem Berliner Alexanderplatz zu schaffen, das dem erfolgreichen Protest hauptsächlich nichtjüdischer Frauen gegen die absehbare Deportation ihrer jüdischen Ehemänner gewidmet ist. Eine ganze Woche lang versammelten sich die Frauen vor dem Haus in der Rosenstraße 2–4 und forderten friedlich deren Freilassung. Am 6. März 1943 kamen die Männer frei. Niemand wurde bestraft. Anders als

Gedenkstätten für diejenigen, deren Zivilcourage mit Hinrichtung bestraft wurde, vermitteln die drei rötlichen Gestalten und die hohe runde Säule an diesem Ort die Idee, dass Widerstand nicht immer vergeblich ist; dass bisweilen sogar eine so ideologisch besessene und brutale Bewegung wie die der Nazis genötigt werden kann, äußerem Druck nachzugeben.

Der Schriftsteller und Hochschullehrer Bernhard Schlink hat gefragt, ob Deutschlands Mühen mit der Vergangenheitsbewältigung in der Hoffnung unternommen werden, eines Tages davon freizukommen und das Recht auf Vergessen zu erlangen. An dem Wunsch selbst ist nichts falsch, findet er, doch seine Erfüllung hält er für unmöglich. Die Vergangenheit ist unwiderruflich geschehen, und eine bloße Fixierung auf ihre Taten gewährleistet keine Befreiung davon.

In seinem Buch *Vergangenheitsschuld* von 2007 vergleicht Schlink eine kollektive Geschichte mit der eines einzelnen Menschen. Beide seien traumatisch, wenn man sich ihrer nicht erinnern darf, wobei Schlink Enttraumatisierung als einen Vorgang bezeichnet, an dessen Ausgang man sich sowohl erinnern, als auch ihn vergessen kann. Für Opfer wie für Täter handelt es sich also nicht darum, mit der Vergangenheit fertigzuwerden, sondern bewusst mit ihr zu leben, und so auch mit all den Fragen und Gefühlen, die bis in die Gegenwart nachwirken.

Schlink ist sich voll und ganz des generationenübergreifenden Traumas bewusst. Doch zugleich verwirft er es entschieden als »billig«, um Vergebung für die Schuld eines anderen zu bitten. Ebenso hält er die Vorstellung, dass jede beliebige Person anstelle des Opfers Vergebung spenden könne, für »anmaßend«. Seiner Ansicht nach hat allein ein Opfer das Recht, zu vergeben oder nicht zu vergeben, was Bestandteil seiner Beziehung zum Täter ist. Vergebung kann diesen von der Bürde der Schuld befreien und für denjenigen, der sie gewährt, ebenso heilsam sein wie für den, der sie empfängt. Aber sie ist nicht die einzige Möglichkeit, das Unrecht aufzuarbeiten. Auch ein Prozess der Versöhnung kann Zwiste überwinden und Gemeinsamkeiten sowie das gemeinsame Menschsein in den Vordergrund rücken.

Echtes Verständnis und Wahrheit sind für eine Versöhnung unverzichtbar. Täter und Opfer müssen einander als gleichberechtigt anerkennen, und um voneinander anerkannt zu werden, brauchen sie das Verständnis des anderen – nicht so sehr als Bedingung für weitere Optionen wie Vergeben, Verdammen oder Vergessen. Die Welt durch die Augen eines anderen zu sehen kann dazu führen, dass man auf einer Ebene mit ihm fühlt. Ein gewisses Maß an Gleichheit lässt sich zwischen den beiden Parteien herstellen, das es schwerer macht, zu verdammen, und leichter, zu vergeben.

Für Reemtsma wie für Schlink besteht der einzigartige und anhaltend verstörende Aspekt des Holocaust darin, dass eine kulturell hoch entwickelte Gesellschaft wie Deutschland in solche Barbarei abstürzte. Um Schlinks Metapher aufzugreifen: Der Holocaust durchbrach das dünne Eis der Moral, auf dem sich diese deutsche Gesellschaft bewegte, und nicht nur sie, sondern alle bürgerlichen Gesellschaften weltweit.

Die Wahrheit ist, dass niemand unter uns davor gefeit ist, furchtbare Verbrechen zu begehen. Wir alle sind fähig, aus einer moralischen Haltung in Verbrechen und Barbarei abzurutschen – aus Opportunismus, Ehrgeiz, Demütigung, Furcht, Zwang, Stolz, Fahrlässigkeit oder einfach indem wir tun, was nach den Normen der geltenden Umstände gerade als passend, vernünftig oder richtig gelten mag.

So sind die Lehren Deutschlands Lehren für alle Welt. Wir alle müssen uns diese Fragen immer wieder stellen: Wie dick oder dünn ist das Eis heute, und woran halten wir uns fest, wenn wir erneut einzubrechen drohen?

23

Mein Großvater vor Gericht

Man muß die Mechanismen erkennen, die die Menschen so machen, daß sie solcher Taten fähig werden, muß ihnen selbst diese Mechanismen aufzeigen und zu verhindern trachten, daß sie abermals so werden, indem man ein allgemeines Bewußtsein jener Mechanismen erweckt.

Theodor W. Adorno, *Erziehung nach Auschwitz*

Mir war inzwischen aufgegangen, dass keine Enthüllung über meinen Großvater mir mehr schaden konnte, als das Nichtwissen mir bereits geschadet hatte. Dass ohne Wahrheit eine Heilung so viel schwieriger, wenn nicht unmöglich wird. Die nackte Wahrheit, so schmerzhaft sie auch erscheinen mag, hat nicht annähernd so katastrophale Folgen für die Seele wie ein Leben in Täuschung, Lügen und Schweigen.

Während ich weiter nach Antworten auf offene Fragen suchte, fürchtete ich mich manchmal davor, wie ein Bergmann in die finsteren Tiefen des Zweiten Weltkriegs hinabsteigen zu müssen. Es dauerte jedes Mal so lange, sich an den Mangel an Licht und Luft dort zu gewöhnen. Ich wollte immer wieder die Vergangenheit einfach ruhen lassen, ein anderes Leben führen und einen sonnigeren Horizont betrachten. Doch ich wusste nicht, wie ich unsere Familiengeschichte sonst hätte enden lassen sollen. Auch war ich noch zu keinen klaren Schlussfolgerungen gelangt, was meinen Großvater betraf.

Anfangs war mein Ziel nicht gewesen, ihn einer Beurteilung zu unterwerfen. Und immer noch lag mir diese Absicht fern, als ich mit einem bangen Vorgefühl die Nachschrift zu seinen Briefen hervorholte: seine Gedanken aus den Jahren nach dem Krieg, niedergeschrieben in seiner Zeit als Kriegsgefangener von 1946 bis 1948. Sie bestanden anscheinend vor allem aus Reflexionen zum vorangegangenen Jahrzehnt und Warnungen vor Gefahren, die er und andere Generäle unter seinen Mithäftlingen in der Welt wahrnahmen. Bislang hatte ich diese Blätter nur überflogen: Ich hatte nach einer eindeutigen Verurteilung der Kriegsgräuel und des Umgangs mit den Juden gesucht, nach Hinweisen auf Indizien für einen inneren Widerstand gegen Hitler und die Nazis, nach irgendeiner vorbehaltlosen Ablehnung der deutschen Kriegsziele. Ich hatte nach Zerknirschung gesucht und sie nicht gefunden. So war mir selbst nicht richtig klar, warum ich diese Anmerkungen nun erneut und genauer zu lesen begann. Ich spürte nur, dass ich es tun musste. Vielleicht klammerte ich mich weiter an die Hoffnung, dass mich am Ende eine klare, schwarz-weiße, objektive Auflösung erwartete. Schuldig oder nicht. Nazi oder nicht. Guter Soldat oder nicht. Dass etwas zu finden wäre, das es mir erlaubte, seinen guten Ruf wiederherzustellen. Und damit zugleich meinen eigenen.

Einmal mehr wappnete ich mich für die Aufgabe und zog mich in das Holzhaus einer alten Freundin im Städtchen Rye zurück. Umgeben von weißen Möbeln und schaukelnden Bildern mit Booten und Meeresszenen fühlte ich mich beschützt und sicher. Ich bestückte den Kühlschrank mit Leckerbissen, kochte mir nach dem Sonnenaufgang am Strand eine große Kanne Kaffee, ließ mich auf dem Boden nieder und fing an, meines Großvaters Sätze zu lesen und zu übersetzen. Diesmal fühlte sich das an wie die zielgerichtete Rückkehr in ein heruntergekommenes Haus, wie das Öffnen zugezogener Gardinen und Abziehen von Schonbezügen, um zu sehen, was sich darunter befindet.

Inzwischen ging ich auch mit mehr Vorkenntnissen als früher an meine Aufgabe heran, und so wurden seine Worte lebendig, als spräche er direkt zu mir. Endlich hatte ich das Gefühl, dass ich mich in ihn hineinversetzen konnte und verstand, was in seinem Kopf vorging. Dann mal los, Großvati, drängte ich, lass hören, wie du die Vorwürfe der Engländer abgeschmettert hast: dass du weder ein »Militarist« gewesen seist noch »vollständig einverstanden mit dem NS-Programm« und schon gar nicht »auf jeden Fall eine Gefahr für Frieden und Sicherheit«.

Als Erstes nimmt mein Großvater zu dem Vorwurf Stellung, die Generäle hätten früher auf einen Frieden hinarbeiten müssen.

Das ist auch erfolgt. Auch Hitler wurde gewarnt. Selbst wenn es als richtig hingestellt wird, daß diese Warnung nur erfolgte, weil das deutsche Heer noch nicht genügend für einen Krieg gerüstet war, so bleibt doch die Tatsache, daß die Warnung erfolgte. Im Bericht des damaligen Kriegsministers der U.S.A., Marshall, wird eindeutig festgestellt, daß die deutschen Generäle nicht nur den Krieg nicht gewollt haben, sondern den Hitler'schen Kriegsplänen im ganzen sowie den Schlachtplänen im einzelnen heftigsten Widerstand entgegengebracht haben. Damit fällt eine propagandistische Behauptung, die die deutschen Generäle als Kriegshetzer hinstellen möchte, von selbst in sich zusammen.

Als »ebenso abwegig« bezeichnet er die Vorstellung, Deutschland habe nach Weltherrschaft gestrebt.

Selbst Laien auf militärischem Gebiet dürfte es klar sein, daß zum Erringen der Weltherrschaft die Herrschaft über die Meere notwendig ist. Wer konnte ernsthaft daran glauben, daß die wenigen Kriegsschiffe, geschweige denn von einer Flotte zu reden, in der Lage gewesen wären, sich überhaupt auf einen Kampf mit den Flotten Englands, Frankreichs und Amerikas einzulassen? Man mag zu Hitler eingestellt sein, wie man will, auch er hat zunächst versucht, den Frieden zu erhalten und zu einer Verständigung mit den westlichen Demo-

kratien zu kommen. Auch in dieser Beziehung ist der Marschall-Bericht aufschlußreich.

Das war mir neu. Hitler wollte den Krieg mit Sowjetrussland ohne jeden Zweifel – sein Ansinnen, im Osten »Lebensraum« zu erobern, stand schon im ersten Band von *Mein Kampf*, erschienen 1925. Allerdings haben in den letzten Jahren mehrere neue historische Werke die Behauptung meines Großvaters gestützt, dass weder Hitler noch die Deutschen wirklich einen Krieg mit England wollten. Zumindest anfänglich nicht. Hitler bewunderte die Weltmacht des britischen Empire und äußert in seinem »Zweiten Buch« – den 1928 verfassten, aber zu Lebzeiten nie erschienenen Überlegungen zur Außenpolitik – die Hoffnung, dass Deutschland dem Beispiel »eiserner Entschlossenheit« und »rücksichtslosen Kampfs« um Vorherrschaft bei der Gründung seines eigenen Kolonialreichs im Osten Europas folgen werde. Eines seiner wichtigsten außenpolitischen Ziele in den Dreißigerjahren war ein Militärbündnis sowohl mit den Engländern als auch mit Italien. Er wollte, dass das britische Empire als Weltmacht erhalten blieb, nicht zuletzt, weil er glaubte, dass dessen Auflösung von geringem Nutzen für Deutschland, dagegen von großem Nutzen für andere Länder wie die Vereinigten Staaten und Japan sein würde.

Eine seiner Strategien, Großbritannien für sich zu gewinnen, war das Angebot eines Verteidigungsbündnisses, von dem er hoffte, dass es den Weg für ein gemeinsames Vorgehen gegen Amerika bereiten werde. Erst als England deutlich machte, dass an keinem derartigen Pakt interessiert war, schwenkte Deutschland um zu einer gegen England gerichteten Politik. Dennoch scheint Hitler sogar noch während des Krieges die Hoffnung nicht aufgegeben zu haben, dass England dereinst ein Verbündeter Deutschlands werden könnte.

Mein Großvater führt daraufhin an, auf welche Weise Hitler den Frieden angestrebt habe, etwa indem er auf Gebiete wie Elsass-Lothringen, Südtirol, Nordschleswig und sogar auf den polnischen

Weichselkorridor an der Ostsee verzichten wollte, der das Deutsche Reich von Ostpreußen trennte. Der Weichselkorridor war offenkundig unhaltbar, denn die Deutschen im Osten waren dadurch von Polen eingeschlossen. Auch Staatsmänner anderer Länder mussten zugeben, dass seine Einrichtung ein Fehler im Versailler Vertrag war. Mit Bezug auf die im August 1939 gewährten englischen Sicherheitsgarantien gegenüber Polen für den Fall eines deutschen Einmarsches schreibt mein Großvater:

Ohne Englands Einmischung wären die eingeleiteten Verhandlungen auf eine beide Seiten befriedigende Lösung zugeführt worden. Durch die Hilfsversprechungen und Aufforderungen Englands, alle deutschen Vorschläge abzulehnen, bestärkt, ließ Polen statt eine Antwort zu geben, seine Armeen an der deutschen Grenze aufmarschieren … Der Schlachtruf der Propaganda: »In drei Tagen stehen wir in Berlin!«

Mein Großvater gehörte mithin zur Mehrheit der Deutschen, die glaubten, dass Deutschlands militärisches Eingreifen in Polen unvermeidlich war und es daher eigentlich England und Frankreich gewesen seien, die durch ihre Reaktion darauf mit einer Kriegserklärung den Zweiten Weltkrieg ausgelöst hätten. Darin wiederholt er die deutsche Propaganda vom September 1939, die wie zuvor schon 1914 den Krieg einer englischen Einkreisungspolitik anlastete. Er übergeht auch die Eroberungsabsichten hinsichtlich Polens und der Sowjetunion, über die sich hochrangige Offiziere selbstverständlich im Klaren waren, wie man seit den Nürnberger Prozessen weiß. »Heute mag vielleicht mancher Staatsmann einsehen, was es heißt, slawische Völker als Nachbarn zu haben, und daß es großer Geduld und politischen Geschicks bedurfte, jahrhundertelang ein einigermaßen erträgliches Verhältnis aufrecht zu halten.«

Ohne Zweifel waren Deutschlands Beziehungen zu Polen und den anderen slawischen Nationen von jeher schwierig. Bis 1871, als die vielen deutschen Fürstentümer zum Deutschen Reich vereint wurden, hatten sich die Landgrenzen der Deutschen über Jahrhunderte fortwährend verschoben. Der Bolschewismus wurde weithin – und nicht nur von den Nazis – als große Bedrohung gesehen. Für Engländer als Bewohner einer vom Meer umringten Insel ist es vielleicht kaum vorstellbar, was es heißt, von einer größeren Zahl anderer Nationen nur durch poröse Landgrenzen getrennt zu sein. Womöglich unterscheidet sich die Bedrohung, die Deutschland damals aus dem Osten kommen sah, nicht allzu sehr von der Gefahr, die manche heute in der Anzahl oder kulturellen Andersartigkeit von Migranten sehen. Mit Sicherheit ging es bei alldem für die Nazis und andere deutsche Nationalisten aber auch um Rassenpolitik und um einen »Kreuzzug gegen den jüdischen Bolschewismus«.

Elwyn, mein Experte im Netz, konnte die Haltung meines Großvaters näher ausführen. »Er kam aus Plön«, erläuterte er, »also wird er einfach davon ausgegangen sein, dass sie sich nur zurückholten, was von Rechts wegen ohnehin zu Mecklenburg und Westpreußen gehörte« – und dadurch auch die deutsche Bevölkerung vor polnischen Übergriffen schützten. Alles wurde vor dem Hintergrund des Ersten Weltkriegs und des als Bestrafung und Racheakt empfundenen Vertrags von Versailles gesehen. Deutschland wollte seine ihm weggenommenen Gebiete zurückerobern, indem es in mancher Hinsicht die Schlachten des Ersten Weltkriegs noch einmal kämpfte, um diesmal allerdings zu gewinnen. Um das zu bewerkstelligen, musste es aufrüsten, effizienter und rücksichtsloser werden, alles mit dem Ziel, den begonnenen Krieg bis zum Ende durchzufechten.

Bei seinem Versuch, die Logik der Anklagen gegen Deutschland zu verstehen und sie in den Kontext der vermeintlich von Großbritannien beabsichtigten »Vernichtung« Deutschlands einzuordnen, verteidigt mein Großvater »Friedensbemühungen«, die viele Historiker sehr viel skeptischer gedeutet haben: nämlich als Hitlers Strategie, einen potenziellen Feind zu besänftigen und zugleich anderswo expansionistische Ziele zu verfolgen.

Alle Angebote blieben jedoch wegen der ablehnenden Haltung Englands (und seinem Ziel, daß Deutschland vernichtet werden sollte) ohne Erfolg. Man braucht nicht Politiker oder Staatsmann zu sein, um die Warnung Churchills: »Deutschland wird zu stark!«, die er 1936 vor dem Oberhaus aussprach, anders zu deuten, als die Aufforderung zu einem Präventativkrieg gegen Deutschland; England sah in der Sprengung der Fesseln von Versailles eine Gefahr für seine Weltherrschaft … nur ein Grund, der die Welt über die wahre Absicht täuschte, mußte noch gefunden werden.

Bis hierhin ist es mir mit einer Ausnahme gelungen, die Quellen ausfindig zu machen, auf die mein Großvater im Zusammenhang mit dem immer wieder erwähnten »Machtkampf zwischen England und Deutschland« zurückgreift. In der folgenden Passage bezieht er sich auf einen veröffentlichten Brief, den ich nicht finden konnte. Er stammte von einem englischen Diplomaten an der Botschaft in Peking und wurde am 2. Dezember 1939 an einen Dr. Blackwell in Leeds geschickt.

Ich sehe in diesem Krieg eine ungeheure Tragödie – im dramatischen Sinne – in welcher das deutsche Volk zum Wohle der ganzen Welt geopfert werden muß … Fest steht, daß zwei so dynamische Völker wie England und Deutschland nicht nebeneinander bestehen können … Eines muss verschwinden. Und da wir nicht verschwinden wollen, ist es besser und im Interesse der ganzen Welt, Deutschland zu opfern. Zugegeben, daß der Status quo ungerecht ist, aber er ist besser als ein großer Krieg von jeder Generation zur nächsten … Ich glaube ernstlich, dass England mit seiner langen Erfahrung und Entwicklung des Imperialismus am besten in der Lage ist, die Welt zu beherrschen. Der einzige ernsthafte Rivale, der diese Vorherrschaft in Frage stellt, ist Deutschland, und deshalb muß es zerstört werden.

Aus der Distanz des 21. Jahrhunderts betrachtet, könnte man etliche Theorien meines Großvaters über die Ursachen des Krieges als aberwitzig abtun. Tatsächlich bezeichneten zwei englische Hobbyhistoriker, die ich um ihre Meinung bat, seine Argumente als nicht nur falsch, sondern als bloßes Spintisieren. Sie reagierten ziemlich dünnhäutig auf die bloße implizite Vermutung, dass das damalige britische Machtstreben irgendeine Mitschuld treffen könnte. Doch in letzter Zeit wurden die Ursprünge des Zweiten Weltkriegs noch weiter zurückverfolgt, nämlich bis ins ausgehende 19. Jahrhundert, und über die Beschränkung auf Europa hinaus im globalen Maßstab gedacht. So behauptet Richard Overy in seinem neuen Buch *Blood and Ruins* (dt: *Weltenbrand. Der große imperiale Krieg 1931–1945*), dass es in diesem Konflikt nicht nur um Demokratie oder Diktatur ging. Der Zweite Weltkrieg sei durchaus ein »großer imperialistischer Krieg« gewesen, mithin das gewaltige Finale eines jahrzehntelangen Ringens um imperiale und territoriale Ausdehnung.

Nicholas Stargardt, der bedeutende englische Historiker Nazideutschlands und unter anderem Autor des Buchs *Der deutsche Krieg – Zwischen Zweifel und Durchhaltewillen*, bestätigte mir im persönlichen Gespräch über die Ausführungen meines Großvaters, dass dessen Ansichten und Rechtfertigungen damals weit verbreitet waren. Ihre Mischung aus Kriegslüsternheit gegenüber Polen und Russen und der Behauptung, dass man selbst sich nur verteidige, war dafür ebenso charakteristisch wie die Eilfertigkeit, mit der Deutsche den Engländern ein vorsätzliches Abwürgen ihrer Ambitionen unterstellten.

Ich selbst werde nie erfahren, wer womit angefangen hat, und habe auch kein persönliches Interesse an Schuldzuweisungen. Allzu deutlich tritt hier eine Dynamik zutage, die hinter so vielen Konflikten steckt: Beide Seiten glauben an ihre guten Gründe, einen Verteidigungskrieg zu führen. Noch etwas wurde nun immer deutlicher: Auch als Divisionskommandeur war mein Großvater nicht gegen eine Propaganda gefeit, die jedes Stadium des Krieges als »Verteidigung«, »Vorbeugung«, »Gegenschlag« oder »Vergeltung« rechtfertigte.

Sein Tonfall wird resignierter, als er sich eingesteht, dass die Deutschen hinters Licht geführt worden sind: »Das amerikanische Volk wurde genauso getäuscht wie das deutsche. Das deutsche Volk mußte glauben, daß Hitler eine friedliche Politik verfolgte. Darin wurde es bestärkt durch die unbestreitbaren politischen Erfolge, die er zu verzeichnen hatte.« Zu diesen gehörte nach Ansicht meines Großvaters »die Wiederherstellung der Wehrhoheit, die Besetzung der Rheinlande, die Aufnahme Österreichs in das deutsche Staatsgebiet, die Lösung der tschechischen Frage, das Flottenabkommen mit England – in dem Hitler von sich aus anbot, die deutsche Flotte auf ein Drittel der englischen Stärke zu begrenzen –, die Beauftragung Deutschlands mit der Durchführung der Olympiade … die gemeinsame Erklärung des englischen und französischen Außenministers mit Hitler, daß England, Frankreich und Deutschland nie wieder die Waffen kreuzen würden … Hinzu kamen innenpolitische Erfolge in den Bereichen Vollbeschäftigung, Inflation, Altersvorsorge sowie Ausbau des Straßen- und Verkehrsnetzes.«

Alle diese Leistungen … durch die Presse und Rundfunk bestärkt … mußten im deutschen Volke den Glauben erwecken, daß auch die letzte deutsche Frage, nämlich die Frage des polnischen Korridors, eine friedliche Lösung finden würde, zumal der von allen für unmöglich gehaltene Pakt mit Rußland.

[Alle diese Leistungen] gaben Hitler einen Nimbus der Unfehlbarkeit, von dem sich auch das Ausland nicht freimachen konnte. Selbst der spätere Premierminister Churchill, dessen politischer Weitblick allgemein anerkannt ist, schrieb doch noch im Jahre 1938: »Gott schenke England in Notzeiten einen Mann wie Hitler.« Wenn selbst ein so namhafter Staatsmann sich in der Person Hitlers täuschen konnte, wie kann man es dem deutschen Volk verargen, daß es an ihn und seine Fähigkeiten glaubte?

Ganz offensichtlich klaubte mein Großvater an Zitaten zusammen, was zu seinen Behauptungen passte. So übergeht er beispielsweise die Tatsache, dass Hitler das Münchner Abkommen zur »Tschechischen Frage« kein halbes Jahr später brach. Doch einige Historiker sind der Überzeugung, dass der Krieg im Osten mehr vom Schlachtruf der Verteidigung Europas gegen den Kommunismus als von der Vernichtung der Juden angetrieben war. Nach der Unterwerfung Frankreichs, sagte Hitler, hätte sich das Reich »in seine eigentliche Lebensaufgabe stürzen und die Sendung des Nationalsozialismus und meines Lebens erfüllen« müssen: »die Vernichtung des Bolschewismus und damit gleichzeitig die Sicherung des für die Zukunft unseres Volkes unentbehrlichen Lebensraumes im Osten«. Doch wie wir inzwischen wissen, war der Überfall von 1941 auf die Sowjetunion von vornherein und vorsätzlich als Völkermord und Vernichtungskrieg angelegt. Und auch die Wehrmacht wusste das.

Allmählich bin ich völlig erschöpft. Leere Tassen stehen überall im Zimmer herum. Unter einem Meer von Papieren mit farbigen Aufklebern, die wichtige Fakten hervorheben und auf- und untertauchen wie exotische Fische in einem Aquarium, ist der Teppich nicht mehr zu sehen. Ich suche einen logischen Faden in der Aufreihung von Argumenten meines Großvaters. Ich will dahinterkommen, warum er anscheinend unfähig war, bei Deutschland oder sich selbst und noch nicht einmal bei Hitler einen Teil der Schuld zu suchen.

Gedankenverloren schaue ich aus dem Fenster auf die Boote in der Bucht von Rye und wünsche mir, er wäre Fischer und nicht Soldat gewesen.

Nun empört er sich über das Grauen, das deutschen Zivilisten auf ihrer Flucht und Vertreibung und in den Lagern widerfuhr, und ich kann geradezu spüren, wie sein imaginäres Publikum das Interesse verliert und sich die Ohren zuhält. Dennoch höre ich ihm weiter zu.

Und doch fühlt es sich beinahe wie ein Tabu an, Hitlers Denken auch nur verstehen zu wollen. Ihm überhaupt nur eine Stimme zu geben.

Heute, nachdem die ganze Entwicklung der politischen Lage Geschichte geworden ist, ist es nicht schwer, das deutsche Volk zu verurteilen und als Verbrechergeneration zu verurteilen. Warum hat man das deutsche Volk nicht durch Abbruch der Beziehung auf die verbrecherische Politik seiner Regierung aufmerksam gemacht, als es noch Zeit war? Kann man vom deutschen Volk das verlangen, was selbst Außenstehenden verborgen blieb? Hat sich das Ausland nicht mitschuldig gemacht, indem es die Bestrebungen Hitlers nicht nur duldete, sondern sogar unterstützte? Gewiß wurden die Verfolgung des Judentums …

Mir stockt der Atem. Unbedingt muss ich jetzt erfahren, ob er diesen Teil von Hitlers Politik ohne Wenn und Aber verurteilt. Für einen Moment zweifle ich, ob ich es ertragen kann, weiterzulesen.

… die Forderung nach dem Nachweis einer arischen Großmutter, der Zwang zum Austritt aus der Kirche – aber nur bei der Himmler unterstehenden SS – als bedenkliche Zeichen im breitesten Kreise der Öffentlichkeit angesehen. Sie hätten der Anlaß zu einem spontanen Ausdruck des Volksunwillens sein können. Hierzu aber fehlte die Grundlage.

Einer Argumentation folgend, die mit den Erinnerungen meiner Großmutter ebenso übereinstimmt wie mit vielen Zeitzeugenberichten, die ich gelesen habe, schreibt er weiter:

Nur wer eine Diktatur am persönlichen Leibe zu spüren bekommen hat, ist berechtigt ein Urteil darüber zu fällen. Selbst eine unbedachte Äußerung im engsten Familienkreise konnte Tod oder Schmach im

Konzentrationslager bedeuten. Und es wurde nicht nur der Betroffene, sondern die ganze Verwandtschaft verantwortlich gemacht. Allein hieraus ergibt sich, daß einer Beseitigung des bestehenden Regimes ungeheure Schwierigkeiten entgegenstanden, die ein Angehöriger eines demokratischen Staates nie begreifen wird und nie begreifen kann.

Er erwähnt unzählige Versuche, das Regime zu stürzen, und mehr als »300 000« Deutsche, die ihr Leben im Kampf für Freiheit und Bürgerrechte verloren. »Millionen« starben ihm zufolge in den ersten Konzentrationslagern, die ab den frühen Dreißigerjahren für politische Gegner und Vertreter gesellschaftlicher und kultureller, vom NS-Regime als Bedrohung wahrgenommener Bewegungen errichtet wurden. »Wenn diese Versuche nicht zur Auswirkung kamen, so lag es eben daran, daß die politische Entwicklung und die schnelle Abwicklung der Ereignisse die erforderliche sorgfältige Vorbereitung überholten und so unmöglich machten.«

Woher er diese Zahlen nimmt, weiß ich nicht. Sie sind abwegig. Noch mehr aber irritiert mich, wie er die liberalen und sozialdemokratischen deutschen Emigranten übergeht, die sehr wohl auf die verbrecherische Politik des Regimes aufmerksam machten – genau wie die Rolle konservativer Kreise, die Hitler selbstzufrieden hinnahmen und schwiegen oder sogar aktiv unterstützten und sich das politische Geschehen in einer Diktatur übelster Art als »nationale Revolution« oder »Wiedergeburt« schönredeten. Stattdessen verteidigt er weiter die Deutschen, die sich rasche Siege über ihre äußeren Feinde wünschten. Und er gerät in Zorn über »einen offenen Bruch des Völkerrechts« durch die Entscheidung der Alliierten, die Genfer Konvention nicht auf seine Landsleute anzuwenden. »Vieles läßt sich durch den großen Anfall an Gefangenen entschuldigen, nicht aber … [eine lange Liste von Vergehen] herabwürdigende Behandlung. Auch die mit Wissen Hitlers von Himmler mit einer, im Verhältnis zur Gesamtzahl des deutschen Volkes, kleinen Clique von Verbrechernaturen begangenen Greueltaten, geben keiner Nation das Recht, Gleiches an Unschuldigen zu vergelten.«

Das ist seine allererste Erwähnung der »Greueltaten«. Und selbst hier ist dieser Satz mit Vorbehalten gespickt. Diese Taten waren das Werk einer relativ kleinen Verbrecherriege? Und SS-Chef Himmler ist schuldig, Hitler selbst aber nicht?

Glaubt er das wirklich, oder versucht er, seinen eigenen Rang und Namen zu retten, indem er an den aufkommenden Mythos von der guten Wehrmacht und der bösen SS anknüpft? Anscheinend war es auch nicht ungewöhnlich, dass Soldaten zwischen Hitler und dem NS-Regime unterschieden. Vor dem Krieg war ihre Einstellung zu Hitler ziemlich positiv, und bis 1944 wurde er von vielen als eine Art Monarch und Landesvater gesehen. Das Regime der Nazis, der »Bonzen«, dagegen geriet ziemlich schnell in Verruf. Zahlreiche Naziführer – der obersten wie der unteren Ränge – galten weithin als bestechlich, unfähig, kulturlos und schuld an allen Übeln. War das der Grund dafür, dass mein Großvater sich Hitler gegenüber loyal zeigte, noch während er sich von den Naziverbrechern distanzierte?

Wie dem auch sei: Seine Art der Bezugnahme auf die Gräuel offenbart, dass ihm jedes wirkliche Verständnis für die räumliche Größenordnung, die Opferzahlen und das schiere Ausmaß des Leids fehlte. Vielleicht spielt er auf Himmlers Reden vor hohen Offizieren und Beamten an, etwa im Oktober 1943 in Posen, als der SS-Chef Gauleitern und Politikern des Reichs ausdrücklich die Vernichtung der Juden darlegte. Oder wird darin deutlich, dass sich mein Großvater wie so viele Wehrmachtssoldaten nicht allzu sehr für Dinge interessierte, die jenseits seines alltäglichen militärischen Bezugsrahmens lagen?

Mir verschlägt es den Atem. Ich bin überzeugt von der Aufrichtigkeit der Empörung meines Großvaters. Ich glaube ihm, dass er seine Reaktion für gerechtfertigt hält. Aber hör mal, Großvati: Wie um alles in der Welt kannst du selbst glauben, was du da schreibst?

Wie lassen sich deine Beschwerden über die ungerechte Behandlung der Deutschen vereinbaren mit dem deutschen Vorhaben, zehn bis zwanzig Millionen Slawen verhungern zu lassen, um die Wehrmacht zu ernähren, mit der Hinrichtung sämtlicher politischen Kommissare, mit der grauenhaften Misshandlung russischer Gefangener, an der du selbst beteiligt warst? Geschätzte 3,3 Millionen der 5,7 Millionen sowjetischen Kriegsgefangenen starben unter der Aufsicht der Deutschen, die meisten davon zwischen Juni 1941 und Januar 1942 auf Todesmärschen von der Front in rückwärtige Lager, durch Hinrichtung oder vorsätzliches Verhungern- und Erfrierenlassen in Lagern. Die Entscheidungen für dieses Verhalten gehörten zu den schwersten Verbrechen der Wehrmacht. »Du musst auf jeden Fall davon gewusst haben und daran beteiligt gewesen sein!«, schrie ich ihn wütend an. »Du bist es, dessen Misshandlungen unentschuldbar sind! Man kann nicht beides auf einmal haben: zu hoch angesiedelt, um dir die Hände schmutzig zu machen, aber doch nicht hoch genug, um über das große Ganze Bescheid zu wissen. Oder hast du wirklich geglaubt, dass die Ostfront ganz etwas anderes war? Dass deine Opfer Untermenschen waren? War das die Rechtfertigung für dein Handeln?«

Als fühlte er meine Verzweiflung, kehrt mein Großvater flugs zu seinem bevorzugten Thema zurück: zum Elend der unschuldigen Deutschen; zu den Hunderttausenden Kindern, die aus den Vergewaltigungen hervorgingen. Zu denen, die bei Hitlers Aufstieg zur Macht 1933 noch nicht volljährig waren oder erst später geboren wurden; zu all den Deutschen, die nie von den Gräueln erfahren hatten. »Wenn nicht einmal die leitenden Männer über die Verhältnisse und Vorgänge in den Konzentrationslagern unterrichtet waren, wie es sich im Nürnberger Prozeß erwiesen hat, wie sollte es dann ein abseits vom Geschehen stehender einfacher Staatsbürger wissen?«

Wer was wusste, ist bis heute eine der größten ungelösten Fragen. Sie steht immer noch im Raum. Die Antwort, scheint mir, findet sich nirgendwo anders als in den Gräbern und in den Gewissen der Millionen Deutschen, die diese Zeit durchlebten. Die Historiker sind sich heute allgemein einig, dass »nichts wissen« nicht für alle gestimmt haben kann. Einige Bürger ahnten vielleicht wirklich nichts von den Gaskammern. Obwohl Juden am helllichten Tag zusammengetrieben und abtransportiert wurden, ließ man die deutsche Bevölkerung im Ungewissen über die Details der Naziverbrechen und zog sie gleichzeitig in eine Komplizenschaft hinein.

Andere – 33 bis 50 Prozent laut einer umfassenden internationalen Untersuchung von mündlichen und schriftlichen Befragungen, die zwischen 1993 und 2001 durchgeführt und 2005 unter dem Titel *What We Knew* veröffentlicht wurde – mussten noch vor Kriegsende etwas von den Gräueltaten gehört oder mitbekommen haben. Allerdings trauten sie dem, was sie erfuhren, je nach Vertrauenswürdigkeit der Quelle unter Umständen nicht. Es war einfach, Sendungen der BBC als Propaganda der Alliierten abzutun. So erfuhren die Leute mitunter aus Erzählungen der Soldaten, die von der Ostfront zurückkehrten, etwas über die grauenhaften Zustände dort oder auch über die Existenz von Konzentrationslagern, aber eher nicht über deren Funktion in einem systematisch betriebenen Völkermord. Überlebende der Lager wie Täter haben ausgesagt, dass Juden noch bei der Ankunft in den Lagern oft nichts von ihrem Schicksal ahnten, und auch wer schon verhaftet war, schenkte den furchtbaren Gerüchten über das, was ihn erwartete, keinen Glauben – glaubte es nicht oder wollte es nicht glauben.

Dennoch gab es jede Menge Leute, die definitiv Bescheid wussten.

Mein Großvater verteidigt weniger sich selbst als seine Landsleute, für deren Verteidigung er seit fast einem Jahrzehnt kämpft.

Erst jetzt sind dem deutschen Volk die Augen geöffnet, und wenn die Zahl der unschuldigen Opfer auch nur einen Bruchteil der bekannt gegebenen Zahlen beträgt, werden die Greueltaten von jedem Deut-

schen, noch mehr als es die Welt tut, aufs Tiefste verabscheut und verurteilt. Ob die Zahlen nun 5,8 oder 12 Millionen betragen, […] ob tatsächlich statt der erfaßbaren 1½ Millionen Juden – wie sich eine amerikanische Zeitung errechnet hatte – 5 Millionen daunter waren ändert nichts an der Tatsache, daß ungeheuerliche und verabscheuungswürdige Verbrechen gegen die Menschlichkeit begangen wurden.

Ich halte inne und gestatte mir den zartesten Schimmer von Erleichterung. Seine Zahlen liegen so weit daneben, dass ich geneigt bin, ihm zu glauben, dass er auch als hoher Offizier der Wehrmacht nicht in Ausmaß und Einzelheiten der »Endlösung« eingeweiht war. Himmler hatte die Generäle erst später, im Januar 1944, zu Erfüllungsgehilfen gemacht, indem er sie über das Geschehen informierte. Zu diesem Zeitpunkt kämpfte mein Großvater bereits gegen die Truppen der Alliierten in Italien. Davon abgesehen, hatten die »Judenaktionen« an der Ostfront meist in einigem Abstand hinter den vorrückenden Frontsoldaten stattgefunden, und diese können daher, wie Neitzel und Welzer schreiben, »schon logistisch nicht viel mit diesen Massenmorden zu tun gehabt haben«.

Darf ich daraus schließen, dass mein Großvater, obwohl mit Sicherheit verantwortlich für die Hinrichtung von Partisanen, sich diese Verbrechen gegen die Menschlichkeit nicht hatte zuschulden kommen lassen?

Oder glaube ich damit einfach nur, was ich glauben möchte, weil ich mir so sehnlichst wünsche, dass er sich daran nicht beteiligt hat? Er schreibt weiter:

Man mag auch Zweifel daran haben, ob Häftlinge zu Hunderten von Hunden zerrissen, oder wie ein entlassener Häftling aussagte, am Weihnachtsbaum aufgehängt wurden oder auf eine andere Weise zu Tode gequält wurden, es bleibt trotzdem genug, das nicht weggeleugnet werden kann und soll.

Da steht es. Ich las diesen Satz noch einmal.

Und noch einmal.

Und noch einmal.

Endlich. Endlich das Eingeständnis, dass die Gräueltaten entsetzliche Verbrechen waren und dass es sie wirklich gegeben hat. Nun scheint es fast, als hätte er sie nur deshalb vorher nicht erwähnt, weil die Verurteilung des Holocaust etwas ist, das sich für ihn von selbst versteht. Etwas, das kategorisch verwerflich war, ganz unabhängig von genauen Zahlen.

Für ihn sind »die Greueltaten« das, was auf Veranlassung Himmlers in den Konzentrationslagern stattgefunden hat. Er kann sicher sein, dass er selbst in keiner Weise daran beteiligt war, aber er kann auch an diesem Punkt nicht eingestehen, dass der Mann, dem er diente, ein Unmensch war.

Ich wünsche mir mehr davon. Das hier reicht noch nicht.

Aber das ist alles, was ich bekomme – hier und anderswo.

Was hätte jedes andere Land getan?, fragt er. »Was hat das englische Volk oder was haben die anderen Völker der Welt gegen die unmenschlichen Sklavenjagden oder dagegen getan, daß Tausende von Burenfrauen und Burenkindern in Konzentrationslagern umkamen?« Englands Kolonialreich, sagt er, entstand aus dem Blut und Schweiß der unterdrückten Völker, und weder Moral noch Menschlichkeit spielten dabei irgendeine Rolle.

Erst in den letzten Jahren haben seine Fragen nach der Verantwortung für die Opfer von Sklaverei und Kolonialismus – gegen enorme Widerstände und auch nur infolge anhaltender Proteste – an Brisanz gewonnen. Immer neue Beispiele kolonialherrlicher britischer Gräuel treten zutage. England und sein Imperium werden wie andere ehemalige Besitzer von Kolonien für Taten der Vergangenheit zur Rechenschaft gezogen. Bis 2015 stotterten britische Steuerzahler einen Kredit von einst zwanzig Millionen Pfund ab, den die damalige Regierung aufgenommen hatte, um britische Sklavenbesitzer – nicht etwa die Versklavten – zu entschädigen: für entgangene Profite aufgrund der Abschaffung der Sklaverei. Mein Großvater hat recht. Davon bin ich seit Langem überzeugt. Die Gräueltaten anderer Nationen ließen sich allzu bequem hinter dem besonders dichten Pulverdampf der deutschen Kanonen verbergen.

Dennoch ist es fast unvermeidlich, seine Einwände nicht als Ablenkungsmanöver zu deuten. Der Holocaust stürzte Deutschland mitsamt seinem Krieg in einen Abgrund, dessen Folgen zu ermessen bis heute kaum möglich und sehr schmerzhaft ist. Das macht es fragwürdig, diese deutsche Perspektive ernsthaft in Betracht zu ziehen. Man setzt sich dadurch leicht dem Vorwurf aus, Apologetik für Hitler und die Nazis zu betreiben. Nun bin ich aber dabei, mich in die Gedankenwelt eines preußischen Berufsoffiziers zu versetzen. Nicht anklagen will ich ihn, sondern nur verstehen, wie die Dinge für ihn und andere Soldaten seines Schlages standen. Einen Menschen zu verstehen oder ihn von aller Schuld freisprechen zu wollen, ist nicht dasselbe. Hintergrund seiner Brandreden ist die Erschütterung darüber, dass er sich einer »kleinen Clique von Verbrechernaturen« zugerechnet und als Abschaum der Menschheit hingestellt sah. »Es kann einen nur mit tiefer Scham erfüllen, wenn amerikanische Tierschutzvereine den ernsthaften Vorschlag machen, statt der armen Tiere sogenannte deutsche Kriegsverbrecher für die Atombombenversuche einzusetzen.«

Auf der Suche nach Schlupflöchern und beim Schimpfen über die krasse Heuchelei derjenigen, die sich ein Urteil über ihn anmaßen, fragt er etwa, warum England sich so sehr auf Deutschlands Verbrechen einschießt, die anderer Länder wie etwa Stalins Russland aber ignoriert; warum es Deutschland in seinen Verhandlungen mit Polen um eine friedliche Lösung in und um Danzig nicht unterstützte; wie ausgerechnet England sich als sittlich höherstehend gegenüber dem Rest der Welt ausgeben und seine Verteidigung von Polen mit der Behauptung rechtfertigen konnte, dass keine große Nation das Recht habe, einer schwächeren Macht ihren Willen aufzuzwingen. Wann, so fragt er, hätte England jemals auf ein solches Machtgefälle Rücksicht genommen?

Mit einem Mal wurde mir klar, warum ich meine doppelte Nationalität als einen so großen inneren Zwist erlebte. Einige dieser Fragen treiben auch mich seit Langem um. Schon hat sich mein Großvater wieder in die Sache verbissen. »Hier ist der erst Ansatzpunkt, zukünftige Kriege zu verhindern, indem man jeden zur Verantwortung zieht und aufs Schwerste bestraft, der durch Rundfunk, Presse oder für die Öffentlichkeit bestimmte Schriften verhetzend oder verunglimpfend tätig ist oder durch Reden die Massen zu Ausschreitungen auffordert.« Keine Nation wolle Krieg. Wer also habe Interesse daran. »Laut *The Union Jack* …« Ich schaue aus dem Fenster, abgelenkt von abendroten Wolken und winzigen Scheinwerferlichtern auf einer Straße in der Ferne, die funkeln wie Sterne aus einer anderen Welt. Anscheinend merkt auch mein Großvater, dass ich nicht mehr zuhöre. Selbst außer Atem geraten, steigt er von seiner Kanzel herunter, ein geschlagener Mann, der die Reste seiner früheren Ehre zusammensucht. »Nicht einmal die Angehörigen durften [deutsche Soldaten] im ersten Jahr der Gefangenschaft benachrichtigen … Noch heute, nachdem die Waffen 1 ½ Jahre ruhen, läßt man deutsche Generäle im Dunkeln über ihre Zukunft. Wer trifft solche Bestimmungen, die jeder Menschlichkeit widersprechen?«

Ich weiß es auch nicht, Großvati. Ich weiß es nicht.

Ich könnte heulen vor Wut.

Krieg.

Wieder zu Hause an meinem Schreibtisch, tippe ich das Wort mit einem Finger ein, als hätte Google die Antworten, die mein Großvater nicht fand. Ich habe mich durch so viele Bilder vom Krieg gewühlt, dass ich nur noch Zerstörung sehe. Kugeln, Granaten, Geschosse, Raketen. Explosionen. Feuerwolken, Rauch, Staub. Gewalt mit System. Tod.

Das ist die Welt des Mars, nicht die der Venus. Mit Musik dazu lässt sie das Blut durch die Adern rauschen, erfüllt einen mit Ehrfurcht vor der Tapferkeit der Soldaten. Aber wie geht man um mit seiner totalen Sinnlosigkeit? Wie kann Krieg zugleich so grauenhaft und so verlockend sein? So edel und so verheerend? Das Glücksgefühl des Zerstörens kenne ich aus dem Gefängnis, aus der Kunst und von Baustellen. Aber im Krieg leiden alle.

Mit den Augen folge ich zwei Flugzeugen, die in den Himmel hinter meinem Bildschirm ein Kreuz aus Kondensstreifen zeichnen. Ich frage mich, was mir die Hunderten Seiten von Briefen meines Großvaters sonst noch offenbart hätten, wären sie nicht verloren gegangen. Was er mir erzählt hätte, wäre ich in der Lage gewesen, ihn zu fragen. Die Geschichte und die Rückschau werden seine Worte anzweifeln oder bestätigen, manche vielleicht entkräften und in anderen einen Sinn finden, den ich heute noch nicht erkennen kann. Ich werde nie Gewissheit über irgendetwas haben. Aber ich bin weit genug in den Stapfen seiner staubigen, zerschlissenen Stiefel gegangen, um seiner Logik folgen zu können.

War er schuldig? War er ein Nazi?

Mit Sicherheit hat er nie der NSDAP angehört und wurde von der Überprüfungskommission, die ihn am Ende aus der Haft entließ, in allen Anklagepunkten für »nicht schuldig« befunden. Wie ich erfuhr, konnte die Behauptung seiner »nationalsozialistischen Weltanschauung« durchaus auch Folge einer bloßen Bescheinigungsroutine in der Wehrmacht gewesen sein. Ab Herbst 1942 galt die sogenannte nationalsozialistische Weltanschauung als ein Standardkriterium zur Beurteilung der Zuverlässigkeit von Offizieren. Es ist ziemlich wahrscheinlich, dass wohlwollende Vorgesetzte damals genau wie heutige Aussteller von Zeugnissen seine Leistungen auf eine Art herausstellten, die möglichst vielen Anforderungen für eine Beförderung entsprachen. Und wie es scheint, wurden solche Bewertungen auch damals sehr freihändig vergeben – so sehr, dass man selbst Offizieren, die dem NS-System nachweislich distanziert gegenüberstanden, nationalsozialistische Überzeugungen andichtete.

Dieser Zuschreibung steht allerdings die Tatsache entgegen, dass mein Großvater von Gegnern Hitlers offenkundig als vertrauenswürdig genug eingeschätzt wurde, um ihn für eine Mitwirkung am geplanten Anschlag auf Hitler im Juli 1944 zu gewinnen. Aber haben bloße formelhafte Bewertungen beider Seiten vor dem Hintergrund von Hitlers Vernichtungskrieg überhaupt irgendeine Aussagekraft? Ist nicht vielleicht wichtiger, ob mein Großvater sich schuldig fühlte? Dafür, dass er den Krieg geführt – oder dass er ihn verloren hatte? Dass er Hitler nachgelaufen war oder dass er sich an der Verschwörung zu seiner Ermordung nicht beteiligt hatte? Empfand er es als persönliches Versagen, dass er seine Funktion in der Maschinerie, die Millionen unschuldiger jüdischer, Sinti- und Roma-, polnischer, russischer und homosexueller Zivilisten ermordete, nicht erkannt hatte?

Empfindet irgendein Soldat Schuld oder Genugtuung, weil er tut, wozu er ausgebildet wurde, weil er Befehle ausführt und Menschen tötet, die von der Politik oder Gesellschaft dämonisiert und zu Feinden erklärt worden sind? Indem wir das Böse auf andere projizieren, teilen wir die Welt in zwei Lager. Ohne Nuancen werden »wir« dabei zu den ganz »Guten« und schließen uns hinter Kriegsgründen zusammen. Oder eben zum »organisierten Morden«, wie Harry Patch, der »letzte kämpfende Tommy« (er war das am längsten lebende Mitglied der British Army des Ersten Weltkriegs), es genannt hat. Werden wir dadurch allesamt schuldig? Alle verantwortlich?

Ich kann und will das Handeln meines Großvaters nicht entschuldigen oder gutheißen. Aber ich werde ihn auch nicht verurteilen.

Ich stelle mir vor, dass die Gespenster des Gemetzels sein erniedrigtes Selbst verfolgt haben müssen und dass in finsteren Momenten der Zweifel an seinem Gewissen genagt haben muss wie ein jammerndes Kind, das sich nicht beiseiteschieben lässt. Ich denke, dass der von ihm empfundene Verlust von Würde und Ehre ihn verzweifeln ließ und zornig machte; dass ihn die drei Jahre in Gefangenschaft demütigten und aus ihm schließlich einen gebrochenen Mann machten. Ich vermute, dass er überzeugt davon war, an den Gräueln »unschuldig« gewesen zu sein und ausschließlich seine soldatische Pflicht erfüllt zu haben; dass er aber keinen Weg sah, seine Ehre oder auch die seines Landes wiederherzustellen, und sich deshalb über alle Maßen schämte.

Um all das seelische Elend irgendwie durchzustehen, entschied mein Großvater sich wie die meisten Deutschen für das bewusste Vergessen. Er packte, bildlich gesprochen, die Meute der Plagegeister der Vergangenheit zu einem dichten Paket zusammen und verstaute sie tief in seinem Tornister. Dort konnte er sie zwar nicht mehr sehen, doch sie krallten sich in seinen Rücken, während er seine Jo-Jos schnitzte und sie von Tür zu Tür verhökerte. Die Plagegeister der Vergangenheit waren da, als er seine Hand über den Esstisch schob und die Nähe seiner Frau suchte und als er zur Hochzeit seiner zweitältesten Tochter mit einem Engländer neben ihrer Schwiegermutter auf einem Sofa saß und sich mit ihr zu verständigen suchte – über den Geist ihres einzigen Bruders hinweg, den deutsche Soldaten in Al Alamein getötet hatten. Ich glaube, dass diese Meute von Schreckgespenstern meinen Großvater bis in den Tod verfolgt hätten, wenn er sie nicht an mich weitergereicht hätte, als sich unsere Lebenswege kurz kreuzten wie die Kondensstreifen der beiden Flugzeuge am Himmel, denen ich, während ich aufblicke, nachsehe.

War es nun an mir, mich zu entschuldigen, um Verzeihung zu bitten oder zu verzeihen?

War es an mir, für das Leiden von Millionen Abbitte zu leisten?

Wie soll ein einzelner Mensch mit einem derartig gewaltigen Vermächtnis der Schande umgehen?

24
Wann vergeht Vergangenheit?

Ich glaube nicht an Kollektivschuld. Die Kinder von Mördern sind keine Mörder. Wir dürfen ihnen nicht zum Vorwurf machen, was die Vorfahren getan haben, aber wir können sie zur Rechenschaft ziehen für ihren Umgang mit der Erinnerung an das Verbrechen der Vorfahren.

Die Auschwitz-Überlebende Sabina Wolanski in ihrer Rede zur Eröffnung des Berliner Holocaust-Mahnmals

SCHAM IST NICHT DASSELBE wie Schuld. Schuldgefühle entspringen der Unfähigkeit, gesellschaftlichen oder sittlichen Werten im eigenen Verhalten Genüge zu tun; sie können einen Menschen lähmen, seine Selbstachtung schwächen und Angst oder Depressionen hervorrufen. Verbunden mit der Furcht vor Strafe können sie auch Reue bewirken oder in jemandem den Wunsch nach Wiedergutmachung wecken. Schuldgefühle kann man anderen »eingestehen« oder anvertrauen. Nicht so die Scham, die wir in aller Regel vor anderen verbergen – sie macht uns befangener. Sie ist eng verknüpft mit der Sicht, die andere von uns haben, und antizipiert Ausgrenzung. Als Empfindung inneren Ungenügens ist die Scham daher akut schmerzhaft. Sie vermittelt uns ein Gefühl der Mangelhaftigkeit und dass wir daher keine Akzeptanz vonseiten anderer verdienen. Im Wesentlichen sagt uns die Scham: »Ich *bin* schlecht.«

Beschämung wiederum – eine kollektive Reaktion auf diejenigen, deren Verhalten als Verletzung anerkannter Normen und Regeln wahrgenommen wird – kann so weit gehen, dass man im Zuge dessen das Recht auf Zugehörigkeit zu einer Gesellschaft, einer Familie oder einem Kreis von Kollegen und Freunden verliert. Sie ist eine der wenigen menschlichen Reaktionsweisen, die sich auch bei anderen in Gruppen lebenden Säugetieren beobachten lassen. Bei der Beobachtung von Pavianen sah man, dass Männchen, die unter ihresgleichen – womöglich als Folge körperlicher Schwäche – als Nieten galten, von anderen Angehörigen der Gruppe beschämt, nämlich gemieden und ihrer Nahrung beraubt wurden. Und, vielleicht am schlimmsten: Kein Weibchen wollte sich mit diesen Affenmännchen paaren.

Solch peinliche Prüfung, Beurteilung und Ablehnung kann ein gewichtiger Faktor in der Entstehung von Gewalt sein, wie das Verhalten der »beschämten« Affen sehr deutlich zeigt: Geächtete Paviane schlichen sich beispielsweise an den Rand der Gruppe und reagierten sich dort an kleineren, schwächeren Tieren wie Vögeln ab, die sie zwischen ihren Händen quetschten, bis ihnen die Knochen brachen.

Scham löst den Impuls aus, sich unsichtbar zu machen – vor anderen und vor sich selbst. Sich selbst anzuklagen. Oder irgendetwas zu tun, das der Ehrenrettung dienen könnte. Rückzug, Zurückschlagen, Zorn oder Zuflucht zu Suchtmitteln oder Suchtverhalten erscheinen dann häufig als Mittel zum Durchhalten. Scham manifestiert sich in einer bestimmten Körperhaltung und in vegetativen Reaktionsmustern, wie sie auch infolge eines Traumas auftreten: die Unfähigkeit zu direktem Blickkontakt, Lähmungserscheinungen, Zusammenbruch.

2001 nahm ich an einem Tanzworkshop teil. Ich saß in einem großen Kreis von etwa hundert Leuten. Wir hatten uns gerade die Seele aus dem Leib getanzt, und nun teilten wir einander mit, was wir dabei erlebt hatten. Plötzlich brach eine Frau in etwa meinem Alter in Tränen aus. »Ich schäme mich so sehr …«, sagte sie und vergrub ihr Gesicht in ihren Händen, »dass ich eine Deutsche bin.«

Ich hatte nie zuvor jemanden so etwas sagen gehört. Ich musste schwer schlucken und spürte, wie auch mir die Tränen über die Wangen liefen. Ihr Bekenntnis beunruhigte mich noch lange, nachdem sich der Kreis aufgelöst hatte. Es war, als fasste es mich sanft an der Schulter, weckte mich aus einem Tiefschlaf, damit auch ich endlich meiner Scham einen Namen gab.

Am Ende war das aber gar nicht meine Scham, und noch nicht einmal die meiner Generation.

Wie haben nun junge Deutsche von heute die Verbrechen der Nation in ihren Sinnhorizont integriert? Wie knüpfen nachfolgende Generationen an diesen Prozess an? Seit Anfang der 1980er-Jahre sind der Nationalsozialismus und der Holocaust feste Bestandteile deutscher Lehrpläne und haben darüber hinaus in vielen Kontexten jenseits des Geschichtsunterrichts ihren Platz, wenngleich sich Bandbreite und Umfang nicht nur von einem Bundesland zum nächsten, sondern auch abhängig vom Engagement der einzelnen Lehrkräfte unterscheiden. In den Neunzigerjahren wurden Schüler bereits so umfangreich mit der Vergangenheit konfrontiert, dass viele gegen die »Übersättigung« aufbegehrten. Eine häufige Reaktion auf den gefühlten Druck, die geliebten Großeltern mit Anschuldigungen zu überziehen, waren Abwehrhaltungen. Wie ihre Eltern konnten auch viele der Jüngeren beim Hören der Erzählungen von Holocaustopfern kein Bedauern äußern, weil das in ihren Augen einem Schuldeingeständnis gleichgekommen wäre. Sie bekundeten stattdessen einen dumpfen Groll, als wollte ein Teil von ihnen aufschreien: »Wir haben das nicht gemacht!« Einige versuchten, deutsche Gräueltaten anhand derer anderer Länder zu relativieren. Andere entschieden sich dafür, ihren Vorfahren gegenüber eine Haltung moralischer Überlegenheit einzunehmen.

Anlass genug für Helmut Schmidt, Bundeskanzler von 1974 bis 1982, sich 1995 in die Debatte einzumischen. »Ich möchte, dass die Fakten bekannt und moralisch bewertet werden«, sagte er. »Aber man schneidet sich selber den Erfolg ab, wenn man zunächst einmal pauschal 19 Millionen beleidigt oder die Kinder von 19 Millionen glauben lässt, ihre Eltern seien die Schuldigen und man selber sei nun aufgeklärt, moralisch in Ordnung und wäre, hätte man damals gelebt, Widerstandskämpfer geworden.« 1998 ging der Schriftsteller Martin Walser in seiner Dankesrede für den Friedenspreis des Deutschen Buchhandels noch weiter. Er kritisierte den nicht endenden Strom von Bildern des Holocaust in den Medien und die »Monumentalisierung« und »Dauerrepräsentation unserer Schande«. Beide bewirkten in ihm, wie er sagte, dass er wegzusehen begann und sich wünschte, von der »Moralkeule« und »Pflichtübung« befreit zu werden.

Der *Zeit*-Chefredakteur Bernd Ulrich warb dagegen für einen ganz anderen Umgang mit dem Thema: »Auschwitz war ein singuläres, ein deutsches Verbrechen: Deutschland wurde befreit; die Jüngeren müssen die Verantwortung für den Holocaust übernehmen: Freiheit liegt für uns nicht im Verdrängen, sondern in der Erinnerung; und man kann nicht aus dem Schatten treten, den man selber wirft.«

Pflicht, sich zu erinnern. Verantwortung für den Holocaust. Das sind schwere Bürden für die jüngeren Generationen, und noch drückender werden sie, wenn Angehörige der eigenen Familie bei diesen Verbrechen eine Rolle spielten.

2002 machte das schon genannte Buch *Opa war kein Nazi* von Harald Welzer deutlich, dass die alte Geschichte von den Nazis als den »anderen« und den gewöhnlichen Leuten, die von den Ereignissen nichts wussten, in Deutschland immer noch dominierte – trotz Fortschritten im Geschichtsunterricht, in der politischen Bildung und in der Gedenkkultur. Auch mir war im Gespräch mit deutschen Freunden diese Tendenz aufgefallen. Niemand schien auch nur einen einzigen Vorfahren zu haben, der in irgendeiner Weise an den Verbrechen mitgewirkt hatte. Alle fielen sie in Welzers Kategorie der Widerstandskämpfer, Helden oder Opfer des

Nationalsozialismus: »nur ein Bibliothekar«, »Deserteur«, »einfacher Ladenbesitzer«. Nicht einer von ihnen soll Hitler demnach auch nur zugewunken oder aus Furcht weggesehen haben, als Juden zusammengetrieben wurden?

Diese Abwehrhaltung schien mir nachvollziehbar, aber problematisch. Auch ich hatte anfangs geglaubt, dass ich meine Verwandten von jeglichen Missetaten würde freisprechen können, indem ich nur den Spuren meiner Familiengeschichte nachging. Und wenn die Ergebnisse meiner Recherche es mir auch nicht gestattet hatten, meinen Großvater als Angehörigen der Wehrmacht von jedem Verdacht des strafbaren Handelns zu entlasten, so hatten sie es mir andererseits auch erspart, ihn den schlimmsten Nazis zurechnen und als Kriegsverbrecher verdammen zu müssen. Doch ich erkannte nun auch deutlicher die Schattierungen zwischen dem reinen Guten und dem absoluten Bösen, Graubereiche, wo wir uns unter bestimmten Umständen alle finden können. Ich glaube nach wie vor nicht, dass es böse Menschen gibt – sondern nur böse Taten, die die Vorfahren nicht weniger der heute lebenden Deutschen mit Sicherheit begangen haben.

Eine Erhebung von 2010 ergab, dass 80 Prozent der deutschen Schüler die Erinnerung an die Nazizeit für wichtig hielten. 67 Prozent fanden, dass ihre Generation in der Pflicht war, Nazideutschland und den Holocaust nicht in Vergessenheit geraten zu lassen. 60 Prozent sagten, sie schämten sich persönlich für das, was die Deutschen unter dem Nationalsozialismus getan hatten. Zahlreiche junge Deutsche pflegen ganz konkret eine Kultur der Erinnerung und der Abbitte, indem sie ehrenamtlich in Gedenkstätten wie Auschwitz arbeiten oder europaweit Kriegsgräber von Soldaten aller beteiligten Länder pflegen.

Diese Zahlen nannte ich in einem Vortrag vor britischen Sechstklässlern. »Warum schämen sich nicht alle?«, fragte einer der Schüler. Ich verstand, was er meinte: Scham lässt sich als Ausdruck von Verurteilung, als Bitte um Entschuldigung oder Reue verstehen. In einer anderen Betrachtung der Frage könnte man ebenso gut die Frage stellen, warum überhaupt irgendwelche junge Deutsche persönlich Scham empfinden. Der Holocaust hat stattgefunden, lange bevor sie auf die Welt kamen.

Ich griff diese Wortmeldung auf und fragte den Schüler, ob eine »Erinnerungspflicht« oder ein obligatorisches Schamgefühl sinngemäß auf andere Länder ausgeweitet werden sollte. Sollte man beispielsweise englische Kinder dazu anhalten, aktiv an die Missetaten ihrer Vorfahren während der kolonialen Unterwerfung von großen Teilen der Welt durch das britische Empire zu erinnern und sich zu schämen etwa für die Hunderttausenden Toten infolge der Teilung Indiens von 1947? Oder für die zivilen Opfer des Einmarsches im Irak von 2003? Und sollten amerikanische Kinder Verantwortung für die Sklaverei oder den Vietnamkrieg übernehmen?

Immer mehr Menschen glauben, dass man das sollte. Wenn wir den von unseren Vorfahren angehäuften Reichtum oder die Privilegien sorglos übernehmen: Versteht es sich dann nicht eigentlich von selbst, dass wir auch Haftung und Verantwortung für die Taten übernehmen müssen, denen sich beide verdanken? Dennoch gibt es starken Widerstand gegen das, was manche als ein »Umschreiben« oder »Zensieren« der Geschichte und Beflecken traditionsreicher Triumpherzählungen durch das überkorrekte Verzeichnen von Unrecht, Irrtum und Schande betrachten.

Deutsche Kinder dieses Jahrtausends sind in einem Land aufgewachsen, dessen Selbstbild sich ebenso anhaltend wandelt wie seine Außenwahrnehmung durch die ehemaligen Feinde. Deutschland als Gastgeber der Fußballweltmeisterschaft von 2006 war eine faszinierende Momentaufnahme dieses gewandelten Erscheinungsbildes. Überall im Land schwenkten die Einheimischen ermutigt von WM-Trainer Jürgen Klinsmann – in England gut bekannt seit seinen Tagen als Spieler bei Tottenham Hotspur – das schwarz-rot-goldene einstige »Leichentuch der nationalen Schande« aus Fenstern und fahrenden Autos und hefteten es sich an ihre

Kleidung. Bis zu diesem Zeitpunkt wurde auch der leiseste Hauch eines deutschen Patriotismus mit Ächtung quittiert, und die Deutschen wagten kaum, auch nur eine Andeutung von Stolz auf ihr Land zu zeigen – aus Furcht, in die ideologische Nähe ihrer »braunen« Vergangenheit oder von ewiggestrigen Rechtsextremen gerückt zu werden.

Deutschland gewann zwar nicht die Weltmeisterschaft, dafür aber die Herzen der angereisten Fans aus aller Welt. Sogar von den englischen Fußballtouristen ernteten die Deutschen unerwartet begeistertes Lob für ihre offenherzige Gastfreundschaft, ihr köstliches kaltes Bier, ihre funktionierenden öffentlichen Verkehrsmittel, das herrliche Wetter und in einigen Fällen sogar für ihren Humor.

Dessen ungeachtet sind nationale Schuld und Schande in einer Weise, die Engländer sich kaum vorstellen können, weiterhin Triebkräfte der deutschen Politik, Kultur und Gesellschaft. Hitler und die Nazis nehmen viel Platz in den Fernsehprogrammen und auflagenstarken Zeitschriften ein: Günter Grass hat es in *Krebsgang* auf den Punkt gebracht: »Die Geschichte, genauer die von uns angerührte Geschichte, ist ein verstopftes Klo. Wir spülen und spülen, die Scheiße kommt dennoch hoch.«

Es ist im höchsten Maß wichtig, so hat er in einem Interview hinzugefügt, auch die eigenen Verluste zu verarbeiten und zu betrauern. Wenn dies in Deutschland geschehen ist, könnte es eine Dynamik freisetzen, die Verwicklung deutscher Familien in den Holocaust genauer unter die Lupe zu nehmen.

Für die Generation der Millennials brauchte es eine weitere Fernsehdramatisierung, um die Geschichte lebendig zu machen und wieder einmal auch in den Familien das Gespräch in Gang zu bringen. *Unsere Mütter, unsere Väter* war eine dreiteilige Serie, die 2013 in Deutschland ausgestrahlt wurde. Sie erzählt die Geschichte von fünf befreundeten Mittzwanzigern, die während des Krieges in Berlin leben. Zwei Brüder gehen zur Wehrmacht – der eine willentlich, der andere, eine sensible Dichternatur, widerwillig. Eine

Frau wird Krankenschwester an der Ostfront, die andere verfolgt ihren Traum, als Sängerin zu reüssieren. Alle fünf werden von der Flutwelle des moralischen Verfalls mitgerissen und unausweichlich bis zu einem gewissen Grad korrumpiert. Jede dieser Figuren könnte eine Großmutter oder ein Großvater heutiger junger Deutscher gewesen sein.

Obwohl die Macher der Serie ausdrücklich die Absicht hatten, Familien ins Gespräch über ihre je eigenen Geschichten zu bringen, war ich etwas überrascht, dass ausgerechnet dieses Fernsehspiel mit seiner wenig überzeugenden Handlung und der aus meiner Sicht überholten Grundaussage eine so leidenschaftliche öffentliche Debatte anstieß, und zwar nicht nur in Deutschland, sondern rund um die Welt. Da es aber von sieben Millionen Deutschen gesehen und mit Preisen überhäuft wurde, konnte man es nicht übergehen. Es bot jungen Deutschen einen Anlass, sich selbst und ihren Angehörigen tiefschürfende Gewissensfragen zu stellen: Was hast du getan? Was hätte ich getan? Es schuf ein Klima, in dem ältere Verwandte sich auf Fragen einlassen mussten und gehalten waren, sie zu beantworten.

Angesichts Deutschlands fortgeschrittener und reifer Kultur des Gedenkens und der Abbitte, seiner laufenden Wiedergutmachungszahlungen an Opfer des Naziregimes und engagierter Versöhnungsinitiativen war ich stets davon ausgegangen, dass ich mit dem Ausgraben und Freilegen meiner Familiengeschichte um viele Jahre hinterher sein musste. War ich aber nicht. Während das offizielle Schweigen Deutschlands in den Sechzigerjahren gebrochen worden war, blieb das private Schweigen noch weitere Jahrzehnte gewahrt.

Wenn man in ein Geschehen nicht persönlich involviert ist, kann man es nicht vergessen, genauso wenig, wie man sich daran erinnern kann. Ebenso wenig kann man Verantwortung dafür übernehmen, dass dieses Geschehen stattgefunden hat. Und so liegt die eigentliche Herausforderung für die heutigen Generationen vielleicht nicht darin, sich den harten Tatsachen – wer hat was getan oder nicht getan – zu stellen, sondern offen und feinfühlig über das Dritte Reich und den Holocaust zu sprechen und einen Umgang mit den dadurch evozierten Gefühlen zu erlernen. Aus den Fehlern vorangegangener Generationen klüger zu werden und dafür zu sorgen, dass sie sich nie mehr wiederholen, ist die eigentliche Pflicht, die uns Nachgeborene trifft. Das war jedenfalls der Weg, den zu gehen ich mich entschieden hatte: ein Weg der Versöhnung. Darin liegt, wie ich meine, der eigentliche Sinn und Zweck des Erinnerns. Denn wie wir uns erinnern und was wir von der Vergangenheit im Gedächtnis behalten, bestimmt die Art und Weise, wie wir Zukunft gestalten.

25
Den Nebel durchdringen

Es gibt keine größere Tortur als die, eine unerzählte Geschichte mit sich herumzutragen.

Maya Angelou, *Ich weiß, warum der gefangene Vogel singt*

Eine Freundin erzählte mir von einem Mann aus ihrem Bekanntenkreis: einem Juden meines Alters, der eine schwere Phase durchmachte. Er kämpfte mit Depressionen. Der Holocaust hatte in der Familie seiner Mutter gewütet und sie zu großen Teilen ausgelöscht. Er fühlte sich schuldig, dass er so niedergeschlagen war, wo er doch in seinem Leben »die besten Aussichten« hatte.

»Ich habe die Pflicht, glücklich zu sein«, sagte er zu meiner Freundin. Dieses Mantra war zum Leitmotiv seines Lebens geworden. Ich muss glücklich sein, einfach nur weil ich am Leben bin – die Schuld der dritten Generation von Holocaust-Überlebenden.

Da stand er plötzlich vor meinem inneren Auge: der Satz, der zur Überschrift meines eigenen Lebens wurde – wie eingehämmert mit den Tasten einer inneren Schreibmaschine: Ich habe kein Recht, glücklich zu sein! Endlich hatte ich ihn – der Kerkermeister meiner Seele hatte sich zu erkennen gegeben.

Das Streben nach Glück ist in manchen Kulturen ein Menschenrecht. Es wurde in der amerikanischen Unabhängigkeitserklärung festgehalten und von den Vereinten Nationen in die Allgemeine Erklärung der Menschenrechte aufgenommen. Doch für den gepeinigten jüdischen Bekannten meiner Freundin, für die Nachkommen von Opfern sowie für die Überlebenden des Holocausts war das kein Recht, sondern eine Pflicht. Und auch mir, als Nachfahrin von Tätern, stand dieses Recht nicht zu. Es war für mich etwas, das ich mir erst schwer verdienen musste: eines Tages vielleicht, wenn du dich lange genug angestrengt hast. Vorerst war es nur eine Hoffnung in weiter Ferne.

Alle waren wir gefesselt zur Welt gekommen.

Jetzt erschloss sich mir auch plötzlich das Bild eines Kölner Häftlings, der mich als jemanden beschrieben hatte, die Gefangene aus einem Loch zog. Auf der obersten Bewusstseinsebene trachtete ich offenbar danach, Verbrecher aus den finsteren Abgründen zu ziehen, in die sie gestürzt waren.

Auf einer unterbewussten Ebene zerrte ich die Leichen von Nazi-Opfern aus den Gräben, in die man sie geworfen hatte.

Und auf meiner unbewussten Ebene versuchte ich, das Trauma und die Schuld meiner deutschen Herkunft aus der Dunkelheit ans Licht zu holen, um dadurch meine engere Familie und künftige Generationen zu heilen.

Ich verstehe diese Art der Vergangenheitsbewältigung als meinen sehr persönlich gefärbten Beitrag zu Aussöhnung und Wiedergutmachung mit den Gräueltaten des Dritten Reichs.

In den Zeiten meiner verschiedenen Zusammenbrüche war es keinem Experten gelungen, die wahren Gründe dafür zu entschlüsseln. Mitte der 1990er-Jahre gab es in Deutschland nur sehr wenige Therapeuten, die sich mit generationenübergreifenden Traumata befassten. Der therapeutische Ansatz steckte noch in den Kinderschuhen. Das änderte sich erst 2009 mit dem Erscheinen von Sabine Bodes Buch *Kriegsenkel*.

Inzwischen war ich mir ziemlich sicher, dass es zwischen der dichten Wolke, die sich regelmäßig auf mich herabsenkte und mir das Atmen schwer machte, und den unverarbeiteten Erlebnissen und Gefühlen innerhalb meiner Familie eine Verbindung geben musste. Doch ich ahnte bis zu diesem Zeitpunkt nicht, dass die Weitergabe von Traumata oder Schuldgefühlen zwischen den Generationen ein wissenschaftlich bereits bekanntes Phänomen war. Auch hatte ich nicht einmal eine ungefähre Vorstellung davon, was genau so schwer auf mir lastete.

Familiengeschichten zu hinterfragen und in den Mythen der eigenen Sippe zu stochern ist bedrohlich und kann verletzend sein. Inwieweit hat man überhaupt ein Recht, das Boot, in dem alle gemeinsam sitzen, zum Schwanken zu bringen? Und ist es überhaupt klug, das zu tun? Ist es nicht grausam, die Trümmerhaufen einer Kindheit im Bombenkrieg abzuräumen oder beschämende Taten ans Licht zu zerren, die bisher hinter Nächstenliebe und Freundlichkeit verborgen lagen – auch wenn sie nur Fassade waren? Wer gibt uns das Recht, die Wunden anderer Menschen aufzureißen, ohne das ganze Ausmaß der Erschütterung ermessen zu können, das sie verursacht hat? Welches Trauma fügen wir anderen und uns selbst zu, indem wir Taten zum Vorschein bringen, die zu Recht Verurteilung, Abscheu und Verdammung verdienen?

Wie finden wir heraus, wie man am besten mit dem Wissen um die aufgedeckten Tatsachen umgeht? Ich hatte keine Antworten auf diese Fragen. Ich wusste nur, dass mich eine existenzielle Notwendigkeit dazu getrieben hatte, das Familienboot vom Kurs abzubringen und unangenehme Fragen zu stellen. Ich hatte Glück. Meine Verwandten wehrten sich nie bewusst dagegen. Sie erzählten mir bereitwillig die Wahrheit, soweit sie sich ihnen erschloss. Doch erst auf den Seiten des Buches *Kriegsenkel* fand ich Antworten auf viele meiner Fragen.

Sabine Bode war selbst am meisten überrascht, wie viele Kriegsenkel sich nach der Veröffentlichung ihrer Recherchen zu den Kriegskindern bei ihr meldeten. Diese zwischen 1960 und 1975 geborene dritte Generation beschrieb ein Lebensgefühl, das vom Krieg wie durch einen Nebel verdunkelt worden war, was häufig dazu führte, dass die Betroffenen die Traumata ihrer Eltern spiegelten oder reinszenierten: Erfahrungen von Heimatlosigkeit und Entwurzelung, Ängste, die notdürftig hinter Fassaden von Gefühlskälte oder vermeintlicher Stärke verborgen wurden. Viele

Kriegsenkel waren auf der Suche nach einer authentischen Identität oder verspürten ständigen Leistungsdruck, verbunden mit einer Pflicht, stellvertretend für ihre Eltern irgendetwas gutzumachen, was ihnen oft gar nicht bewusst war.

Als wäre ein Damm gebrochen, folgten zahlreiche Autoren Bodes Beispiel und überfluteten den deutschen Buchmarkt mit Zeitzeugenberichten über das Phänomen der »Gefühlserbschaft«, wie Freud dieses Phänomen bezeichnete, auch beschrieben als generationenübergreifende Weitergabe unverarbeiteter Gefühle. Ich bestellte und verschlang ein Buch nach dem anderen zu diesem Thema. In meinem Kopf erstellte ich Listen mit Symptomen der Kriegskinder und -enkel und heftete sie an ein imaginäres Schwarzes Brett – wie es die Kommissare in den Fernsehkrimis immer mit ihren Verdächtigen tun.

Kein Zweifel: Je mehr sich der Nebel über den Nachkriegsdeutschen lichtete, umso stärker trat auch die außergewöhnliche Atmosphäre, in der sie aufgewachsen waren, ins allgemeine Bewusstsein.

Mithilfe weiterer Literatur konnte ich mir allmählich ein Bild von den »Nebelkindern« machen, wie ein Buch von 2015 die leidenden Angehörigen dieser dritten Generation von Deutschen nennt. Mit ihnen hatte ich so viel gemeinsam, als wären wir bei der Geburt getrennte Geschwister gewesen, die einander danach nie wieder begegnet sind. Ihre Kindheiten in Deutschland mit zwei deutschen Elternteilen waren schwieriger gewesen als meine. Sie waren in einem toxischen Umfeld ohne eigene Geschichte aufgewachsen. Die Wurzeln ihrer Familien lagen häufig in einem weit entfernten, unerreichbaren Land im Osten, aus dem sie geflohen oder vertrieben worden waren. In den Sechziger- und Siebzigerjahren, als sie auf die Welt kamen, verblich die jüngste Vergangenheit gerade zu einer neuen Normalität. Die Abnormität eines Lebens neben Bunkerruinen, aufgelassenen Munitionsfabriken und ehemaligen Konzentrationslagern fiel ebenso wenig auf wie die

Tatsache, dass aus Dächern, unter denen seit 1945 Menschen einquartiert waren, inzwischen Bäume wuchsen. Die Eltern setzten alles daran, sich hier in einem möglichst einfachen, stillen und bequemen Leben einzurichten.

Kleinbürgerliche Werte in Gestalt von Einfamilienhäusern, Gärten, Topfpflanzen und blank polierten Autos hatten die hochtrabenden Ideale der Nazis verdrängt, sobald der Mangel der Nachkriegsjahre überwunden war. Großeltern, die sich früher unablässig über ihr schweres Los beklagt hatten, verfielen in Schweigen. Wie konnte man über seinen verlorenen Bauernhof in Ostpreußen klagen, wenn das eigene Volk die Ermordung eines anderen Volkes zu verantworten hatte? Wie das Erlebnis von Luftangriffen, Vergewaltigungen und Bomben geltend machen, wenn der Bruder, Vater oder Großvater im Ausland an ähnlichen und schlimmeren Gewaltorgien mitgewirkt hatte? Wie noch über die früheren Fantasien von deutscher Größe und Deutschlands Recht auf Lebensraum im Osten reden? Wie zugeben, dass man einmal den Juden die Schuld an allen Übeln in Deutschland gegeben oder daran geglaubt hatte, Teil der »arischen« Herrenrasse zu sein? Wie konnte man, nachdem man gelernt hatte, die eigenen Bedürfnisse zugunsten der »Volksgemeinschaft« zu übergehen, überhaupt noch von sich als einem Individuum sprechen?

Anders als bei der zweiten Generation gab es in der dritten keine Väter mehr, die SS-Offiziere oder sonstige Nazis waren. Die Väter waren im Krieg selbst noch Kinder gewesen und lebten nun in einer neuen demokratischen Gesellschaft. Niemand wollte an die Vergangenheit rühren. Es stand zu viel auf dem Spiel. Familiengeheimnisse wurden gehütet, um die Kinder vor dem Grauen der eigenen Geschichte zu bewahren. Vielen Kriegsenkeln kam gar nicht der Gedanke, dass das eine oder andere Detail in den Erzählungen der Familie unglaubwürdig erschien. In vielen Familien gab es keinerlei dramatische Auseinandersetzungen. Häufig wurde über die Großväter nur aus deren Zeit als Kriegsgefangene erzählt.

Meine deutschen Zeitgenossen hatten sich eingerichtet in der nebelhaften Atmosphäre von Lügen und Verheimlichungen. Doch die graue Leere tief in den Seelen ihrer Eltern und deren fortdauernde, von der Zerstörung ihrer eigenen kindlichen Welten bewirkte Verunsicherung konnten auch die Nachgeborenen spüren. Sie bemerkten die Verletzlichkeit und Bedürftigkeit ihrer Eltern und versuchten ihnen zu helfen. Und ahnten dabei zwar, dass finstere, untergründige Gewalten in deren Leben am Werk waren, konnten aber ohne Zutrauen in die eigenen Wahrnehmungen diese nicht benennen. Das Ungesagte war es, das sie am meisten verstörte.

Kindheitserinnerungen an Fuhrwerke, die durch Eis brachen, an tief fliegende sowjetische Jagdbomber, die Menschen auf ihren Fußmärschen beschossen, an Angehörige, die man tot am Wegesrand zurücklassen musste: Die Eltern trugen schwere seelische Narben davon. Ihr ganzes Streben war daher darauf gerichtet, die verlorene heimatliche Geborgenheit wiederzufinden. Sie wurden mit ihrem lebenslangen Heimweh nach der verlorenen Kindheit zwar ohne Hilfe von außen fertig, waren aber oft nicht in der Lage, ihren Nachkommen ein Grundvertrauen und ein Gefühl für einen sicheren Platz im Leben mitzugeben.

Für Selbstentfaltung bot das wenig Spielraum. Die Kinder erzählten, dass sie sich zwar geliebt fühlten, aber nie ermutigt, eigenen Interessen nachzugehen oder vielleicht auch nur eine höhere Bildung anzustreben. Der Schwerpunkt lag auch in ihrer Erziehung auf einem gesicherten Auskommen und einer vermeintlich »soliden« Lebensgrundlage. Unterschwellige Botschaften eines Vaters lauteten etwa: »Willst du, dass ich mir noch minderwertiger vorkomme, indem du mich übertrumpfst?«, und die einer Mutter vielleicht: »Wer soll noch die Traditionen meiner Heimat pflegen, wenn nicht du?« Auf diese Weise legten sich die Nebelkinder Hindernisse in den Weg und verbauten sich eigene Erfolge. Oft scheiterten auch sie daran, das Heimat- und Zugehörigkeitsgefühl auszubilden, das ihren Eltern nach Jahrzehnten noch abging.

Im Zeitgeist der Siebziger- und Achtzigerjahre ging es vor allem um Selbstverwirklichung. Auch in Deutschland begann man sich, begeistert vom Freiheitsgedanken der Achtundsechziger und dem »Abschneiden alter Zöpfe« neu zu erfinden und griff nach den Sternen. Da die »Nebelkinder« aber gar nicht wussten, wer sie waren, konnten sie auch ihre Potenziale nicht nutzen. In ihren Dreißigern meinten sie noch, sie seien Spätentwickler, doch mit vierzig konnten sie sich damit nicht mehr trösten. Häufig machten sie sich dann selbst Vorwürfe: »Warum bist du so? Du hast nichts Schlimmes erlebt. Deine Klagen sind ganz grundlos. Du bist nichts als ein Versager!«

Einer dieser von Sabine Bode beschriebenen Kriegsenkel schien dagegen seinen Lebentraum erfüllt zu haben: eine tolle Karriere, eine Traumwohnung, eine liebende Partnerin, Luxusreisen ... Doch trotz allem redete eine Stimme in seinem Kopf diese Erfolge unablässig schlecht. »Alles zu viel, alles zu gut«, schärfte sie ihm ein. »Das steht dir überhaupt nicht zu.«

Ich habe kein Recht, glücklich zu sein.

Starke, hoch motivierte und fähige Menschen, die für Führungspositionen wie gemacht schienen, verfielen in Depressionen und Süchte, scheiterten in ihren Beziehungen, endeten ausgebrannt, mit ruinierten Karrieren, fanden sich auf ihrem Lebensweg in Sackgassen wieder, in Identitätskrisen, ohne einen Ort, an dem sie zu Hause waren, und mit einem allgemeinen Gefühl der Verlorenheit. Manche sogar mit Selbstmord. Etliche unter denjenigen, die sich schon früh um die eigenen Eltern kümmern mussten, waren unter der Last ständiger Überforderung und Selbstzweifel groß geworden. Schon als Kinder hatten sie viel erreicht und fühlten sich dennoch als Versager, weil es ihnen nicht gelungen war, die Eltern aus ihrem Elend zu retten.

Ich dachte zurück an meine eigene Jugend, als ich auf meinem Bett lag, das Foto meiner Mutter in dem Wunsch anstarrte, sie vor sich selbst zu retten, und mir Vorwürfe dafür machte, dass ich es nicht konnte. Was die Liste der in Sabine Bodes Büchern beschriebenen Symptome anging: Die konnte ich allesamt als zutreffend abhaken.

Die Eltern – die inzwischen erwachsenen Kriegskinder – gingen davon aus, dass sich solche Schwierigkeiten mit der Zeit einfach auswachsen würden. Häufig wiesen sie die Kinder mit derselben Mach-dir-nichts-draus,-wird-schon-wieder-Haltung zurecht, die man ihnen anerzogen hatte und aus der heraus auch meine Mutter meine Essstörungen nicht wahrhaben wollte. Oder sie schalten die Kinder und redeten ihnen ins Gewissen, dass sie es doch um so vieles besser hatten, dass sie sich glücklich schätzen sollten – was natürlich stimmte, soweit es äußerlich gesicherte Verhältnisse, materiellen Wohlstand und Karrierechancen betraf.

Doch viele Kriegsenkel litten darunter, dass sie keinen emotionalen Zugang zu ihren Eltern fanden. Sie erlebten deren Gefühlstaubheit als Kälte und mangelndes Einfühlungsvermögen. Andere beschrieben das Verhalten der Eltern als unverständlich: unaufmerksam, starrsinnig, bis zum Äußersten sicherheitsversessen und ohne Interesse an der zeitgenössischen Welt. Oft ging die Elternstimme ein in ein negatives Selbstgespräch, mit dem sie sich selbst heruntermachten: »Das schaffst du nie im Leben, andere können das so viel besser, du wirst sicher wieder nur alles vermasseln.« Ohne die Ermutigung und das Vertrauen der Eltern in ihre Fähigkeiten und mit der inneren Ausrichtung auf Schwächen, Fehler und Versagen lastete ihr Leben in jeder Hinsicht zunehmend schwerer auf ihnen.

Je jünger Kinder sind, umso mehr schrecken sie vor Kritik an den Eltern zurück, aus Furcht, von ihnen alleingelassen zu werden. Loyalität und Schutzinstinkte halten sie davon ab, schwierige Fragen zu stellen, was wiederum ihrer eigenen Entwicklung abträglich ist. Statt der Auseinandersetzung suchen sie die Schuld bei sich, so wie auch ich es getan hatte. Oder sie leben das Leben, das ihre Eltern sich für sie wünschen und meist selbst gern gelebt hätten. Viele aus dieser dritten Generation hatten das Gefühl, dass sie diesen Verzicht leisten mussten, um geliebt zu werden.

Anderen gelang es nicht, Distanz zu den Eltern zu schaffen, weil sie sich schuldig oder undankbar dabei vorkamen, Vater und Mutter in ihrem ruinierten Leben sich selbst zu überlassen. Oder sie reinszenierten die Erschütterungen der Eltern in dem verzweifelten Bemühen, sie überhaupt irgendwie emotional zu erreichen. So habe ich einmal von einer jungen Journalistin gelesen, die wie besessen Geschichten von geflüchteten Kindern aus Afghanistan oder Serbien erzählte und sich bis zur totalen Erschöpfung dabei verausgabte, auf das Leid dieser Kinder aufmerksam zu machen. Erst Jahre später dämmerte ihr, dass ihr innerer Zwang von der traumatischen Flucht ihrer Mutter vor den herannahenden Sowjets herrührte.

Ich konnte selbst kaum glauben, was ich da entdeckte. Es war, als läse ich meine eigene, von Fremden aufgeschriebene Lebensgeschichte.

Es gab auch Geschichten von Enkeln, die sich unbewusst die Schuld eines Nazi-Opas aufluden, der nie über seine Vergangenheit gesprochen hatte – und sich genötigt fühlten, etwas davon wiedergutzumachen, um sich ihr Recht auf ein eigenes Glück zu verdienen. Ihre Bemühungen endeten in nichts als Enttäuschungen. Sie fühlten sich benutzt oder ausgelaugt, wohl auch weil die Ursache ihrer Schuldgefühle nicht auszumachen war.

In einigen Fällen quälten sich Kriegsenkel so sehr mit der Vorstellung, dass sie einen gewalttätigen oder grausamen Wesenszug geerbt haben könnten, dass sie sich selbst für Verbrechen bestraften, die ihre Großeltern begingen oder begangen haben könnten. War es nicht genau das, was ich mit meinen krank machenden Essgewohnheiten, meinem unausweichlichen Zurückschrecken vor liebevollen Beziehungen und meinem gnadenlosen Zwang, mich selbst bis zum Punkt der totalen Erschöpfung abzuarbeiten, betrieben hatte?

Den vielleicht tragischsten Ausdruck fanden diese Neigungen bei manchen in der Furcht, eine derartige Veranlagung zum Bösen könnte erblich oder gar ansteckend sein. Diese Menschen brachen radikal mit der eigenen Familie, zogen sich zurück, lebten allein und bekamen keine Kinder, um nur andere Menschen – schlimmstenfalls die eigenen Kinder – ja nicht mit ihren Anlagen zu »kontaminieren«.

In Therapien trat das Bedürfnis der Kriegsenkel zutage, sich von den Kriegsgeschichten ihrer Eltern abzusondern, um eigene Identitäten aufzubauen. Sie erzählten, wie sie eigene Gefühle zu erkennen und auszudrücken lernten, ohne damit ihre Eltern zu belasten.

Mit rasender Wucht zerriss dieser Wirbelsturm erhellender Berichte, in denen so viel von meinen eigenen Erlebnissen anklang, die festgezurrten Knoten in meiner Seele. Er leerte meinen schweren Seelenrucksack, stellte meinen persönlichen Dämon, schleuderte mich aus meinem Fuchsbau und raste durch sämtliche Imaginationen, mit denen ich mich selbst begreifen wollte, die sich jedoch bisher wie Fremdkörper in mir angefühlt hatten. Als der Sturm sich legte und die Luft wieder rein war, entdeckte ich endlich mein wahres Ich.

Nachdem ich mich so viele Jahre lang in meinem Irrsinn gefangen und schuldig gefühlt hatte, weil ich ohne erkennbaren Grund so verkorkst war, geriet ich auf einmal in Gesellschaft von Menschen mit ganz ähnlichen Erfahrungen und Symptomen. Endlich konnte ich offen über diese Facetten meiner Persönlichkeit als objektive Phänomene sprechen, nicht mehr nur in Begriffen meines eigenen Durchgeknalltseins. Indem ich sie mir aneignete und ihnen Namen gab, konnte ich auch Antwort auf die perplexen Fragen anderer geben: Warum fühlst *du* dich schuldig? Musst du immer über alles so sehr grübeln?

Meine mir bis dahin unerklärlichen Wahrnehmungen und Erlebnisse erhielten eine überzeugende Erklärung, die ihnen bis dahin niemand zu geben vermocht hatte – kein Verwandter, Therapeut, Philosoph oder Lehrer. Und wie sollten sie auch: Was mich umtrieb, war primär das spezifische Gefühlserbe einer nichtjüdischen deutschen Kriegsenkelin. Und alle von uns waren schon über die vierzig hinaus, als unsere Lebensgeschichten erforscht und in Beziehung zueinander gebracht wurden.

Heute sind Ärzte und klinische Psychologen sehr häufig mit den Folgen von Traumata konfrontiert. Und die These, dass deren Auswirkungen an nachfolgende Generationen weitergegeben werden können, gewinnt auch in anderen Bereichen an Boden.

Mark Wolynn und M. Gerard Fromm (u. a.) beschreiben in ihren Büchern *It Didn't Start With You* bzw. *Lost in Transmission* den Prozess der generationenübergreifenden Weitergabe seelischer Wunden. Dem Nachwuchs bleibt es demnach überlassen, mit den ursächlichen Traumata fertigzuwerden und die tragische Geschichte auf irgendwelchen auch immer gearteten Wegen ans Licht zu bringen, ohne in den Eltern das ursprüngliche Trauma zu reaktivieren oder gar mit ihren Familien zu brechen.

Zum emotionalen Gepäck gehört mitunter auch ein Gefühl der Verpflichtung, eine bestimmte Aufgabe erledigen zu müssen, etwa eine Demütigung zu rächen oder Abbitte für ein Verbrechen zu leisten. Wie ich gelesen habe, fällt die Last, die Trauer eines Vorfahren zu ertragen und auch offenzulegen, häufig einem Kind innerhalb der Familie zu.

Das war eine Offenbarung für mich. Diese These bestätigte voll und ganz meine Vermutung, dass ich es war, der diese Rolle innerhalb meiner Familie zugefallen war.

Die These bot auch eine mögliche Erklärung, warum meine Geschwister und Cousinen nicht in derselben Weise wie ich dem Zwang unterlagen, die wahren Begebenheiten unserer Familiengeschichte aufzudecken. Wie kann es aber überhaupt sein, dass wir eine Erinnerung an Ereignisse und Erschütterungen in uns tragen, die vor unserer Geburt stattgefunden haben? Und wo genau ist der Sitz dieser Erinnerung – in unseren Seelen, unseren Zellen, unseren Knochen?

Der Theorie nach ist eine traumatische Erinnerung in sich geschlossen und stets gegenwärtig, in ihrer Intensität unveränderbar und unbeeinträchtigt vom Vergehen der Zeit. Weil ein Trauma die Fähigkeit zum Begreifen, zum Ausbilden von Symbolen oder Erinnerungen zerstört, reißt es ein Loch in die Psyche. Dieses Loch empfinden andere und besonders die eigenen Nachkommen als eine Art von Abgestorbenheit. Es wirkt in ihnen nach wie die Zerstörung von etwas Gutem.

Vermutet werden unterschiedliche Mechanismen der generationenübergreifenden Weitergabe von Traumata. Einer davon ist unter der Bezeichnung »Uridentifikation« bekannt. Dabei übernimmt ein Kind unbewusst das Selbstbild eines Elternteils, um diesen zu heilen.

Ein anderer ist die abgelagerte Repräsentation, bei der ein Elternteil dem Kind unbewusst Teile der eigenen Persönlichkeit aufzwingt und ihm damit zugleich bestimmte Aufgaben zur Bewältigung übergibt. So wird das Kind zum Verwahrer unverarbeiteter Scham, Wut und Hilflosigkeit seiner Eltern und muss damit fertigwerden. Hier geht es nicht um »schlechte Eltern«, sondern um tiefe seelische Erschütterungen und um das Ringen von Familien, damit zurechtzukommen. Dennoch bleiben schwerwiegende Folgen für das Selbstempfinden des Kindes: tiefe Verunsicherung, ein Gefühl völliger Verlorenheit und die Ahnung von etwas Zurückgehaltenem; ein schreckliches Wissen und Nichtwissen zugleich.

»Ich habe ihre Gefühle mit ihrer Muttermilch eingesogen« – dieser Satz aus meinem Tagebuch, geschrieben Jahre zuvor, fiel mir wieder ein. Nun wurde allmählich klarer, welcher Art diese Gefühle gewesen sein mochten und wie auch der Zeitpunkt meiner Geburt meine Verwicklung in die Psyche meiner Mutter begünstigt hatte. Während sie mit mir schwanger war, konnte ihr Vater aus seinem Bett mit Blick auf den See nicht mehr aufstehen und quälte sich mit seinen letzten rasselnden Atemzügen in die verstopften Lungen. Sie konnte nicht bei ihm sein und muss bei seinem Tod ein explosives und höchst ambivalentes Gemisch aus Schuldgefühlen, Verurteilung, Scham, Trauer und Liebe empfunden haben. Mit den Gedanken an den so lange abwesenden, heldenhaften, gedemütigten, in den Dreck gezogenen und schließlich gebrochenen Vater kamen vermutlich auch die eigenen Kriegserinnerungen und -traumata wieder hoch, und diese wiederum trübten ihre freudige Erwartung kurz vor der Geburt ihres nächsten Kindes. So viele gegensätzliche Gefühle müssen ihren Körper in höchste Alarmbereitschaft versetzt und ihre Muttermilch mit denselben Stresshormonen angereichert haben, die auch in den Körpern gestresster Tiere zirkulieren. Und all das nahm ich gleich nach meiner Geburt in mir auf.

Dr. Fromm bestätigt, dass es ein schmerzhafter und bisweilen kaum erträglicher Prozess ist, sich von einer solchen Weitergabe zu lösen. Denn das seelische Verarbeiten solcher Erfahrungen erfordert eine strikte Trennung, das Zerreißen bestehender Gefühlsbande. »Etwas Prägendes für das eigene Leben und eine große Innigkeit gehen dabei verloren«, schreibt er und spricht damit auch meine eigene qualvolle Lösung aus der Verstrickung mit meiner Mutter an. Oft geht damit eine Identitätskrise einher, indem das Kind ausspricht, was die Mutter oder der Vater nicht artikulieren konnten, und dabei erkennt, wie sehr das eigene Erleben in Teilen unbewusst von dem Auftrag bestimmt war, die Verletzungen der Eltern (oder Großeltern) weiter in die Zukunft zu tragen. Zu hoffen bleibt, dass die Betroffenen am Ende verstehen, wie sie das Trauma aus dem Dunkel des Unbewussten hervor ans Licht holen und damit verhindern können, dass es auf den eigenen Nachwuchs übergeht.

Ich ließ mich zurück in meinen Sessel fallen und diese Worte auf mich wirken. Sie brachten so präzise auf den Punkt, was bis dahin anscheinend meine eigentliche Lebensaufgabe gewesen war.

All die Jahre hatte ich auf dem schwierigen Terrain der Familienloyalitäten im dichten Nebel meinen Weg gesucht und war den neuralgischen Punkten ausgewichen, als wären es meine eigenen. Im Licht dieser neuen Einsichten konnte ich erkennen, aus welchem Würgegriff ich mich zu befreien versucht hatte.

Es war Scham gewesen, die mir in jedem Winkel aufgelauert und jede Gelegenheit genutzt hatte, mir ihren schweren grauen Mantel überzuwerfen. Scham war die Verlegenheit und Demütigung, die ich empfand, als meine Freunde sich nach mir umsahen und mich auslachten, und das nicht wegen meines blutverschmierten Gesichts, sondern wegen meiner »bloody Kraut«-Herkunft. Scham waren mein früherer körperlicher Selbstekel, meine Furcht vor Zurückweisung und mein Impuls, mich zu verstecken. All das ballte sich in meiner Seele zu einem bleiernen Klumpen und vergiftete mich schleichend: Du hättest das besser machen, mehr Einsatz zeigen sollen, oder auch weniger; du hättest weniger reden sollen, oder mehr; hättest nicht lachen dürfen, oder hättest lachen sollen. Scham war mein Antrieb auf jedem Weg gewesen, den ich für den Pfad des Guten oder Richtigen hielt. Sie versetzte mich in Wut. Sie befeuerte lange Zeit meine Lust am Zerstören – meiner Kunst, meiner Beziehungen, meiner selbst – und mein Bedürfnis, unsichtbar zu werden, zu hungern, möglichst spurlos zu verschwinden. Keine Kinder waren da, denen ich meine Erbanlagen hätte weitergeben können. Scham hatte mich in die Finsternis hinabgezwungen und glauben lassen, dass ich es nicht wert war, geliebt zu werden. Oder, zwischenzeitlich, noch nicht einmal zu leben.

Dieses allumfassende Gefühl der Schande ließ sich nicht allein auf das zurückführen, was mein Großvater im Krieg getan hatte, ebenso wenig auf das Handeln der Wehrmacht insgesamt. Sein persönlicher Untergang trat für mich als das größte Trauma in unserer Familie zutage: eine klaffende, unbemerkte Wunde, die irgendwo in unser aller Seelen weiter schwärte.

Ich konnte sehen, wie unerträglich es meiner Mutter gewesen sein musste, ihn als gebrochenen Mann in Erinnerung zu behalten. Deshalb zeigte ihn das Porträt auf ihrem Schreibtisch auf dem Höhepunkt seiner Offizierslaufbahn. Das war wohl auch der Grund dafür, dass sie so wenig Verständnis für Schwäche und Versagen bei anderen aufbrachte. Beides erinnerte sie an ihn.

Und mein Bruder? Als Kind war er stolz auf seinen Großvater, den begabten Athleten und Artilleristen, gewesen. Vielleicht hatte er ihn bewundert oder sich ihm nahe gefühlt als einem der wenigen Männer in einer von Frauen dominierten Familie. War Christophers In-sich-Gekehrtheit ein Ausdruck unbewusster Loyalität gegenüber diesem Mann und Soldaten, der in den Augen der Angehörigen, wenn nicht sogar der ganzen Welt, so drastisch an Ansehen verloren hatte? Womöglich war er mithilfe des Alkohols vor Gefühlen geflohen, die er nicht verstehen, steuern und bewältigen hatte können, ebenso wie ich dasselbe mit Essen und Arbeit versucht hatte.

Selbstredend war es im England der Sechziger-, Siebziger- und Achtzigerjahre überhaupt nicht toll, einen deutschen General als Vater oder Großvater zu haben. Das waren nun einmal die von allen verachteten Verlierer. Und nicht der Krieg, sondern erst die Behandlung durch die britischen Besatzungskräfte war es, die unseren Großvater gebrochen hatte: die Schande, in den Augen aller Welt als Kriegsverbrecher dazustehen.

Diese Schande zu bewältigen war ihm nicht gelungen, daher hatte er sie quasi genetisch an seine Enkel, also auch an mich, weitergegeben.

Aber da war noch etwas anderes.

Immer noch hatte ich das Gefühl, auf irgendetwas Hartes, Kraftvolles und Kaltes gestoßen zu sein, das ich sowohl in meiner Mutter als auch in mir selbst spürte. Konnte es nicht sein, dass ich nicht nur die Schande meines Großvaters und das unverarbeitete Trauma meiner Mutter in mir trug, sondern darüber hinaus noch gegen die Reste nationalsozialistischer Indoktrination aus ihrer Kindheit angerannt war? Wie hätte sie auch verlernen sollen, was ihr von Anfang an eingetrichtert worden war? Oder blieb derart perfektionierter Propaganda-Drill für immer in der Seele zurück und prägte später auch die Überzeugungen der Erwachsenen, selbst wenn sie dadurch in einen Konflikt mit dem geriet, was man ihr in ihrer neuen, demokratischen Welt nun zu denken vorschrieb? »Diese Jugend lernt nichts anderes als deutsch denken, deutsch handeln«, hatte Hitler selbst in einer Rede verkündet. »Und sie werden nicht mehr frei ihr ganzes Leben.«

Konnte das tiefe emotionale Loch, in das ich so oft gefallen war, nicht auch die Folge einer Erziehung sein, die Kinder wie meine Mutter gezwungen hatte, sogar noch ihre Seele zu verleugnen? Lag hier die Ursache für ihre äußere Stärke und zugleich innere Verletzlichkeit, vor der ich sie so verzweifelt zu retten versucht hatte? Hatten alle ihre Kinder notgedrungen einen starken Willen ausgebildet, weil sie sich gegen die Strenge behaupten mussten, mit der sie uns daran hinderte, aus der Reihe zu tanzen? Und geriet mein eigenes Ausscheren aus dieser Reihe womöglich ständig in Konflikt mit einer tiefen Angst, anders zu sein?

Vielleicht war ja meine Neigung zum Chaotischen in der Kunst mit ihrer Betonung von Traum, Spontaneität und Spiel eine gefährliche Abweichung von der klassischen Ordnung und traditionellen Ästhetik, die man meiner Mutter als die einzig »echte« Kunst vermittelt hatte? Und vielleicht ließen die Freunde, die ich nach Hause brachte, gegenüber dem »arischen« Leitbild zu wünschen übrig? Hatten wir Streit, weil meine Lebensentscheidungen ihr das Gefühl gaben, dadurch untragbar zu werden? Oder weil sie fürchtete, ich würde dadurch untragbar?

Ich fragte mich auch, ob die Einstellung zum Essen und zu Körpermaßen in meiner Verwandtschaft nicht von dem Streben nach größtmöglicher Leibesertüchtigung kam, das man der Hitlerjugend eingebläut hatte. Ob die anscheinend unerschütterliche

Überzeugung, von einer »richtigen« Art zu sein oder »richtig« zu handeln, auf die Nazis und ihre Forderung nach frageloser Unterwerfung zurückging. Ob die Unfähigkeit, einen Fehler zuzugeben, von der früheren Notwendigkeit herrührte, recht zu haben, um überhaupt existieren zu dürfen.

Und dann war da diese Neigung in meiner Familie, unermüdlich hart zu arbeiten und sich aufzuopfern – Untätigkeit durfte ganz einfach nicht sein. War sie das Ergebnis einer Indoktrinierung, die weiche Seelen so lange verknöchern ließ, bis sie »hart wie Kruppstahl« waren? Meine Mutter war der am wenigsten hypochondrische Mensch, den ich je kannte. Sie wartete, bis Krankheitssymptome wie die ihres Typ-1-Altersdiabetes lebensbedrohende Ausmaße annahmen, bevor sie auch nur erwähnte, dass sie sich nicht wohlfühlte. Dass stoische Leidensfähigkeit ein verbreitetes Merkmal in der älteren Generation war, wusste ich. Aber konnte sie auch eine Folge davon sein, dass einem von Kindheit an beigebracht wurde, bei Schmerzen die Zähne zusammmenzubeißen? Oder war es eine unterbewusste Furcht davor, sich mit jedem Eingeständnis von Schwäche oder Unvollkommenheit Missfallen und Rügen einzuhandeln, wenn es einen nicht sogar in Gefahr brachte?

Ich schauderte bei dem Gedanken, dass ich damit vielleicht etwas entdeckt hatte, das sehr viel beunruhigender war als jede Form von Übernahme eines Traumas oder Schuldgefühls. Obwohl ich es mir nicht eingestehen wollte, erkannte ich in mir selbst Spuren der Charakterzüge, die mir an meiner Mutter aufgefallen waren: beispielsweise Vorurteile, von denen ich weder überzeugt war noch wollte, dass sie sich in meine Gedanken schlichen.

Erst 2016 empfand ich beim Besuch des Nürnberger Reichsparteitagsgeländes, wo Hitler in den Dreißigerjahren seine hypnotischen Hasspredigten zelebrierte, die volle Wucht dieses Erbes. Als ich auf das bescheidene Podium trat und über das weitläufige Gelände sah, auf dem sich einst Zuhörerschaften von mehreren Hunderttausend Menschen versammelt hatten, erfasste plötzlich ein tiefes Entsetzen meinen ganzen Körper. Mir wurde auf einmal übel. Nie zuvor hatte ich an einem so geschichtsmächtigen Ort gestanden wie auf dieser kleinen Bühne, von der aus Hitler seine vergifteten Pfeile in die Seelen und Herzen gewöhnlicher Deutscher schoss. Nie hatte ich mir ein so erschütternd klares Bild von der Dimension der Nazibewegung in all ihrer hässlichen Macht machen können wie hier. »Und sie werden nicht mehr frei ihr ganzes Leben.« Vielleicht waren das die einzigen ehrlichen Worte, die Hitler je von sich gegeben hat. Aber wenn sich ein Weg aus dem Schatten dieses Dreckskerls bot, dann musste ich ihn finden.

In einem fast schon tranceähnlichen Zustand der Erleichterung und Erschöpfung spürte ich, wie sich mein innerer Fuchs davonschlich und mir gestattete, über die belaubten Böschungen aus meiner finsteren Grube zu klettern. Er war am Ende doch mehr ein Bewacher für mich gewesen als ein übler Kerkermeister und beauftragt, dafür zu sorgen, dass ich weiter in der Tiefe wühlte, bis ich endlich erkannt hatte, was sich dort verbarg, um es in die Freiheit zu entlassen.

Noch etliche Tage, nachdem ich all das für mich entwirrt hatte, stakste ich herum und hatte Mühe, meine Augen an das grelle Sonnenlicht zu gewöhnen. Alles, was ich in meinem Leben versäumt hatte, brannte sich mir mit erbarmungsloser Schärfe ein. Meine Seele zerstob in ein Kaleidoskop von Gefühlen. Ich weinte viel, vor allem um meine Mutter, beweinte ihr Leiden, aber auch das Kind, das ich gewesen war und das sie schützen und verteidigen hatte wollen, während es zugleich mit einer Horde von Ungeheuern rang, die es allein niemals bezwingen konnte.

Es folgte eine Zeit der Trauer um das Leben, das ich nie gehabt hatte. Ich trauerte um Zeit, Kraft und Geld, die ich hatte aufwenden müssen, um zu diesem Punkt zu gelangen. Um die vergebenen Chancen auf Freude oder Liebe, um die endlosen, an die Depression verlorenen Monate. »Und eigentlich ging mich all das Zeug gar nichts an!«, schrieb ich aufgebracht in mein Tagebuch. Ein Teil von mir war wütend. Nicht auf irgendjemand Bestimmten, sondern nur darüber, wie all die Familienfracht mein Leben so vollkommen verdorben hatte.

Ich dachte an all die Therapien, die ich im Lauf der Jahre ausprobiert hatte, und die Abgründe der Verzweiflung, in die ich gefallen war. Kein Wunder, dass ich mit meiner Mutter gestritten hatte; kein Wunder, dass ich etliche meiner Träume oder Vorstellungen in der Außenwelt nicht umsetzen hatte können. Ein so großer Teil meiner Kraft und Aufmerksamkeit war darauf gerichtet, mit diesen … »Dingen« umzugehen. Solange ich unfähig gewesen war, sie zu benennen, hatten sie mir keine Ruhe gelassen. Bisweilen hatten sie mich ganz in der Hand gehabt, sich aber wie stumme, maskierte Entführer nie zu erkennen gegeben oder Forderungen gestellt.

Niemand konnte mir den Vorwurf machen, so überlegte ich, dass ich nicht alles unternommen hatte, um meine Dämonen zu besiegen. Mein ganzes Leben lang hatte ich versucht zu erfahren, wer sie waren, was sie waren, was sie wollten. Endlich hatte sich das Kreisen um mich selbst gelohnt und sah jetzt mehr nach einer unbeirrten Suche als nach selbstverliebter Nabelschau aus. Ich hatte die verknotete Wurzel eines alles erstickenden, wuchernden Unkrauts ausgegraben. Endlich konnte ich frei atmen.

Im Lauf der folgenden Wochen begann ich diese Dämonen als fahle, geschlagene, hohläugige, aus ihren Verstecken exhumierte Terroristen zu sehen. Bin ich ihnen entronnen, weil ich ihnen in die Augen gesehen habe? Sollte ich jetzt einfach meiner Wege gehen und sie verkümmern lassen? Wie könnte ich verhindern, dass sie mir nachstellen und mich erneut heimsuchen? Ich erinnere mich, wie freigekommene Insassen des Gefängnisses in Köln nach der Haft mit käsigen Gesichtern orientierungslos herumliefen. Sie waren vielleicht frei von Gefängnismauern, aber längst nicht frei von sich selbst oder außer Reichweite der Drehtür, die nur darauf wartete, sie wieder hineinzuschaufeln. Ich dachte an das Potenzial, das ich in ihnen gesehen und aus ihnen herauszuholen versucht hatte, ungeachtet dessen, was sie verbrochen hatten. Und mir fiel wieder ein, wie sehr ihre langfristige Rehabilitierung von weitergehender authentischer Kommunikation, Unbefangenheit und Ermutigung abhing. Vielleicht konnte ich sogar dasselbe für meine zusammengewürfelte Bande innerer Meuchler tun: sie wieder gesund und aus ihnen erlösende Kräfte des Guten machen.

Mir war klar, dass es einer Krebsoperation ähneln musste, diese Fremdkörper, die sich von mir genährt und mich dabei langsam zermürbt hatten, aus meinem inneren Gefüge zu schneiden. Ich fragte mich, wer ich ohne sie wohl sein würde. Welche Facetten meines Charakters mir dann noch blieben. Mir fiel eine Szene im Film über das Leben der englischen Politikerin Mo Mowlam ein. Darin wird ihr klar, dass gerade ihre unverblümte Art zu reden, die viele Menschen so sehr an ihr zu schätzen gelernt hatten, womöglich eine Begleiterscheinung des Hirntumors ist, an dem sie schließlich zugrunde geht.

Ich stellte fest, dass es zwar jede Menge Literatur zur Traumaheilung gab, aber sehr viel weniger über die Frage, wie man sich von traumatischen Erblasten befreien kann. Das Forschungsgebiet war einfach noch zu neu. Bald fand ich immerhin heraus, dass ich mir die dafür nötigen Mittel schon angeeignet und hilfreiche Techniken seit Längerem eingeübt hatte. Ich war auf meinem Weg zur Freiheit ein gutes Stück vorangekommen.

26

In den Körper eingeschrieben

Mit den Mitteln der Wissenschaft beweisen wir etwas, doch wir entdecken Neues mit Hilfe der Intuition.

Henri Poincaré, *Wissenschaft und Methode*

IM FRÜHJAHR 2015 STARB mein geliebter Vater nach langem Kampf gegen den Prostatakrebs. Sein Tod hinterließ eine riesige Leere. Er war ein Gentleman in so gut wie jeder Hinsicht: ruhig, sanftmütig, maßvoll, intelligent, gerecht, ehrlich, freigiebig, witzig und freundlich. Sein Denken war, wie sein ganzes Leben, geradlinig, seine Lebensauffassung bescheiden. Er wollte einfach das Richtige tun.

Elf Monate später hatte meine Mutter einen schweren Schlaganfall. In der Woche davor hatte mein Körper wie in Vorwegnahme ihrer Symptome seine eigenen ausgebildet: ein Kribbeln im linken Arm und eine Taubheit in der linken Gesichtshälfte, ein von zu viel Stress ausgelöster Alarm – ein falscher für mich, ein echter für sie. Meine Knie wurden weich vor Kummer, als ich sie im Krankenhaus sah. Mit blauen Flecken und Brüchen von ihrem Sturz, an Maschinen angeschlossen, kämpfte sie um ihr Leben, während ihr lädiertes Gehirn seine Fähigkeit zum Sprechen verlor – jedenfalls auf Englisch. Ein wenig Deutsch war alles, was ihr anfangs noch blieb. Meine Geschwister und ich saßen Tag für Tag bei ihr, und Scharen von Freunden boten ihre Hilfe an.

Ihre Genesung verlief quälend langsam und blieb auf halbem Weg stehen. Sie wurde zu einem wunderschönen Vogel mit zerrupften Federn und einem gebrochenen Flügel. In allen Lebensbereichen war sie auf fremde Hilfe angewiesen. Ihre vielen Freunde stellten sich mit Blumen und Besuchen und großzügigen Unterstützungsangeboten ein, und am Ende konnten wir sie dank wechselnder Rund-um-die-Uhr-Betreuung wieder nach Hause bringen. Als ich sie so hilflos und niedergeschlagen daliegen sah, wollte ich sie am liebsten in meinen Armen wiegen und ihr sagen: Es wird alles wieder gut. Etwa um diese Zeit lernte ich ein neues Teilgebiet der Genetik kennen, auf dem Wissenschaftler einen bisher unbekannten Mechanismus möglicher generationenübergreifender Weitergabe entdeckt haben: die Epigenetik. Noch ist die Grundidee dieser Wissenschaft umstritten und steht im Widerspruch zur fachlichen Mehrheitsmeinung, doch mir schien es die Mühe wert, ihr nachzugehen.

Ich neige dazu, die Wissenschaft als den ernsteren, gründlicheren, etwas zu nüchternen älteren Bruder der mehr instinktgeleiteten Sphären von Emotion, Glauben und Intuition zu betrachten. Denn bei aller Brillanz sieht es für mich so aus, als hinke die Wissenschaft manchmal den Lehren aus Religion, Spiritualität, Kunst und Psyche hinterher, weil sie schwer an den Apparaturen trägt, mit denen sie die Menschen und die Welt vermessen, berechnen, erklären und steuern will. Die westliche Gesellschaft sucht seit Langem bei der Wissenschaft nach Orientierung und vertraut ihren sklerotischeren, beweisgestützten Schlussfolgerungen, doch dabei entgehen ihr nicht selten allgemein-menschliche Einsichten, die keiner Beweise bedürfen, weil man sie einfach immer schon kannte. Wenn manchmal die Linkshirn-Wissenschaft mit dem Rechtshirn-Denken zusammengeht, kann etwas, das Skeptiker erst noch als »Hippie-Unfug« verwerfen, ein wenig Fuß fassen, und ein Wink vonseiten der Wissenschaft gibt dann grünes Licht für weitere Forschung und Arbeit. Das ist ein frustrierend langsamer Prozess für diejenigen, die in all der Zeit längst instinktiv zu einer Einsicht gelangt sind.

Dabei ist die Idee der Epigenetik – die ein chemisches Anhängsel unserer DNA untersucht, das unseren Genen sagt, wie sie sich verhalten sollen – gar nicht neu: Der Begriff taucht erstmals 1942 auf. Doch erst 2013 bis 2015 erschien eine Fülle von Artikeln über jüngste Forschungsergebnisse. So wie ich es verstand, konnte eine unverarbeitete Erfahrung auf einem Gen aufsitzen wie ein kleiner Rucksack und so zur nächsten Generation mitwandern, wo sie prägend auf bestimmte Reaktionsweisen wirkt. Die biologischen Abläufe dahinter sind selbstverständlich weitaus komplizierter.

Das Epigenom – zusammengesetzt aus dem griechischen »epi« für »oberhalb« und »Genom« oder DNA, also dem gesamten genetischen Material, das wir von unseren Vorfahren erben – besteht aus einem Netz chemischer Verbindungen. Diese modifizieren oder markieren das Genom in einer Weise, die uns im Wesentlichen sagt, was wir wo und wann tun sollen. Das Einwirken traumatischer Erfahrungen aktiviert oder deaktiviert auf diese Weise bestimmte Teile der DNA wie ein Schalter.

Es gibt solche epigenetischen Mechanismen in jeder einzelnen Zelle: im Gehirn, in der Haut, sogar im Blut, sagt Isabelle Mansuy, Professorin für Neuroepigenetik am Institut für Hirnforschung der ETH in Zürich. Anders als die DNA, die uns ein Leben lang unverändert erhalten bleibt, ist das sie umgebende Epigenom veränderbar. Es spielt eine Rolle bei der Entscheidung, welche Gene in einer bestimmten Zelle aktiv sind und welche nicht. Es prägt die physische Struktur des Genoms und steuert oder programmiert auch Ausdruck, Entwicklung und Unterdrückung bestimmter Gene.

Jahrzehntelang glaubte man, dass jegliche im Lauf des Lebens erworbenen epigenetischen Prägungen (verschiedene Zellen haben verschiedene epigenetische Merkmale) gelöscht werden und das Epigenom eines Embryos in der Gebärmutter vollkommen neu programmiert wird, dass also der Nachwuchs als unbeschriebenes Blatt zur Welt kommt. Doch wie sich gezeigt hat, stimmt das nicht ganz. Aus der epigenetischen Forschung ergibt sich, dass einige Genombestandteile der Neuprogrammierung des grundlegenden genetischen Codes widerstehen. Ob dahinter ein Plan steckt oder es die Folge fehlerhafter Löschung ist, weiß man noch nicht.

Doch zeigen Studien, dass Prägungen durch die Lebenserfahrungen unserer Vorfahren Einfluss darauf haben, wie Zellen Gene interpretieren. Bestimmte Erlebnisse können also zur Folge haben, dass Gene aktiv oder inaktiv werden, und damit potenziell das Verhalten eines Nachkommens beim Durchleben bestimmter Situationen oder bei der Wahrnehmung bestimmter Geräusche, Gerüche usw. beeinflussen. Die Epigenetik könnte etwa eine Neigung zu Sucht oder Gewalt ebenso erklären wie die Tatsache, dass manche Menschen auf Belastungen und Bedrohungen über- oder unterreagieren. Epigenetische Veränderungen müssen nicht nachteilig sein. Sie erweitern die Bandbreite möglicher natürlicher Verhaltensmuster und Bewältigungsstrategien und dienen häufig dazu, die Nachkommen auf das Leben in einer Umwelt von der Art vorzubereiten, in der auch die Eltern leben – beispielsweise darauf, extreme Kälte oder Hunger auszuhalten. Bei Niederländern, die in den Hungerjahren 1944 und 1945 auf die Welt kamen, wurden vermehrt Herzkranzgefäßerkrankungen und Übergewicht festgestellt, und eine mögliche Erklärung dafür lautet, dass diese Krankheiten auf eine ererbte epigenetische Modifikation zurückgehen. Diese könnte die Betroffenen darauf konditioniert haben, so viel wie möglich zu essen, solange es zu essen gab, um für Zeiten Speck anzusetzen, in denen es nichts mehr gab.

Der Gedanke einer Anleitung und Steuerung des Genoms durch das Epigenom eröffnet insgesamt eine interessante Sicht auf die Genetik. So haben in den letzten Jahrzehnten etliche Forschungsprojekte aussichtsreiche Hinweise auf eine mögliche Weitergabe von Belastungen und Traumata an nachfolgende Generationen geliefert.

In einer viel zitierten Studie von 2013 aus Atlanta setzten Wissenschaftler Mäuse dem Duft von Kirschblüten aus und versetzten ihnen zugleich elektrische Schläge. Man ließ die Mäuse sich vermehren, und als der Nachwuchs mit dem gleichen Duft in Berührung kam, zeigte er Reaktionen wie auf Elektroschocks. Ebendas geschah sogar bei der dritten Generation, obwohl kein einziger Elternteil selbst solchen Schocks ausgesetzt worden war. Strukturelle Veränderungen in der Hirnregion, die für Geruchserkennung zuständig ist, fand man dementsprechend nicht nur bei der ersten Mäusegeneration, sondern auch bei den folgenden. Die DNA der elektroschockbehandelten Mäuse wies außerdem chemische Veränderungen auf, die man epigenetische Methylierung nennt und die das für Geruchserkennung zuständige Gen beeinträchtigen. Das deutet darauf hin, dass nicht die Furcht als solche weitervererbt wird, sondern dass die Furcht vor einem Duft in der einen Generation eine Empfindlichkeit für den gleichen Duft in der nachfolgenden bewirkt.

In ähnlichen Versuchen wurden Rattenwelpen von ihren Müttern getrennt, und die daraus resultierenden Verhaltensänderungen zeigten sich auch noch bei den Enkeln, obwohl sie kein Trennungstrauma erlitten hatten, als wäre eine »Erinnerung« daran auf die Nachfahren übertragen worden.

Die Neurowissenschaftlerin und Epigenetikerin Rachel Yehuda erforschte als eine der Ersten, wie erschütternde Ereignisse im Leben eines Menschen auf körperlicher Ebene an die nachfolgende Generation weitergegeben werden können. In einer Untersuchung fand sie heraus, dass Kinder von Holocaust-Überlebenden geringere Spiegel von Cortisol aufwiesen als andere. Dieses Hormon unterstützt die Normalisierung der Körperfunktionen nach einem Trauma. Warum ausgerechnet die Überlebenden eines Traumas weniger Cortisol ausbilden, ist noch nicht geklärt, jedoch wurden bei Vietnamveteranen und Kindern von Müttern mit posttraumatischer Belastungsstörung infolge des Terroranschlags in New York von 2001, die zu diesem Zeitpunkt schwanger waren, sehr ähnliche Werte festgestellt. Auch das legt die Vermutung nahe, dass die Folgen eines Traumas über epigenetische Mechanismen weitergegeben werden.

Ebenso mehren sich die Hinweise, dass Umwelteinflüsse wie Ernährung, Toxine, Belastungen, Traumata und Krieg sich den Genen späterer Generationen einprägen. Sowohl Mütter als auch Väter können solche Mechanismen der Weitergabe von Traumatisierungen ausbilden. Wenn etwa ein Junge vor der Pubertät traumatisiert wird, kommt es infolge seiner Reaktion darauf zu epigenetischen Veränderungen, die er mit seinem Sperma an sein späteres Kind weitergeben kann. Eine Schwangere mit einem mindestens zwanzig Wochen alten weiblichen Fötus gibt ihre epigenetische Markierung an die Eierstöcke des Fötus weiter.

Während also Traumata, die wir erben oder erleben, ein Vermächtnis seelischer Not und Verletzlichkeit begründen können, stärken sie mitunter auch unsere Widerstandskraft und Resilienz. Traumatische Reaktionsweisen sind nämlich zunächst einmal ein Ausdruck des Überlebensinstinkts. So ist jede Gemütsregung – auch eine vermeintlich »negative« wie zum Beispiel Scham – veränderbar und kann auch positiven Zwecken dienen. Denn ein gewandeltes Umfeld führt unter Umständen auch zu neuen Verhaltensweisen. Wichtiger noch: Es sind nicht alle epigenetischen Veränderungen unumkehrbar.

Professor Yehuda hat beschrieben, wie die Entdeckung der posttraumatischen Belastungsstörung zur Einsicht führte, dass viele Nachwirkungen eines Traumas nicht einfach verschwinden. Sie vermutet, dass die weitere Erforschung der Epigenetik noch zeigen wird, wie langlebig Spätfolgen eines Traumas sein können und wie sie sich in den nachfolgenden Generationen behandeln lassen. »Mit einem bestimmten Satz von Genen auf die Welt zu kommen bedeutet nicht, dass man als Folge dieser Gene in einem biologischen Kerker lebt«, sagt sie. »Wir beginnen gerade erst zu verstehen, dass man etwas daran ändern kann, wie diese Gene funktionieren.«

Gesichert ist nach Yehuda, dass niemand von der eigenen genetischen Konstitution fremdbestimmt wird. Und wir wissen inzwischen auch, dass das »Auslesen« unserer Gene – die Entscheidung, welche Gene vom Epigenom ein- oder ausgeschaltet werden – überwiegend von unserem Denken, unseren Einstellungen und Wahrnehmungen bestimmt wird. Eine ähnlich optimistische Sicht der Dinge hat Professor Isabelle Mansuy. Sie betrachtet die Epigenetik als eine Art Türöffner für eine ganz andere Denkweise, mit deren Hilfe wir selbstbestimmter darüber entscheiden könnten, wer wir sind und in welcher körperlichen Verfassung wir leben wollen. »Wir können uns in erheblichem Maße verändern, und diese Veränderungen können uns stärker machen, strategischer und effizienter im Umgang mit schwierigen Lebenslagen.«

Inwieweit die Theorien hinter der Epigenetik wissenschaftlich nachzuweisen sind, wird sich erst mit der Zeit und nach weiterer Forschungsarbeit zeigen. Für mich persönlich ist es nicht wichtig zu wissen, auf welche Art genau die Weitergabe meines ererbten Traumas zustande gekommen ist. Allein schon die psychische Dynamik dieses Vorgangs zu erkennen und die Grundlagen der Epigenetik zu verstehen war für mich enorm hilfreich, denn es hat mir ermöglicht, einige Schwierigkeiten meines Seelenlebens gedanklich einzuordnen. Mir genügt die Gewissheit, dass auf irgendwelchen Wegen – ob psychischen, spirituellen, emotionalen oder genetischen – mein Körper oder meine Seele eine anhaltende Wirkung unbewältigter Traumata oder Probleme meiner Vorfahren empfangen und weitergetragen hat.

Angesichts der sehr weitreichenden Folgen von Weltereignissen der Vergangenheit und Gegenwart – Krieg, Unterdrückung, Sklaverei, Vertreibung, Völkermord, ethnische Säuberungen, Naturkatastrophen, weltweite Covid-19-Pandemie – ist es zumindest merkwürdig, dass die Epigenetik nicht ernster genommen und eingehender erforscht wird. Wir haben es in unseren Gesellschaften mit grassierender häuslicher Gewalt, Kindesmissbrauch und -verwaisung, Vergewaltigungen und Morden zu tun. Wir wissen sehr wohl, wie schwerwiegend die Folgen negativer Kindheitserfahrungen, Traumatisierungen und ererbter Traumata sein können: Depressionen, kognitive Defizite, erhöhte Neigung zu Stress- und Angstzuständen, Sucht, Aggressivität, Selbstmord. Wir wissen ebenso von der tief greifenden Wirkung, die sowohl das Trauma, als auch seine Heilung nicht nur auf einzelne Menschen, sondern auch auf das gesellschaftliche Bewusstsein haben können. Marcus Pembrey von der University of Bristol bringt es in einem Artikel für den *New Scientist* auf den Punkt: »Es ist allerhöchste Zeit, dass die sozialmedizinische Forschung transgenerationale Mechanismen beim Menschen ernst nimmt.«

27
Lasst uns darüber reden

Nicht alles, womit man sich auseinandersetzt, lässt sich verändern, aber nichts lässt sich verändern, wenn man sich ihm nicht stellt.

James Baldwin, »As Much Truth as One Can Bear«, *The New York Times Book Review,* 1962

Es gibt nicht das eine und einzige Verfahren, sich den Verknotungen eines emotionalen Erbes unbewältigter Traumata, Schuld- oder Schamgefühle zu entwinden. Doch ganz gleich, ob wir diese als spirituelle Wunden, als Familien- oder Nationalerbe oder auch als epigenetische Weitergabe verstehen – über ihre wesentlichen individuellen, historischen, kollektiven oder intergenerationalen Merkmale besteht ebenso weitgehend Einigkeit wie über die Umstände, die unsere Heilung begünstigen.

Nach meiner Erfahrung ist Heilung kein geradliniger, abgeschlossener Prozess, sondern eine fortwährende Reise, bei der es auf ein paar wesentliche Dinge ankommt. Eine Vorstellung von der Art und Weise der unsichtbaren drückenden Last zu gewinnen, die einem mitgegeben wurde, ist vielleicht der erste Schritt. Davon ausgehend kann man Mittel und Wege finden, behutsam der Wirkung nachzuspüren, die diese Prägung auf einen ausübt, und sie allmählich verarbeiten. Andere Menschen ins Vertrauen zu ziehen hilft beim Überwinden von Heimlichkeit und Scham. Ist man einmal an diesen Punkt gelangt, so kann man beginnen, in den Verwundungen auch Bereicherungen zu sehen. Denn davon gibt es viele.

Anfang 2016 nahm ich im Rahmen des Bristol Festival of Ideas an einer Podiumsdiskussion über den Umgang mit generationenübergreifenden Traumata teil. Veranstaltet wurde sie von der Hilfsorganisation Forgiveness Project, die versöhnliche Erzählungen von Opfern, Überlebenden und Tätern verbreitet, um Empathie, Toleranz und Hoffnung zu fördern – ein Ansatz zur Lebensveränderung, den ich sehr bewundere. Wir waren zu dritt auf dem Podium und vertraten jeweils eine andere Generation: ein britischer Überlebender eines japanischen Kriegsgefangenenlagers im Zweiten Weltkrieg, ein Kind jüdischer Opfer und Überlebender des Holocaust und ich selbst, die Enkelin eines Wehrmachtsgenerals. Zwei »Opfer«, eine »Täterin«. Ich staunte, wie ähnlich die Symptome des Gefühlserbes bei der jüdischen Teilnehmerin und mir waren. Doch es gab einen markanten Unterschied: Während ich die finstere Gegenwart von etwas empfunden hatte, das nicht zu mir selbst gehörte, hatte sie diese Finsternis als eine Abwesenheit, als ein schwarzes Loch in der Konstellation ihrer Familie erfahren.

Trauma ist Trauma, ob groß oder klein. Dasselbe gilt für die Scham. Die dringende Notwendigkeit für das Gehirn, ein traumatisches Ereignis aus der Erinnerung zu verdrängen, kann ebenso wie Selbstanklagen dazu führen, dass Lebensenergie eingesperrt wird und erstarrt: blockiertes oder betäubtes Körpergefühl, reaktives und defensives Verhalten, ein Mangel an Verbundenheit mit sich selbst, mit anderen, mit der Natur, der eigenen spirituellen Seite, dem Leben überhaupt. Doch der Körper vergisst nicht. Gefühle fordern, dass man sie empfindet, und die Natur ist darauf ausgerichtet, Zyklen von Erfahrungen wie Trauer oder Erschütterung zu vollenden. Das Leben will pulsieren und wieder fließen.

Damit das geschehen kann, brauchen wir einen sicheren Rückzugsraum im »Hier und Jetzt« vor dem »Dort und Damals«, in dem das Trauma stattgefunden hat. Wir brauchen Raum, um die Gewalten dieses Geschehens anzuerkennen und seine Wirkung auf uns zu verstehen; um zu spüren, was im Unbewussten abgespalten wurde; um uns dem, was uns überwältigt hat, auf eine neue

Art und Weise anzunähern, es in unser Bewusstsein einzuflechten und zu integrieren.

Drogen und Medikamente wurden von jeher genutzt, um mit traumatischen Belastungen fertigzuwerden. Jede Kultur und Generation hat ihre bevorzugten Mittel – Alkohol, Valium, Cannabis, Opium, Temazepam – zur Betäubung von Schmerzen oder zur Flucht davor. Nun können Freizeitdrogen oder verschreibungspflichtige Medikamente unerwünschte Gefühle und Verhaltensweisen zwar vorübergehend unterdrücken, beherrschbar machen oder davon ablenken, doch ein Trauma »heilen« können sie nicht. Medikamente und Gesprächstherapien haben ohne Zweifel ihre Berechtigung, doch am Ende ist es so, dass sie Symptome behandeln und nicht Ursachen. Nichts kann das verändern, was war. Aber es gibt inzwischen zahlreiche Ansätze zur Veränderung dessen, was ist.

Bessel van der Kolk ist Fachmann für posttraumatische Belastungsstörungen und Autor von *The Body Keeps the Score*. Darin beschreibt er, dass es nach den Anschlägen auf das World Trade Center 2001 nur zwei von den US National Institutes of Health und anderen Einrichtungen empfohlene Verfahren zur Behandlung von Traumata gab, nämlich Varianten der Psychoanalyse und die kognitive Verhaltenstherapie. So gut wie niemand nutzte sie. Die meisten Betroffenen versuchten, in dieser Reihenfolge, Akupunktur, Massagen, Yoga und EMDR (augenbewegungsgesteuerte Desensibilisierung und Aufarbeitung). Viele Ärzte und Therapeuten suchten also den Schlüssel zur Heilung in unseren Körpern.

Peter Levine, Begründer und Wegbereiter des in den 1970er-Jahren als körperorientierte Psychotherapie entwickelten Somatic Experiencing, setzt auf eine genaue Beobachtung des Körpers und der innerleiblichen Manifestierungen des Traumas – Nervensystem, Hauttemperatur, Atemfrequenz, Puls, Zwinkern und Kopfbewegung, Position von Armen und Beinen, Gesichtsausdruck, Tonfall der Stimme, Wortinhalte.

Die Internal Family Systems Therapy (IFS) von Richard Schwartz entstand in den 1980er-Jahren und beruht auf dem Gedanken, dass der Geist von uns allen einer Familie ähnelt, in der verschiedene Mitglieder unterschiedliche Grade an Reife, Erregbarkeit, Weisheit und Leiden aufweisen. Wie in Bert Hellingers Familienaufstellung steht dabei jedes »Familienmitglied« in einem Verhältnis wechselseitiger Beeinflussung zu den anderen. Schwartz' Ansatz zielt darauf, die abgespaltenen oder traumatisch erstarrten Teile zu beleben und wieder zu integrieren.

Einige Techniken wie Yoga konzentrieren sich auf die Atmung, um Ruhe in unsere chaotische Physis zu bringen. Sie wollen die innere Spannung abbauen, die dadurch entsteht, dass wir uns ständig gegen äußere Gefahren zu wappnen versuchen. Meditation und Achtsamkeitsübungen lenken die Aufmerksamkeit auf das Hier und Jetzt.

Wer spirituelle Neigungen hat, kann mit Ritualen, Mantras und heilenden Visualisierungen Gehirnregionen anregen, die am Wohlbefinden und an positiven Gefühlen beteiligt sind, und so mit einiger Übung neue neuronale Verschaltungen kreieren.

Untersuchungen aus aller Welt zeigen immer wieder, dass das Schreiben oder Tagebuchführen über verstörende Ereignisse der körperlichen und geistigen Gesundheit förderlich ist. Schreiben kann entscheidend dazu beitragen, dass es gelingt, ein Trauma zu benennen und Ordnung ins eigene Denken zu bringen, Konflikte zu verarbeiten, Ereignissen einen Sinn abzuringen. Die Fähigkeit, eine komplexe Empfindung zu beschreiben, und die Erfahrung, dass unsere Gefühle dabei erhört und verstanden werden, befeuert unser limbisches System und verändert die Physiologie des Gehirns.

Kreativität ist nachweislich ein Kanal des heilsamen Selbstausdrucks und der Entäußerung innerer Landschaften. Ein leeres Blatt Papier oder ein frei geräumter Boden bringen mitunter nach allen Richtungen Bewegung in erstarrte Bereiche von Geist, Körper und Seele. Sie holen die Schönheit des ganzen Spektrums von emotionalen Wetterlagen und so auch die finstersten Stürme an die Oberfläche. Sie ermutigen zum Erkunden von Wegen durch die Furcht und über sie hinaus, ohne dass man von ihr überwältigt wird oder sich festfährt.

Der tiefste Schmerz in uns ist stumm. Aus zahlreichen Berichten und Beobachtungen zur kreativen Arbeit in allen Kunstgattungen mit Traumaopfern wissen wir, wie wirkungsvoll die Kunst verbaler Sprachlosigkeit begegnen kann.

Ein etwas anderer Ansatz ist erforderlich, wenn es um die Heilung generationenübergreifender Traumata geht. Denn die Distanz zwischen eigener Erfahrung und den lange nachwirkenden Ausläufern der Weitergabe hat häufig subtilere Symptome zur Folge, und oft gibt es auch gar keinen Täter, dem wir vergeben könnten, weil wir nicht unmittelbare Opfer sind. Thomas Hübl, Autor des Buchs *Kollektives Trauma heilen*, vergleicht ererbte oder kollektive Traumata mit dem Karma. Beide sind eine Last aus vergangenem Leben und diktieren uns die Umstände, in die wir hineingeboren werden, weil sie unbewältigt geblieben sind. Solange es uns nicht gelingt, sie in unserer Gegenwart zu integrieren, bestimmen sie unser Leben, ohne dass wir uns darüber klar werden. Wann immer sich eine Familienpathologie ungehindert auf eine ganze Generation ausbreiten kann, wird die Unfähigkeit oder Weigerung, sie zu benennen, die einzelnen Menschen zu Fall bringen und ihr Leben zerstören. Dabei braucht es nur eine einzige Person mit dem Mut, ihr entschlossen entgegenzutreten, damit sich Friede ausbreitet, und zwar nicht nur in Bezug auf die eigenen Ahnen, sondern auch hinsichtlich der Zukunft kommender Generationen.

Zunächst muss aber das Trauma oder Unrecht aufgedeckt werden. Wie Mark Wolynn es formuliert, »streut es Brotkrumen aus«, die uns den Weg zurück durch unsere Familiengeschichte weisen.

Auch ich kann heute meine eigene Spur klar erkennen.

Alles begann mit dem lange zurückliegenden, kindlichen Bild von einem Staffelstab, den mir mein Großvater übergeben hatte –

einer sehr direkten Metapher für die Weitergabe einer unerledigten Aufgabe.

Danach folgten wiederkehrende Albträume vom Gefangensein in einem finsteren Bau, bewacht von einem schlauen Fuchs. Das Schlimmste daran – dass niemand mein Fehlen bemerkte – war vielleicht ein Nachhall der Verzweiflung meines Großvaters und vieler anderer in Situationen, in denen jemand plötzlich verschollen ist und niemand weiß, was ihm oder ihr widerfahren ist. Vergessen zu werden ist eine besonders traurige Art, nicht mehr zu existieren. Die Auseinandersetzung mit den Bildern und den damit verbundenen Gefühlen im Traum hat es mir ermöglicht, in einen Dialog mit meinem Unbewussten zu treten und ans Licht zu holen, was sich in seiner Finsternis verbarg. Das ist der Prozess, den C. G. Jung »aktive Imagination« genannt hat.

Das mir unverständliche Bild vom unbekannten Soldaten, der mir auf diffuse Weise wehgetan hatte, aus der Zeit meines Workshops in Sydney; die Verzweiflung, die der Film *Der Untergang* in mir auslöste; schließlich die Enthüllung belastender Dynamiken in der Familienaufstellung: All das waren Hinweise auf den Ursprung des Traumas.

Weitere Andeutungen tauchten auf in Form von unerwartet heftigen Gefühlsreaktionen auf bestimmte Orte in Deutschland, Polen und Russland, an denen sich historische Tragödien oder Leiden in meiner Wahrnehmung regelrecht in die Landschaft hineingeätzt hatten. Tatorte, an denen die Vergangenheit in die Gegenwart hereinbrach und förmlich darum bettelte, wahrgenommen zu werden. Meine Symptome – die Essstörungen und Depressionen – waren Wegweiser zu etwas, das ich nicht sehen konnte. Ich bin sehr dankbar dafür, dass es mir gelungen ist, die zarte Flamme der Unbeirrbarkeit zu nähren, die Suche nach Gründen selbst dann nicht aufzugeben, als ich schon die ultimative Selbstzerstörung, nämlich Selbstmord, ins Auge fasste. Das war keine Stärke. Im Wesentlichen würde ich es heute mit einer Art Resilienz erklären, die daher kam, dass ich in einer liebevollen Familie zur Welt gekommen bin, außerdem mit Sturheit, mit Zuwendung und Unterstützung durch sehr besondere Menschen sowie mit einem schöpferischen Temperament und einer Neugier und Offenheit für die Bildsprache der Seele.

Erst als ich aktiv daranging, meine Familiengeschichte zu erkunden, begann sich mein Gefühlserbe langsam aufzulösen. In verschiedener Hinsicht beschrieb mein eigener Weg zur Heilung eine Parallele zur deutschen Vergangenheitsbewältigung – vom Zorn und Aufbegehren der Studenten bis zu Künstlern, die dem Unaussprechlichen Ausdruck verliehen und die Wahrheit in Ambivalenz und Poesie kleideten, bis es sich in gesprochenen Worten, Reden und Mahnmalen artikulieren konnte.

Die Wahrheit fordert, dass man sie ausspricht. Der Autor und Wissenschaftler Brené Brown sagt, dass »Scham ihr Ausgesprochenwerden und ihre mitfühlende Aufnahme nicht überstehen kann«. Mit engen Freunden und der Familie zu reden und mich ihnen anzuvertrauen erleichterte es mir, Verletzungen in ein größeres, umfassenderes Bild meiner selbst zu integrieren. Am Ende gelangte ich zur Einsicht, dass meine traumatischen oder von vermeintlicher Schuld behafteten Verhaltensweisen und Prägungen nicht mir zuzuschreiben waren. Das war ich nicht.

2011 hielt ich als Teil meines Eintretens für das Aussprechen des Unaussprechlichen meinen ersten öffentlichen Vortrag vor mehreren Klassen meiner alten Schule. Meine Geschichte öffentlich zu erzählen verband mich erneut mit der Welt und meiner Gesellschaft. Es brachte auch den Prozess in Gang, in dessen Verlauf mir das Potenzial der Versöhnung bewusst wurde. Das war der erste von Hunderten bebilderten Vorträgen, die ich in der Folge hielt – zuerst an Schulen, dann in Vereinen, an Universitäten und bei verschiedenen Veranstaltungen überall in Großbritannien. Ich spreche von der Bedeutung der Kunst in Gefängnissen, vom Zweiten Weltkrieg, wie ihn eine durchschnittliche deutsche Familie – meine Familie – erlebte, von Deutschlands Prozess der Vergangenheitsbewältigung nach dem Krieg, von seiner Gedenkkultur und dem facettenreichen Umgang der jungen Deutschen mit ihrem Erbe. Oft staune ich, wie das Zusammenwirken von Worten und Kunst bei meinen Zuhörern eine veränderte Wahrnehmung von Deutschland, von Häftlingen, von der Geschichte bewirkt. Und sogar von ihnen selbst.

Die meisten Menschen zeigen sich gerührt. Manche fühlen sich ganz klein und sind erschüttert. Die wahrscheinlich häufigste Reaktion auf das, was ich zu gleich welchem Thema sage und zeige, lautet aber: »Davon habe ich nichts geahnt.« Über belastende Ereignisse zu reden und schmerzhafte Lebenserzählungen anzuhören erzeugt aber auch Unbehagen. Es erfordert Mut ebenso wie die Bereitschaft, die Wahrheit zu sagen und auch ertragen zu können. Es kann bewirken, dass man sich verletzlich fühlt. Aber nicht schwach. Und es öffnet oftmals sogar Tür und Tor für Verständnis, Mitgefühl und Versöhnung.

Nach meinen Vorträgen über Deutschland höre ich bisweilen eine gemurmelte Rechtfertigung der Verwüstung Dresdens durch das Bomber Command, eine misstrauische Frage nach der Aufrichtigkeit von Deutschlands Wiedergutmachung oder Zweifel am Wirken seiner Gedenkstätten angesichts des jüngst wieder auflebenden Antisemitismus im Land. Viel öfter aber erlebe ich, dass ehemalige Offiziere der britischen Armee auf mich zukommen und mir mit feuchten Augen eine kleine Geschichte von einer eindrucksvollen Begegnung oder Freundschaft mit einem ehemaligen Feind erzählen oder mir warmherzig versichern, dass mein Großvater stolz auf mich wäre. Eine Deutsche wischte sich die Tränen aus dem Gesicht und dankte mir dafür, dass ich auch ihre Geschichte erzählt hatte. Sechstklässler vertrauten mir ihre eigenen Schamgefühle oder traumatischen Erbschaften an. Gelegentlich wird jüdischen Mitgliedern von Vereinen, die mich zu einem Vortrag eingeladen haben, vom Besuch abgeraten. Doch wie ich höre, bedauern die Ferngebliebenen ihre Entscheidung später. Oft kommen diejenigen, die den gut gemeinten Rat in den Wind geschlagen haben, auch auf mich zu, nehmen meine beiden Hände und lächeln mich mit einer Sanftmut in den Augen an, die tausend unausgesprochene Worte ausdrückt.

Versöhnung ist meist ein langwieriger Prozess. Doch während meiner Vorträge sind wir für eine gewisse Zeit geeint in dem Bemühen, das Unverständliche zu verstehen, das Unverzeihliche zu verzeihen und zu lieben, was niemand lieben kann.

28
Licht am Ende des Tunnels

Auch heute noch verdanken sich die meisten Entdeckungen einem Zusammenwirken von Glücksfällen und gezielter Suche.

Siddharta Mukherjee

NACHDEM ICH EIN DUTZEND Jahre lang meine deutschen Wurzeln und das Leben meines Großvaters erforscht hatte, war ich bereit, mich von der Vergangenheit abzuwenden, um voll und ganz in meiner Gegenwart zu leben. Ein Besuch meiner Tante Dörli im Spätsommer 2017 gab den ersten Anstoß zum Abschluss meiner Odyssee. Seit Jahren versorgte sie mich mit einem steten Strom von neu erschienenen Büchern und einschlägigen Artikeln zur aktuellen Debatte in Deutschland. Die Gespräche mit ihr waren stets faszinierend und lehrreich für mich. Als jüngstes der drei Kinder hatte sie nach dem Krieg weiter bei ihren Eltern in Grödersby gelebt. Nun saßen wir auf der Veranda meiner Mutter, tranken Kaffee in der Morgensonne, und sie erzählte mir von einer Reise nach Italien mit ihren Eltern im Jahr 1956, bei der sie einige Schauplätze des väterlichen Wirkens in Kriegszeiten unweit von Bologna und Rimini aufgesucht hatten. In derselben beiläufigen Manier, in der meine Mutter ihre Goldkörnchen an Information hervorgeholt hatte, fiel Tante Dörli nun ein, dass mein Großvater immer wieder den Wunsch geäußert hatte, dort seine letzten Tage zu verbringen.

Mir war im selben Augenblick klar: Das war der Ort, den ich aufsuchen musste. Dort wollte ich den Geist meines Großvaters zu seiner letzten Ruhe betten. Ich hatte nie die Zeit gefunden, diese Gegend zu erkunden, obwohl ich wusste, wie viel sie ihm bedeutet und dass er sie wie nur wenig anderes in guter Erinnerung behalten hatte. Zwar waren die meisten seiner Briefe zwischen September 1943, als man ihn von seinen Aufgaben in Russland entbunden und nach Italien versetzt hatte, und Februar 1945, als er den Kampf gegen die Alliierten bei Monte Cassino eingestellt hatte, verloren. Eine ganz besondere Geschichte aus diesen Jahren war dennoch in die Familienchronik eingegangen. Es ging darin um einen Fall, in dem er die Ausführung eines Befehls rundheraus verweigert hatte.

Mithilfe von Tante Dörli und ihrem Tagebuch sowie Fotos von ihrem Italienurlaub 1956 legte ich eine ungefähre Reiseroute fest.

Mein Großvater (Mitte) in Venedig

Ich fragte Christopher, ob er mich begleiten wollte. Es war zehn Jahre her, dass ich ihn zur gemeinsamen Deutschlandreise eingeladen und er im letzten Moment gekniffen hatte. Diesmal war seine Zusage in Stein gemeißelt, und er kam pflichtschuldigst aus Saudi-Arabien angeflogen, wo er inzwischen lebte und arbeitete, zum vereinbarten Treffpunkt in der mittelalterlichen Stadt Ferrara.

Unser erstes Reiseziel war die Villa der Familie Zona im Vorort Quartesana, zwanzig Minuten mit dem Zug außerhalb der Stadt gelegen. Bei dieser Familie war mein Großvater 1945 untergekommen. Seine Briefe erzählen von einer unbeschwerten Zeit in ihrem wunderschönen Haus, und die Nachkriegskorrespondenz des Patriarchen Erberto Zona, eines wohlhabenden Apothekers, sind voll des überschwänglich italienischen Lobes für meinen Großvater als einen »Mann, auf dessen Wort Verlass ist, und einen Freund fürs Leben«. Das war alles, was ich über die Zonas wusste.

Christopher und ich gingen die schmale Straße entlang, die mitten durch Quartesana verlief – weniger ein Dorf als eine Ansammlung großer, heruntergekommener Villen, die sich über der flachen Landschaft erhoben. Im März 1945, als mein Großvater dort stationiert gewesen war, hatte es schwere Bombenangriffe auf Quartesana gegeben.

Anstelle eines Stadtplans hatten wir nur zwei Fotos zur Verfügung. Eines stammte aus dem Urlaubstagebuch meiner Tante, das andere war ein Standbild aus einem Video über die vielen verlassenen Villen des Dorfs. Christopher hatte es im Internet gefunden. Er hatte darauf das Domizil der Zonas an den Fensterläden und einem Fächerfenster über der Eingangstür erkannt.

Nach einigem Spähen durch etliche mit Ketten verriegelte Eisentore und rostige Zäune erkannten wir am Ende die brettervernagelte Ruine der einst prächtigen Villa Zona. Versteckt hinter ausladenden Bäumen, rundherum vermüllt mit Plastiktischen, Abfällen und einem Autowrack, bot das Anwesen einen traurigen Anblick. Die Relikte meines gleichfalls eingerosteten Italienisch

Die Familien Zona und von Graffen (Mitte) beim Wiedersehen in Quartesana, 1956

reichten gerade noch, um eine alte Dame, die ein Fahrrad schob, nach dem Verbleib der Familie zu fragen. Sie sagte uns, dass die Tochter einige Jahre zuvor gestorben und nun niemand mehr von der Familie am Leben war. Im Café des Ortes fragte ich, ob vielleicht noch jemand einen Schlüssel zum Tor besaß. Eventuell der Polizeiposten im Nachbarort, meinte der Besitzer, doch ein Anruf dort ergab nichts.

Ich wollte so gern an der Stelle stehen, wo die beiden Familien bei ihrem Wiedersehen für das Foto posiert hatten. Überraschend draufgängerisch schlug Christopher vor, nach einer Lücke im Zaun zu suchen. Wir fanden eine an der rückwärtigen Seite des Grundstücks und arbeiteten uns zur Eingangstür vor. Wie die Bösewichter aus einem Comic schlichen wir zwischen den Bäumen und Sträuchern hin und her. Die Zeit hatte der Villa schwer zugesetzt, und Schwärme von Stechmücken trieben uns vor sich her. Eilig vollzog ich mein Erde- und Tabakritual, während Christopher zu

Ehren seines Großvaters eine R6 rauchte. Völlig zerstochen von den Mücken krochen wir durch das Loch im Zaun zurück und markierten draußen die lustwandelnden Spaziergänger.

Am nächsten Tag fuhren wir weiter Richtung Süden nach Bellaria unmittelbar vor Rimini an der Adriaküste, wo mein Großvater nach Kriegsende bis zu seiner Überstellung nach Deutschland im November 1946 gefangen gehalten wurde. Vom Absender auf den Briefen, die er meiner Großmutter geschrieben hatte, wusste ich mit Sicherheit, dass er dort in der Colonia Roma, einem ehemaligen Waisenhaus und Ferienlager für die Kinder von Eisenbahnern, inhaftiert gewesen war. Ich durchkämmte Internetseiten, Landkarten und Foren nach Hinweisen und fand Bilder des riesigen Komplexes direkt an der Küste in Igea Marina. Aus dem Bildtext zu einem YouTube-Video erfuhr ich, dass er 2008 als baufällig eingestuft und 2014 vollständig abgerissen worden sei.

Im Zug nach Rimini las ich noch einmal die Briefe aus den ersten Monaten der Gefangenschaft. Sie waren voller Zuversicht, was seine künftigen Aussichten anging, und erzählten vom Vergnügen, nach sechs Jahren beinahe ununterbrochenen Kampfgeschehens seine Tage mit Gesellschaftsspielen, Schwimmen im Meer, Sammeln von Muscheln und Verzehren von köstlich frischem Obst zu verbringen.

Christopher und ich liehen Fahrräder in unserem Hotel direkt am Meer und holperten etliche Kilometer den Strand entlang Richtung Norden. Ich hatte kaum Hoffnung, etwas Nennenswertes zu finden. Inzwischen, so dachte ich, musste am Ort der abgerissenen Colonia Roma längst ein neuer Hotelbau hochgezogen worden sein. Dennoch war ich voller Erwartung und seltsam emotional – ich merkte, dass mir der Ort naheging. Ich war froh, Christopher mit seinem besonnenen und geerdeten Temperament bei mir zu haben.

Als wir um die letzte Kurve der Küstenlinie vor dem Ort des einstigen Lagers bogen, entfuhr mir ein lauter Seufzer. Da kauerte hinter ein paar Bäumen, wie ein schlafender Dinosaurier, ein wuchtiger grauer Bau. Das Lager stand doch noch! Seine eingeschlagenen und vernagelten Fenster blinzelten durch das Laub wie blinde Augen. Kein Zweifel: Das musste die Colonia Roma sein. Eine Tafel in der Nähe erzählte ihre Geschichte als Ferienlager für Tausende Kinder aus ganz Italien von den 1920er- bis zu den 1970er-Jahren, unterbrochen nur durch die ersten Monate nach dem Krieg, als man darin 2000 deutsche Soldaten eingesperrt hatte. Das YouTube-Video musste den Abriss eines anderen Gebäudes dokumentiert haben.

Ein Drahtzaun versperrte uns den Zugang, aber natürlich mussten wir alles aus nächster Nähe sehen. Christopher erwies sich erneut als williger Komplize und fand ein Schlupfloch im rostigen Maschendraht. Zwischen den Bäumen suchten wir uns einen Weg zum Säulenportal des Eingangstors, das inzwischen fast vollständig von Graffiti und Efeu überwuchert war. Ein finsterer Eindruck der Verwahrlosung, verbunden mit Spuren des Treibens von Junkies und Vandalen, hatte längst jeden wirklichen Eindruck vom Charakter dieser Anlage in Kriegs- und Nachkriegszeiten zunichtegemacht.

Mein Großvater hatte seinen 53. Geburtstag hier verbracht, und in einem seltsamen Zufall war auch ich soeben 53 Jahre alt geworden. Als ich mich vor dem Hauptportal in der heißen Sonne des späten Oktobers hinkniete und ein paar Glasscherben beiseiteschob, um zu der Erde durchzudringen, auf der mein Großvater im selben Alter wie ich gegangen war, schien mir der Gefangene G 8952 ganz nah: ein Mann im freien Fall vom Gipfel seines Offizierslebens, ein besiegter und ohnmächtiger Soldat, von dessen Hoffnungen auf einen Sieg im Kampf nur noch die bescheidene Erwartung geblieben war, nach seiner Freilassung vielleicht noch eine Stelle als Buchhalter zu ergattern.

Christopher und ich radelten schweigend zurück. Die Sonne versank in einem tiefroten Abendhimmel. Mein Herz wurde schwer vor Mitgefühl mit meinem Großvater, dem Gefangenen.

Unser letztes Reiseziel war die winzige Bergrepublik San Marino. Sie liegt hoch auf einem Felsvorsprung über Rimini und dem Meer und ist das drittkleinste Land Europas. Obwohl San Marino im Krieg neutral war, wurde es im Juni 1944 von der RAF in der irrigen Annahme bombardiert, dass die Deutschen dort Munition gelagert und Einheiten stationiert hätten.

Als die Alliierten weiter nach Norden vordrangen, erhielt die zurückweichende Wehrmacht Befehle, Eisenbahntunnel zu sprengen. Tausende italienische Frauen und Kinder flohen vor den Bombenangriffen auf Rimini nach San Marino, und viele von ihnen suchten Schutz in den Tunneln. Mein Großvater wusste, dass sich in einer bestimmten Röhre, die zu sprengen ihm befohlen war, vierzig Frauen und Kinder versteckten. Das war der Befehl, dessen Ausführung er verweigerte.

Obwohl aus dieser Zeit keiner der Briefe erhalten ist, in denen er vermutlich seine Sicht des Geschehens geschildert hat, wussten wir von der Familie Zona, dass sein Handeln von San Marinos Einkammerparlament mit der Verleihung eines Ordens gewürdigt worden ist: des angesehenen Ritterordens der heiligen Agatha für herausragende zivile oder militärische Dienste an der Republik. Eine Auszeichnung, die neben anderen hochmögenden Persönlichkeiten auch die Könige Edward VII. und VIII. erhalten haben. Aus einem Dokument in Tante Marlens Besitz wussten wir außerdem, dass mein Großvater am 7. August 1944 zum Ehrenbürger des Kleinststaates ernannt worden war. Sein Eintreten für die Wahrung von dessen Neutralität hatte man durch den Eintrag seines Namens in das prestigeträchtige »Goldene Buch« anerkannt, in dem wichtige Ereignisse und Besuche von Würdenträgern von Abraham Lincoln bis zum Papst verzeichnet sind.

Christopher und ich waren nach San Marino gekommen, um mehr über diese Geschichte zu erfahren und das Buch zu sehen, das vor uns schon mehrere unserer Verwandten auf Durchreise besichtigt hatten. Doch als wir im prächtigen Palazzo Vecchio des

Mit Christopher in San Marino, 2017

Rathauses ankamen, erklärte uns die zuständige Beamtin, dass sich das Buch dort nicht mehr befand und das Außenministerium, wo es seither aufbewahrt wurde, am Wochenende für Besucher geschlossen war. Da wir schon am nächsten Tag weiterreisten, würden wir das Buch nicht zu sehen bekommen. Mehr konnte sie uns nicht sagen. Wir versuchten, unsere Enttäuschung voreinander zu verbergen, während wir die mittelalterliche Stadt über den jähen felsigen Abhängen erkundeten, die in Christopher Höhenangst weckte und in mir den Entschluss festigte, unsere Mission zu einem erfolgreichen Abschluss zu bringen.

»Gehen wir zurück und versuchen wir es noch einmal«, sagte ich in der Gewissheit, dass Aussicht auf ein befriedigenderes Ergebnis unseres Besuchs bestand, wenn wir dranblieben. Diesmal führten mein Flehen in kaum verständlichem Italienisch und mein dramatisches Gestikulieren dazu, dass die Beamtin davoneilte und mit einem prächtig ausstaffierten Polizisten in voller Uniform wiederkam: grünes Jackett, farblich passende, oben spitz zulaufende Mütze, schwarze Krawatte, rote Hose und ein Halfter mit Pistole. Er sprach sehr gut Englisch und war offensichtlich beeindruckt von der Kopie der Urkunde aus dem Jahr 1944, die wir mitgebracht hatten.

Was dann geschah, war von einem Wunder nicht mehr weit entfernt. Der Polizist sah auf das Dokument und stutzte: »Sehen Sie mal«, sagte er, »das hat ein Verwandter von mir unterschrieben!« Im nächsten Moment fiel ihm beim flüchtigen Blick durch die Glastür des Eingangs jemand auf, der dort vorbeiging, und er winkte ihn wild entschlossen herbei. Der Mann in Trainingshose und Turnschuhen war in Begleitung eines kleinen Jungen und trat zu uns. »Das ist ein alter Freund von mir«, erklärte der Polizist. »Er wird sich sehr freuen, Sie kennenzulernen.« Genauso war es. Zu unserem Erstaunen erwies sich der Mann als ein ehemaliger Staats-

IL PRINCIPE e SOVRANO CONSIGLIO GRANDE e GENERALE della Serenissima Repubblica di San Marino

Per Decreto del Gran Magistero dell'Ordine Equestre di Sant'Agata delli 7 Agosto 1944

HA NOMINATO

den Herrn General Karl von Graffen

Cavaliere Grand' Ufficiale

dell'Ordine di Sant'Agata con facolta' di fregiarsi della decorazione stabilita dagli Statuti pel grado equestre conferitogli.

Noi Capitani Reggenti

ORDINIAMO

che in esecuzione alle soprascritte Disposizioni sia al medesimo spedito il presente Documento munito del Pubblico Sigillo e firmato di Nostra mano

I Capitani Reggenti

Il Segretario di Stato per gli Affari Esteri

San Marino, li 7 Agosto 1944/1643 d. F. R.

Urkunde zur Verleihung des Ritterordens der Republik San Marino an meinen Großvater

sekretär von San Marino und eines von sechzig Kongressmitgliedern der Regierung.

Er prüfte die Urkunde und hörte sich unsere Geschichte an. »Kaum zu glauben«, sagte er. »Ihr Großvater muss ein sehr bedeutender Mann gewesen sein, wenn man ihn in das Goldene Buch eintrug. Eine erstaunliche Geschichte. Das muss gefeiert werden. Ich will versuchen, mehr darüber herauszufinden.«

Er posierte mit uns für einen Schnappschuss, gab uns seine Karte und setzte seine *passegiata* mit dem Sohn fort.

Sein Freund, der Polizist, führte uns persönlich durch das wunderschöne steinerne Rathaus, setzte uns dann vor einen Bildschirm und zeigte uns einen kurzen Film über die Geschichte von San Marino. Bei einem Schwarz-Weiß-Foto von 1944 hielt er den Film an und bat uns, das Bild genau anzusehen. Wir erkannten den Eingang zu einem Eisenbahntunnel und eine Schar von Leuten, die sich davor aufhielten. »Das sind die Leute, die vor den Bombenangriffen der Alliierten auf Rimini geflohen waren«, sagte er. Er spulte weiter bis zum nächsten Bild, einer Nahaufnahme des Tunnelinneren. Frauen und Kinder saßen neben den Gleisen. »Einige von ihnen sind aus meiner Familie«, erklärte er uns. »Und das« – er deutete aufgeregt auf einen kleinen Jungen – »ist mein Vater!«

Kaum zu glauben. Es spielte keine Rolle, dass wir nie herausfinden würden, ob es genau dieser Tunnel oder diese Menschen waren, die in die Luft zu sprengen sich mein Großvater geweigert hatte. Es genügte, dass sie es sein hätten können. Wir fühlten uns wie am Ende eines Spielberg-Films: der dramatische Höhepunkt, an dem die Enkel eines zu Unrecht verleumdeten Mannes erfahren, dass ihr Großvater das Leben der gesamten Familie ausgerechnet jenes Mannes gerettet hatte, der da vor ihnen stand. Inbrünstige Musik orchestriert die Rührung des Publikums. Die Zuschauer flennen, während der Abspann läuft.

Alle drei saßen wir da und waren sprachlos über den schieren Zufall dieser Begegnung, die um ein Haar nicht mehr stattgefunden hätte. Selbstredend ist das Leben kein Film von Spielberg, und in der realen Welt beweist ein einziger lobenswerter Akt noch gar nichts. Das Tilgen einer Schuld ist nicht ganz so einfach. Aber für einen kurzen Augenblick war es mir vergönnt, meinen Großvater als unstrittigen Helden zu sehen: einen Befehlsverweigerer, einen Retter vieler Menschenleben. Einen Mann, der zumindest in diesem einen Fall fraglos das einzig Richtige tat.

Von der heftigen Wirkung, die das nahe Ende meiner Geschichte auf mich hatte, wurde ich überrascht. Dass mein Großvater sich demnächst aus meinem Leben verabschieden sollte, machte nur umso deutlicher, wie sehr er darin gegenwärtig gewesen war: in meinen Gedanken, meinen Träumen und im Verlauf meiner Tage. Wie ein eifersüchtiger verflossener Liebhaber hatte er sich in meine Beziehungen eingemischt, mich fortgezogen und in finsterere Tiefen meines Menschseins geleitet, als irgendein lebender Mensch es je getan hatte.

Vielleicht war es seine Kühnheit, die mich lehrte, mich meinen Ängsten zu stellen und für die Wahrheit zu kämpfen.

Vielleicht hauchte er mir ein, seinen kriegerischen Geist nicht in das Führen weiterer Kriege zu lenken, sondern damit einen kleinen Friedensflecken in meinem Inneren zu hegen, wo Helden, Missetäter und Opfer als Charaktere allen menschlichen Lebens es miteinander aushalten und jeder das Zeug hat, sie alle auf einmal zu sein.

Vielleicht war es sein Bedürfnis nach Vergebung, das mir zu vergeben half.

Jetzt war es Zeit, meinen Großvater und seine Geschichte in Frieden ruhen zu lassen.

Als an unserem letzten Morgen in Italien die Sonne hinter der Deckung einer grauen Wolke hervorkam, verfolgten Christopher und ich unsere Spuren zurück entlang der endlosen Reihe von Meerblick-Hotels bis zu dem Streifen Sandstrand vor dem ehemaligen Kriegsgefangenenlager in Bellaria. Hier war der Ort, an dem wir meinen Großvater symbolisch bestatten und ihm seinen Wunsch erfüllen wollten: sein Leben in Italien zu beenden.

Außer Tabak und Erde hatte ich noch sein letztes Paar Pantoffeln mitgebracht. Onkel Adolf hatte sie seit dem Tod seines Vaters getragen, bis sie auseinanderfielen und nicht mehr an den Füßen halten wollten. Auf meine Bitte schickte er sie mir, anstatt sie seinem Mülleimer zu überantworten.

Mein Bruder und ich suchten eine Stelle am Strand aus, von der wir wussten, dass unser Großvater dort auf und ab gegangen war, Muscheln gesammelt und in der Hoffnung auf bessere Zeiten zum Horizont hinausgesehen haben muss. Er sah dieselbe Sonne über demselben Meer auf- und über demselben Land niedergehen. Ich holte meine Devotionalien aus der Tasche, während Christopher sich an die Arbeit machte und mit einer herumliegenden zerbrochenen Kinderschaufel, die uns am Strand praktischerweise zugefallen war, ein etwa dreißig Zentimeter tiefes Loch grub. Ich war gerührt, wie sehr er sich im Verlauf der Reise aus ganzem Herzen auf meine Schrullen eingelassen hatte. »Ist das alles nur esoterisches Geschwurbel für dich?«, hatte ich ihn einmal gefragt, da mir klar war, wie sehr sich unsere Zugänge zu den weniger greifbaren Aspekten des Lebens voneinander unterschieden. Aber auch er hatte in San Marino einen Funken der Magie erspäht – die Art von Gnade des Geschicks, die mir auf meiner Suche so oft widerfahren ist. »Nein«, sagte er. »Nein, das ist es nicht.«

Sobald das Loch tief genug für ein winziges Grab war, legten wir die Pantoffel auf den Boden und darauf eine Packung R6, etwas englische Erde aus meinem Garten und Fotos von meinem Großvater: eines als stolzer Soldat und eines als Zivilist, auf seinem Balkon sitzend und rauchend, in Gedanken versunken. Meine Abschiedsbotschaften hatte ich am Abend zuvor auf die Rückseite der Bilder geschrieben.

»Meine Uhr ist abgelaufen.« Das waren die letzten Worte meines Großvaters, bevor er am 1. November 1964 mit 71 Jahren starb. Ich holte einige der Kondolenzschreiben aus der Tasche, die nach seinem Tod bei der Familie eingelangt waren. Tante Dörli hatte sie ihrem Band mit seinen Briefen hinzugefügt. Diese Stimmen aus einer Zeit vor über fünfzig Jahren waren zumeist die seiner inzwischen längst ebenso verstorbenen Zeitgenossen; Stimmen von Männern wie er selbst, die durchdrungen von denselben preußischen Werten ebenso im Krieg oder sogar in beiden Kriegen gekämpft hatten und die sich vielleicht, um mit der großen Verworrenheit ihrer Gefühle und mit den Zerwürfnissen zwischen den Generationen in den Sechzigerjahren fertigzuwerden, immer noch an die Rechtfertigung klammerten, sie hätten als Soldaten nur ihre Pflicht getan; Männern, deren eigene Geschichten vielleicht immer noch vergraben waren oder deren Angehörige mit der Frage rangen, ob sie sie verdammen oder ihnen verzeihen sollten.

»Von Herzen« nannten viele meinen Großvater in ihren Abschiedsbriefen »Karlchen«. Sie lobten seine menschliche Wärme, seinen offenen Geist und seine Vertrauenswürdigkeit; seine leichtherzige, zugewandte und fröhliche Art; seinen Humor, seine Einfachheit und Bescheidenheit; seine aufrechte Haltung und seinen geradlinigen Charakter.

»Er war für mich die Personifizierung der Treue, der liebste Kamerad, der ehrlichste und anständigste Freund, den mir das Leben geschenkt hat.« Ich las laut vor, während Christopher die Pantoffeln meines Großvaters mit der ersten Handvoll Sand bestreute.

»Einer der tapfersten, vorzüglichen, anständigsten Soldaten, gleich beliebt bei Kameraden und Untergebenen.«

Hinter uns zerrissen kleine Wellen in regelmäßigem Anbranden die Stille des frühen Morgens wie ein kurzer, flacher Atem.

»Er verkörperte höchste Kameradschaft mit den besten preußischen Soldatentugenden. Beeindruckt hat mich auch seine Charakterstärke und vorbildliche Haltung in der Gefangenschaft.«

Großvati

Ein Hund trottete mit seinem mäßig neugierigen Besitzer vorbei, als ein hellgrauer Streifen über dem Horizont den nahenden Sonnenaufgang ankündigte.

»Unserem so hoch verehrten General von Graffen … Wir sind ihm von Herzen dankbar, wie er sich in so vorbildlicher Weise uneigennützig für das Recht der alten Soldaten eingesetzt hat.«

Mir war bis dahin entgangen, dass er nach dem Krieg weiter seinen Soldaten beistand. So vieles, was ich noch nicht wusste und wohl auch nie erfahren würde.

Christopher sah nicht auf, als es zu nieseln begann. Er streute einfach weiter Sand ins Grab und sah zu, wie er das Antlitz des Großvaters bedeckte, den er nie gekannt hatte.

In der grauen Stille warfen wir beide eine Handvoll Erde aus meinem Garten nach der anderen in das Grab und füllten es dann mit Sand auf, den wir sachte festklopften, wie Eltern ihr Kind zum

Schlafen in die Decke einmummeln. Dann zogen wir unsere Schuhe aus und wateten durch das flache Wasser – es war zu kalt zum Schwimmen, was wir eigentlich vorhatten – und sammelten Muscheln, die das Grab markieren sollten, bis die nächste Flut sie fortspülte.

Während Christopher zurück zum Strand ging, blieb ich noch einen Moment bei dem kleinen Häuflein aus Muscheln. »Mach's gut, Großvati«, sagte ich, zu mir selbst ebenso wie zu ihm. »Mach's gut, und danke. Und jetzt ruhe in Frieden.«

Als wollte ich mich häuten, ließ ich meinen imaginären leeren Rucksack los und sah ihn vor dem inneren Auge entschweben wie einen chinesischen Himmelslampion. Dann gesellte ich mich mit erfülltem Herzen und einem mir unvertrauten Gefühl der Leichtigkeit zu Christopher, der in einem Café ganz in der Nähe mit zwei dampfend heißen Tassen starken Kaffees auf mich wartete.

Nachwort

Lerne von gestern, lebe für heute, hoffe auf morgen.
Das Wichtigste ist, daß man nie aufhört, Fragen zu stellen.

Albert Einstein

Ein Ende oder einen Abschluss zu diesem Kapitel der Geschichte kann es niemals geben. Während es immer weiter in die Vergangenheit entschwindet, werden nachfolgende Generationen neue Tatsachen aufdecken, andere Sichtweisen entwickeln, das Geschehene anders erzählen.

Und doch war es für mich wie das sanfte Schließen einer Tür zu diesem Teil meiner Familiengeschichte, als ich das Andenken an meinen Großvater an jenem Strand in Italien zur Ruhe bettete. Es war ein Loslassen meines fehlgeleiteten Gefühls persönlicher Schuld und der Beginn einer neuen, zuversichtlichen Daseinsart. Doch während sich die Nachwirkung dieser Vergangenheit vermutlich abschwächen wird, gilt das nicht für die Aufgabe, daraus zu lernen.

Während ich schreibe, suchen Wladimir Putins Panzer ihren tödlichen Weg durch die Ukraine, und das Schreckgespenst eines eben noch undenkbaren Atomkriegs schwebt bedrohlich über Europa. Um angemessen auf Putins Handeln zu reagieren, müssen wir seine ganz eigene Deutung der Vergangenheit verstehen – nicht bestätigen oder anerkennen, sondern verstehen. Noch mehr als zuvor müssen wir darüber wachen, dass die Saat der Spaltung, Diskriminierung, politischen Fremdherrschaft und eines neuerlichen Weltkriegs nicht aufgehen kann. Denn wie wir gesehen haben, ist niemand von uns davor gefeit, sich in diesem giftigen Dickicht zu verfangen.

Etwas auf sich beruhen zu lassen heißt für mich nicht, es zu vergessen und einfach darüber hinwegzugehen, sondern im Gegenteil zuzulassen, dass das Wesentliche daran künftige ethische Haltungen prägen und so vielleicht verhindern kann, dass dieselben Fehler einmal mehr gemacht werden. Während einer kurzen Zeit, in der ich auf dem Gebiet der wiedergutmachenden Rechtsprechung tätig war, habe ich erlebt, wie sich Konflikte beilegen lassen, indem man mit den anderen spricht, ihnen zuhört und Verständnis für ihre Sichtweisen aufbringt. Ich war Zeugin des Aufkeimens von Mitgefühl, der Macht aufrichtigen Verzeihens, des Friedens und der Heilung, die Vergebung und Versöhnung mit sich bringen können. Versöhnung ist der Kern dessen, wonach ich in meiner Arbeit als Vortragende, Autorin, Künstlerin und Treuhänderin des Dresden Trust strebe.

Bis heute erlebe ich zahlreiche tiefe und freudvolle Begegnungen mit Menschen aller Generationen und aller Seiten, deren Leben vom Zweiten Weltkrieg überschattet wurden. Die vielleicht am wenigsten erwartete Begegnung von allen fand 2019 statt: Ich wurde in eine Facebook-Gruppe von Söhnen und Töchtern amerikanischer Soldaten eingeladen, die am Ende des Krieges im 337. Regiment der 85. Infanterie-Division in Norditalien gekämpft hatten. Gegen meinen Großvater und seine Einheiten.

Einmal mehr war ich unsicher, wie ich als Enkelin des dort ranghöchsten deutschen Generals von diesen Menschen aufgenommen werden würde. Doch mir begegneten nichts als Wärme und Wissbegier. Es war, als hätte sich ein Kreis geschlossen. Das Foto von der Kapitulation in La Stanga, mit dem meine Suche begonnen hatte, verband mich nun mit der Enkelin von Oberst Hughes, also dem amerikanischen Offizier auf dem Bild neben meinem Großvater. Ich erhielt von ihr sogar eine Abschrift ihres Gesprächs, in dem die Bedingungen und praktischen Details der Kapitulation ausgehandelt wurden: die Übergabe der Waffen, Pferde und Vorräte.

74 Jahre später diese Verbindung zu knüpfen bedeutete allen Beteiligten viel – umso mehr denjenigen, die sich 2020 zum 75. Jahrestag der bedingungslosen Kapitulation in La Stanga und Belluno verabredeten. Auch Italiener aus der Gegend nahmen an dem Treffen teil, ebenso wie meine deutschen Tanten und meine Mutter. Caroline und Christopher wären gern gekommen, und sicher auch mein Vater und mein Onkel, hätten sie noch gelebt. Die internationale Gesellschaft freute sich auf das gemeinsame Abendessen im Gasthaus, Wanderungen über die ehemaligen Schlachtfelder der Region und den Austausch von Geschichten über unsere Vorfahren.

Das Vorhaben wurde allerdings von einer neuen Geißel der Menschheit zunichtegemacht: der Covid-19-Pandemie. Doch die Hoffnung bleibt, dass eines Tages die Enkel des amerikanischen Obersts und des deutschen Generals einträchtig an dem Ort zusammenstehen werden, an dem sich ihre Großväter 1945 als Feinde begegnet sind.

Und so geht der Heilungsprozess weiter.

Danksagung

Immer wieder war ich während des Schreibens an diesem Buch in den vergangenen Jahren erfüllt von Dankbarkeit gegenüber denjenigen, die mir halfen, es zu Ende zu bringen.

Mein erster großer Dank gebührt Marlen und Dörli, meinen beiden Tanten in Deutschland. Ohne sie wäre dieses Abenteuer nicht möglich gewesen. Vom ersten Moment an haben sie mir ihre Familiengeschichten und Erinnerungen mit bemerkenswerter Offenheit anvertraut und sich jede Menge Zeit dafür genommen, haben mich zu Orten gefahren, die für unsere Geschichte von Bedeutung waren, und Antworten auf jede noch so schwierige Frage gegeben, die ich stellte. Sehr geholfen haben mir auch Marlens große Leistung, die umfassenden Briefe und Aufzeichnungen meines Großvaters abzutippen, und die vielen faszinierenden Gespräche mit Dörli, die mich über das Zeitgeschehen in Deutschland auf dem Laufenden hielt.

Dank schulde ich auch meinem inzwischen verstorbenen Onkel Adolf dafür, dass er mir einige seiner schwierigsten Kindheitserinnerungen anvertraut hat, ebenso Bernd Kosegarten und allen meinen direkten Vettern und Cousinen in Deutschland, die mir erlaubt haben, eine Familiengeschichte zu erzählen, die auch die ihre ist.

Die Recherche zum Zweiten Weltkrieg Deutschlands von England aus war nicht immer einfach, und umso dankbarer bin ich den Experten, die ich zurate gezogen habe. Ich hatte das große Glück, auf Elwyn Wongs reiche und eingehende Kenntnis der beiden Weltkriege und alles Militärischen zurückgreifen zu können. Ohne ihn, unseren fantastischen Austausch per E-Mail und seine Kontakte wäre es mir wahrscheinlich nicht gelungen, die Wege meines Großvaters durch Russland nachzuzeichnen. Meine Reise dorthin war für mich eine der wichtigsten in meinem ganzen Leben.

Der bedeutende Historiker Nicholas Stargardt war so freundlich, die Aufzeichnungen meines Großvaters zu lesen, und leistete mir unschätzbar wertvolle Hilfe dabei, sie einzuordnen. Das beeindruckende Wissen über Denkmäler und Gedenkstätten von Bill Niven und Roger Bowdler war sehr aufschlussreich, ebenso die Kenntnis des Kriegsschauplatzes Italien von Marco Perale und den Nachfahren des 337. Regiments der 85. Division – Don Jones, Steve Cole, Howard Lee Gorrell, William Sarokin und noch anderen. Kitty Hall, Robin Gordon und Andy Hughes waren so großzügig, mir ein Bild aus ihrem Familienalbum für mein Buch zur Verfügung zu stellen: nämlich ebendas Foto meines Großvaters bei der Kapitulation gegenüber ihrem Großvater, das zu einem Fixpunkt meiner Entdeckungsreise wurde.

Meine deutschen Freunde Maria Reinke, Karen Hedley, Frederic Sering und Susanna Hakuba haben mich laufend mit Information und Lesestoff versorgt, auf die ich ohne sie vielleicht nie gestoßen wäre.

Im Schatten meines Großvaters ging durch zwei größere Schreibphasen. Ich bin Susanna Rickards, meiner wunderbaren ersten professionellen Lektorin, unglaublich dankbar für ihre Mischung aus Einfühlungsvermögen, Klarheit und literarischem Handwerkszeug, mit der sie mich durch eine der schärfsten Lernkurven in meinem Leben geführt hat. Ein großes, herzliches Dankeschön auch allen nahen Freunden und »Erstlesern« für ihre hilfreichen Anmerkungen und das anhaltende Interesse am Werden dieses Buchs. Lucy Wayland, die sich tapfer durch die erste, noch sehr rohe Fassung gekämpft hat. Alice Jolly, deren Talent und brillante Schreibe mich oft einfach umhauen. Ich stehe in so vieler Hinsicht in ihrer Schuld dafür, dass sie die Schriftstellerin aus mir herausgeholt hat. Johnny Acton, einem weiteren talentierten Wortkünstler, für seine erstaunliche Detailschärfe, seine unermüdliche Ermutigung und seinen Humor. John Heseltine für sein tiefes Verständnis der Schönheit, die sich in den finsteren Winkel der Seele auftut, und seine Begabung, ebendas in Worte zu fassen. Carolyn Townsend für ihre vielen scharfsinnigen und feinfühligen Einsichten, ihre enorme Sanftmut und unser häufiges Lachen. Caroline Knight für ihre professionelle Anleitung und Ermutigung. Und Hedda Joyce, deren eigene wissenschaftliche Arbeit verbunden mit ihren Prägungen durch das deutsche Erbe mir ein leuchtendes Vorbild waren und sehr viel zu meiner gründlichen Erforschung der Zusammenhänge beigetragen haben.

Dass ich die zweite Schreibphase dieses Buchs zu einem Ende bringen konnte, verdanke ich hauptsächlich Menschen im Verlagswesen. Ein Dank meinem Agenten Andrew Lownie dafür, dass er das Potenzial meines Manuskripts erkannt und geholfen hat, es auf den Weg zu bringen. Ein Dank allen bei Penguin Transworld: der damaligen Auftragsredakteurin Lizzi Goudsmit für ihre anregende, weitergehende Vision von meinem Buch und ihre ruhige Zuversicht, dass ich das alles umsetzen konnte; Susanna Wadeson für ihre Betreuung der Umsetzung dieser Vision mit so viel Offenheit für das, was ich sagen wollte, und für ihre erstaunliche Geschwindigkeit und Entschiedenheit; Andrea Henry für ihr unglaublich effizientes Lektorat; Phil Lord dafür, dass er all die alten Familienfotos lebendig aufbereitet hat; Richard Ogle für seinen außergewöhnlichen Instinkt beim Gestalten des eindrucksvollen Umschlags; Tony Maddock für die kunstfertige Bearbeitung meines sehr grobkörnigen ursprünglichen Fotos von meinem Großvater und mir selbst am selben Ort.

Zutiefst dankbar bin ich auch der Autorin und Historikerin Rebecca Adams für ihre gründliche Lektüre und ihre freundlichen Anmerkungen zu meinem Buch aus einer jüdischen Sicht. Dass sie ein Auge darauf hatte, war ein sehr beruhigender Gedanke für mich. Ein ganz besonderer Dank geht schließlich an meine brillante Lektorin Caroline North McIlvanney, deren Versiertheit, Wissen, Geduld und konzentrierte Arbeit mich immer wieder beeindruckt haben. Ihre Klarheit und Ruhe kamen genau zur rechten Zeit, als ich den Wald vor lauter Bäumen nicht mehr sehen konnte.

In Deutschland gibt es Hilfegruppen für Kriegsenkel, die mit denselben dunklen und belastenden Themen zu kämpfen haben. Nicht so sehr in England. Dennoch hatte ich das Glück, einigen solcher Gruppen anzugehören, deren Arbeit und Ziele im Einklang mit meinen stehen. Mein Dank geht an Marina Cantacuzino, Sandra Barefoot und all die wunderbaren Menschen, mit denen ich über das Forgiveness Project zusammengekommen bin. Ihre Weisheit und fürsorgliche Herangehensweise sowie ihre Geschichten vom Immer-wieder-Aufstehen waren unschätzbar wertvoll für mich. Ich danke Adam Barley und den anderen Teilnehmern seiner Zero-One-Bewegungsworkshops, wo ich mich so richtig austoben und alle Inhalte meiner Welt hinaustanzen konnte. Dank an Mary Hykel-Hunt von IQx2 für ihre vielen tiefen und mehrdimensionalen Einsichten über die Jahre, die mir geholfen haben, meinen Weg zu finden. Und an Eveline Eaton, Marcus Ferrar und meine Treuhänderkollegen beim Dresden Trust, die so viel davon verstehen, was es heißt, den Willen zur Versöhnung in die Praxis umzusetzen.

Schreiben kann unglaublich einsam sein, und der Körper zahlt mitunter einen hohen Preis dafür. Das Team von Personal Best hat mich in der Zeit in Bewegung gehalten, und Amanda Hampden, Peter Moseley, Nicola und John Faulkner, P. H. Keeling, Al Romanes und Jo Stafford-Michael haben mir neben anderen, die oben schon erwähnt wurden, willkommene Ablenkung in Form langer Spaziergänge und köstlicher Abendessen beschert.

Viele teure Freunde haben mich auf dem Weg durch diese schwierigen Jahre begleitet und auf ihre je eigene Weise unterstützt. Erwähnen möchte ich besonders Epoh Beech, Shirley Margerison,

Nancy Miles, Gus Stott, Sarah Orme, Penny Porter, Clare Wimperis und Penelope Anstice, die mir in allen Tiefen und Höhen aus nächster Nähe beigestanden haben. Zu wissen, dass ich jederzeit das Telefon in die Hand nehmen und Dinge mit ihnen besprechen konnte, gab mir immer wieder die Stärke, Hürden zu überwinden und weiterzumachen.

Ein so intensiver Prozess wie das Schreiben dieses Buchs hatte zwangsläufig Auswirkungen auf meine Familie. Sie hat mich und ihn tapfer ausgehalten. Meine wunderbaren Neffen Danny und Nico, mein Schwager Dante und meine weitläufigere englische Familie sind das feste, liebende Fundament, auf das ich immer bauen konnte, und dafür bin ich ihnen zutiefst dankbar.

Ich weiß, dass mein inzwischen verstorbener Vater sehr stolz gewesen wäre, hätte er das Erscheinen dieses Buchs noch erlebt. »Liebling, du bringst die Leute zum Nachdenken«, sagte er öfter zu mir, »und das ist wirklich wichtig.« Wenn mir das gelungen ist, so hat es ganz wesentlich mit seinem eigenen Augenmaß und Gerechtigkeitssinn, seinem klugen Ausgleich zwischen Vernunft und Gefühl zu tun, denn all das hat meinen Geist und mein Schreiben geprägt.

Es gibt so vieles, wofür ich meiner Mutter dankbar bin – vor allem dafür, dass ich ihre Erinnerungen, Gefühle und Schränke auf der Suche nach Antworten durchwühlen durfte. Dass ich diese Version der Geschichte in dem Bewusstsein erzählen durfte, dass es so viele andere gäbe, die ich hätte erzählen können. Sie war immer da für mich und feierte jede Etappe mit so viel Begeisterung, selbst dann noch, als ihr Schlaganfall sie daran hinderte, deren Bedeutung wirklich zu verstehen. Sie ist der mutigste Mensch, den ich kenne.

Meinen Geschwistern Caroline und Christopher behalte ich meinen letzten und vielleicht größten Dank vor. Obwohl Caroline auf diesen Seiten nur selten erwähnt ist, war und ist ihre Gegenwart in meinem Leben von jeher riesig und lebenswichtig. Und

Christopher, der hier eine größere Rolle spielt, bewies seinen charakteristischen Großmut damit, dass er mir erlaubte, mit meiner Lebensgeschichte zugleich ein schwieriges Kapitel seiner eigenen zu erzählen. Ich schätze sehr die mehrfachen Lesedurchgänge und die vielen Stunden des Redens, für die beide sich Zeit genommen und in die sie ihre Gedanken eingebracht haben. Ohne ihre Unterstützung und Ermutigung, ohne den Familienhumor und ihre Liebe hätte ich schon »Leben« allein nicht geschafft, vom Schreiben dieses Buchs gar nicht zu reden. Zwei Menschen an meiner Seite zu wissen, denen ich so unausgesprochen vertrauen kann wie ihnen, ist ohne Zweifel eines der größten Geschenke, die mir das Leben je gemacht hat.

Danke euch allen.

Weiterführende Lektüre und Quellen

Vorbemerkung: In mancher Hinsicht recherchiere ich schon mein gesamtes Erwachsenenleben lang für dieses Buch. Es wäre unmöglich, alle Quellen anzuführen, aus denen ich Fakten und Einsichten geschöpft habe, doch ich versuche hier, so gut es geht, eine umfassende Liste für Leser zusammenzustellen, die das eine oder andere Themengebiet in diesem Buch weiter erkunden wollen.

Es waren nicht nur Bücher, Aufsätze und Zeitungsartikel, aus denen ich gelernt habe. Auch visuelle Medien aus den Künsten, Filme, Fernsehdokumentationen, Ausstellungen, Vorträge auf Veranstaltungen, Tagungen oder Vorlesungen im Internet und meine vielen Reisen zu bedeutenden Orten haben allesamt meine Vorstellung genährt und die Konturen gefüllt, die aus der Auseinandersetzung mit kenntnisreichen wissenschaftlichen und historischen Texten entstanden.

Ausführlichere Anmerkungen finden Sie auf meiner Webseite www.angelafindlaytalks.com

Bildnachweis

Fast alle Fotos in diesem Buch stammen aus privaten Beständen der Autorin oder aus Familienalben. Der Verlag dankt der IG Modell- & Dioramenbau i. d. Bundeswehr für die freundliche Genehmigung zum Abdruck einer Aufnahme vom Schwimmbecken im Kriegsgefangenenlager Delmenhorst-Adelheide. Trotz eingehender Suche nach Inhabern von Urheberrechten an hier abgedruckten Bildern bittet der Verlag um Entschuldigung für etwaige Auslassungen und wird fehlende Hinweise bei der nächsten sich bietenden Gelegenheit ergänzen.

Bücher

Alberti, Bettina: Seelische Trümmer (RandomHouse, 1967)

Anonymous: Eine Frau in Berlin (Eichborn, 2015)

Bode, Sabine: Die vergessene Generation: Die Kriegskinder brechen ihr Schweigen (Piper, 2005)

Bode, Sabine: Kriegsenkel: Die Erben der vergessenen Generation (Klett Cotta, 2009)

Bode, Sabine: Nachkriegskinder: Die 1950er Jahrgänge und ihre Soldatenväter (Klett Cotta, 2011)

Boyd, Julia: Travellers in the Third Reich (Elliott and Thompson, 2018)

Brook, Rhydian: The Aftermath (Penguin Books, 2014)

Broughton, Vivian: Zurück in mein Ich (Kösel, 2016)

Craigie, Emma: Chocolate Cake with Hitler (Short Books, 2010)

Fallada, Hans: Jeder stirbt für sich allein (RandomHouse, 2021)

Feigel, Lara: The Bitter Taste of Victory (Bloomsbury, 2016)

Ferrar, Marcus: A Foot in Both Camps (LBLA Digital, 2012)

Fitzherbert, Katrin: Reise zwischen zwei Leben (Abiszett, 2020)

Frankl, Viktor E.: … trotzdem Ja zum Leben sagen (Penguin RandomHouse, 2018)

Fromm, Erich: Anatomie der menschlichen Destruktivität (Rowohlt, 1977)

Fromm, Gerard M. (Hg.): Lost in Transmission: Studies of Trauma Across Generations (Routledge, 2019)

Froude, James Anthony: Thomas Carlyle: A History of His Life in London, 1834–1881 (Cambridge University Press, 2011)

Goldhagen, Daniel: Hitlers willige Vollstrecker (Pantheon, 2012)

Gregg, Victor: Dresden (Bloomsbury, 2019)

Harding, Thomas: Sommerhaus am See (dtv, 2018)

Harwood, Ronald: Collaboration and Taking Sides (Faber & Faber, 2008)

Hawes, James: Die kürzeste Geschichte Deutschlands (Ullstein, 2019)

Heinzel, Sebastian: Der Krieg in mir (Kamphausen Media GmbH, 2020)

Himmler, Katrin: Die Brüder Himmler (Fischer, 2007)

Huber, Florian: Hinter den Türen warten die Gespenster (Piper, 2019)

Huber, Florian: Kind, versprich mir, dass du dich erschießt (Piper, 2016)

Hübl, Thomas: Kollektives Trauma heilen (Heyne 2023)

Johnson, Eric A.; Reuband, Karl-Heinz: What We Knew (Basic Books, 2006)

Kampfner, John: Warum Deutschland es besser macht (Rowohlt, 2021)

Krug, Nora: Heimat (Penguin RandomHouse, 2018)

Lowe, Keith: Furcht und Befreiung (Klett Cotta, 2019)

Lowe, Keith: Prisoners of History (William Collins, 2020)
Lubbeck, William: At Leningrad's Gates (Pen & Sword Books, 2007)
MacGregor, Neil: Deutschland: Erinnerungen einer Nation (C.H. Beck, 2017)
Maté, Gabor: Wenn der Körper nein sagt (Unimedica, 2020)
Michaels, Anne: Fluchtstücke (Berlin Verlag, 2004)
Milton, Giles: Wolfram: The Boy Who Went to War (Sceptre, 2011)
Morris, Heather: Der Tätowierer von Auschwitz (Piper, 2018)
Neiman, Susan: Von den Deutschen lernen (Hanser Berlin, 2020)
Neitzel, Sönke; Welzer, Harald: Soldaten: Protokolle vom Kämpfen, Töten und Sterben (Fischer, 2012)
Némirovsky, Irène: Suite Française (btb, 2007)
Neumann, Ariana: When Time Stopped (Scribner, 2020)
Niemann, Derek: A Nazi in the Family (Short Books, 2015)
Parker, Harry: Anatomie eines Soldaten (Benevento, 2016)
Romer, Knud: Nothing but Fear (Serpent's Tail, 2012)
Rothmann, Ralf: Im Frühling sterben (Suhrkamp, 2016)
Sands, Philippe: Rückkehr nach Lemberg (Fischer, 2019)
Sands, Philippe: The Ratline (Weidenfeld & Nicholson, 2020)
Schlink, Bernhard: Der Vorleser (Diogenes, 2009)
Schlink, Bernhard: Die Heimkehr (Diogenes, 2006)
Schlink, Bernhard: Vergangenheitsschuld (Diogenes, 2007)
Schneider, Helga: Let Me Go (Vintage, 2005)
Schneider, Michael, Süss, Joachim (Hg.): Nebelkinder (Europa Verlag, 2015)
Schwarz, Géraldine: Die Gedächtnislosen (Secession, 2019)
Sebald, W. G.: Austerlitz (Hanser, 2019)
Sebald, W. G.: On the Natural History of Destruction (Knopf, 2003)
Seiffert, Rachel: A Boy in Winter (Virago Press, 2018)
Seiffert, Rachel: Die dunkle Kammer (List, 2002)
Senfft, Alexandra: Der lange Schatten der Täter (Piper, 2016)
Sentilles, Sarah: Draw Your Weapons (The Text Publishing Company, 2017)
Sereny, Gitta: Das deutsche Trauma (C. Bertelsmann, 2002)
Stahlberg, Alexander: Die verdammte Pflicht (Ullstein, 1990)
Stargardt, Nicholas: Der deutsche Krieg (Fischer, 2015)
Teege, Jennifer: Amon: Mein Großvater hätte mich erschossen (Rowohlt, 2014)
Ten Boom, Corrie: Die Zuflucht (scm-Verlag, 2021)
Timm, Uwe: Am Beispiel meines Bruders (Kiepenheuer & Witsch, 2003)
Unger, Raymond: Die Heimat der Wölfe (Europa Verlag, 2016)

Ustorf, Anne-Ev: Wir Kinder der Kriegskinder (Herder, 2013)

Van der Kolk, Bessel: Verkörperter Schrecken (G. P. Probst, 2015)

Welzer, Harald; Moller, Sabine; Tschuggnall, Karoline: Opa war kein Nazi (Fischer, 2002)

Wolynn, Mark: Dieser Schmerz ist nicht meiner (Kösel, 2017)

Young, J. E.: Formen des Erinnerns. Gedenkstätten des Holocaust (Passagen, 1997)

Zusak, Marcus: Die Bücherdiebin (cbt, 2009)

Zydowitz, Kurt von, Die Geschichte der 58. Infantrie-Division 1939–1945 (H. H. Podzun, 1952)

Englische Artikel und Essays

Adorno, Theodor: »The Meaning of Working through the Past«, in European Perspectives: A Series in Social Thought and Cultural Criticism, Lawrence D. Kritzman (ed.), 1959

Berger, Joseph: »Gen. Hans Speidel, who plotted to kill Hitler«, New York Times, 29. November 1984

Bird, Adrian: »Epigenetics: A ubiquitous phenomenon«, New Scientist, 2. Januar 2013

Connolly, Kate: »Bernhard Schlink: Being German is a huge burden«, Guardian, 16. September 2012

Curry, Andrew: »Parents« emotional trauma may change their children's biology. Studies in mice show how«, Science, 18. Juli 2019

DeAngelis, Tori: »The legacy of trauma«, American Psychological Association, Februar 2019

Douglas, R. M.: »The European Atrocity You Never Heard About«, The Chronicle of Higher Education, 11. Juni 2012

Duba, Ursula: »How Do Young Germans Deal with the Legacy of the Holocaust and the Third Reich?«, PBS, 31. Mai 2005

Evans, Richard J.: »The Other Horror«, The New Republic, 25. Juni 2012

Geddes, Linda: »Fear of a smell can be passed down several generations«, New Scientist, 1. Dezember 2013

Gilligan, James: »Shame, Guilt, and Violence«, 2003. Social Research, vol. 70, no. 4, The New School, pp. 1149–80. http:// www.jstor.org/stable/ 40971965

Habbe, Christian: »A Time of Retribution: Paying with Life and Limb for the Crimes of Nazi Germany«, Der Spiegel, 27. Mai 2011

Habermas, Jürgen: »On How Postwar Germany Has Faced Its Recent Past«, Common Knowledge, 1. April 2019

Henriques, Martha: »Can the legacy of trauma be passed down the generations?«, BBC.com, 26. März 2019

»Hitler and the Generals«, Weapons and Warfare, 27 October 2015. »How Germany Remembers the World Wars«, BBC.com, 15. November 2020

Iyengar, Udita, et al.: »Unresolved trauma in mothers: Intergenerational effects and the role of reorganization«, US National Library of Medicine, 1. September 2014

Kellermann, Nathan Pf.: »Epigenetic transmission of Holocaust trauma: Can nightmares be inherited?«, 2013

Leick, Romain: »›Our Mothers, Our Fathers‹: Next-Generation WWII Atonement«, Der Spiegel, 28. März 2013

Neitzel, Sönke: »Understanding World War II through the eyes of German soldiers«, LSE, 2016

Nolte, Ernst: »The Past That Will Not Pass: A Speech That Could Be Written but Not Delivered«, German History in Documents and Images, 1986

»Understanding the Impact of Trauma«, Trauma-Informed Care in Behavioral Health Services, Chapter 3, Treatment Improvement Protocol (TIP) Series, No. 57, 2014. Center for Substance Abuse Treatment, Rockville (MD)

Walser, Martin: »Experiences while Composing a Sunday Speech«, 11. Oktober 1998

Woody, Christopher: »Germany's post-World War II government was riddled with former Nazis«, Business Insider, 10. Oktober 2016

Yehuda, Rachel: Lehmer, Amy: »Intergenerational transmission of trauma effects: putative role of epigenetic mechanisms«, National Library of Medicine, 7. September 2018

Deutsche Artikel und Essays

Bundespräsidialamt, »Rede von Bundespräsident Richard von Weizsäcker bei der Gedenkveranstaltung zum 40. Jahrestag des Kriegsendes in Europa und der nationalsozialistischen Gewaltherrschaft am 8. Mai 1985 im Bundestag, Bonn«, 8. Mai 1985

Bundespräsidialamt, »Rede von Bundespräsident Frank-Walter Steinmeier zum 75. Jahrestag der Befreiung vom Nationalsozialismus und des Endes des Zweiten Weltkriegs in Europa an der Zentralen Gedenkstätte der Bundesrepublik Deutschland für die Opfer von Krieg und Gewaltherrschaft (Neue Wache) in Berlin am 8. Mai 2020«

Janker, Karin: »Spätfolgen des Zweiten Weltkriegs. Die Kinder der Traumatisierten«, Süddeutsche Zeitung, 12. September 2015

Kade, Claudia, »Es gibt keine Deutsche Identität ohne Auschwitz«, Welt, 27. Januar 2015

Lohre, Matthias: »Das zähe Seelenerbe des Zweiten Weltkrieges«, Zeit Online, 13. April 2016. https://www.zeit.de/gesellschaft/ zeitgeschehen/2016-04/kriegsenkel-2-weltkrieg-folgen-erbeschuld-trauma

Reemtsma, Jan Philipp: »Wozu Gedenkstätten?«, BPB, 10. Juni 2010

Staas, Christian: »Was geht mich das noch an?«, Zeit Online, 4. November 2010

Ulrich, Bernd: »Nie wieder. Immer wieder: Wenn die Beschäftigung mit Auschwitz nicht mehr verstört, der macht etwas falsch«, Zeit Online, 27. Januar 2005

Andere Medien

YouTube-Videos

»Berlin unter den Alliierten (1945–1949)«, Ganzer Film in HD (15. Juni 2017), YouTube, eingestellt von Berlin Channel [online]. »Deutschland Stunde Null« (20. November 2016), YouTube, eingestellt von François NEIS [online]

»Germany 1945: Sensationally restored film footage by George Stevens« (6. Mai 2020), YouTube, eingestellt von CHRONOS-MEDIA History [online]

»James E. Young – The Stages of Memory: Reflections on Memorialisation and Global Commemoration« (23. September 2020), YouTube, eingestellt von British Association for Holocaust Studies [online]

»Our Trauma as Heritage«. Thomas Hübl & Prof. Isabelle Mansuy (9. September 2017), YouTube, eingestellt von The Pocket Project [online]

»Scobel Interview – Das Trauma der Großeltern geerbt«, Angela More (22. September 2016), YouTube, eingestellt von Andreas [online]

»Sönke Neitzel: What are soldiers fighting for? The German case from Kaiserreich to Berlin Republic« (25. Februar 2021), YouTube, eingestellt von history hub [online]

»Sönke Neitzel: Mindset of WWII German Soldiers« (13. November 2012), YouTube, eingestellt von The Agenda with Steve Paikin [online]

»World War II In Colour: Episodes 1–13« (23. September 2018), YouTube, eingestellt von World at War [online]

»Your Job in Germany, 1945« (5. März 2014), YouTube, eingestellt von US National Archives [online]

TED-Texte

Brown, Brené, Listening to shame, März 2012

Brown, Brené, The power of vulnerability, Juni 2010 Szyf, Moshe, »How early life experience is written into DNA«, Juli 2016

TV- und Online-Dokumentarfilme

Apocalypse: The Second World War, Episodes 1–6 (2009)

Berlin 1945, Episodes 1–3 (November 2020) BBC Four

Die Wehrmacht – Eine Bilanz (2007) [TV series. Documentation]
Generation War: Our Mothers, Our Fathers (2013) [TV series] Written by Stefan Kolditz
Hitler's Children (23. Mai 2012) BBC Two
Hitler: The Rise and Fall (2016) History Channel
Lost Home Movies of Nazi Germany, Series 1 (Dezember 2019) BBC Four
My Father was a Nazi Commandant (19. September 2012) BBC Four
Nazis: A Warning from History (September 1997, 1998, 2000) BBC
Two Spying on Hitler's Army: The Secret Recordings (May 2013) Channel 4
Storyville: My Nazi Legacy (27. Dezember 2016) BBC Four
The Girl Who Forgave the Nazis [Documentation] (2016)
The Last Survivors (27. Januar 2021) BBC Two
The Same Sky (Oktober 2020)
The Wisdom of Trauma (2021), Regie Zaya Benazzo and Maurizio Benazzo (& Caroline Campbell)
Unsere wunderbaren Jahre (2020) [TV-Miniserie]
World on Fire (2019) [TV series] Peter Bowker, creator

Radio

As Others See Us, Poland, Neil MacGregor, 6. September 2019, BBC Radio 4
Crossing Continents – Russia: Digging up the Dead, Januar 2014, BBC Radio 4
Four Thought: How to Remember – Sam Edwards, 6. November 2013, BBC Radio 4
Germany: Memories of a Nation, Neil Macgregor, 2014, BBC Radio 4
Guilty Architecture, 26. April 2018, BBC Radio 4
Moral Maze, 6. November 2013, BBC Radio 4
Nuremberg: The Trial of the Nazi War Criminals, Episodes 1–16, August 2021, BBC Radio 4
The Reith Lectures: Margaret MacMillan – The Mark of Cain, 2020, BBC Radio 4
Unspeakable: History is another family member – Alice Musabende, 4. August 2021, BBC Radio 4

Podcasts

Germany: Justice and Memory (12. Januar 2020) BBC The Documentary Podcast
Germany's World War Two, Professor Nicholas Stargardt (18. Juli 2017) History Extra podcast
gestern ist jetzt – Der Podcast für Familiengeschichte im Nazionalsozialismus

How to heal inherited family trauma and not pass it on, with Mark Wolynn (14. November 2019) The Motherkind Podcast

Intrigue: The Ratline (Dezember 2019) BBC Podcast

Legacies of the Holocaust, Interview with Mary Fulbook and Richard J. Evans (24. Januar 2019) History Extra podcast

Living with the past: The Second World War (2. März 2019) Monocle 24: The Foreign Desk

On Being with Krista Tippett, »Rachel Yehuda: How Trauma and Resilience Cross Generations«, 30. Juli 2015.

Poland, 1939: World War Two begins (5. September 2019) History Extra podcast

To Berlin and Beyond, Episodes 1–7 (2020)

War: What is it good for? (19 November 2021) Monocle 24: The Foreign Desk

Filme

1917. 2019. [Film]. Regie Sam Mendes

1945. 2017. [Film]. Regie Ferenc Török

A Defeated People. 1946. [Film]. Regie Humphrey Jennings

A Hidden Life. 2020. [Film]. Regie Terrence Malick

Anthropoid. 2016. [Film]. Regie Sean Ellis

Before the Fall (Napola – Elite für den Führer). 2004. [Film]. Regie Dennis Gansel

Beyond the Wall (Jenseits der Mauer). 2009. [Film]. Regie Friedemann Fromm

Bornholmer Straße. 2014. [Film] Regie Christian Schwochow

Cold War (Zimna wojna). 2018. [Film]. Regie Pawel Pawlikowski

Das Boot. 1981. [Film]. Regie Wolfgang Petersen

Doctor Faustus. 1982. [Film]. Regie Franz Seitz

Enemies (Feinde). 1940. [Film]. Regie Victor Tourjansky

Escape from Warsaw (Lauf Junge Lauf). 2013. [Film] Regie Pepe Danquart

Final Account. 2021. [Film]. Regie Luke Holland

Flucht und Vertreibung. 2005. [Film]. Regie Eva Berthold and Jost von Mor

Frantz. 2016. [Film]. Regie François Ozon

Germany Year Zero (Germania anno zero). 1948. [Film]. Regie Roberto Rossellini

Homecoming (Heimkehr). 1941. [Film] Regie Gustav Ucicky

Ivan's Childhood. 1962. [Film] Regie Andrei Tarkovsky

JoJo Rabbit. 2019. [Film]. Regie Taika Waititi

Lou Andreas-Salomé, The Audacity To Be Free. 2016. [Film]. Regie Cordula Kablitz-Post

March of Millions (Die Flucht). 2007. [Film]. Regie Kai Wessel

Mephisto. 1981. [Film]. Regie István Szabó

Mr Jones. 2019. [Film]. Regie Agnieszka Holland

Murderers Among Us (Die Mörder sind unter uns). 1946. [Film]. Regie Wolfgang Staudte

Never Look Away (Werk ohne Autor). 2018. [Film]. Regie Florian Henckel von Donnersmarck

Night Will Fall. 2014. [Documentarfilm]. Regie Andre Singer

Phoenix. 2014. [Film]. Regie Christian Petzoid

Resistance. 2020. [Film]. Regie Jonathan Jakubowicz

Saviours in the Night (Unter Bauern). 2009. [Film]. Regie Ludi Boeken

Somewhere in Berlin (Irgendwo in Berlin). 1946. [Film]. Regie Gerhard Lamprecht

Son of Saul (Saul Fia). 2015. [Film]. Regie László Nemes

The Aftermath. 2019. [Film]. Regie James Kent

The Baader Meinhof Complex (Der Baader Meinhof Komplex). 2008. [Film]. Regie Uli Edel

The Desert Fox: The Story of Rommel. 1951. [Film]. Regie Henry Hathaway

The Devil's General (Des Teufels General). 1955. [Film]. Regie Helmut Käutner

The Flat. 2011. [Film]. Regie Arnon Goldfinger

The General Case (Die Akte General). 2016. [Film]. Regie Stephan Wagner

The Last Days. 1998. [Documentation]. Regie James Moll

The Lives of Others (Das Leben der Anderen). 2006. [Film]. Regie Florian Henckel von Donnersmarck

The Nasty Girl (Das schreckliche Mädchen). 1990. [Film]. Regie Michael Verhoeven

The People vs. Fritz Bauer (Der Staat gegen Fritz Bauer). 2015. [Film] Regie Lars Kraume

The Reader. 2008. [Film]. Regie Stephen Daldry

The Unknown Soldier (Der unbekannte Soldat). 2006 [Documentation]. Regie Michael Verhoeven

The White Ribbon (Das weiße Band). 2009. [Film]. Regie Michael Haneke

Transit. 2018. [Film]. Regie Christian Petzold

Triumph of the Will (Triumph des Willens). 1935. [Film]. Regie Leni Riefenstahl

What Our Fathers Did: A Nazi Legacy. 2015. [Documentation]. Regie David Evans

Winterkinder: Die Schweigende Generation. 2005. [Documentarfilm]. Regie Jens Schanze

Live- oder Online-Vorträge und Konferenzen

Ich bin dankbar, dass ich an den folgenden Vorträgen, Konferenzen und Kursen teilgenommen (und in einigen Fällen dazu beigetragen) habe, und möchte mich bei den Referenten bedanken.

»A Bystander Society? Passivity and Complicity in Nazi Germany«, Professor Mary Fulbrook, UCL, Pears Institute for the Study of Antisemitism in collaboration with the Institute of Historical Research, 18. Februar 2020

Advanced Master Program on the Treatment of Trauma, The National Institute for the Clinical Application of Behavioural Medicine, 2. November 2020. https://www.nicabm.com

»Children of the Third Reich – Moral debate with Horst von Wächter, Niklas Frank and Philippe Sands«, Southbank, London, 13. Februar 2014

Collective Trauma Summit 2020: The Power of Collective Healing, Oktober 2020. https://collectivetraumasummit.com

»Deutscher Traum und Deutsches Trauma«, Hamburg, 29. September – 3. Oktober 2011

Intergenerational Trauma Conference, 19.–20. Januar 2021. https://inherited-trauma.org

»My Nazi Legacy – in conversation with Philippe Sands«, Institute of Group Analysis, London NW3 5BY, 28. Oktober 2016

National Army Museum online lectures. https://www.nam.ac.uk

Working with stories of lived experience, The Forgiveness Project, Februar/März 2021. https://www.theforgivenessproject.com

Websites

Action Trauma: https://actiontrauma.com

Axis History Forum: https://forum.axishistory.com

Dresden Trust: https://dresdentrust.org

Forgiveness Project: https://www.theforgivenessproject.com

Forum Kriegsenkel: http://www.forumkriegsenkel.de

gestern ist jetzt: http://gesternistjetzt.de

Historical War Militaria Forum: http://www.historicalwarmilitariaforum.com

Kriegsenkel e.V.: http://www.kriegsenkel.de/

Militaria Forums: Wehrmacht-Awards.com

National Institute for the Clinical Application of Behavioural Medicine: https://www.nicabm.com

Stiftung Denkmal für die ermordeten Juden Europas: https://www.stiftung-denkmal.de

Das Original erschien unter dem Titel *In My Grandfather's Shadow*
bei Bantam Press, London.

Die deutsche Ausgabe dieses Buchs wurde durch Vermittlung
der Eulama Lit. Ag. möglich.

FSC
www.fsc.org
MIX
Papier | Fördert
gute Waldnutzung
FSC® C083411

Der Umwelt zuliebe
- produzieren wir zu über 90% in Deutschland
- achten wir auf kurze Transportwege
- drucken wir auf Papier aus nachhaltiger Waldwirtschaft und anderen kontrollierten Quellen

Umschlaggestaltung: Hauptmann & Kompanie Werbeagentur, Zürich,
unter Verwendung eines Designs © by Richard Ogle/TW
und eines Motivs von © Neil Holden/Arcangel

Lektorat, Layout und Satz: Dr. Alex Klubertanz, Haßfurt

Druck und Bindung: CPI books GmbH, Leck

ISBN 978-3-95890-559-7